KB249259

33.遯		34.大壯		35.晉		36.明夷		37.家人		38.睽		39.蹇		40.解	
卦詞	4-256	卦詞	4-281	卦詞	4-304	卦詞	4-337	卦詞	5-25	卦詞	5-52	卦詞	5-88	卦詞	5-110
初六	4-258	初九	4-283	初六	4-310	初九	4-341	初九	5-29	初九	5-57	初六	5-94	初六	5-115
六二	4-260	九二	4-285	六二	4-314	六二	4-348	六二	5-31	九二	5-61	六二	5-96	九二	5-117
九三	4-263	九三	4-286	六三	4-318	九三	4-353	九三	5-35	六三	5-64	九三	5-99	六三	5-120
九四	4-267	九四	4-291	九四	4-320	六四	4-358	六四	5-42	九四	5-69	六四	5-101	九四	5-125
九五	4-270	六五	4-294	六五	4-324	六五	4-362	九五	5-44	六五	5-73	九五	5-102	六五	5-128
上九	4-271	上六	4-297	上九	4-327	上六	4-366	上九	5-46	上九	5-76	上六	5-104	上六	5-130
41.損		42.益		43.夬		44.姤		45.萃		46.升		47.困		48.井	
卦詞	5-138	卦詞	5-172	卦詞	5-205	卦詞	5-240	卦詞	5-270	卦詞	5-302	卦詞	5-326	卦詞	5-365
初九	5-147	初九	5-177	初九	5-213	初六	5-243	初六	5-277	初六	5-307	初六	5-331	初六	5-373
九二	5-152	六二	5-180	九二	5-217	九二	5-249	六二	5-282	九二	5-309	九二	5-336	九二	5-376
六三	5-154	六三	5-185	九三	5-221	九三	5-252	六三	5-287	九三	5-312	六三	5-342	九三	5-381
六四	5-158	六四	5-192	九四	5-225	九四	5-256	九四	5-290	六四	5-313	九四	5-347	六四	5-384
六五	5-161	九五	5-194	九五	5-231	九五	5-259	九五	5-292	六五	5-316	九五	5-352	九五	5-386
上九	5-166	上九	5-198	上六	5-236	上九	5-263	上六	5-296	上六	5-318	上六	5-357	上六	5-388
49.革		50.鼎		51.震		52.艮		53.漸		54.歸妹		55.豊		56.旅	
卦詞	6-24	卦詞	6-58	卦詞	6-97	卦詞	6-130	卦詞	6-162	卦詞	6-194	卦詞	6-227	卦詞	6-269
初九	6-31	初六	6-63	初九	6-105	初六	6-138	初六	6-167	初九	6-198	初九	6-234	初六	6-273
六二	6-34	九二	6-68	六二	6-107	六二	6-141	六二	6-171	九二	6-203	六二	6-239	六二	6-278
九三	6-36	九三	6-73	六三	6-112	九三	6-145	九三	6-175	六三	6-207	九三	6-247	九三	6-281
九四	6-41	九四	6-80	九四	6-115	六四	6-150	六四	6-180	九四	6-211	九四	6-253	九四	6-284
九五	6-45	六五	6-89	六五	6-117	六五	6-152	九五	6-183	六五	6-212	六五	6-256	六五	6-288
上六	6-47	上九	6-92	上六	6-122	上九	6-156	上九	6-187	上六	6-219	上六	6-258	上九	6-292
57.巽		58.兌		59.渙		60.節		61.中孚		62.小過		63.旣濟		64.未濟	
卦詞	6-303	卦詞	6-337	卦詞	6-355	卦詞	6-385	卦詞	7-27	卦詞	7-61	卦詞	7-91	卦詞	7-127
初六	6-307	初九	6-340	初六	6-359	初九	6-392	初九	7-37	初六	7-68	初九	7-96	初六	7-135
九二	6-310	九二	6-342	九二	6-361	九二	6-396	九二	7-41	六二	7-71	六二	7-100	九二	7-137
九三	6-314	六三	6-344	六三	6-366	六三	6-398	六三	7-47	九三	7-74	九三	7-105	六三	7-138
六四	6-317	九四	6-345	六四	6-367	六四	6-400	六四	7-51	九四	7-76	六四	7-110	九四	7-141
九五	6-322	九五	6-348	九五	6-373	九五	6-403	九五	7-54	六五	7-81	九五	7-116	六五	7-145
上九	6-327	上六	6-350	上九	6-376	上六	6-405	上九	7-57	上六	7-85	上六	7-122	上九	7-149

譯註 周易四箋 1

Four Methods of Exposition on the Book of Change

옮긴이 **방인**(方仁)은 1980년에 서울대학교 인문대학 철학과를 졸업하였으며, 1983년에 한국학 중앙연구원 부설 한국학대학원에서 「다산역학(茶山易學)사상에 대한 연구」로 석사학위를 취득하였다. 1995년에는 서울대학교 철학과에서 「태현(太賢)의 유식(唯識)철학연구」로 박사학위를 취득하였다. 다산역학과 관련해서는 「다산의 「역론(易論)」을 통해 본 卜筮의 모의실험적 기능」, (『주역연구』 제4집, 한국주역학회, 1999) 등 7편의 논문을 발표하였으며, 중문(中文)으로는 「茶山易的辨證法」(『第五屆韓國傳統文化國際學術硏討會論文集』, 南京大, 2005) 등 2편, 영문(英文)으로는 "A Semiotic Approach to Understanding Tasan Chŏng Yakyong's Philosophy of Yijing"(*Review of Korean Studies*, Academy of Korean Studies, 2000) 등 3편의 논문을 발표하였다. 1989년 이래 경북대학교 인문대학 철학과 교수로 재직하고 있으며, 미국의 하버드대학 옌칭연구소와 캐나다의 브리티시 컬럼비아대학(UBC) 한국학연구소의 객원교수(Visiting Scholar)를 역임하였다.

옮긴이 **장정욱**(張正郁)은 1989년에 경북대학교 경상대학 회계학과를 졸업했으며, 동 대학원 철학과 박사 과정을 수료했다. 현재 대구와 인근의 대학에 출강하고 있으며, 도가(道家) 연구 동아리인 '삼현관(三玄觀)'의 모임을 이끌고 있다. 다산(茶山)의 「역학서언(易學緖言)」 중 「현산역간(玆山易柬)」(『다산학』 4호, 다산학술문화재단, 2003), 「사수고점박(沙隨古占駁)」(『다산학』 6호, 다산학술문화재단, 2005)을 번역하였고, 논문으로는 「노자(老子)의 현실인식과 사유와 실천」(경북대 석사논문, 1993), 「역상(易象)의 적용방식과 설정원리에 대한 분석─다산의 『周易四箋』을 중심으로」(대한철학회, 『철학연구』 75집, 2000), 「역사(易詞)에 나타나는 '유부(有孚)'의 의미─다산(茶山) 「역례비석(易例比釋)」의 '유부'례(有孚例)를 중심으로」(한국주역학회, 『주역연구』 제6집, 2001) 등이 있다.

역주譯註 **주역사전**周易四箋 **1**

1판 1쇄 발행 2007년 08월 20일
1판 2쇄 발행 2014년 04월 20일
1판 3쇄 발행 2020년 04월 20일
1판 4쇄 발행 2024년 09월 10일

지은이 / 다산 정약용
옮긴이 / 방인 · 장정욱
펴낸이 / 박성모
펴낸곳 / 소명출판
출판등록번호 / 제1998-000017호
주소 / 서울시 서초구 사임당로14길 15 서광빌딩 2층
대표전화 / (02) 585-7840
팩시밀리 / (02) 585-7848
somyungbooks@daum.net

ⓒ 2013, 방인 · 장정욱

값 29,000원

ISBN 978-89-5626-262-8 94810
ISBN 978-89-5626-261-1 (전8권)

역주 주역사전 1

譯註 周易四箋

다산 정약용 지음
방인 · 장정욱 옮김

소명출판

일러두기

1. 이 책은 茶山 丁若鏞의 『周易四箋』(戊辰本, 24卷, 1808)을 완역하고 주석을 단 것이다.
2. 번역의 底本으로 삼은 것은 활자본 『周易四箋』(新朝鮮社本, 『與猶堂全書』, 1937)과 필사본 奎章閣 所藏 『周易四箋』과 國立中央圖書館 所藏 『周易四箋』이다. 略號로는 新朝鮮社本은 '新朝本'으로, 奎章閣本은 '奎章本'으로, 國立中央圖書館 所藏本은 '國中本'으로 표기하였다.
3. 新朝本, 奎章本, 國中本을 對校하여 오자(誤字)를 바로잡고, 이를 [校閱]로 표시하였다.
4. 각 조목은 원문과 번역문으로 나누어 실었다. 한글표기를 원칙으로 하되, 필요하다고 판단된 경우, 한글과 漢字를 병기하였다.
5. 원문은 'O' 표시로 구분한 것 외에 문단 구분이 없으나, 原文이 지나치게 긴 경우에는 적절히 나누어 문단 구분을 하였으며, 'O' 표시는 그대로 살렸다.
6. 원문의 細注 부분은 원래의 위치에서 작은 글씨로 써주고, ≪ ≫로 표시해 주었다.
7. 원문에는 없으나, 의미맥락상 필요한 말은 [ ] 안에 넣었다.
8. 譯註는 脚注로 처리하였다. 『周易四箋』에서 인용하고 있는 해당 원전을 찾아 출전을 밝히고, 필요한 경우 원문을 실었으며, 인용이나 출전이 잘못된 경우 해당 원전에 근거해 바로잡았다.
9. 脚註에서 제시된 『周易四箋』 및 『易學緖言』의 典據는 新朝鮮社本의 卷數 및 面數에 의거하였다.
10. 신조선사본의 면수는 양면으로 되어 있으므로, 가·나로 나누어 표기하였다.
11. 『周易四箋』은 『四箋』으로, 그리고 『易學緖言』은 『緖言』으로 略號를 사용하였다.
12. 8卦의 离와 64卦의 離를 구별하여 표기하였다. 즉, 8卦 중의 하나로 쓰일 때에는 离로, 64卦 중의 하나로 쓰일 때에는 離로 표기하였다.
13. 본 역주본에서는 卦爻의 변화를 표시하기 위하여 기본적으로 '흔글과컴퓨터'사의 8卦 폰트를 조합하여 사용하였다. 그러나 각 卦爻 앞에 오는 괘 그림 및 기타 본문 내의 괘 그림에는 예문서원에서 만든 64卦의 폰트를 사용하였다.
14. 각 卷의 前面紙에는 卦爻辭索引을 배치하여, 각각의 卦辭와 爻詞가 기재되어 있는 卷數와 面數를 쉽게 찾아볼 수 있도록 하였다. 여기에는 64卦의 384爻辭, 64卦辭, 用九·用六 등 모두 450개의 占筮例가 제시되어 있다.
15. 각 卷의 後面紙에는 爻變表를 배치하여 爻變의 모든 例를 일목요연하게 참고할 수 있도록 하였다. 여기에는 64卦의 384爻와 用九·用六 등 모두 386개의 爻變例가 제시되어 있다.

역자 서문

다산(茶山) 정약용(丁若鏞) 선생의 저서『주역사전(周易四箋)』에 대해서 역자(譯者)가 처음으로 관심을 갖게 된 것은 한국정신문화연구원(현재 한국학중앙연구원의 前身)의 한국학대학원에서 「다산역학사상에 대한 연구」(1983)라는 제목으로 석사논문을 쓰게 되면서부터이다. 그 이후(以後) 벌써 20년의 세월이 훨씬 지나서, 이제 그 역서(譯書)의 출간을 눈앞에 두게 되니, 벅찬 감회를 억누를 수가 없다. 솔직히 말하자면,『주역사전』을 연구하겠다고 나섰을 때는 그 가치를 충분히 인식하고 출발했다기보다는 실학사상가로서 새로운 사상사적 전환의 틀을 마련한 다산 정약용의 경학 관련 저술 중에서 미개척 분야를 연구해 보겠다는 의욕이 더 강했던 것이 사실이었다. 하지만 이때는『주역사전』이 번역도 되어 있지 않았을 뿐 아니라, 다산역학에 관련된 선행 연구도 거의 찾아볼 수 없었기 때문에 텍스트의 독해(讀解)는 결코 호락호락하지 않은 난제(難題)였다. 이런 상황에서 역자는 학부 시절에『맹자(孟子)』를 배우면서 인연을 맺게 된고(故) 함재(涵齋) 김재홍(金在泓 : 1916~2006) 선생님께서 평소 다산 정약용 선생의 『주역사전』이 중국의 어떤 역학대가의 저술에도 뒤지지 않는 독창성과 탁월성을 지니고 있음을 역설하시던 것을 상기하고, 찾아뵙고 가르침을 청하게 되었다. 돌이켜 생각해보면, 선생의 가르침이 없었더라면, 당시 석사논문은 물론이고, 오늘날 『주역사전』의 번역도 감히 시도하지 못하였을 것이다. 이 기회를 빌어 지난 해 세상을 떠나신 함재(涵齋) 선생님께 마음속 깊이 감사 드린다. 역자(譯者)는 그 이후 연구 주제를 바꾸어 「신라 태현(太賢)의 유식사상(唯識思想)」이라는 제목으로 박사논문을 쓰게 되었지만, 다산역학에 관한 관심은 한 번도 마음속을 떠난 적이 없었다. 박사논문을 마친 이후로 역자(譯者)의 연구 관심은 오히려 다산역학으로 다시 옮겨오게 되었다. 다산역학은 역자가 경북대학교 철학과 대학원에서 강의를 개설한 이래, 가장 많이 설강한 과목이 되었으며, 아울러 몇 편의 관련 논문도 발표하기에 이르렀다. 그러다가 한국학술진흥재단의 2000년 동서양학술명저번역 사업에 참여하게 되어, 제자 장정욱(張正郁)과 더불어 『주역사전』의 번역에 착수하게 되었다. 지원 당시 역자가 학술진흥재단의 다른 사업에 지원하고 있는 관계로 부득이하게 장정욱이 연구책임자가 되었으나, 전체적인 총괄과 마무리는 역자가 담당하게 되었다. 번역 작업은 일단 2002년에 완료되었으나, 그 이후에도 오류를 수정하고, 내용을 보완하는 작업을 계속하였다. 2005년 8월부터 일 년 동안 캐나다 밴쿠버에 있는 브리티시 컬럼비아 대학(UBC)의 한국학연구소의 초청으로 연구년을 보내면서, 최종적인 교정작업에 몰두할 수 있었다. 역자가 번역 작업을 하면서 특히 어려움을 많이 느낀 부분은 주역의 괘사(卦辭)와 효사(爻辭)의 번역이다. 다산은 해석방법론에 있어서 자신의 독창적인 방법론을 활용하고 있기 때문에, 이전(以前)의 역학자들로부터 현저하게 차별되는 방식으로 괘사와 효사를 해석하고 있다. 다산의 독특한 괘효사(卦爻辭)의 해석을 충실히 살리기 위해, 역자는 일단 괘효사를 직역 위주로 번역하였으나, 그것만으로는 의미가 충분히 드러나지 않아,

숨은 뜻을 괄호 안에 넣어 보충함으로써 그 문맥을 살리려고 시도하였다. 그러나 그 과정에서 번역해 놓고도 문맥이 통하지 않는 부분에 이르러서는 절망감을 느낀 적이 한두 번이 아니다. 역자는 괘사와 효사의 만족할 만한 번역을 얻을 때까지 역문(譯文)을 몇 번이고 다시 고쳤으며, 다산의 관점을 충실히 반영하기 위하여 최대한 노력하였다. 아울러, 가능한 한 역주(譯註)를 상세히 달아서 독자들의 이해를 돕도록 하였다. 이미『주역사전』의 번역본(『자세히 풀어쓴 주역사전』, 이영희 역, 민창사, 2004)이 나와 있음에도 불구하고, 본 역서(譯書)가 의의를 가질 수 있다면, 그것은 바로 이 주석(註釋) 때문일 것이다.

번역 텍스트로는 1937년에 신조선사(新朝鮮社)에 의해 간행된 활자본과 규장각(奎章閣) 소장(所藏) 필사본을 주로 사용하였고, 번역과 아울러 양본(兩本)에 대한 텍스트 대교(對校) 작업을 병행하였다. 번역이 끝나갈 무렵에 다산학술문화재단의 도움으로 국립중앙도서관에서 소장하고 있는『주역사전』의 또 다른 필사본을 입수하게 되어 교정 작업과 더불어 텍스트 교열(校閱)에 참조하였다. 역자가『주역사전』의 번역에 착수할 당시에는 텍스트 교열 작업까지 목표로 한 것은 아니었지만, 다산학술문화재단이 기념비적 사업의 일환으로 의욕적으로 추진하고 있는『여유당전서』의 정본(定本) 사업에 참여하게 된 것을 계기로 철저한 자세로 임하게 되었다. 텍스트 간의 이동(異同)을 대조하여, 그 차이를 밝힐 뿐 아니라, 그 중에서 어떤 것을 모범적 텍스트로 정할 것인지에 관해서도 역자의 견해를 밝혔다. 세 개의 텍스트가 모두 일치된 경우라 하더라도, 만일 다산이 인용한 전거(典據)가 잘못된 것이 확실한 경우에는 과감하게 그 잘못을 시정(是正)하고자 하였다. 역주에서 신조선사본(新朝鮮社本)은 '新朝本'으로, 규장각본은 '奎章本'으로, 국립중앙도서관본은 '國中本'으로 표기하였다. 그리고 번역서의 편집 체제와 관련하여, 신조선사본(8卷) 체제를 따르지 않고,『주역사전』의 무진본(24卷) 체제를 근간으로 하여 권수 등을 표기함으로써, 고본(古本)의 원형(原形)을 제시하고자 하였다. 다만 24권으로 분권(分卷)하게 되면, 각권(各卷)의 분량이 너무 작아지는 문제도 있고 하여 각권을 표시하기는 하되, 3권씩 묶어 총8책(冊)의 체제로 묶기로 하였다. 그렇지만 각주에서 『주역사전』 및 『역학서언(易學緒言)』의 전거(典據)를 제시할 경우에는 신조선사본의 권수 및 면수에 의거하기로 하였다. 그것은 일반적으로 전거(典據) 제시의 경우에 신조선사본의 권수 및 면수를 제시하는 것이 통례(通例)이고, 필사본의 경우에는 활자본과는 달리 면수를 분명하게 확정하기 어렵기 때문이다. 권수가 이중적으로 표기됨으로써 독자들에게 혼란을 야기할 소지는 있겠으나, 무진본 권수는 오직 책의 고본의 원형을 드러내기 위한 용도로 사용되었을 뿐이고, 실제로 각주에서 인용문의 출처를 밝히는 용도로는 신조선사본의 권수, 면수가 사용되었다는 점을 미리 염두에 둔다면, 큰 혼란은 없으리라고 본다.

그러면 이제 『주역사전』의 학술적 가치에 대해 말해보기로 하자. 다산은 신유(辛酉)년(1801) 강진에 유배된 이후, 자신에게 닥친 불운을 오히려 학문을 닦을 수 있는 절호의 기회로 삼아, 『주역』 연구에 착수하게 된다. 「윤외심(尹畏心)에게 보낸 편지[與尹畏心書]」에서 전하는 다산의 술회에 따른다면, "계해년(1803) 늦은 봄부터 눈으로 보는 것, 손으로 잡는 것, 입으로 읊조리는 것, 마음으로 생각하는 것, 붓으로 기록하는 것으로부터 밥을 먹고 변소에 가며, 손가락 놀리고 배 문지르는 것에 이르기까지 어느 하나도 주역 아닌 것이라고는 없었다."(『與猶堂全書』第1集『詩文集』「與尹畏心書」, 제19권 19~20면) 이처럼 자나깨나 오로지 『주역』 연구에 몰두한 결과 나온 다산의 『주역』 주석서가 바로 『주역사전』이다. 다산이 『주역사전』의 완성을 위해 쏟은 정성은 그야말로 엄청난 것이었다. 『주역사전』이 세상에 최초로 모습을 드러낸 것은 1804년에 펴낸 갑자본(甲子本, 八卷)이었으나, 다산은 이에 만족하지 않고 고치고 또 고치어, 을축본(乙丑本) 8권(1805), 병인본(丙寅本) 8권(1806), 정묘본(丁卯本) 24권(1807), 무진본(戊辰本) 24권(1808)의 개정본을 차례로 내기에 이르렀다. 갑자본에서 무진본에 이르기까지 무려 모두 4번의 개고(改稿)를 거친 셈인데, 아마도 다산의 저술 중에서 이처럼 정성을 기울인 저술은 없을 것이다. 이렇게 해서 탄생된 『주역사전』을 다산은 자신의 다른 어떤 저술보다도 더 소중히 여겼다. 다산은 『주역사전』이 하늘의 도움이 없었다면 결코 나올 수 없었을 "天助之文字(하늘의 도움을 얻어 지어낸 文字)"였다고 회고하고 있다. 다산은 자신의 두 아들에게 주는 편지(「示二子家誡」)에서 다음과 같이 당부하고 있다. "『주역사전』은 그야말로 내가 하늘의 도움을 얻어 지어낸 문자(文字)이다. 결코 사람의 힘으로 통할 수 있거나, 사람의 지혜나 생각으로 도달할 수 있는 바가 아니다. 이 책에 마음을 가라앉혀 깊이 생각하여 그 속에 담긴 오묘(奧妙)한 이치를 모두 통할 수 있는 사람이 있다면, 그는 바로 나의 자손이나 친구가 되는 것이니, 그런 사람이 천년에 한 번 나오더라도 배 이상 정을 쏟아 애지중지할 것이다[周易四箋 是 吾得天助之文字 萬萬非人力可通 智慮所到 有能潛心此書 悉通奧妙者卽子孫朋友 千載一遇 愛之重之 當倍常情]."(『與猶堂全書』第1集『詩文集』卷18, 5나) 다산은 자신의 저술에 대해 아는 사람은 적고, 비난하는 사람은 많다는 사실에 대해 개탄하며, 만일 천명(天命)이 허락하지 않는다면, 차라리 불에 태워버려도 좋겠다고 말하면서도, 만일 자신이 저술한 책 중에서 『주역사전』과 『상례사전(喪禮四箋)』만이라도 전승해간다면, 나머지 책들은 그냥 없애버려도 좋겠다고 말한다. 다산의 『주역사전』이 지니는 진정한 가치를 처음으로 발견하고, 이를 격려한 사람은 다산의 중형(仲兄)이었던 손암(巽菴) 정약전(丁若銓)이었다. 『주역사전』이 완성되었을 당시 흑산도(黑山島)에 유배되어 있던 손암(巽菴)은 이를 읽어보고, 복희·문왕·공자의 세 성인 마음속의 오묘한 이치가 이제야 찬연하게 밝혀졌다고 기뻐하였다. 손암은 말하기를 "처음에는 놀라고, 중간에는 기뻤고, 나중에는 나도 모르게 무릎이 굽어졌다. 저자(著者)인 내 동생을 어떤 사람이라고 해야 좋을지 모르겠다. 미용(美庸) 저 자신도 모를 것이다"라고 하였다. 손암은 특히 「계사전」 중에서 고점법(古占法)에 대한 부분을 특별히 독립시켜 주석(註釋)한 「시괘전(蓍卦傳)」

에 대해서 감탄을 금치 못하였다. 손암은 말하기를 "주역사해(周易四解)는 그 어느 것이 장관(壯觀)이 아니오리마는 시괘전(蓍卦傳)에 이르면, 더욱 절기(絶奇)한 문자(文字)인 것이다[周易四解 孰非壯觀, 而至蓍卦傳 尤是絶奇文字]"라고 하였다. 손암과 더불어 다산의 당대에 『주역사전』의 가치를 높이 평가한 인물로는 아암(兒庵) 혜장(惠藏, 1772~1811) 선사(禪師)가 있었다. 혜장 선사는 다산이 강진 유배시에 친하게 지냈던 불승(佛僧)으로서, 유학(儒學)에 대해서도 박식(博識)을 자랑하던 사람이었다. 혜장은 전통적 역학(易學)에 대해서도 해박하였으나, 다산의 『주역사전』을 접하고 나서는 산승(山僧)이 20년 동안 역학(易學)을 공부한 것이 모두 헛된 일에 지나지 않았다고 고백하고, 그 이후로 40세라는 아까운 나이로 세상을 떠날 때까지 한결같이 다산 역학의 열성적인 전수자가 되었다.

그렇다면 다산의 『주역사전』의 대략적인 내용에 대해서 살펴보기로 하자. 『주역사전』의 '四箋'이란 글자 그대로는 '네 가지 주석'이라는 뜻이지만, 보다 구체적으로는 『주역』 해석을 위한 ① 추이(推移), ② 효변(爻變), ③ 호체(互體), ④ 물상(物象)의 네 가지 방법론을 가리킨다. 먼저 추이(推移)란 전통적인 역학방법론인 괘변설(卦變說)을 가리키고, 호체(互體)란 상괘(上卦)와 하괘(下卦) 외에 중간에서 괘를 취하는 것을 가리키며, 물상(物象)이란 괘사를 해석할 때 철저하게 「설괘전(說卦傳)」에 설명된 괘의 상징에 의거하여 해석하는 것을 가리킨다. 이 중에서 효변을 제외한 나머지 세 방법론은 역학사를 통해 전승되어 내려온 것이기 때문에, 새로운 것이 아닌 것처럼 보일 수도 있으나, 구체적으로 그 내용을 살펴보면, 보다 정밀한 해석이 가능하도록 다산에 의해서 새롭게 조직된 것임을 알 수 있다. 다산역학의 방법론 중에서 가장 독창적인 요소라고 부를 수 있는 것은 단연코 효변의 방법론이다. 다산은 이 효변법(爻變法)을 개발함으로써 첩첩산중 가로막고 있던 해석학적 난제를 단숨에 해결하는데 성공할 수 있었다. 효(爻)란 획(畫)과 구분되는 개념으로서, 획(畫)이 단순히 그어진 선(線) 이외의 것을 가리키지 않는 정태적 개념이라고 한다면 이와는 달리 효(爻)는 음(陰)에서 양(陽)으로, 혹은 양(陽)에서 음(陰)으로 변화된 상태를 가리키는 동태적 개념이라고 할 수 있다. 이 효변 개념은 역해석자에게 코페르니쿠스적인 발상의 전환을 요구한다. 효변설(爻變說)을 따른다면, 음(陰)은 비록 음으로 표기되어 있다고 하더라도 사실은 노음(老陰)이기 때문에 이미 양으로 변동되고 있는 과정을 가리키며, 양(陽)은 비록 양으로 표기되어 있다고 하더라도 사실은 노양(老陽)이기 때문에 이미 음으로 변동되고 있는 과정을 가리킨다. 따라서, 효변설을 취하면, 대부분의 역학가들이 양(陽)으로 보고 있는 것을 반대로 음(陰)으로 보고, 대부분의 역학가들이 음(陰)으로 보고 있는 것을 오히려 양(陽)으로 보게 되는 것이다. 역학사상 효변을 통해 괘사를 해석한 역학자의 경우는 정말로 희귀하다. 주자(朱子)의 경우에도 점법(占法)에서는 효변설을 취하고 있으나, 괘사 해석에서는 전혀 효변을 취하고 있지 않다. 따라서, 효변설에 관한 한 다산은 거의 대부분의 역학자들이 취하고 있는 전통적 해석 방식에 도전하고 있다고 보아도 과언이 아닐 것이다. 다산의 효변설이 역학사상 일대사건이 될 수 있는 것도 바로 이 효변설이 지니는 혁명적인 발상 때문이다. 그렇다면 다산은 어떻게 이 효변설에 착안하게 되었으며, 다른 대부분의 역학자들의 통설에 맞설 수 있는 용기와 확신을 지닐 수 있었을까? 그것은 바로 『춘추좌씨전』에 소개되어 있는 춘추관점(春秋官占)의 점서례(占筮例)를 통해서였다. 『춘추좌씨전』에는 건초구(乾初九)를 '乾之姤'라고 표기하고 있는 등의 예가 자주 등장하고 있는데, 여기서 '乾之姤'는 '乾의 姤'라고 읽으면 안 되고, '乾이 姤로 간다', 혹은 '乾이 姤로 변화한다'라고 읽어야 하는 것이다. 즉 이때 '之'는 문자 그대로 '갈 지(之)자'로 읽어야 하는 것이다. 이러한 용례는 『춘추좌씨전』에 17개, 『국어(國語)』에 3개가 나타나고 있다. 다산은 『춘추좌씨전』과 『국어』의 점서례(占筮例)에 대한 철저한 분석을 통해, 이것이 『춘추좌씨전』과 『국어』의 몇몇 사례에 국한되는 것이 아니라, 『주역』 64괘(卦) 384효(爻) 전체에 모두 적용되어야 하는 방법론임을 확신하게 된다. 역학의 정통적 계보가 단절되게 된 이유도 바로 이 효(爻)가 변동하는 법이 온전히 전수되지 못했던 데 있다. 효변을 취하지 않게 되면, 물상(物象)이 맞지 않게 되고, 물상이 맞지 않게 되자 「설괘전(說卦傳)」을 폐기하게 되니, 아예 『주역』을 올바로 해석하게 되는 길이 끊어져 버린 것이다. 그렇지만, 효변설을 취하고, 다시 변동된 물상을 「설괘전」에 대조해 본다면, 3백 84개의 효사(爻詞)가 글자마다 부합하고 글귀마다 계합(契合)하여 털끝만큼도 의심스럽거나 통하지 않는 것이 없게 된다는 것이다. 「윤외심(尹畏心)에게 보낸 편지[與尹畏心書]」에서 다산은 효변을 궁전(宮殿)의 천문만호(千門萬戶)를 모두 열 수 있는 열쇠에 비유하고 있다. 궁전 속에는 종묘의 아름다움과 백관의 풍부함이 모두 그 속에 있으나, 단지 자물쇠가 견고히 채워져 있어서, 그 문 앞에 누가 이르더라도 아무도 감히 내부를 엿볼 수 없는 상황이다. 그런데 여기에 하나의 만능열쇠가 있어, 그 열쇠만 손에 쥔다면, 궁전의 모든 문을 열 수 있으니, 그 열쇠로 외문(外門)을 열면 외문이 열리고, 중문(中門)을 열면 중문이 열리고, 고문(皐門)·고문(庫門)·응문(應門)·치문(雉門) 등이 차례로 열려, 결국에는 천문만호가 모두 활짝 열려 종묘의 아름다움과 백관의 풍부함을 모두 감상할 수 있게 되는 것과도 같다. 다산의 외손자인 방산(舫山) 윤정기(尹廷琦, 1814~1897)가 그의 저서 『역전익(易傳翼)』에서 이 효변을 주역 해석의 비밀문을 여는 "황금열쇠(金鑰匙)"라고 불렀던 것도 바로 이 때문이다. 요즈음의 말로 한다면 이른바 '마스터 키'(master key)와도 같은 것이 바로 효변이라 하겠다. 이처럼 일단 효변설을 취하게 되자, 다산은 『주역』의 해석학적 난제들을 파죽지세처럼 풀어 나갈 수 있었다. 뿐만 아니라, 다산은 효변설을 추이설(推移說) 등의 다른 방법론적 수단과 효과적으로 결합시킴으로써 마침내 만족할 만한 『주역』 전편의 해석에 성공하기에 이르렀다. 지금까지 역자(譯者)는 효변설을 중심으로 다산역학방법론의 의의를 설명하였으나, 보다 자세한 내용을 알기 위해서는 『주역사전』의 해제(解題)를 참조하기를 바란다.

이 번역본이 완성되기까지 도움을 주신 많은 분들께 이 자리를 빌어 감사를 드리고 싶다. 무엇보다도 동서양명저번역사업이라는 뜻깊은 사업을 통해, 『주역사전』의 학술적 가치를 세상에 널리 알릴 수 있는 기회를 부여해 준 한국학술진흥재단에 깊은 감사를 드리고 싶다. 아울러, 귀중한 자료인 『주역사전』의 국립중앙도서관 소장본을 구하여, 텍스트의 비교대조에 큰 도움을 주신 다산학술문화재단에 깊은 감사를 드린다. 그 다음으로 역자(譯者)는 경북대 철학과 대학원 수업을 통해 『주역사전』을 접하게 된 것을 계기로 이제는 다산역학에 관해서는 전문적인 학자의 수준으로 성장한 나의 제자 장정욱이 공역자(共譯者)로서 보여준 성실성과 각고(刻苦)의 노력에 대해 찬사를 보내고 싶다. 아울러 학업에 바쁜 와중에도 교정작업을 헌신적으로 도와준 경북대 철학과 대학원의 제자 김상현과 이정숙에게도 역시 고마움을 전하고 싶다. 그리고 이 역주본(譯註本)에서 64괘의 폰트(font)를 사용할 수 있도록 선뜻 허가해주신 예문서원 오정혜 사장님과 이를 주선해주신 계명대 홍원식 교수님께도 진심으로 감사의 말씀을 드리고 싶다. 책의 출판이 늦어지는데도 인내심을 갖고 기다려주신 소명출판의 박성모 사장님의 배려와 원문(原文)과 세주(細注)가 뒤엉켜서 어지럽던 원고를 전문적인 편집 작업을 통해 깔끔하게 정리해주신 편집진의 노고가 없었더라면, 이 책이 이렇게 세상에 나올 수 없었을 것이다. 그리고 마지막으로 이 번역이 시작해서 끝날 때까지 헌신적으로 뒷받침해주고, 성원을 아끼지 않은 나의 아내에게도 고마운 마음을 표하고 싶다.

『주역사전』 무진본(戊辰本) 발간
이백주년을 한 해 앞둔 2007년 7월에
경북대 연구실에서
방인 삼가 적음

譯註 周易四箋 1 __ 차례

3   역자 서문

23   제무진본(題戊辰本)
26   사전소인(四箋小引)

29   **周易四箋 戊辰本 卷之一**

29   **괄례표 상**(括例表 上)
34   01) 육괘위사시지본표(六卦爲四時之本表)
35   02) 감리위양윤지본표(坎离爲兩閏之本表)
36   03) 12벽괘진퇴소장표(十二辟卦進退消長表)
38   04) 일양지괘추이표(一陽之卦推移表)
39   05) 일음지괘추이표(一陰之卦推移表)
40   06) 이양지괘추이표(二陽之卦推移表)
42   07) 이음지괘추이표(二陰之卦推移表)
44   08) 삼양지괘추이표(三陽之卦推移表)
45   09) 삼음지괘추이표(三陰之卦推移表)
47   10) 추이표직설(推移表直說)
56   11) 설괘물상표(說卦物象表)
57   12) 설괘방위도(說卦方位圖)
58   13) 설괘표직설(說卦表直說)
64   14) 호체표(互體表)
65   15) 대호표(大互表)
66   16) 겸호표(兼互表)
68   17) 도호표(倒互表)
69   18) 위복표(位伏表)
70   19) 반합표(牉合表)
71   20) 양호작괘표(兩互作卦表)

74   21) 호체표직설(互體表直說)
89   22) 효변표(爻變表)
90   23) 효변표직설(爻變表直說)

100   **독역요지**(讀易要旨)
100   一曰 추상(抽象)
101   二曰 해사(該事)
102   三曰 존질(存質)
104   四曰 고명(顧名)
106   五曰 파성(播性)
108   六曰 유동(留動)
110   七曰 결본(缺本)
110   八曰 용졸(用拙)
113   九曰 쌍소(雙溯)
115   十曰 첩현(疊現)
116   十一曰 비덕(比德)
118   十二曰 영물(詠物)
120   十三曰 건유(建維)
122   十四曰 변위(辨位)
124   十五曰 우의(寓義)
125   十六曰 고점(考占)
127   十七曰 인자(認字)
131   十八曰 찰운(察韻)

139   **周易四箋 戊辰本 卷之二**

139   **역례비석 상**(易例比釋 上)
140   01) 원형이정 예(元亨利貞 例)
146   02) 형이정 예(亨利貞 例)
149   03) 원형 예(元亨 例)
150   04) 형 예(亨 例)

153	05) 이정 예(利貞 例)
157	06) 원길 예(元吉 例)
158	07) 정길 예(貞吉 例)
161	08) 정흉 예(貞凶 例)
162	09) 영정 예(永貞 例)
166	10) 거정 예(居貞 例)
168	11) 간정 예(艱貞 例)
170	12) 안정 예(安貞 例)
171	13) 여정 예(女貞 例)
172	14) 군자정 예(君子貞 例)
173	15) 유인정 예(幽人貞 例)
173	16) 잡정 예(雜貞 例)
176	17) 가정 예(可貞 例)
178	18) 정린 예(貞吝 例)
179	19) 정려 예(貞厲 例)
180	20) 여 례(厲 例)
182	21) 인 예(吝 例)
184	22) 회 예(悔 例)
185	23) 무회 예(无悔 例)
186	24) 회망 예(悔亡 例)
190	25) 무구 예(无咎 例)
207	26) 유부 예(有孚 例)
216	27) 정길 예(征吉 例)
221	28) 정흉 예(征凶 例)

周易四箋 戊辰本 卷之三

227

1. 중천 건(重天 乾) ···227

2. 중지 곤(重地 坤) ···296

『주역사전』 해제(다산의 역경해석 방법론)와 **참고문헌**은
『周易四箋』 8권 말미에 수록하였습니다.

譯註 周易四箋 2

周易四箋 戊辰本 卷之四

3. 수뢰 준(水雷 屯)
4. 산수 몽(山水 蒙)
5. 수천 수(水天 需)
6. 천수 송(天水 訟)

周易四箋 戊辰本 卷之五

7. 지수 사(地水 師)
8. 수지 비(水地 比)
9. 풍천 소축(風天 小畜)
10. 천택 리(天澤 履)

周易四箋 戊辰本 卷之六

11. 지천 태(地天 泰)
12. 천지 비(天地 否)
13. 천화 동인(天火 同人)
14. 화천 대유(火天 大有)

譯註　周易四箋　3

周易四箋　戊辰本　卷之七

15. 지산 겸(地山 謙)
16. 뇌지 예(雷地 豫)
17. 택뢰 수(澤雷 隨)
18. 산풍 고(山風 蠱)

周易四箋　戊辰本　卷之八

19. 지택 임(地澤 臨)
20. 풍지 관(風地 觀)
21. 화뢰 서합(火雷 噬嗑)
22. 산화 비(山火 賁)

周易四箋　戊辰本　卷之九

23. 산지 박(山地 剝)
24. 지뢰 복(地雷 復)
25. 천뢰 무망(天雷 无妄)
26. 산천 대축(山天 大畜)

譯註 周易四箋 4

周易四箋 戊辰本 卷之十

27. 산뢰 이(山雷 頤)
28. 택풍 대과(澤風 大過)
29. 중수 감(重水 坎)
30. 중화 리(重火 離)

周易四箋 戊辰本 卷之十一

역론(易論)
괄례표 하(括例表 下)
역례비석 하(易例比釋 下)
31. 택산 함(澤山 咸)
32. 뇌풍 항(雷風 恒)

周易四箋 戊辰本 卷之十二

33. 천산 둔(天山 遯)
34. 뇌천 대장(雷天 大壯)
35. 화지 진(火地 晉)
36. 지화 명이(地火 明夷)

譯註 周易四箋 5

周易四箋 戊辰本 卷之十三

37. 풍화 가인(風火家人)
38. 화택 규(火澤 睽)
39. 수산 건(水山 蹇)
40. 뇌수 해(雷水 解)

周易四箋 戊辰本 卷之十四

41. 산택 손(山澤 損)
42. 풍뢰 익(風雷 益)
43. 택천 쾌(澤天 夬)
44. 천풍 구(天風 姤)

周易四箋 戊辰本 卷之十五

45. 택지 췌(澤地 萃)
46. 지풍 승(地風 升)
47. 택수 곤(澤水 困)
48. 수풍 정(水風 井)

譯註　周易四箋　6

周易四箋　戊辰本　卷之十六

49. 택화 혁(澤火 革)
50. 화풍 정(火風 鼎)
51. 중뢰 진(重雷 震)
52. 중산 간(重山 艮)

周易四箋　戊辰本　卷之十七

53. 풍산 점(風山 漸)
54. 뇌택 귀매(雷澤 歸妹)
55. 뇌화 풍(雷火 豊)
56. 화산 여(火山 旅)

周易四箋　戊辰本　卷之十八

57. 중풍 손(重風 巽)
58. 중택 태(重澤 兌)
59. 풍수 환(風水 渙)
60. 수택 절(水澤 節)

譯註 周易四箋 7

周易四箋 戊辰本 卷之十九

61. 풍택 중부(風澤 中孚)
62. 뇌산 소과(雷山 小過)
63. 수화 기제(水火 旣濟)
64. 화수 미제(火水 未濟)

周易四箋 戊辰本 卷之二十

춘추관점보주(春秋官占補註)

周易四箋 戊辰本 卷之二十一

대상전(大象傳)

譯註　周易四箋　8

周易四箋　戊辰本　卷之二十二
계사상전(繫辭上傳)
계사하전(繫辭下傳)

周易四箋　戊辰本　卷之二十三
시괘전(蓍卦傳)

周易四箋　戊辰本　卷之二十四
설괘전(說卦傳)

『주역사전(周易四箋)』 해제 ― 다산(茶山)의 역경해석 방법론
참고문헌

▌ 제무진본(題戊辰本) ▐

余 於甲子陽復之日 《嘉慶 九年 癸亥 冬》 在康津謫中 始讀易 是
年夏 始有箚錄之工 至冬而畢 《凡 八卷》 此 甲子本也

내가 갑자년(甲子年)[1]의 陽이 회복하는 날[2]에 《甲子年은 가경(嘉慶)[3] 9
年[4]이고, [이때는 정확히 말하자면] 계해년(癸亥年)[5] 겨울에 해당됨》 강진(康津)에
귀양가 있으면서 비로소 『易經』을 [본격적으로] 읽기 시작하였다.[6] 이
해[7] 여름에 기록하는 작업을 시작하여, 겨울이 되어 마쳤으니, 《모두 8
권》 이것이 갑자본(甲子本)이다.

○ 甲子本 四義雖具 粗略不完 遂毀之 厥明年 改撰之 《亦八卷》
此 乙丑本也 《此本 在羅州海中》

○ 갑자본(甲子本)은 [추이(推移), 물상(物象), 호체(互體), 효변(爻變)의] 4
가지 [근본적] 관점(四義)[8]은 비록 갖추었으나, 거칠고 대략적인 체계만
갖추었기 때문에 완전하지 못하여서, 마침내 그것을 허물어 버리고, 그
다음 해(1805)에 다시 고쳐 편찬하였으니, 《역시 8권》 이것이 乙丑本이

---

1) 1804년에 해당됨.
2) 陽復之日이란 冬至날을 가리킴.
3) 嘉慶: 淸의 仁宗代(1796~1820)에 쓰이던 年號.
4) 가경(嘉慶) 9年은 1804년이며, 간지(干支)로는 甲子年에 해당된다. 또 朝鮮의 순조(純
   祖, 1800~1834) 4年에 해당된다.
5) 1803年에 해당됨. 甲子年 陽復之日이란 정확히 말하자면, 癸亥년 冬至날을 말하므
   로, 다산이 강진에 유배가서 『周易』을 읽기 시작한 것은 癸亥年(1803) 冬至가 된다.
6) 다산이 『周易』을 본격적으로 자신이 새롭게 수립한 易理四法을 적용하여 해석하기
   시작한 것이 이때(甲子年)이라는 의미이지, 이때 처음으로 『周易』을 읽었다는 의미가
   아니다.
7) 甲子年, 즉 1804年을 가리킨다.
8) ①推移, ②物象, ③互體, ④爻變의 易理四法을 가리킨다. 다산은 "四大義理"라고
   도 하였다.

다. ≪이 책은 羅州의 바다[9] 가운데 있다.[10]≫

○ 乙丑冬 學稼至 偕棲寶恩山房 以前本 不取兩互及交易之
象 悉改之 ≪十六卷≫ 至春而畢 此 丙寅本也 ≪此本在廣州≫

○ 을축년(1805) 겨울에 [맏아들인] 학가(學稼)[11]가 와서, 보은산방(寶恩
山房)[12]에서 같이 기거하였는데, 以前의 책에서는 兩互卦의 象과 交易
의 象을 취하지 않았거니와,[13] 이런 것을 모두 [학가(學稼)와 더불어] 고

---

9) '흑산도'를 말하는 듯함.『易學緒言』의 「玆山易柬」 서두에 흑산도가 '羅州海中에 있
다'고 함. 「玆山易柬」을 「자산역간」이라고 읽지 않는 것은 최근의 학설을 따른 것이다.
최근 정약전(丁若銓)의 저술인『玆山漁譜』를『자산어보』로 읽으면 안 되고,『현산어보』
로 읽어야 한다는 논의가 있었다. 이에 따르면, 흑산도(黑山島)라는 명칭을 피해, 玆山島
라고 했다고 하고, 이때, 玆는 검을 玄(현)을 두 개 겹친 글자이기 때문에, '현'으로 읽는다
고 한다. 그러나 이러한 주장에 반대하는 견해도 학계에 있다.(김언종, 「『玆山漁譜』名稱
攷」,『한문교육연구』제21호, 한국한문교육학회, 2003, 411~433면)

10) '甲子本'은 "甲子本 四義雖具 粗略不完 遂毁之"라고 했으므로, 現存하지 않는 것
으로 보아야 할 것이다. 그러나 茶山이 羅州海中(黑山島)에 있다고 언급한 '乙丑本'은
물론이고, 茶山이 廣州에 있다고 언급한 '丙寅本', 그리고 그것을 修正·補完해서 만
들어진 '丁卯本'도 아직 발견되고 있지 않다. 만일 이들 필사본이 발견된다면, 學界의
대단히 중요한 발견이 될 것이다.

11) 학가(學稼)는 茶山의 맏아들인 정학연(丁學淵, 1783~1859)을 가리킨다. 학가(學稼) 또
는 武牂은 그의 兒名이다. 字는 치수(穉修)이며, 號는 유산(酉山)이다. 의술에 밝았다.

12) 大興寺의 末寺인 高聲寺를 말한다(유홍준,『나의 문화유산답사기』1, 창작과비평사,
1993, 41면). 현재의 茶山草堂에 秋史가 쓴 "寶丁山房(정약용을 보배롭게 모시는 산
방)"이라는 현판이 있다고 함(같은 책, 48면). 다산이 강진의 주막거리에서 고성사(高聲
寺, 대흥사의 末寺)로 거처를 옮기게 된 것은 혜장선사의 주선에 의한 것이었다. 보은산
방(寶恩山房)이라는 이름은 강진읍의 뒷산(북쪽)이 보은산, 우두봉, 우이산, 북산 형제봉
등으로 불리기 때문이다. 고성사와 연관하여 고성암, 보은산방, 보은산원, 僧庵 등으로
기록이 나온다(박석무,『다산기행』, 한길사, 1996, 109면, 113면; 김명배 역,『한국의 다
서』, 탐구당, 1988, 15면, 19면).『與猶堂全書』에는 茶山의 "春日遊寶恩山房" 등의 詩
가 있다(『國譯 茶山詩文集』卷2, 솔, 1996, 321면, 349면, 355면, 356면, 358면; 박석무,
같은 책, 112면). 다산은 「題讀易要旨後」(「讀易要旨」의 말미에 제함),『與猶堂全書』卷
2, 531면;『國譯 茶山詩文集』卷6, 215면)를 "丙寅年(순조 6年, 1806) 端午날에 寶恩山
房에서 집필하였다(丙寅, 端午日, 書于寶恩山房)"라고 말하고 있다.

13) 여기 "以前本, 不取'兩互' 及交易之象"이라는 말과 앞서 "甲子本에서 四義가 미흡하
나마 이미 갖추어졌다(甲子本, 四義雖具, 粗略不完)"는 말은 모순되는 것이 아니다. 즉
"兩互"(또는 兩互作卦)는 '互體論'의 일부로, 互體에는 大體, 兼體, 倒體, 伏體, 牉合,
兩互作卦가 포함된다. 따라서 '甲子本'이나 '乙丑本'에서는 互體論을 피력하기는 하

쳐서, ≪16권≫ 그 이듬해 봄에 완료하였으니, 이것이 병인본(丙寅本)이다. ≪이 필사본은 [경기도] 광주(廣州) [고향집]에 있다.≫

○丙寅本 於播性留動之義 多有闕誤 故 又令學稼 易藁14) 未卒而北還 令李鶴來 竣工 ≪爲二十四卷≫ 此 丁卯本也 ≪其實 此 亦丙寅本≫

○병인본(丙寅本)은 파성(播性)15)과 유동(留動)16)의 의미에 있어 빠진 것과 착오가 많았다. 그래서 학가(學稼)에게 원고를 수정토록 했는데, 끝맺지 못하고 북쪽으로 되돌아가니, 이학래(李鶴來)17)로 하여금 완결토록 하였다. ≪24권이 되었다.≫ 이것이 정묘본(丁卯本)이다. ≪실제로는 이것도 역시 丙寅本인 셈이다.18)≫

○丁卯本 詞理未精 象義多誤 戊辰秋 余與學圃 在橘園 令圃 脫稿 ≪亦二十四卷≫ 此所謂 戊辰本也

○정묘본(丁卯本)은 글의 논리가 치밀하지 못하고, 易象의 해석에 많은 오류가 있었다. 무진(戊辰)년 가을에 내가 [次子인] 학포(學圃)19)와 더

였으나, "兩互作卦"의 象을 가지고 經文을 설명하지는 않은 것으로 생각된다.

14) [校閱] 新朝本과 國中本에는 "藁"로 되어 있으나, 奎章本에는 "稿"(고)로 되어 있다. "藁"와 "稿"는 同字이다.

15) 파성(播性) : 다산이 『周易』 해석을 위해 수립한 원칙인 「讀易要旨」 중 제5칙에 해당된다. 「讀易要旨」를 참조할 것.

16) 유동(留動) : 다산이 『周易』 해석을 위해 수립한 원칙인 「讀易要旨」 중 제6칙에 해당된다. 「讀易要旨」를 참조할 것.

17) 茶山의 유배 시절에 그 지역 출신으로 제자가 된 이정(李晴)으로, 字가 '鶴來'이다 (박석무·정해렴 편역, 『다산문학선집』, 현대실학사, 1996, 531면).

18) 이 丁卯本 역시 茶山의 맏아들 學稼가 일부 참여한 것으로, 시기적으로나 내용상으로 병인본과 다름이 없다는 뜻이다.

19) 학포(學圃)는 茶山의 둘째 아들(次子)인 정학유(丁學游, 1786~1855)를 가리킨다. 학포(學圃 또는 文牂)는 정학유(丁學游)의 아명(兒名)이며, 字는 치구(穉求)이다. 「農家月令歌」의 저자라는 說이 있다(박석무·정해렴 편역, 『다산문학선집』, 현대실학사, 1996, 537면). 「農家月令歌」에 관해서는 作者가 광해군 때의 고상안(高尙顔)이라는 설과, 철

불어 귤원(橘園)에서 거처하였는데, 學圃로 하여금 탈고하게 하니 ≪역시 24권≫ 이것이 이른바 무진본(戊辰本)이다.[20]

【 사전소인(四箋小引)[21] 】

一曰 推移 ○朱子卦變圖 卽此法也 ≪與本義之言卦變 不同≫ 唯[22] 中孚小過不入辟卦 然 推移者 朱子之義也

첫째 推移 ○朱子의 괘변도(卦變圖)가 바로 이 法에 의한 것이다. ≪[이 卦變圖는] 『周易本義』에서 [본문 해석 중에] 말하는 卦變과는 [다소] 다르다.≫ 다만 [朱子의 卦變說에는] 中孚와 小過가 벽괘(辟卦)에는 들어가지 않지만,[23] 추이는 朱子의 취지이기도 한 것이다.

二曰 物象 ○朱子於大壯 以兌爲羊 ≪見六五≫ 於旅卦 以离爲 雉 ≪見六五≫ 物象之從說卦者 朱子之義也

종 때의 정학유(丁學游)라는 설이 있는데, 그 중에서. 후자가 더 유력하다고 한다.
20) 「題讀易要旨後」에서는 "盖自甲子陽復之後, 至今凡五易稿矣"라고 하여(『與猶堂全書』第1集『詩文集』第14卷, 40면; 『國譯 茶山詩文集』 卷6, 솔, 1996, 215면 이후), 丙寅年(1806)까지 이미 5차례 개정하였다고 하였다. 따라서 여기 「題戊辰本」에서 언급한 것(4차례 개정)은 그 주요한 것만 말한 것이겠다. 그리고 『년보』에는 또한 '5차례 개정'했다고 나온다. 따라서 현재 그 改稿 횟수를 정확히 말할 수는 없다(김인철, 「다산의 『주역』해석 체계에 대한 연구」, 고려대 박사논문, 1999, 13면). 戊辰本까지의 과정을 보면, 甲子本(1804) 8권, 乙丑本(1805) 8권, 丙寅本(1806) 16권, 丁卯本(1807) 24권, 戊辰本(1808) 24권의 순서로 간행되었다.
21) 『周易四箋』에 대한 간략한 서론.
22) [校閱] 新朝本과 國中本에는 '唯'로, 奎章本에는 '惟'로 되어있다.
23) 茶山의 推移說에서는 中孚·小過卦가 辟卦에 포함되어 설명된다.

大壯 兌＝羊　　　旅　离＝雉

둘째 物象 ○朱子는 大壯卦에서 兌(3·4·5의 上互卦)를 '羊'으로 보고
≪[大壯卦의] 六五의 해석을 참조할 것[24]≫ 旅卦에서 离(旅卦의 上卦)를 꿩(雉)
으로 보는데 ≪旅卦 六五를 참조할 것[25]≫ 이처럼 物象을 「說卦傳」에 따라
설정하는 것은 朱子의 취지인 것이다.[26]

三曰 互體 ○朱子曰 互體 不可廢 ≪見大傳 雜物撰德之章≫ 又曰
左傳 分明用互體 ≪指 陳完之筮≫ 互體者 朱子之義也

셋째, 互體 ○朱子도 "『周易』에서] 互體를 폐지할 수 없다"고 하였
고,[27] ≪「繫辭傳」의 '雜物撰德'章과 연관하여 이런 말이 나옴.[28]≫ 또한 "『左
傳』에서도 분명 互體가 사용되었다"고 지적하였다. ≪[茶山] 진완(陳完)[29]
의 占筮 사례를 가리키는 것이다.≫ [이처럼] 互體를 취하여 해석하는 것은
朱子의 뜻이다.

四曰 爻變 ○朱子曰 遇一爻變 以本卦之變爻詞 占 ≪見啓蒙≫

---

24) 『本義』에는 大壯卦 六五의 爻辭인 "喪羊于易"을 풀이함에 있어, 互兌를 주목하여,
　　"卦體似兌, 有羊象焉"이라 하였다(金碩鎭, 『周易傳義大全譯解』 下, 대유학당, 1996,
　　820면).
25) "雉, 文明之物, 离之象也."(위의 책, 1220면)
26) 物象은 「說卦傳」과 연관된다. 즉 「說卦傳」은 物象을 약속·규정한 것이다. 그리고
　　위의 兌羊, 离雉는 모두 「說卦傳」에 나오는 것이다(『四箋』 卷8, 31나).
27) 한편 '物象' 항목에서 언급한 大壯의 上互兌를 羊이라 본 것 이외에, 朱子가 互體를
　　취한 사례는 없는 셈이다. 茶山은 "互體之說, 自漢以來, 師承不絶, 朱子於本義中, 雖無
　　所用, 其平日所論如此, 尙有異義乎"라고 함(『易學緖言』 「朱子本義發微」 卷2, 22가).
28) 『朱子語類』 第5冊(中華書局, 1986, 1957면)에 나오는 말이다(1668면도 참조). "雜物撰
　　德"에 관해서는 『周易傳義大全譯解』 下(金碩鎭, 대유학당, 1996), 1444면을 참조할 것.
29) 진완(陳完)은 진경중(陳敬仲)을 가리킨다. 「春秋官占補註」의 「陳敬仲之筮」를 참조
　　할 것(『四箋』 卷7, 15나).

占法旣然 經旨宜同 爻變者 朱子之義也

넷째 爻變 ○朱子는 "한 爻가 變하는 경우를 점쳐서 얻게 되면, 本卦의 변효(變爻)의 효사(爻辭)로서 점을 친다"고 하였다. 《『易學啓蒙』에 나온다.30)》 점치는 法이 이미 그러할진대, 『周易』經文의 뜻도 마땅히 같은 것이다. [이런 점에서] 爻變이라는 것은 朱子의 관점이기도 하다.31)

丙寅 穀朝 籜皮旅人 題

丙寅年(1806)32) 곡우(穀雨)날33) 아침에 탁피여인(籜皮旅人)34)이 짓다.

---

30) 김상섭 역, 『역학계몽』, 예문서원, 1994, 205면; 『御纂性理精義』, 學苑出版社, 1993, 303면.

31) 다산은 자신의 易理四法이 "朱子之義"와도 완전히 일치한다는 점을 거듭해서 강조하고 있으나, 茶山의 이러한 주장은 논란의 여지가 많다. 다산의 방법론과 주자의 방법론 사이에는 상당한 차이가 있다.

32) 丙寅年은 1806년에 해당된다.

33) 곡우(穀雨)는 24절기 중 하나로서, 양력 4월 20일 또는 21일이 된다.

34) 다산에게는 "탁옹(籜翁)"이라는 號가 있다(신용하, 『조선후기 실학파의 사회사상연구』, 지식산업사, 1997, 14면). 그리고 "탁피옹(籜皮翁)"이라 칭하기도 하였다(『國譯 茶山詩文集』 卷2, 356면, 362면).

周易四箋 戊辰本 卷之一

【 괄례표 상(括例表 上)[1] 】

1. 육괘위사시지본표(六卦爲四時之本表)
2. 감리위양윤지본표(坎离爲兩閏之本表)
3. 십이벽괘진퇴소장표(十二辟卦進退消長表)
4. 일양지괘추이표(一陽之卦推移表)
5. 일음지괘추이표(一陰之卦推移表)
6. 이양지괘추이표(二陽之卦推移表)
7. 이음지괘추이표(二陰之卦推移表)
8. 삼양지괘추이표(三陽之卦推移表)
9. 삼음지괘추이표(三陰之卦推移表)
10. 추이표직설(推移表直說)
11. 설괘물상표(說卦物象表)
12. 설괘방위도(說卦方位圖)

---

1) 四法의 事例를 총괄하여 圖示한 表. "上"이라는 글자는 原文에는 없다. 그러나 나중에 "括例表 下"라고 나오므로, "上"이라는 글자를 보충하였다.

13. 설괘표직설(說卦表直說)
14. 호체표(互體表)
15. 대호표(大互表)
16. 겸호표(兼互表)
17. 도호표(倒互表)
18. 위복표(位伏表)
19. 반합표(牉合表)
20. 양호작괘표(兩互作卦表)
21. 호체표직설(互體表直說)
22. 효변표(爻變表)
23. 효변표직설(爻變表直說)

易有四法 一曰 推移 二曰 物象 三曰 互體 四曰 爻變

『周易』에는 4가지 방법론적 원칙이 있다.[2] 첫째 推移,[3] 둘째 物象,[4] 셋째 互體, 넷째 爻變이다.

推移者 何也 冬至 一陽始生 其卦爲復 ≪卽天根≫ 爲臨 爲泰 ≪爲大壯爲夬≫ 以至於乾 則六陽乃成

復 → 臨 → 泰 → 大壯 → 夬 → 乾

추이(推移)란 무엇인가? 동지(冬至)에 陽 하나가 비로소 처음 생겨나는

---

2) "四法"은 앞서 「題戊辰本」에서 언급된 "四義"와 같은 말이다(즉 "甲子本, 四義雖具, 粗略不完"이라 하였다). 그리고 앞서 「四箋小引」에서 "一曰, …… 二曰, ……"이라 하며 이 '四法'을 거론하였다. 따라서 "四箋"이라는 말도 書名이기도 하지만, 동시에 "四法"과 같은 의미를 지닌 말로 볼 수 있다. 한편 "易理四法"이라는 표현은 『周易四箋』의 原文에는 나오지 않는 것으로 보인다.

3) "推移"를 '추이'로 읽을 것인지, '퇴이'로 읽을 것인지에 관해서는 논란의 여지가 있다. 여기서는 '추이'로 읽기로 한다.

4) 다산은 四法 중 物象을 제외한 나머지 三法을 "三奧"라고 부르기도 한다(방인, 「다산역학사상에 대한 연구」, 한국정신문화연구원 부설 한국학대학원, 1983, 41면).

데, 그 卦는 復卦에 해당된다. ≪즉 天根5)≫ 이것이 臨卦로 되고 泰卦로 되어 ≪그리고 大壯이 되고, 夬가 되어≫ 乾卦에 이르게 되면 여섯 陽이 이에 완결된다.

夏至 一陰始生 其卦爲姤 ≪卽月窟≫ 爲遯 爲否 ≪又爲觀 爲剝≫
以至於坤 則六陰乃成 此所謂 四時之卦也 ≪一卦配一月≫

姤 → 遯 → 否 → 觀 → 剝 → 坤

또한, 하지(夏至)에 陰 하나가 처음 생겨 나옴에, 그 卦로는 姤卦에 해당하는데 ≪즉 月窟≫ 이것이 遯卦로 되고 否卦로 되어 ≪또한 觀卦로 剝卦로 됨≫ 坤卦에 이르게 되면 여섯 개의 陰이 이에 완결된다. 이상 12개 卦가 이른바 "四時之卦"이다.6) ≪한 卦가 한 달에 배당된다.≫

小過者 大坎也 ≪兼畫坎≫ 中孚者 大离也 ≪兼畫离≫ 坎月离日
≪說卦文≫ 積奇爲閏 ≪月與日 取積分 以爲閏≫ 此所謂 再閏之卦也

大坎   大离

小過 坎   中孚 离

小過卦는 大坎이며 ≪겸획하면 坎≫ 中孚卦는 大离이다. ≪겸획하면 离≫ 坎은 月이고, 离는 日인데 ≪모두 「說卦傳」에 나오는 글7)≫ 그 나머지를 모

---

5) 천근(天根)과 월굴(月窟)은 소옹(邵雍)의 用語임. 『四箋』(卷8, 31가) 등에도 이 말이 나온다.
6) 이상의 四時卦(復에서 乾, 姤에서 坤까지 12개의 卦)가 곧 12辟卦이다.
7) 각각 『四箋』(卷1, 6가), 『四箋』(卷4, 18가)에 나온다.

아서 윤달이 되는 것이다. ≪月과 日을 모으고, 나누어 윤달이 된다.≫ 이것이 이른바 "再閏卦"이다.8)

四時之卦 京房 謂之十二辟卦 今擬除乾坤二卦 別取再閏 以充十二辟卦 十二辟卦 分其剛柔 衍之爲五十衍卦 ≪卽群分之卦≫ 此所謂 大衍之數 五十 此之謂 推移也9)

[乾·坤이 포함된] 四時卦를 京房은 "12벽괘(辟卦)"라 했는데, 여기서는 乾·坤 2개 卦를 12辟卦에서 제외하고 별도로 재윤괘(再閏卦)를 취하여 12개의 辟卦로 충당하고자 한다.10) 12辟卦가 그 [각각 따로 뭉쳐 있던] 陽剛이나 陰柔를 나누어,11) 끼리끼리 모여 있던 그것을 풀어 펼치면 50개의 연괘(衍卦)가 된다. 이것이 소위 "大衍之數 50"인 것이다. 이상의 것을 [즉 이렇게 辟卦에서 衍卦가 생성되는 것을] '推移'라고 말하는 것이다.

物象者 何也 說卦傳所云 乾馬 坤牛 坎豕 离雉之類 是也

物象이란 무엇인가? 「說卦傳」에서 乾은 말[馬]의 상징이라고 하고, 坤을 소[牛]의 상징이라고 하고, 坎을 돼지[豕]의 상징이라고 하고, 离를 꿩[雉]의 상징이라고 한 그러한 종류를 말한다.

文王周公之撰次易詞 其一字一文 皆取物象 舍說卦而求解易

---

8) 「繫辭傳」에 "歸奇於扐, 以象閏"이라 하였는데, 『四箋』에서는 「蓍卦傳」에 나온다.

9) [校閱] "四時之卦 ……此之謂 推移也"의 句는 新朝本과 國中本에서는 동일하다. 그러나 奎章本에서는 이상의 구절이 아래와 같이 다르게 나온다. 즉 "四時再閏之中, 乾坤爲父母, 餘十二卦, 漢儒謂之十二辟卦 ≪卽, 類聚之卦≫ 十二辟卦, 分爲剛柔; 衍之, 爲五十衍卦 ≪卽, 群分之卦≫ 此, 所謂'大衍之數, 五十' 此之謂推移也"라고 나온다.

10) 이는 乾·坤이 衍卦의 母卦가 되지 않기 때문에 방편적으로 취한 조치이지, 乾·坤도 당연히 辟卦이다. 즉 14벽괘에 속하는 것이다.

11) 辟卦는 陽은 陽대로 陰은 陰대로 모여 있는데, 그런 陰이나 陽의 군집이 나뉘면서, 확장되면 50연괘로 되는 것이다.

猶舍六律而求制樂 此之謂 物象也

文王과 周公이 易詞를 짓고 엮을 적에 한 글자 한 문장마다 모두 物象을 취했으니, 「설괘전(說卦傳)」을 버리고 『周易』을 이해하고자 함은 육률(六律)12)을 버리고 음악을 하고자 하는 것과 같다. 이같은 것을 物象이라 말하는 것이다.

互體者 何也 重卦旣作 六體相連 自二至四 自三至五 各成一卦 此之謂 互體也 ≪姑畧之 並詳下表≫

互體란 무엇인가? 重卦가 만들어지면 여섯 획(畫)이 연속되어, 제2획에서 제4획까지, [또] 제3획에서 제5획까지 각각 하나의 卦가 성립되니, 이를 일러 互體라 하는 것이다.13) ≪이는 우선 간략히 말한 것이고, 모두 아래의 表에 상세히 나와 있다.≫

爻變者 何也 乾初九者 乾之姤也 坤初六者 坤之復也 一畫旣動 全卦遂變 此之謂 爻變也

爻變이란 무엇인가? 乾卦 初九는 乾卦가 姤卦로 변한 것이고, 坤卦 初六은 坤卦가 復卦로 변한 것이다. 이렇게 한 획(畫)이 변동하면 전체 卦가 따라서 변하는데, 이를 효변(爻變)이라 하는 것이다.

今取四法 開列爲表 俾便比玩 如左 ≪重卦消長之理 本具於八卦 故先著八卦之消長 以昭其本≫

---

12) 육률(六律): 황종(黃鐘)・태주(太簇)・고선(姑洗)・유빈(蕤賓)・이칙(夷則)・무역(無射)의 여섯 律을 가리킨다. 또 육려(六呂)는 대려(大呂)・협종(夾鐘)・중려(仲呂)・임종(林鐘)・남려(南呂)・응종(應鐘)의 여섯 율(律)을 가리킨다. 六律과 六呂를 합하여 十二律이라고 부른다. 律呂는 단지 음계를 정하는 기준으로 쓰였을 뿐 아니라, 古代에 척도를 재는 단위로도 쓰였다.
13) 2・3・4, 3・4・5에서 卦를 취하는 것은 互體의 基本이다. 이외에도 호체를 취하는 방식에는 여러 가지가 있다.

이제 [以上의] 네 가지 방법을 취하여, 이것을 배열하고 圖表로 만들어, 비교하고 음미하는데 편리하게 하였는데 다음과 같다. ≪重卦의 消長하는 이치는 八卦[의 消長]에 이미 갖추어져 있다. 그래서 먼저 八卦의 消長을 제시하여, 그 근본을 밝혔다.≫

01) 육괘위사시지본표(六卦爲四時之本表)[14]

坤에서 陽이 하나가 생겨나면 震이 된다. 震은 復卦의 한 陽의 뿌리이다. 陽이 두 개로 성장하면 兌가 된다. 兌는 夬卦의 근본이다. 陽이 셋으로 완성되면 乾이 된다.

乾에서 陰이 하나가 생겨나면 巽이 된다. 巽은 姤卦의 한 陰의 근본이다. 陰이 두 개로 성장하면 艮이 된다. 艮은 剝卦의 근본이다. 陰이 세개로 완성되면 坤이 된다.

---

14) 六卦가 四時의 근본이 됨을 圖示한 表.

十二辟卦之進退消長 其本已著於八卦 每以一卦 當二月 亦
四時也

　　12벽괘의 進退와 消長[15]은 그 근본이 이미 八卦[의 消長]에 나타나
있다. [坎·离를 뺀 나머지 6개의] 卦 하나 하나가 각각 2개월에 해당하
니,[16] 이 역시 四時(1년)이다.

02) 감리위양윤지본표(坎离爲兩閏之本表)[17]

　　　　　陽在中 ䷆ 坎 小過之本

　　陽이 가운데 있으면 坎이 되니, 坎卦는 小過卦의 근본이다.

　　　　　陰在中 ䷆ 离 中孚之本

　　陰이 가운데 있으면 离가 되니, 离卦는 中孚卦의 근본이다.

　　十四辟卦之中 唯小過中孚 不受消長 八卦之中 唯坎离不受
消長

---

15) "消長"에 관해서는 『四箋』(卷1, 2나), "消息"에 관해서는 『四箋』(卷5, 36가~36나)을
　　참조할 것. 또한 皮錫瑞, 이홍진 역, 『中國經學史』, 형설출판사, 1984, 14면, 19면을 참
　　조할 것.
16) 『四箋』(卷8, 3가)을 참조할 것.
17) 坎과 离가 兩閏卦의 근본이 됨을 圖示한 表.

小過　中孚

14辟卦 가운데서는 오직 小過卦와 中孚卦만은 消長을 하지 않으며,
8卦 가운데서는 오직 坎과 离가 消長을 하지 않는다.

盖其卦形 中正 无所始終 其於四時之序 无所當焉 大傳所云
五歲在閏者 小過中孚 以坎离爲本也

坎과 离는 그 卦의 형태가 대체로 치우침이 없이 바르고[18] 따로 근거
(始終)하는 바가 없어, 四時의 차례에 있어서도 해당하는 바가 없다. 「大
傳」(「繫辭傳」)에서 말하는 "五歲再閏(5년에 윤달이 두 번 있다)"이 바로 이것
이니, 小過卦와 中孚卦는 이 坎과 离를 근거로 삼는 것이다.

03) 12벽괘진퇴소장표(十二辟卦進退消長表)[19]

周而復始[20] 四時行焉

坤　　　　　　　　　乾

---

18) 中正 : 离는 陰이 2位에 자리하고 있으니 中正이지만, 坎의 경우는 엄밀히 본다면
'中正'이 아님. 다만 1·2·3이 아닌 4·5·6으로 본다면, 坎도 陽이 5位에 자리하여
中正이 됨. 이런 사정으로 "盖"라는 표현이 나오는 것으로 생각된다. 한편, 참고로 正
應이란 1~4, 2~5, 3~6이 陰陽으로 호응하는 것을 가리킨다.
19) 다산은 辟卦의 推移에는 "進退消長"이라는 용어를 사용하고, 衍卦의 推移에는 "升
降往來"라는 용어를 사용하고 있다.
20) 周而復始(두루 미쳐 다시 시작함) : 陳立 撰, 『白虎通疏證』下(新編諸子集成本), 北
京 : 中華書局, 1994, 684면. 『古詩賞析』(『漢文大系』第18卷, 明治 48年, 17면)을 참조
할 것.

一陽生	䷗	復	子月卦	一陰生	䷫	姤	五月卦
二陽長	䷒	臨	丑月卦	二陰長	䷠	遯	六月卦
三陽長	䷊	泰	寅月卦	三陰長	䷋	否	七月卦
四陽長	䷡	大壯	卯月卦	四陰長	䷓	觀	八月卦
五陽長	䷪	夬	辰月卦	五陰長	䷖	剝	九月卦
六陽成	䷀	乾	巳月卦	六陰成	䷁	坤	十月卦
坎爲本	䷽	小過	閏月卦	离爲本	䷼	中孚	閏月卦

復	臨	臨	大壯	夬	乾	姤	遯	否	觀	剝	坤
䷗	䷒		䷡	䷪	䷀	䷫	䷠	䷋	䷓	䷖	䷁
1陽生	2陽長	3陽長	4陽長	5陽長	6陽成	1陰生	2陰長	3陰長	4陰長	5陰長	6陰成
子月卦	丑月卦	寅月卦	卯月卦	辰月卦	巳月卦	5月卦	6月卦	7月卦	8月卦	9月卦	10月卦

坤卦(䷁)에서,

陽이 한 개가 생겨나면 復卦가 되어, 子月卦(음력 11월)이다.

陽이 두 개로 장성하면 臨卦가 되어, 丑月卦(음력 12월)이다.

陽이 세 개로 장성하면 泰卦로 되고, 寅月卦(음력 1월)이다.

陽이 네 개로 장성하면 大壯이 되니, 卯月卦(음력 2월)이다.

陽이 다섯 개 장성하면 夬卦가 되니, 辰月卦(음력 3월)이다.

陽이 여섯 개 완성되면 乾卦가 되니, 巳月卦(음력 4월)이다.

周而復始 四時行焉

두루 운행하여 다시 시작하니, 四時가 운행한다.

乾卦(䷀)에서,

陰이 한 개가 생겨나면 姤卦로 되니, 五月卦이다.

陰이 두 개로 장성하면 遯卦로 되니, 六月卦이다.

陰이 세 개로 장성하면 否卦가 되며, 七月卦이다.

陰이 네 개로 성장하면 觀卦가 되며, 八月卦이다.

陰이 여섯 개 완성되면 坤卦가 되고, 十月卦이다.

坎을 근본으로 小過가 되며, 이는 閏月卦이다.

离를 근본으로 中孚가 되며, 이는 閏月卦이다.

04) 일양지괘추이표(一陽之卦推移表)

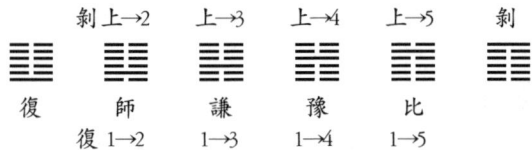

復 一之二 剝 上之二 爲 師

復 一之三 剝 上之三 爲 謙

復 一之四 剝 上之四 爲 豫

復 一之五 剝 上之五 爲 比

復卦의 1이 2로 가거나, 剝卦의 上이 2로 가면, 師卦가 된다.

復卦의 1이 3으로 가거나, 剝卦의 上이 3으로 가면, 謙卦가 된다.

復卦의 1이 4로 가거나, 剝卦의 上이 4로 가면, 豫卦가 된다.

復卦의 1이 5로 가거나, 剝卦의 上이 5로 가면, 比卦가 된다.

右云 一之二者 謂復之初剛 升而爲二也 ≪初往二來≫ 其云 上

之二者 謂剝之上剛 降而爲二也 ≪二往上來≫ 餘倣此

위에서 "一之二"라고 한 것은 復卦의 初剛이 위로 상승하여 제2位로 올라가는 것을 말하는 것이다. ≪初畫이 [제2位로] 나가고 제2畫이 들어온다.≫

"上之二"라고 하는 것은, 剝卦의 上剛이 아래로 하강하여 제2位로 내려오는 것이다. ≪제2畫이 가고 上畫이 오는 것≫ 나머지 사례들도 이와 동일하다.

05) 일음지괘추이표(一陰之卦推移表)

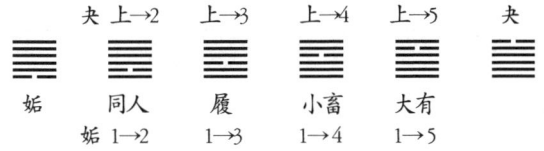

夬 一之二 夬 上之二 爲 同人
姤 一之三 夬 上之三 爲 履
姤 一之四 夬 上之四 爲 小畜
姤 一之五 夬 上之五 爲 大有

姤卦의 1이 2로 가거나, 夬卦의 上이 2로 가면, 同人卦가 된다.
姤卦의 1이 3으로 가거나, 夬卦의 上이 3으로 가면, 履卦가 된다.
姤卦의 1이 4로 가거나, 夬卦의 上이 4로 가면, 小畜卦가 된다.
姤卦의 1이 5로 가거나, 夬卦의 上이 5로 가면, 大有卦가 된다.

右云 一之二 上之二者 例同上 ≪指姤夬≫ 只言其之而不言其
來者 一陽一陰 爲卦主也 ≪易例 少者爲卦主≫ 餘倣此

여기서 "一之二" 또는 "上之二"라고 말하는 것은 그 방식이 위의 1陽
卦의 경우와 동일하다. ≪["一之二" 또는 "上之二"란] 姤卦와 夬卦에서의 경우를
가리키는 것≫ 단지 그 가는 것만 말하고 오는 것을 말하지 않은 것은 [一
陽卦나 一陰卦에서] 一陽과 一陰이 [각각] 卦主가 되기 때문이다. ≪易
例에서는 적은 것이 卦主가 된다.[21]≫ 나머지도 이와 동일하다.

06) 이양지괘추이표(二陽之卦推移表)[22]

小過 4→2	3→2			4→1	3→1			小過
臨	升	解	坎	蒙	明夷	震	屯	頤
臨	1→3	1→4	1→5	1→6	2→3	2→4	2→5	2→6

臨 一之三 小過 四之二 爲升

臨 一之四 小過 三之二 爲解

臨 一之五 爲坎

臨 一之上 爲蒙

臨 二之三 小過 四之一 爲明夷

臨 二之四 小過 三之一 爲震

---

21) 「繫辭傳」에 "陽卦多陰, 陰卦多陽"이라는 말이 있다. "卦主"에 대해서는 『四箋』(卷1,
15가) 등을 참조할 것.

22) 위아래(또는 좌우로) 중첩되어 있으므로 당연히 2개의 母卦를 가지며, 그렇지 않은
것도 양쪽에 걸쳐지므로 동일하게 2개의 母卦를 가진다.

臨 二之五 爲屯

臨 二之上 爲頤

臨卦의 1이 3으로 가거나, 小過卦의 4가 2로 가면, 升卦가 된다.

臨卦의 1이 4로 가거나, 小過卦의 3이 2로 가면, 解卦가 된다.

臨卦의 1이 5로 가면, 坎卦가 된다.

臨卦의 1이 上으로 가면, 蒙卦가 된다.

臨卦의 2가 上으로 가거나, 小過卦의 4가 1로 가면, 明夷卦가 된다.

臨卦의 2가 4로 가거나, 小過卦의 3이 1로 가면, 震卦가 된다.

臨卦의 2가 5로 가면, 屯卦가 된다.

臨卦의 2가 上으로 가면, 頤卦가 된다.

이양표 하(二陽表 下)

小過 3→5	4→5			3→上	4→上		小過
觀	萃	蹇	坎	屯	晉	艮	蒙	頤
觀 6→4	6→3	6→2	6→1	5→4	5→3	5→2	5→1

觀 上之四 小過 三之五 爲萃

觀 上之三 小過 四之五 爲蹇

觀 上之二 爲坎

觀 上之一 爲蒙

觀 五之四 小過 三之上 爲晉

觀 五之三 小過 四之上 爲艮

觀 五之二 爲蒙

觀 五之一 爲頤

觀卦의 上이 4로 가거나, 小過卦의 3이 5로 가면, 萃卦가 된다.

觀卦의 上이 3으로 가거나, 小過卦의 4가 5로 가면, 蹇卦가 된다.

觀卦의 上이 2로 가면, 坎卦가 된다.

觀卦의 上이 1로 가면, 蒙卦가 된다.

觀卦의 5가 4로 가거나, 小過卦의 3이 上으로 가면, 晉卦가 된다.

觀卦의 5가 3으로 가거나, 小過卦의 4가 上으로 가면, 艮卦가 된다.

觀卦의 5가 2로 가면, 蒙卦가 된다.

觀卦의 5가 1로 가면, 頤卦가 된다.

07) 이음지괘추이표(二陰之卦推移表)[23]

中孚		4→2	3→2			4→1	3→1		中孚
遯		无妄	家人	離	革	訟	巽	鼎	大過
遯	1→3	1→4	1→5	1→6	2→3	2→4	2→5	2→6	

遯 一之三 中孚 四之二 爲无妄

遯 一之四 中孚 三之二 爲家人

遯 一之五 爲離

遯 一之上 爲革

遯 二之三 中孚 四之一 爲訟[24]

---

23) 2개의 母卦인 것은 동일하지만, ①遯과 中孚, ②大壯과 中孚, ③遯과 大壯, 3종류로 다시 나눌 수 있다.

遯 二之四 中孚 三之一 爲巽

遯 二之五 爲鼎

遯 二之上 爲大過

遯卦의 1이 3으로 가거나, 中孚卦의 4가 2로 가면, 无妄卦가 된다.

遯卦의 1이 4로 가거나, 中孚卦의 3이 2로 가면, 家人卦가 된다.

遯卦의 1이 5로 가면, 離卦가 된다.

遯卦의 1이 上으로 가면, 革卦가 된다.

遯卦의 2가 3으로 가거나, 中孚卦의 4가 1로 가면, 訟卦가 된다.

遯卦의 2가 4로 가거나, 中孚卦의 3이 1로 가면, 巽卦가 된다.

遯卦의 2가 5로 가면, 鼎卦가 된다.

遯卦의 2가 上으로 가면, 大過卦가 된다.

이음표 하(二陰表 下)

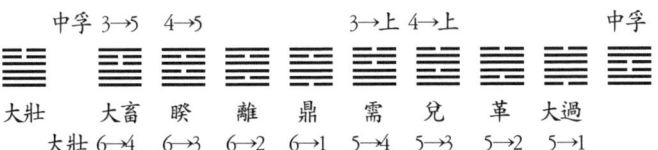

大壯 上之四 中孚 三之五 爲大畜

大壯 上之三 中孚 四之五 爲睽

大壯 上之二[25] 爲離

大壯 上之一 爲鼎

---

24) [校閱] "遯, 二之三, 爲訟": 『四箋』(卷4, 35가)에는 "三之二"라고 반대로 나온다.

25) [校閱] "上之二"가 奎章本에는 "二之上"으로 나온다.

大壯 五之四 中孚 三之上 爲需

大壯 五之三 中孚 四之上 爲兌

大壯 五之二 爲革

大壯 五之一 爲大過

大壯卦의 上이 4로 가거나, 中孚卦의 3이 5로 가면, 大畜卦가 된다.

大壯卦의 上이 3으로 가거나, 中孚卦의 4가 5로 가면, 睽卦가 된다.

大壯卦의 上이 2로 가면, 離卦가 된다.

大壯卦의 上이 1로 가면, 鼎卦가 된다.[26]

大壯卦의 5가 4로 가거나, 中孚卦의 3이 上으로 가면, 需卦가 된다.

大壯卦의 5가 3으로 가거나, 中孚卦의 4가 上으로 가면, 兌卦가 된다.

大壯卦의 5가 2로 가면, 革卦가 된다.

大壯卦의 5가 1로 가면, 大過卦가 된다.

08) 삼양지괘[27] 추이표(三陽之卦推移表)

泰	恒	井	蠱	豐	旣濟	賁	歸妹	節	損
	1→4	1→5	1→6	2→4	2→5	2→6	3→4	3→5	3→6

泰 一之四 爲恒 ≪初往四來≫

泰 一之五 爲井 ≪初往五來≫

---

26) 鼎卦, 大過卦와 같은 경우는 中孚卦와는 완전 무관하다. 왜냐하면 '一往一來'의 推移原則에 의거하였기 때문이다.

27) 三陽卦는 下卦에 陽이 2개 이상 있는 괘를 지칭한다.

泰 一之上 爲蠱 《初往上來》

泰 二之四 爲豐 《二往四來》

泰 二之五 爲旣濟 《二往五來》

泰 二之上 爲賁 《二往上來》

泰 三之四 爲歸妹 《三往四來》

泰 三之五 爲節 《三往五來》

泰 三之上 爲損 《三往上來》

泰卦의 1이 4로 가면, 恒卦가 된다. 《初가 가고, 4가 온다.》

泰卦의 1이 5로 가면, 井卦가 된다. 《初가 가고, 5가 온다.》

泰卦의 1이 上으로 가면, 蠱卦가 된다. 《初가 가고 上이 온다.》

泰卦의 2가 4로 가면, 豐卦가 된다. 《2가 가고, 4가 온다.》

泰卦의 2가 5로 가면, 旣濟卦가 된다. 《2가 가고, 5가 온다.》

泰卦의 2가 上으로 가면, 賁卦가 된다. 《2가 가고, 上이 온다.》

泰卦의 3이 4로 가면, 歸妹卦가 된다. 《3이 가고, 4가 온다.》

泰卦의 3이 5로 가면, 節卦가 된다. 《3이 가고, 5가 온다.》

泰卦의 3이 上으로 가면, 損卦가 된다. 《3이 가고, 上이 온다.》

09) 삼음지괘[28]추이표(三陰之卦推移表)

否		益	噬嗑	隨		渙	未濟	困		漸	旅	咸
		1→4	1→5	1→6		2→4	2→5	2→6		3→4	3→5	3→6

---

28) 三陰卦는 下卦에 陰이 2개 이상 있는 괘를 지칭한다.

否 一之四 爲益 《初往四來》

否 一之五 爲噬嗑 《初往五來》

否 一之上 爲隨 《初往上來》

否 二之四 爲渙 《二往四來》

否 二之五 爲未濟 《二往五來》

否 二之上 爲困 《二往上來》

否 三之四 爲漸 《三往四來》

否 三之五 爲旅 《三往五來》

否 三之上 爲咸 《三往上來》

否卦의 1이 4로 가면, 益卦가 된다. 《初가 가고, 4가 온다.》

否卦의 1이 5로 가면, 噬嗑卦가 된다. 《初가 가고, 5가 온다.》

否卦의 1이 上으로 가면, 隨卦가 된다. 《初가 가고, 上이 온다.》

否卦의 2가 4로 가면, 渙卦가 된다. 《2가 가고, 4가 온다.》

否卦의 2가 5로 가면, 未濟卦가 된다. 《2가 가고, 5가 온다.》

否卦의 2가 上으로 가면, 困卦가 된다. 《2가 가고, 上이 온다.》

否卦의 3이 4로 가면, 漸卦가 된다. 《3이 가고, 4가 온다.》

否卦의 3이 5로 가면, 旅卦가 된다. 《3이 가고, 5가 온다.》

否卦의 3이 上으로 가면, 咸卦가 된다. 《3이 가고, 上이 온다.》

추이표일람(推移表一覽)

일양괘(一陽卦)	일음괘(一 卦)
2←6 3←6 4←6 5←6 剝	2←6 3←6 4←6 5←6 夬
復 1→2 1→3 1→4 1→5	姤 1→2 1→2 1→4 1→5
師 謙 豫 比	同人 履 小畜 大有

이양괘(二陽卦)

2←6 2←5 1←6 1←5 觀	2←6 2←5 1←6 1←5 小過	5←3 5←4 6←3 6←4 小過
臨 1→5 1→4 2→5 2→6	臨 1→3 1→4 2→3 2→4	觀 6→3 5→3 6→4 5→4
坎 蒙 屯 頤	升 解 明夷 震	萃 蹇 晉 艮

이음괘(二 卦)

2←6 2←5 1←6 1←5 大壯	2←4 2←3 1←4 1←3 中孚	5←3 5←4 6←3 6←4 中孚
遯 1→5 1→4 2→5 2→6	遯 1→3 1→4 2→3 2→4	大壯 1→3 6→3 5→3 6→4
離 革 鼎 大過	无妄 家人 訟 巽	大畜 睽 需 兌

삼양괘(三陽卦)

	1→4	1→5	1→6	2→4	2→5	2→6	3→4	3→5	3→6
泰	恒	井	蠱	豐	旣濟	賁	歸妹	節	損

삼음괘(三 卦)

	1→4	1→5	1→6	2→4	2→5	2→6	3→4	3→5	3→6
否	益	噬嗑	隨	渙	未濟	困	漸	旅	咸

10) 추이표직설(推移表直說)[29]

乾坤者 父母之卦也[30]

乾과 坤은 [乾坤을 제외한 다른 卦들의] 父母에 해당하는 卦이다.

---

29) 推移表에 대응하는 설명.

30) 이와 같이 본문 중 진한 글자는 대체적으로 요지(要旨)를 설명하는 부분으로, 세부적
으로 내용을 설명하는 부분보다 진하게 표기하기로 한다. 以下의 例도 이와 같다.

乾坤 雖爲諸卦之父母 語其變 則乾由坤變 先乎乾者 夬也
≪義詳乾之象≫ 坤由乾變 先乎坤者 剝也 ≪義詳坤之象≫

[그러나] 乾과 坤이 비록 모든 卦의 父母라고는 해도, 그 [推移의] 변화를 말할 것 같으면, 乾은 坤에서 변한 것이며, 乾에 앞서는 것이 夬卦이다.31) ≪이 의미는 乾卦의 象辭에 자세하다.32)≫ 坤은 乾에서 변한 것이며, 坤에 앞서는 것이 剝卦이다. ≪그 뜻은 坤卦의 象辭에 자세히 나온다.≫

復 臨 泰 大壯 夬者 由坤而變之 進乎乾者也

復, 臨, 泰, 大壯, 夬는 坤卦에서 변한 것이며, 乾으로 나아가는 것이다.

商易 以坤爲首 故謂之歸藏 ≪說卦云 坤以藏之≫ 坤基先立 然後
復一陽 始有所起 此之謂 天根也 ≪乾之本≫

商나라(즉 殷나라) 易은 坤을 첫머리로 하는데, 그러므로 그것을 귀장역(歸藏易)이라 이른다. ≪「說卦傳」에 "坤으로써 저장한다"고 하였다.≫ 坤이 바탕이 되어 먼저 정립되고, 그 뒤에 復卦의 한 개의 陽이 비로소 생겨나게 되는데, 이 復卦의 一陽을 "天根"33)이라고 한다. ≪乾卦의 뿌리이다.≫

---

31) 辟卦의 推移(進退消長, 卦變)에서 보면, 乾 · 坤도 하나의 특정 단계에 불과할 뿐이라는 뜻이다.
32) 실제로는 象辭뿐만 아니라, 「象傳」에서도 설명됨.
33) 천근(天根)과 월굴(月窟)은 邵康節의 용어이다. 소강절의 『이천격양집(伊川擊壤集)』 「관물음(觀物吟)」에 "天根月窟間來往, 三十六官都是春"이라고 하였다.(박주병 저, 『周易反正』, 서문당, 2002년, 184면) "天根"이라는 용어는 『四箋』(卷8, 31가) 등에 나오고, "月窟"이라는 용어는 『四箋』(卷4, 39나) 등에 나온다.

姤 遯 否 觀 剝者 由乾而變之 進乎坤者也

乾　姤　遯　否　觀　剝　坤

姤, 遯, 否, 觀, 剝卦는 乾에서 변한 것이며, 坤으로 나아가는 것이다.

自復至夬 自姤至剝 凡得十卦 此 漢儒所謂 辟卦也 ≪辟者 君也
主也≫ 進退消長 周而復始 四時之象也

復　臨　泰　大壯　夬　乾　姤　遯　否　觀　剝　坤

1陽生 2陽長 3陽長 4陽長 5陽長 6陽成 1陰生 2陰長 3陰長 4陰長 5陰長 6陰成
子月卦 丑月卦 寅月卦 卯月卦 辰月卦 巳月卦 5月卦 6月卦 7月卦 8月卦 9月卦 10月卦

復卦에서 夬卦까지, 그리고 姤卦에서 剝卦까지 모두 10개의 卦인데,
이것이 이른바 漢儒들이 말하는 벽괘(辟卦)이다. ≪'辟'이란 임금 또는 주인을
말한다.≫ 나아가고 물러가고, 꺼지며 자라서, 순환하고 다시 시작하니,[34]
이는 [春·夏·秋·冬의] 四時를 상징하는 것이다.

小過 中孚者 由坎離而變之 復爲坎离者也

小過　　坎　　　離　　中孚
←2와 5가 3·4로 감　2와 5가 3·4로 감→

小過卦와 中孚卦는 각각 [重卦인] 坎卦와 離卦에서 변한 것으로, 다

---

34) "周而復始"는 앞서도 나온 말이다(『四箋』卷1, 3가).

시 坎과 离가 된 것이다.[35]

天地水火者 溟涬之分 而自成形質 不受和化者也 ≪雷風山澤 生
於火天水地≫ 故 乾坤坎离 爲易四正 ≪不似[36]震巽艮兌之偏畸不正≫

天(乾), 地(坤), 水(坎), 火(离)라는 것은 태초에 혼돈(溟涬)[37]이 나뉘면서
스스로 형질을 이룬 것이지, [새삼] 조화를 입어 그리된 것이 아니다.[38]
≪반면에 雷(震), 風(巽), 山(艮), 澤(兌)은 [溟涬之分 이후에] 火, 天, 水, 地[의 조화]
에서 나왔다.≫ 그러므로 乾·坤·坎·离는 易의 4正卦가 되는 것이다.
≪이 4正卦는 非대칭적인 偏畸[39]를 취하고 있어 正卦가 아닌 震·巽·艮·兌와는
같지 않다.≫

君辟之卦 不可無坎离也 小過者 大坎也 ≪兼畫三≫ 中孚者 大
离也 ≪兼畫三≫ 大傳 以此 爲再閏之象

중심괘(君辟卦)에 坎·离가 없을 수 없으니, 小過는 大坎이요, 中孚는
大离이다. ≪겹쳐서 三畫으로 봄.≫ 「大傳」(「繫辭傳」)에서는 이 中孚·小過
를 "두 번의 윤달(再閏)"의 상징(象徵)으로 삼고 있다.[40]

於是乎 一陽之卦 皆自剝復[41] 而升降之 一陰之卦 皆自姤夬

---

35) 小過卦가 大坎의 형태를, 中孚卦가 大离의 형태를 취하고 있음을 가리킨다.
36) [校閱] 奎章本에는 "似"가 "以"로 나온다. 즉 "不'以'震巽艮兌之偏畸不正"으로 나
   온다. 이 경우 "그렇다고 하여, 震·巽·艮·兌卦의 '非대칭적인 형태(偏畸)'를 '不正'
   이라고 하는 것은 아니다" 정도로 해석이 된다.
37) 명행(溟涬) : 분화되지 않은 萬物發生之元氣를 가리킨다.
38) 斷句를 다르게 하면 다른 해석이 가능하다. "天地水火者, 溟涬之分而自成, 形質不
   受和化也(天·地·水·火는 태초의 혼돈된 상태가 분화되어 저절로 형성된 것이며,
   그 형질이 변화되지 않은 것이다)."
39) "편기(偏畸)"라는 말은 以後『四箋』卷2, 16가)에도 나온다.
40) 「繫辭傳」에 "歸奇於扐, 以象閏. 五歲再閏, 故, 再扐而後掛"라고 하였다. 『四箋』에
   서는 「蓍卦傳」에 나온다(『四箋』卷8, 17가;『四箋』卷8, 18가).
41) [校閱] 奎章本에는 "皆自剝復"으로 되어 있으나, 新朝本과 國中本에는 "皆自復剝"

而升降之 ≪法見表≫

　이상에서 陽이 한 개 있는 卦는 모두 剝卦와 復卦에서 올라오거나 내려 간 것이며, 陰이 하나 있는 卦는 모두 姤卦와 夬卦에서 올라오거나 내려 간 것이다. ≪그 방법은 앞의 표에 나와 있다.≫

師 謙 豫 比者 復剝之所推移也

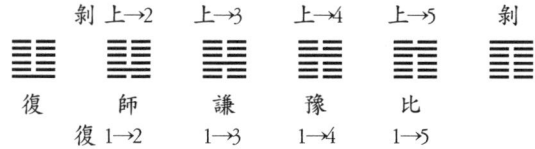

　[1陽卦인] 師, 謙, 豫, 比卦는 復卦와 剝卦가 推移한 것이다.

同人 履 小畜 大有者 姤夬之所推移者也

　[1陰卦인] 同人, 履, 小畜, 大有卦는 姤卦와 夬卦가 推移한 것이다.

	夬 上→2	上→3	上→4	上→5	夬
姤	同人	履	小畜	大有	
	姤 1→2	1→2	1→4	1→5	

二陽之卦 皆自臨觀小過 而升降之 二陰之卦 皆自遯大壯中孚 而升降之

　2陽卦는 모두 臨, 觀, 小過에서 升降한 것이다.[42] 2陰卦는 모두 遯・大壯・中孚에서 升降한 것이다.

　으로 되어 있다.
42) "升降"이라는 말이 "推移"의 의미로 사용되었다.

衍卦之中 二陽之卦 十二也 其四 臨觀之所推移也 ≪卽屯
蒙 頤 坎≫

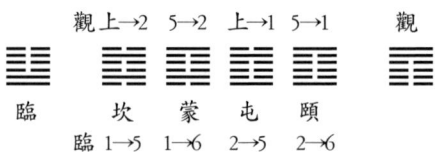

衍卦 가운데 2陽卦는 12개인데, 그 중 4개는 臨卦와 觀卦로부터 推
移된 것이다. ≪즉 屯, 蒙, 頤, 坎卦≫

其四 臨小過之所推移也 ≪卽 升 解 震 明夷≫

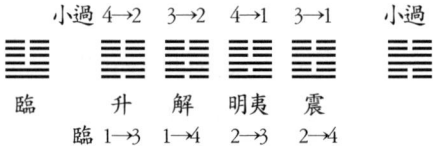

그 중 4개는 臨卦와 小過卦로부터 推移된 것이다. ≪즉, 升, 解, 震, 明夷卦≫

其四 觀小過之所推移也 ≪卽 萃 蹇 晉 艮≫

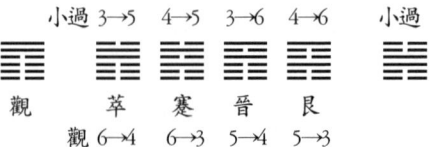

그 중 4개는 觀卦와 小過卦로부터 推移된 것이다.[43] ≪즉, 萃, 蹇, 晉, 艮이다.≫

---

43) 2陽卦는 겹치는 것이 있어서, 결국 이상과 같이 12개이다.

○二陰之卦 十二也 其四 遯 大壯之所推移也 ≪鼎 革 離 大過≫

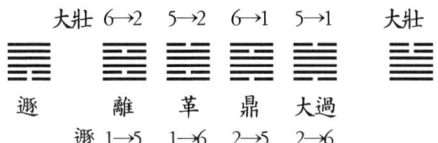

○2陰卦도 12개이다. 그 중 넷은 遯卦와 大壯卦로부터 推移된 것이며 ≪鼎, 革, 離, 大過≫

其四 遯中孚之所推移也 ≪訟 无妄 巽 家人≫

그 넷은 遯卦와 中孚卦로부터 推移된 것이며 ≪訟, 无妄, 巽, 家人≫

其四 大壯中孚之所推移也 ≪需 大畜 睽 兌≫

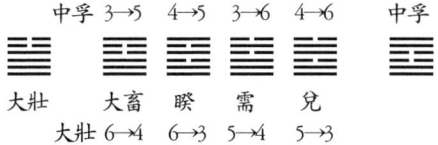

그 중 넷은 大壯卦와 中孚卦로부터 推移된 것이다. ≪需, 大畜, 睽, 兌≫

三陽之卦 皆自泰來 三陰之卦 皆自否來

3陽卦는 모두 泰卦에서 왔으며, 3陰卦는 모두 否卦로부터 왔다.

泰亦三陰 然 三陽在內 故謂之陽卦也 否亦三陽 然 三陰在內
故謂之陰卦也

泰卦에도 3개의 陰이 또한 있지만 그러나 3개의 陽이 內卦에 있으므
로 그것을 陽卦라고 부르는 것이다. 否卦도 역시 3개의 陽이 있으나 3개
의 陰이 內卦에 있으므로 陰卦라고 하는 것이다.[44]

○從泰來者 九卦也 二陽存於下 而上得一陽者 從泰來者也
≪恒 井 蠱 豐 旣濟 賁 歸妹 節 損≫

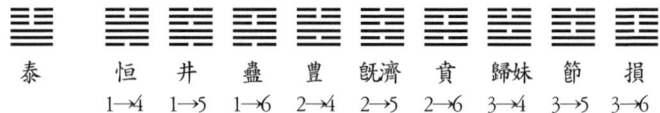

泰　　恒　井　蠱　豐　旣濟　賁　歸妹　節　損
　　　1→4　1→5　1→6　2→4　2→5　2→6　3→4　3→5　3→6

○泰卦에서 나온 것은 9개 卦이다. 2개의 陽이 下卦에 있고, 上卦에
陽이 하나 있는 것은 모두 泰卦에서 나온 것이다. ≪恒, 井, 蠱, 豐, 旣濟,
賁, 歸妹, 節, 損≫

從否來者 九卦也 二陰存於下 而上得一陰者 從否來者也
≪咸 困 隨 旅 未濟 噬嗑 漸 渙 益≫

否卦에서 나온 것도 아홉 卦이다. 2개의 陰이 下卦에 있고 그 上卦에
陰이 한 개 있는 것은 否卦에서 나온 것이다. ≪咸, 困, 隨, 旅, 未濟, 噬嗑,
漸, 渙, 益≫

否　　益　噬嗑　隨　渙　未濟　困　漸　旅　咸
　　　1→4　1→5　1→6　2→4　2→5　2→6　3→4　3→5　3→6

---

44) 內卦가 "我"가 되고, 主가 된다(『四箋』卷3, 18나).

總之 四時之卦 十二也 再閏之卦 二也 於此十四 而衍之爲卦
者 五十也 故曰 大衍之數 五十

총괄컨대, 四時의 卦가 12개이고, 再閏卦가 2개인데, 이 14개에서 펼
쳐내어 卦를 만든 것은 50개이다. 그러므로 「繫辭傳」에서 "大衍之數는
50이다"라고 하는 것이다.[45]

論其體 則六十四卦 各自成形 語其象 則六十四卦 無不受變
於他卦 ≪乾由坤變 坤由乾變≫ 此之謂 易

그 본체를 논하면 64개의 卦가 각각 스스로 이루어진 것이나, 그 형태
를 말할 것 같으면 64卦에는 다른 卦에서 변화되어 나오지 않은 것이 없
다. ≪단적으로 乾卦는 坤에서, 坤卦는 乾에서 변화한 것이다.≫ 이것을 일러 易
이라 하는 것이다.

推移之義 漢儒 皆能言之 朱子卦變圖 卽其遺也

推移의 이같은 의미는 한유(漢儒)라도 모두 말할 수 있었던 것이니, 朱
子의 「卦變圖」는 곧 그런 이론을 이어 받은 것이다.

荀爽虞翻之等 皆主推移 歷世相承 未有岐貳 朱子卦變圖 皆
有所本 唯小過中孚 闕而不收也 ≪本義所著推移之義 或與卦變圖不合
盖本義 先成也≫

순상(荀爽)이나 우번(虞翻) 등도 모두 推移를 중심으로 삼았거니와, 역
대로 그 이론을 서로 계승하였으나 다른 견해로 나누어지지 않았다. 朱
子의 「괘변도」는 [이처럼] 모두 근본하는 바가 있는 것인데, 그러나 오
직 小過卦와 中孚卦만은 빼버리고 卦變에서 취급하지 않았다. ≪『本

---

45) 大衍之數五十 : 『四箋』에서는 「蓍卦傳」 첫머리에 언급되고 있다.

義』에 나타난 推移의 의미는, 간혹 [『역학계몽』의] 「卦變圖」와 부합하지 않는데, 아마 『本義』가 [卦變圖에] 앞서 나온 것이기 때문일 것이다.46)≫

11) 설괘물상표(說卦物象表)[47]

≪物象雜沓 今不能悉指 唯略擧一二≫

≪物象은 복잡다단하여 여기서는 모두 제시할 수가 없으니, 간략하게 한두 가지만 제시한다.≫

分類 \ 卦		乾 天	坤 地	震 雷	巽 風	坎 水	离 火	艮 山	兌 澤
說卦物象表	卦德	健	順	動	入	陷	麗	止	說
	人倫	父	母	長男	長女	中男	中女	少男	少女
	人品	賓	衆人	君子	主人	盜	武人	小人	巫
	遠取	馬	牛	龍	雞	豕	雉	狗	羊
	近取	首	腹	足	股	耳	目	手	口
	物色	大赤	黑	蒼	白	赤			
	器物	金玉	釜	簹	繩	弓	甲冑	節	瓶
	雜物	氷	布	稼	臭	血	墉	門闕	剛鹵
說卦方位圖	方位	西北	西南	東	東南	北	南	東北	西
		戰	致役	出	齊	勞	相見	成言	說言
	五行	金	土	木	木	水	火	土	金
	四時	·	·	春	·	冬	夏	·	秋
	四德	·	·	仁	·	智	禮	·	義[46]

---

46) 『周易本義』가 前期의 저술이고, 『易學啓蒙』이 後期의 저술이라고 보는 견해에 대해서는 異說이 있다(이세동, 「朱子 周易本義연구」, 서울대 박사논문, 1996, 13면). 방인, 「다산역학사상에 대한 연구」, 한국학중앙연구원 부설 한국학대학원, 1983, 90면 참조.
47) 「說卦傳」의 物象表를 참조할 것.

分類\卦	乾 하 늘	坤 땅	震 우 뢰	巽 바 람	坎 물	离 불	艮 산	兌 못
說卦物象表 卦德	굳셈	유순	움직임	들어감	빠짐	걸림	멈춤	기쁨
人倫	아버지	어머니	장남	장녀	둘째아들	둘째딸	막내아들	막내딸
人品	손님	무리	君子	주인	도둑	武人	小人	무당
遠取	말	소	용	닭	돼지	꿩	개	양
近取	머 리	배	다리	허벅지	귀	눈	손	입
物色	大赤	검은색	푸른색	흰색	붉은색	·	·	·
器物	金玉	가마솥	祭器	밧줄	활	갑 옷	마디	항아리
雜物	얼 음	布	농산물	냄새	피	담 장	대 문	황무지
說卦方位圖 方位	西北	西南	東	東南	北	南	東北	西
	전쟁	부역	나아감	정리함	수고	상호대면	成言	說言
五行	金	土	木	木	水	火	土	金
四時	·	·	봄	·	겨 울	여 름	·	가을
四德	·	·	仁	·	智	禮	·	義

12) 설괘방위도(說卦方位圖)[48]

---

48) [校閱] 奎章本에는 四德에서 "義"와 "禮"가 바뀌어 있다.

方位表	正東震	東南巽	正南离	西南坤	正西兑	西北乾	正北坎	東北艮
	出	齊	相見	致役	說言	戰	勞	成言
五行	木	木	火	土	金	金	水	土
四時	春		夏		秋		冬	
四德	仁		禮		義		智	

	方位	西北	西南	正東	東南	正北	南	東北	西
說卦方位圖		戰	致役	出	齊	勞	相見	成言	說言
	五行	金	土	木	木	水	火	土	金
	四時	·	·	春	·	冬	夏		秋
	四德			仁		智	禮		義

13) 설괘표직설(說卦表直說)[49]

八卦始畫之初 說卦並興

八卦를 처음 그릴 때 「說卦」[50]도 동시에 이루어진 것이다.

---

49) 說卦表에 관한 간략한 해설은 李乙浩 역, 『茶山學提要』(대양서적, 1975, 231면 이하) 에 번역문이 있다.

50) 茶山은 현행 「說卦傳」이 孔子 이전에 성립된 古文의 부분과 孔子가 해석하고 부연한 부분으로 구성되어 있다고 본다. 따라서 여기서 "說卦"는 말 그대로 「說卦」이지, 「說卦

先儒謂說卦爲孔子所作 非深密體究之論也 不取物象 則八卦
元不必作 《徒卦無所用》

先儒들의 이른바 「說卦傳」이 孔子의 저작이라는 말은 엄밀히 따져보
고 하는 논의가 아니다. 物象을 취하지 않을진대, 八卦는 원천적으로 만
들 필요조차 없다.[51] 《그저 卦만으로는 아무런 소용도 없는 것이다.》

說卦者 庖犧畫卦之初 仰觀天文 《坎离爲月日》 頫察地理 《艮兌
爲山澤》 遠取諸物 《乾坤爲馬牛》 近取諸身 《艮震爲手足》 玩其象而
命之 名以與神明 約契者也 而俟孔子哉

"說卦"라는 것은 포희(庖犧, 伏羲)가 卦를 처음 그릴 때, 天文을 살피고
《坎과 离를 달과 해로 설정》 땅의 이치를 굽어보며[52] 《艮과 兌를 산과 못으
로 설정》 멀리는 事物에서 취하고 《乾과 坤을 말과 소로 상징》 가까이는
사람의 몸에서 취하여[53] 《艮과 震을 팔과 다리로 설정》 그 象을 음미하여
그것을 이름지으니,[54] 그 이름이 신명(神明)과 부합되는 것이다.[55] 그런
데 孔子를 기다려서야 그것이 나올 수 있다 하겠는가?

說卦方位之序 唐虞之所不易

「說卦傳」에 설정된 方位의 차례는 [포희(庖犧)의 후대인] 요(堯)임금(唐

傳」이 아니다.

51) 茶山은 『易學緖言』 「한위유의론(漢魏遺義論)」에서 "若無重卦, 何用八卦, …… 八卦,
重卦, 說卦之物象, 卦變爻變之法, 一時並興於庖犧之時"라고 말한 바 있다(『易學緖言』
卷1, 30나).

52) 「繫辭上傳」 4章에 "易, 與天地準故, 能彌綸天地之道. 仰以觀於天文, 俯以察於地
理. 是故, 知幽明之故"라고 함.

53) 近取諸身 : 「繫辭下傳」 2章에 나오는 말. "近取諸身, 遠取諸物"이라고 함.

54) 「繫辭上傳」 2章에 "觀其象而玩其辭, 觀其變而玩其占." 또 「繫辭下傳」 1章에 "繫
辭焉而命之"라고 함.

55) 玩其象而命之名, 以與神明, 約契者也 : …… 이름을 지으니, 신명과 부합(연관)되는
것이다. 이을호는 이렇게 斷句함(李乙浩 譯, 『茶山學提要』, 대양서적, 1975, 231면).

이나 순(舜)임금(虞)의 경우에도 변함이 없는 것이다.

堯典 義和之職 東作 南訛 西成 朔易 恰與四方卦之方位 相順
舜典 巡守之序 亦然可見 說卦之書 自前世⁵⁶⁾而固有也 离東坎
西之說 於古經無據

[『書經』의] 「우서(虞書)·요전(堯典)」에 堯임금이 義氏와 和氏의 직분
을 언급한 부분에 나오는 봄농사, 여름농사, 가을의 추수, 겨울의 밭갈이
는 마치 「說卦傳」의 사방괘(四方卦)의 방위의 순위와 서로 상응하는 듯
하고,⁵⁷⁾ 「舜典」의 순수(巡守, 巡狩)하는 차례도 또한 그러함을 볼 수 있
다.⁵⁸⁾ 「說卦」라는 글은 [孔子나 文王보다] 그 이전 시대부터 본래 있던
것이다. 离가 동쪽이고 坎이 서쪽이라는 說은 옛 경전에 근거가 없는 것
이다.⁵⁹⁾

說卦 物象之名 卦德之分 夏商之所不改也

「說卦傳」의 物象의 이름(名 : 명명)이나 卦德의 배당(分)은 夏·商代로
부터 변함이 없는 것이다.⁶⁰⁾

夏易 首艮 而名曰 連山 《艮爲山》 商易 首坤 而名曰 歸藏 《坤
以藏》 以是 知其然也

---

56) [校閱] 新朝本과 國中本에는 "前世"로 되어 있으나, 奎章本에는 "前書"로 되어 있
   다. 前者가 옳다.
57) (다른 가능한 해석) "恰與四方. 卦之方位, 相順(…… 四方과 꼭 들어맞으며, 卦의 방
   위와 서로 순응한다)."
58) 『書經』(車相轅 譯, 『書經』, 명문당, 1973, 33면, 41면)에 따르면, 2월에 東으로 巡守,
   5월에는 南, 8월에는 西, 11월에는 北(朔)으로 巡守하였다고 한다.
59) "离東坎西之說"이란 邵康節 등의 伏羲八卦方位에 관한 說을 말한다. 邵氏에 따르
   면 「說卦傳」은 '文王八卦方位'로 '後天之學'이고, 离東坎西의 소위 '伏羲八卦方位'
   는 '先天學'이라 한다(金碩鎭, 『周易傳義大全譯解』上, 대유학당, 1996, 86면, 116면).
60) 連山易(夏)이나 歸藏易(商)에서도 결국 동일하였을 것이라고 다산이 추정한 것이다.

夏나라 易은 艮으로 시작하니 이름하여 "연산(連山)"이라고 하며 ≪艮은 山≫ 商나라 易은 坤으로 시작하니 이름하여 "귀장(歸藏)"이라 하는 것이니 ≪坤으로 저장함61)≫ 이로써 그러함을 알 수 있는 것이다.62)

其作於孔子之手者 說卦之序詞也

「說卦傳」에서 孔子가 지은 것은 그것의 序詞이다.

昔者 聖人之作易也 幽贊於神明而生蓍 止 易 逆數也 此 孔子傳文也 又 自萬物出乎震 止既成萬物也 此 孔子傳文也

"昔者 聖人之作易也 幽贊於神明 而生蓍(옛날 聖人이 易을 만드심에 神明을 幽贊하여 蓍草를 만들어내니)"(「說卦傳」 1장 1절)에서 "易, 逆數也(易은 逆數이다)"(3장 2절)까지가 孔子의 傳文이며, 또 "萬物出乎震(만물은 震에서 나오고)"(5장 2절)에서부터 "旣成萬物(만물을 이룬다)"(6장)까지가 孔子의 傳文이다.63)

凡說卦之無正文者 稽之易詞 驗其例而知之

대개 「說卦傳」에 明示的으로 나오지 않는 象은 易詞를 살펴, 그 사례를 확인하여 그것을 파악한다.

如 乾爲衣 坤爲裳 震爲簋 坎爲宮之類 雖無正文 考之易詞 皆有左證

예를 들면, 乾이 윗옷(衣)이 되고, 坤이 치마(裳)가 되고,64) 震이 대나무

---

61) 坤以藏: 「說卦傳」에 "坤以藏之"라고 하였다.
62) 「說卦傳」의 物象의 명칭이나 卦德의 배당이 夏·商代로부터 변함이 없다는 것을 알 수 있다는 뜻이다.
63) 한편 『四箋』에 따르면, 현행 「說卦傳」에는 이 이외에도 사이 사이에 孔子의 글이 들어가 있는 셈이다.

祭器(簋)가 되고,[65] 坎이 가옥(宮)[66]이 되는 등의 사례는 비록 그러한 글이 정확히 나오는 것은 아니지만 易詞를 따져 살펴보면 모두 증거(左證)가 있다.

左傳 國語 卜史之論卦德者 又可旁取

『左傳』이나『國語』에서 점치는 관리(卜史)들이 논한 卦德도 또한 두루 취할 수가 있다.

如 震爲旗 离爲牛 坤爲溫 坎爲忠之類

예컨대 震이 旗가 되고,[67] 离가 소(牛)가 되며,[68] 坤이 따뜻함(溫)이 되고,[69] 坎이 忠直함이 되는 등의 사례가 그러하다.[70]

苟九家之言物象 有正有謬 不可全信

---

64) "乾衣"와 "坤裳"은 荀九家의 說이다.

65) 震이 궤(簋 : 祭器의 명칭)가 된다는 것은 茶山의 '今補'에 나온다. '今補'는 茶山이「說卦傳」의 물상을 보충한 것이다.

66) 坎이 宮의 뜻이 된다는 것은 荀九家의 說이다.

67) 震爲旗 : "震이 깃발(旗)이 된다는 것은「說卦傳」에는 나타나 있지 않다. 그러나 茶山은「說卦傳」에서 "震爲玄黃"이라고 한 것과 震의 形象을 연관시켜서, 坤의 비단 아래에 나무 막대(震卦의 下畫이 剛)로써 받들고 있고 그 色이 검은 색과 누른 색이 섞여서(震은 玄黃色이 된다는 것은「說卦傳」에 나옴) 龍이나 짐승이 그려져 있으니, 그 形象이 깃발이 된다(震之爲旗, 不見說卦, 然, 坤帛之下, 承以剛木, 其色玄黃, 爲龍爲獸, 其象, 旗也)"고 설명하고 있다(「春秋官占補註」, 백희가진지서(伯姬嫁秦之筮), 僖15年 :『四箋』卷7, 19나).

68) 离爲牛 :『左傳』의「叔孫豹之筮」에 "純离爲牛"라는 말이 나온다(『四箋』卷7, 26나). 본래「說卦傳」에 따르면, 牛에 해당되는 것은 坤이다. 그러나 茶山은「說卦傳」의 주석에서, 坤뿐 아니라 "巽과 离도 坤의 陰 하나를 얻었으니, 마찬가지로 소가 될 수 있다(巽离二卦, 得坤之一陰, 獨不爲牛乎)"고 주장하고 있다(『四箋』卷8, 32나).

69) 坤爲溫 :『左傳』의「南蒯之筮」에 나온다(『四箋』卷7, 28나).「說卦傳」에 관한 茶山의 '今補'에도 언급되어 있다(『四箋』卷8, 35나). 한편「說卦傳」에서는 "乾寒"이라고 하였고, 虞翻은 이것을 근거로 坤이 '暑(더위)'라고 하였다.

70) 坎爲忠 :『左傳』의「南蒯之筮」에서 乾과 坎이 모두 "直心"(悳=德)이라고 하였다(『四箋』卷7, 28가).

荀九家들이 말한 物象에는 바른 것도 있고 그릇된 것도 있어서, 그 전부를 믿을 수는 없다.[71]

如坎爲狐 离爲飛鳥 其可信者也 如 乾爲龍 坤爲迷 坎爲桎梏
之類 皆譌謬 失眞 不可不察 ≪並詳說卦傳[72]≫

예컨대 "坎이 여우가 된다"거나 "离가 飛鳥가 된다"는 등의 것들은 믿을 수가 있다.[73] 그러나 "乾이 龍이 되고,[74] 坤이 혼미함이 되고[75] 坎이 질곡(桎梏)이 된다[76]는 등의 것들은 모두 잘못된 것으로, 그 참됨을 잃어버린 것이니, 이런 점을 통찰하지 않으면 안 된다. ≪모두 이후 [『周易 四箋』의] 「說卦傳」의 해석에서 상세하게 설명하였다.≫

易詞之取物象 多有兼互二卦 而命之爲物者

易詞에서 事物의 象徵을 취함에 있어서, 두 卦를 연관지어 事物을 설정한 것이 많이 있다.[77]

震巽之草木 而得坎之險毒者 爲蒺藜叢棘 ≪坎困詞≫ 离之飛鳥
而得巽之潔白者 爲鶴 ≪中孚詞≫ 又有未滿三畫 而取之爲象者
≪凡陽畫爲矢[78] 陰畫爲膚≫ 今 不能悉指

---

71) 茶山은 「說卦傳」의 '序頭'에서 "九家新說, 有正有謬, 逐一訂定"이라 함(『四箋』卷 8, 28가).

72) [校閱] 奎章本에는 "傳"으로 되어 있으나, 新朝本과 國中本에는 "箋"으로 되어 있다.

73) 坎爲狐, 离爲飛鳥 :『四箋』(卷1, 6가)에 언급된다.

74) 乾爲龍 : 이것이 잘못인 이유는 『四箋』(卷8, 32가) 이후에 나온다. 다산은 震龍이 乾卦에 나타나고 乾馬가 坤卦에 나타나는 것은, 『周易』이 변화를 중심으로 하는 것이기 때문에 당연한 것이라 설명한다.

75) 茶山은 坤이 "迷"가 아니라, 艮이 "迷"라고 설명한다(『四箋』卷8, 40나 이후).

76) 다산은 坎(法律)이 震(足)이나 艮(手)을 겸해야 "桎梏"이 된다고 한다(『四箋』卷2, 7가).

77) 「說卦傳」의 말미에 「附見兼互取象之法」이라는 부록 성격의 글이 나온다(『四箋』卷 8, 41나).

震이나 巽의 초목(草木)이 坎의 험독(險毒)을 얻는 경우는 질려(蒺藜)의 가시(叢棘)가 된다. ≪坎卦[79]와 困卦[80]의 글에 나옴.≫ 离의 비조(飛鳥)가 손(巽)의 결백(潔白)[81]과 연관되는 경우는 흰 학(鶴)이 된다. ≪中孚卦에 나오는 글[82]≫

또 한편 3개 획(畫)이 되지는 않으나 그것을 卦로 취하여 象으로 삼은 경우도 있다.[83] ≪예를 들면, 대개 陽畫은 화살이 되고, 陰畫은 피부가 된다.[84]≫ 이상의 것들을 여기서는 모두 거론할 수가 없다.

14) 호체표(互體表)

屯	䷂	下互坤 上互艮
蒙	䷃	下互震 上互坤
需	䷄	下互兌 上互离

---

78) [校閱] 奎章本과 國中本에는 "矢"로 되어 있다. 新朝本에는 "天"으로 되어 있는데, 이는 誤字로 보인다. 한편 '陽畫이 天이 된다'는 것은 '無正文'의 경우가 아닌 셈이라 할 수도 있는데, 이런 점에서도 "陽畫爲矢"가 옳은 것으로 판단된다. 『四箋』(卷8, 39나)에서도 乾이 '矢'가 된다고 하였다.

79) 坎卦 上六 : "係用徽纆, 寘于叢棘"; "以下卦則, 震木蕃茂, 生於坎險, 是爲叢棘 ≪木之茂險者≫."(『四箋』卷4, 11가)

80) 困卦 六三 : "困于石, 據于蒺藜"; "草而險, 則蒺藜也."(『四箋』卷5, 38나) ←"荀九家, 坎爲蒺藜, 非矣. 坎, 本非草."(『四箋』卷5, 39가)

81) 巽之潔白 : 「說卦傳」이나 茶山의 '今補'나 '荀九家' 항목에 명시적으로 나오는 것은 아니나, 「說卦傳」에 巽이 '白'이라 하였고 또 "齊乎巽, …… 齊也者, 言萬物之'潔'齊也"이라고 하였다(『四箋』卷8, 10가~나).

82) 中孚 九二 : "鳴鶴在陰, 其子和之."(『四箋』卷7, 3가)

83) "未滿三畫"의 경우는 이후 「說卦傳」의 「附見兼互取象之法」에서도 논의된다(『四箋』卷8, 42가).

84) 陽畫爲矢, 陰畫爲膚 : 『四箋』(卷1, 8가) 등에서 언급된다.

訟 ䷅ 下互离 上互巽

師 ䷆ 下互震 上互坤

比 ䷇ 下互坤 上互艮

屯괘의 下互卦는 坤이며, 上互卦는 艮이다.

蒙괘의 下互卦는 震이며, 上互卦는 坤이다.

需괘의 下互卦는 兌이며, 上互卦는 离이다.

訟괘의 下互卦는 离이며, 上互卦는 巽이다.

師괘의 下互卦는 震이며, 上互卦는 坤이다.

比괘의 下互卦는 坤이며, 上互卦는 艮이다.

凡 自二至四 謂之下互 自三至五 謂之上互 其取物象與正卦
同 ≪諸卦取互體 皆倣此≫

대개 제2位에서 제4位까지를 "下互卦"라고 하고, 제3位에서 제5位까
지를 "上互卦"라 한다. 이 互卦가 物象을 취하는 것은 正卦와 동일하다.
≪[여기서 일일이 예를 들지는 않았지만] 諸卦의 互體를 취하는 방법은 모두 이와 동
일하다.≫

15) 대호표(大互表)

巽 ䷸ 一至四爲大坎

鼎 ䷱ 一至五爲大坎

大過 ䷛ 一至上爲大坎

震　　䷲　一至四爲大离

屯　　䷂　一至五爲大离

頤　　䷚　一至上爲大离

巽卦의 1에서 4까지 大坎을 이룬다.

鼎卦의 1에서 5까지 大坎을 이룬다.

大過卦의 1에서 上까지 大坎을 이룬다.

震卦의 1에서 4까지 大离를 이룬다.

屯卦의 1에서 5까지 大离를 이룬다.

頤卦의 1에서 上까지 大离를 이룬다.

凡 剛中者爲坎 虛中者爲离 故十二辟卦之外 皆有此坎离 ≪諸
卦取大體 皆倣此≫

대개 陽剛이 가운데 자리해 있는 것은 坎이 되고, 그 가운데 자리가
陰虛인 것은 离가 된다. 그러므로 [陰은 陰대로 陽은 陽대로 몰려 있는]
12벽괘 이외에는 모두 이러한 坎·离가 있는 것이다. ≪諸卦가 大體85)를 취
함은 모두 이와 같다.86)≫

16) 겸호표(兼互表) ≪只八卦: 다만 8卦가 있다.≫

乾　　☰　爲兼畫之大乾

---

85) 大體에 대해서는 以後에 설명이 나온다(『四箋』卷1, 10가).
86) 예를 들면 小畜卦도 大离가 된다.

坤	䷁	爲兼畫之大坤
臨	䷒	爲兼畫之大震
遯	䷠	爲兼畫之大巽
小過	䷽	爲兼畫之大坎
中孚	䷼	爲兼畫之大离
觀	䷓	爲兼畫之大艮
大壯	䷡	爲兼畫之大兌

乾卦는 겸획하면 大乾의 형태가 된다.

坤卦는 겸획하면 大坤의 형태가 된다.

臨卦는 겸획하면 大震의 형태가 된다.

遯卦는 겸획하면 大巽의 형태가 된다.

小過卦는 겸획하면 大坎의 형태가 된다.

中孚卦는 겸획하면 大离의 형태가 된다.

觀卦는 겸획하면 大艮의 형태가 된다.

大壯卦는 겸획하면 大兌의 형태가 된다.

右所謂 兼三才而兩之

이상이 이른바 "三才를 겸하여, 둘씩 묶은 것"이다.[87]

---

87) 兼三位而兩之 : 이는 「繫辭傳」과 「說卦傳」에 나오는 말이다. 兼互는 아래에서 "兼
'體'"라는 말로 다시 설명되고 있다(『四箋』卷1, 10가~나).

17) 도호표(倒互表) 《只六卦: 다만 6卦가 있다.》

乾 ☰ 無反對 亦无互體

坤 ☷ 無反對 亦无互體

坎 ☵ 《二三四》倒艮 《三四五》倒震

離 ☲ 《二三四》倒兌 《三四五》倒巽

大過 ䷛ 下顚兌 上顚巽

頤 ䷚ 下顚艮 上顚震

小過 ䷽ 下顚震 上顚艮

中孚 ䷼ 下顚巽 上顚兌

乾卦에는 反對卦가 없으며, 互體도 없다.

坤卦에는 反對卦가 없으며, 互體도 없다.

坎卦에는 《2·3·4의》 뒤집힌 艮과 《3·4·5의》 뒤집힌 震이 있다.

離卦에는 《2·3·4의》 뒤집힌 兌와 《3·4·5의》 뒤집힌 巽이 있다.

大過卦의 下卦는 뒤집힌 兌이며, 上卦는 뒤집힌 巽이다.

頤卦의 下卦는 뒤집힌 艮이며, 上卦는 뒤집힌 震이다.

小過卦의 下卦는 뒤집힌 震이며, 上卦는 뒤집힌 艮이다.

中孚卦의 下卦는 뒤집힌 巽이며, 上卦는 뒤집힌 兌이다.

下六卦 无反對 故取倒體

아래의 6개의 卦는 反對卦가 없으므로, 倒體를 취한 것이다.[88]

---

88) "倒兌", "顚兌" 등의 표현에서 '倒'와 '顚'은 글자만 다를 뿐 동일한 의미로 쓰인다.

18) 위복표(位伏表)

乾　☰　≪一二三 奇偶奇≫ 离 ≪四五六 偶奇偶≫ 坎
坤　☷　≪一二三 陽陰陽≫ 离 ≪四五六 陰陽陰≫ 坎
震　☳　下位离 上位坎
巽　☴　下位离 上位坎
坎　☵　下位日 上位月
離　☲　下位晝 上位夜
艮　☶　下位离 上位坎
兌　☱　下位离 上位坎

乾卦의 ≪1·2·3位는 奇數·偶數·奇數이므로≫ 离位가 되고 ≪4·5·6위는 偶數·奇數·偶數이므로≫ 坎位가 된다.

坤卦의 ≪1·2·3位는 陽·陰·陽이므로≫ 离位가 되고, ≪4·5·6位는 偶數·奇數·偶數이므로≫ 坎位가 된다.

震卦의 下位는 离位이며 上位는 坎位이다.

巽卦의 下位는 离位이며, 上位는 坎位이다.

坎卦의 下位는 해(日)이며, 上位는 달(月)이다.

離卦의 下位는 낮이며, 上位는 밤이다.

艮卦의 下位는 离位이며, 上位는 坎位이다.

兌卦의 下位는 离位이며, 上位는 坎位이다.

諸卦取伏體 皆做此
諸卦의 伏體는 모두 이상과 같은 방식을 취한다.

19) 반합표(牉合表)[89] ≪少男少女之配合 ○老婚同≫

牉合[90]에 관한 表 ≪少男과 少女의 결합 ○老婚[91]인 경우도 동일함.≫

漸　䷴　下正艮 上顚兌[92]　≪女歸吉≫

歸妹　䷵　下正兌 上顚艮[93]　≪見本卦≫

隨　䷐　下顚艮 上正兌[94]　≪屯六四≫

蠱　䷑　下顚兌 上正艮[95]　≪蒙六三≫

咸　䷞　下倒震 上正兌[96]　≪大過九二≫

恒　䷟　下正巽 上倒艮[97]　≪大過九五≫

否　䷋　下互正艮 上互倒兌[98]

---

89) [校閱] 奎章本에서는 몇 군데 글자를 덧붙여 두었는데, 덧붙인 것이 모두 틀린 것으로 보인다. 新朝本에 따르면 아무 문제가 없다.

90) 牉合 : 반쪽과 반쪽이 합침. 즉 결혼을 의미함.

91) "老婚"이란 양쪽 모두 "老"(中·長年의 男女)인 경우와, 어느 한 편만이 "老"인 경우까지 포함하는 것으로 생각된다.

92) "漸, 女歸吉, 利貞(여인이 시집감에 길하다)."(漸卦 卦辭) '艮 少男'과 '顚兌 少女'의 결합.

93) "兌女在內, 艮壻外至, ≪牉合就倒象≫ 嘉會以合禮, 坎以歸之."

94) 이는 屯卦 六四가 隨卦로 爻變하는 경우이다. 屯卦 六四; 乘馬班如, 求婚媾; "艮壻在此, ≪下倒艮≫ 兌女在彼, ≪隨上兌≫ 婚媾之卦, 取牉合也."(『四箋』卷2, 4나)

95) 이는 蒙卦 六三이 蠱卦로 爻變하는 경우이다. "勿用, 取女見金"; "兌女在內 ≪下倒兌≫, 艮壻在外 ≪蠱上艮≫; 婚配之卦, 本牉合也 ≪一倒而一正≫. 然而勿用, 象不吉也."(『四箋』卷2, 8가)

96) 이는 大過卦 九二가 咸卦로 爻變하는 경우이다. 咸卦의 下卦는 艮이니, 倒震이 되며, 長男이 老婚하는 경우에 해당된다. 大過卦 九二; 枯楊生稊, 老夫得其女妻, 无不利; "此, 大過之咸也. …… 震男最長 ≪下倒震≫ 是 老夫也. 上配兌女, 老夫得其女妻也 ≪女, 未嫁在室之稱≫."(『四箋』卷4, 6가)

97) 이는 大過卦 九五가 恒卦로 爻變하는 경우이다. 大過 九五; 老婦, 得其士夫; "此, 大過之恒也. …… 下巽, 老婦也. 今配倒艮, 得士夫也 ≪艮少男≫."(『四箋』卷4, 7가~나)

98) 泰卦의 경우는 "帝乙歸妹"의 易詞와 연관되고, 互卦로 반합하는 사례에 해당한다고

泰　　☷☰　下互正兌 上互倒艮⁹⁹⁾

漸卦의 下卦는 바르게 선 艮이며, 上卦는 뒤집힌 兌이다.

歸妹卦의 下卦는 바르게 선 兌이며, 上卦는 뒤집힌 艮이다.

隨卦의 下卦는 뒤집힌 艮이며, 上卦는 바르게 선 兌이다.

蠱卦의 下卦는 뒤집힌 兌이며, 上卦는 바르게 선 艮이다.

咸卦의 下卦는 뒤집힌 震이며, 上卦는 바르게 선 兌이다.

恒卦의 下卦는 바르게 선 巽이며, 上卦는 뒤집힌 艮이다.

否卦의 下互卦는 바르게 선 艮이며, 上互卦는 뒤집힌 兌이다.

泰卦의 下互卦는 바르게 선 兌이며, 上互卦는 뒤집힌 艮이다.

凡婚配之占 取象如此

대개 혼배(婚配)에 관한 占은 象을 취하는 방식이 이와 같다.

20) 양호작괘표(兩互作卦表)

乾　　☰☰　乾 大過 姤 夬之兩互

坤　　☷☷　坤 頤 復 剝之兩互

볼 수 있으나, 否卦의 경우에는 易詞에 婚姻과 연관된 내용도 없기 때문에, 牉合 또는 倒體를 취해서 婚姻에 관해 해석할 것이 없다. 따라서 다산의 의도는 牉合을 취하는 경우의 일반적 例를 제시하고, 아울러 互卦에 의한 반합의 例를 제시해 보이려는 데 있는 것으로 생각된다.

99) 需卦로 효변하는 泰卦 六五에 "帝乙歸妹"라는 말이 나오는데, 茶山은 이 구절을 泰 卦로 兩互作卦하면 성립하는 雷澤 歸妹卦를 가지고 설명한다. 즉 "倒艮牉合, 是其壻 也"라고 하였는데, 歸妹의 上卦인 震이 倒艮이다(『四箋』卷2, 33가).

大過 ䷛ 離 小過 豊 旅之兩互

頤 ䷚ 坎 中孚 渙 節之兩互

復 ䷗ 蒙 師 臨 損之兩互

剝 ䷖ 屯 比 觀 益之兩互

姤 ䷫ 同人 遯 革 咸之兩互

夬 ䷪ 大有 大壯 鼎 恒之兩互

乾卦, 大過卦 姤卦, 夬卦의 [上互卦와 下互卦의] 兩互卦로써 卦를 만들면 乾卦가 된다.

坤卦, 頤卦, 復卦, 剝卦의 [上互卦와 下互卦의] 兩互卦로써 卦를 만들면 坤卦가 된다.

離卦, 小過卦, 豊卦, 旅卦의 [上互卦와 下互卦의] 兩互卦로써 卦를 만들면 大過卦가 된다.

坎卦, 中孚卦, 渙卦, 節卦의 [上互卦와 下互卦의] 兩互卦로써 卦를 만들면 頤가 된다.

蒙卦, 師卦, 臨卦, 損卦의 [上互卦와 下互卦의] 兩互卦로써 卦를 만들면 復卦가 된다.

屯卦, 比卦, 觀卦, 益卦의 [上互卦와 下互卦의] 兩互卦로써 卦를 만들면 剝卦가 된다.

同人卦, 遯卦, 革卦 咸卦의 [上互卦와 下互卦의] 兩互卦로써 卦를 만들면 姤卦가 된다.

大有卦, 大壯卦, 鼎卦, 恒卦의 [上互卦와 下互卦의] 兩互卦로써 卦를 만들면 夬卦가 된다.

양호표 하(兩互表 下)

解 ䷧ 謙 艮 明夷 賁之兩互

蹇 ䷦ 豫 震 晉 噬嗑之兩互

家人 ䷤ 訟 履 坤 兌之兩互

睽 ䷥ 需 小畜 井 巽之兩互

歸妹 ䷵ 泰 蠱 大畜 升之兩互

漸 ䷴ 否 隨 无妄 萃之兩互

旣濟 ䷾ 解 睽 歸妹 未濟之兩互

未濟 ䷿ 蹇 家人 漸 旣濟之兩互

謙卦, 艮卦, 明夷卦, 賁卦의 [上互卦와 下互卦의] 兩互卦로써 卦를 만들면 解卦가 된다.

豫卦, 震卦, 晉卦, 噬嗑卦의 [上互卦와 下互卦의] 兩互卦로써 卦를 만들면 蹇卦가 된다.

訟卦, 履卦, 坤卦, 兌卦의 [上互卦와 下互卦의] 兩互卦로써 卦를 만들면 家人卦가 된다.

需卦, 小畜卦, 井卦, 巽卦의 [上互卦와 下互卦의] 兩互卦로써 卦를 만들면 睽卦가 된다.

泰卦, 蠱卦, 大畜卦, 升卦의 [上互卦와 下互卦의] 兩互卦로써 卦를 만들면 歸妹卦가 된다.

否卦, 隨卦, 无妄卦, 萃卦의 [上互卦와 下互卦의] 兩互卦로써 卦를 만들면 漸卦가 된다.

解卦, 睽卦, 歸妹卦, 未濟卦의 [上互卦와 下互卦의] 兩互卦로써 卦를 만들면 旣濟卦가 된다.

蹇卦, 家人卦, 漸卦, 旣濟卦의 [上互卦와 下互卦의] 兩互卦로써 卦를 만들면 未濟卦가 된다.

兩互作卦 只此[100]十六 右十六卦 各攝四卦

兩互作卦는 단지 16개 卦가 가능한데, 이상의 16卦는 각각 4개의 卦를 포함한다.[101]

21) 호체표직설(互體表直說 : 互體表에 대한 해설)

重卦旣成 六畫相連 於是乎 互卦起焉

重卦가 이미 성립하면 六畫이 서로 연접되어, 이때 互卦가 발생된다.[102]

八卦之時 雖各成形 旣成重卦 則二三四五 直相連綴 漫無界限 此 互卦之所以起也

삼획괘(三畫卦)인 八卦만일 때는 비록 각기 따로 형체를 이루나, 重卦가 되면 2·3·4·5位가 직접 서로 연접하게 되어 한계를 지울 길이 없다. 이것이 互卦가 생기는 이유이다.[103]

---

100) [校閱] 新朝本과 國中本에는 "此"로 되어 있으나, 奎章本에는 "有"로 되어 있다. 여기서는 前者를 따른다.

101) 16×4=64로 결국 모든 卦가 兩互作卦와 연관되는 셈인데, 결국 兩互作卦하여 만들 수 있는 卦가 16가지라는 것이다.

102) 이을호의 번역문을 참조할 것(李乙浩 역, 『茶山學提要』, 대양서적, 1975, 233면).

103) 茶山은 『易學緖言』에서 "卦變", "卦象"이라는 개념과 조응하여 "卦互"라는 표현도 하고 있다(『易學緖言』, 「朱子本義發微」. 卷2, 21나).

○ 易詞 皆用互體 故春秋官占 皆論互體 至晉種會 著無互卦
論 以譏九家 王弼 從而和之 此 互體之所以廢也

○ 易詞는 모두 互體를 사용한다. 따라서 춘추시대의 官占에도 모두
互體를 [가지고 占卦를] 논했다. 晉나라 종회(種會)[104]가 「易無互卦論」
을 지어서 순구가(荀九家)를 비판하고, 왕필(王弼)이 그것에 따라 호응하게
되는데, 이것이 易에서 互體論이 폐지된 이유이다.

○ 朱子曰 互體不可廢 胡炳文 洪邁 亦以互體爲不可廢

○ 朱子는 [「繫辭傳」의 "雜物撰德"章[105]과 연관하여] "互體를 폐지
할 수 없다"고 했고,[106] 호병문(胡炳文)[107]과 홍매(洪邁)[108]도 역시 互體를
폐지할 수 없다고 보았다.

大體者 互體之大者也 唯坎离取焉

大體[109](=大互)란 것은 互體를 확대한 것으로, 오직 坎과 离만 취한
다.[110]

---

104) 종회(種會, 225~264) : 晉의 玄學家(『中哲人物事典』, 書海出版社, 170면) 순의(荀顗)
는 種會의 「易無互體論」을 비판하여, 명성을 얻었다(심경호 역주, 『주역철학사』, 예문
서원, 1994, 322면, 418면, 424면).
105) 茶山은 「繫辭傳」의 '雜物撰德'章이 전적으로 互體와만 연관되는 것은 아니라고 지
적하였다(『四箋』 卷8, 13나).
106) 위의 朱子의 말은 王星賢 點校本, 『朱子語類』 第5冊, 中華書局, 1986, 1957면에 나
온다. 朝鮮圖書株式會社 編輯部 編纂, 『備旨具解原本周易』(元貞書舍, 1113면). 『四
箋』(卷1, 1나)을 참조할 것. 茶山은 『易學緒言』 「朱子本義發微」에서 "互體之說, 自漢
以來, 師承不絶, 朱子於本義中, 雖無所用, 其平日所論如此, 尙有異義乎"라고 함(『易
學緒言』 卷2, 227가).
107) 胡炳文(1250~1333) : 元代, 胡雲峯, 雲峯 胡氏.
108) 홍매(洪邁) : 宋代人, 生沒 未詳, 洪容齋. 朱子보다 앞 시대 사람으로 생각된다.
109) 『易學緒言』 「鄭康成易註論」에서는 大畜卦를 이런 大體의 사례로 들고 있다. 즉 鄭
玄이 "大畜, 自九三, 至上九, 有頤象"이라고 한 것에 대해, 茶山은 "大离大坎, 古人所
取, 其驗在此, 不可沒也"라고 하였다(『易學緒言』 卷1, 187가).
110) 이는 "협(夾)"이라 표현함. 그리고 이 "大體"는 물론 앞서 나온 "大互表"와 연관된

仲氏曰 易有二觀 一曰 類聚 二曰 羣分 十二辟卦 其聚者也
故 其本體之內 皆有乾坤 《無坎离》 五十衍卦 其分者也 故其本
體之內 皆有坎离 《無一卦無坎离者》 兩柔爲之翼 而實其中 則坎
也 《謂大坎》 兩剛爲之扃 而虛其中 則离也 《謂大离》 何必三畫
者 爲坎离乎

仲氏(丁若銓)는 易에 두 가지 관점이 있다고 하는데,111) 하나는 類聚
(모임)이고, 둘째는 羣分(흩어짐)이다. 12辟卦는 [陰은 陰끼리 陽은 陽끼리]
모인 것이다. 따라서 그 本體 안에 모두 乾이나 坤이 있다.112) 《坎 또는
离는 없다.》 50衍卦는 나뉘어진 것(羣分)이다. 따라서 그 본체 안에 모두
坎・离가 있다.113) 《衍卦에는 坎・离가 없는 卦는 하나도 없다.》 [바깥의 양
쪽에] 두 개의 陰이 날개가 되어 있고 그 가운데 [陽이] 채워져 있으면
곧 坎인 것이고 《大坎이라 함》 [바깥의 양쪽에] 陽이 빗장이 되어 걸려
있고 그 가운데가 陰으로 비어 있으면, 즉 离인 것이다. 《大离라고 함》
어찌 꼭 3개 畫만이 坎・离가 된다고 하겠는가?

兼體者 通一卦 而取互者也 重卦旣成 位分三等 《天人地》 兼三位而兩之 亦八卦也

兼體(兼互)라는 것은 한 卦를 통틀어 호체(互體)를 취하는 것이다. 重卦
가 이미 성립되면, 그 자리를 세 등급으로 나눌 수 있는데 《위에서부터 둘

것이다.
111) "卦德"과 "卦數"를 "二觀"이라고 말한 곳도 있다(『四箋』 卷1, 11가).
112) 이상에서 中孚와 小過는 12벽괘에서 일단 제외하고 말한 것이다.
113) "易有二觀, …… 皆有坎离"까지를 모두 仲氏의 말이라 볼 수도 있겠다(『易學緖言』,
卷4, 28가~나 참조). 仲氏는 정약전(丁若銓)을 가리키는 것으로 보는 것이 타당한 것으
로 보이나, 「玆山易柬」에는 "二觀" 운운하는 대목은 보이지 않는다. 仲氏가 모기령의
『仲氏易』(上海古籍出版社, 1990)의 仲氏를 가리키는 것으로 보는 견해도 있다(신원봉,
「다산의 역학관 정립에 미친 청대사상의 영향―모기령을 중심으로」, 『다산학』 3집, 다
산학술문화재단, 2002.6).

씩 묶어, 天·人·地의 자리≫ 세 자리를 각각 겹쳐 두 개씩 묶은 것이114) [겸체(兼體)로서 乾, 坤, 臨, 遯, 小過, 中孚, 觀, 大壯의] 8개의 卦가 여기에 해당된다.

世以重卦 分作兩截看 ≪上下卦≫ 乃聖人之談易也 周流六虛
上下无常 ≪大傳文≫ 故互體大體 唯象是取 又以六畫 分之爲三
級 以當三才之位 ≪天人地≫ 兼三才而兩之 則乾坤臨遯等八卦
儼亦三畫之八卦也

일반적으로는 重卦를 두 부분으로 나누어 보거니와 ≪上卦와 下卦로 나눔≫ 그러나 聖人이 易을 말함에 "周流六虛, 上下无常", 즉 "두루 [天地四方의] 六虛에 流轉하며, 위아래로 오르내림에 일정함이 없다"라고 하였으니 ≪「繫辭傳」에 나오는 말115)≫ 그러므로 互體건 大體116)건 간에 ≪大互에서 坎·离, 그리고 兼互의 8괘≫ [이러한 上下无常의 논리에 따라] 오직 象을 취하면 되는 것이다.

또한 6개 畫을 세 부분으로 나누어 三才의 자리에 배당하고, 그 三才의 자리를 겹쳐서 둘씩 묶으면, 乾, 坤, 臨, 遯 등의 8개 卦는 엄연히 또한 三畫으로 된 八卦와 같은 것이다.

○ 師之蒙曰 大君有命 大君者 臨也 ≪謂蒙自臨來≫ 臨其非震乎
≪震人主≫

䷆   ䷃   ䷒
師 → 蒙 ← 臨

---

114) 兼'三位'而兩之 : 兼互表에는 "兼'三才'而兩之"라고 나온다.
115) "周流六虛, 上下无常"은 「繫辭下傳」에 나오는 말이다. 乾卦 「文言」의 九四에도 "上下无常"이라는 말이 나온다.
116) 兼體(兼互)도 大互와 마찬가지로 大體의 일종으로 볼 수 있다. 重卦인 乾, 震, 兌는 大乾, 大震, 大兌로 간주될 수 있다.

○師卦가 蒙卦로 변하는 경우(師卦上六)에, "大君有命", 즉 "大君이 命令을 내린다"라고 하였는데,[117] 여기서 "大君"은 臨卦로부터 온 것을 가리킨다. ≪즉 蒙卦가 臨卦에서 나온 것을 말한다.≫ 臨卦가 바로 震이 아니겠는가! ≪震은 人主, 즉 大君을 상징한다.≫

乾之姤[118]曰 遯世无悶 ≪孔子云≫ 遯世者 巽也 ≪巽 爲隱 爲潛≫ 遯 其非巽乎

乾卦가 姤卦로 변하는 경우(乾初九)에 "遯世无悶",[119] 즉 "세상을 피하여 근심이 없다"라고 했는데 ≪孔子가 [乾初九의 「文言」에서] 말한 것≫ 여기서 "遯世(세상을 피해 숨는다)"라고 한 것은 [바로] 巽을 가리킨 것이다. ≪巽은 숨는 것, 잠기는 것이다.[120]≫ 遯이 곧 [커다란] 巽이 아니겠는가![121]

坎則爲眚 眚者 小過也 小過 非坎乎 离則爲孚 ≪离爲信≫ 孚 者 中虛也 中孚 非离乎 觀者 門闕也 艮爲門闕 ≪說卦文≫ 觀其 非艮乎

坎은 곧 "생(眚)"인데,[122] "眚"은 小過, 즉 작은 허물을 뜻하니, 이렇게

---

117) 師卦 上六: "大君有命, 開國承家, 小人勿用(大君이 命令을 내려서, 國都를 열고, 家業을 계승하니, 小人을 쓰지 말아야 한다)." ○象曰: 大君有命 以正功也, 小人勿用 必亂邦也: "大君有命(大君이 命令을 내림)"은 [軍의] 올바른 功으로 말미암는 것이요, "小人勿用(小人을 쓰지 말아야 함)"이라고 한 것은 [小人이] 나라를 반드시 혼란에 빠트리기 때문이다.

118) [校閱] 奎章本과 國中本에는 "姤"로 되어 있으나, 新朝本에는 "垢"로 되어 있다. 前者가 옳다.

119) "遯世无悶"은 大過卦의 「大象傳」에도 나오는 말이다.

120) 巽, 爲隱, 爲潛: 「說卦傳」에 명시된 것은 아니고, 다산의 '今補'에 나오는 말이다.

121) 姤卦의 下卦가 巽이고, 遯卦가 大巽이라는 것을 뜻한다. 姤卦 자체가 大巽이라는 것은 아니다. 다산의 즉 兼互나 大互에 관한 설명에서 姤卦를 大巽으로 보는 방법은 발견되지 않는다. 한편, 大互表에서 "諸卦, 取大體, 皆倣此"라고 하여, 姤卦를 大巽으로 볼 수도 있겠으나, 지금은 兼互(兼體)를 언급하고 있기 때문에, 역시 관련이 없다고 보아야 한다.

122) 「說卦傳」에서 "坎爲多眚"이라고 함.

볼 때 小過卦가 곧 坎이 아니겠는가! 离는 곧 孚인데[123) ≪离는 信의 뜻[124]≫ "孚"란 [원래] 가운데가 빈 것을 뜻한다.[125] 그러니 中孚가 바로 离가 아니겠는가![126] 觀은 문궐(門闕)인데,[127] 艮도 門闕이 되니 ≪「說卦傳」에 나오는 글[128]≫ 觀卦는 [바로] 艮이 아니겠는가?

  兌者 羊也 大壯爻詞 純用羊象 大壯非兌乎 ≪朱子曰 大壯似兌 有 羊象焉≫

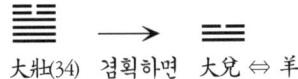

大壯(34) 겹획하면 大兌 ⇔ 羊

  兌는 羊을 상징하는데,[129] 大壯卦의 爻詞는 전적으로 羊의 상징을 응용하여 말하고 있으니,[130] 大壯卦가 곧 兌가 아니겠는가! ≪朱子도 大壯의 卦體가 兌와 유사하여, 羊의 象이 있다고 말했다.[131]≫

倒體者 卦才欲全用也
  [거꾸로 그 형체를 취하는 방법인] 倒體의 방법을 쓰는 것은 卦才[132]

---

123) 离則爲孚 : 茶山의 '今補'에 "孚"가 中虛를 뜻하는 文字學的인 근거가 제시되고 있다(『四箋』卷8, 39나).
124) 离爲信 : 다산이 '今補' 이외에 또 보충한 것이다.
125) "孚"는 '誠心'의 뜻으로서, '속마음을 비운 것'을 가리킨다.
126) 「易例比釋」의 「26. 有孚例」를 참조할 것.
127) 『爾雅』에 '觀'을 '闕'이라고 함("『爾雅』曰, 觀謂之闕, 『左傳』云, 兩觀." 『四箋』卷3, 17나).
128) 『四箋』卷8, 40가.
129) 兌爲羊 : 「說卦傳」에 두 번이나 언급되어 있다.
130) 大壯卦의 爻詞에서는 羊象과 관련하여 "羝羊觸藩"(九三, 上六), "藩決不羸"(九四), "喪羊于易"(六五) 등이 언급되고 있다. 그러나 初九나 九二의 爻詞는 羊象과 무관한 것으로 보인다.
131) 朱子가 大壯卦 六五의 "喪羊于易"에 대한 주석에서 "卦體似兌, 有羊象焉"이라고 함(백은기 역해, 『譯註 周易本義』, 여강출판사, 1999, 313면).

가 모두 발현되도록 하고자 하기 때문이다.[133)

六十四卦之中 其不取反對者 八卦也 ≪乾 坤 坎 離 等≫ 乾坤至
純 旣無反對 亦無互體 而其餘六卦 只取正體 則其卦才之用 有
所未盡 故聖人使之顚倒而取象 蓋其卦形 顚之倒之 無非本象
則其取倒體 於理爲允也

64卦 중에 反對卦를 취할 수 없는 것이 8개 있다. ≪乾·坤·坎·離
등[134)≫ 乾卦와 坤卦의 경우에는 至純하여 反對卦도 없고, 또한 互體卦
도 없다. 그렇지만 [乾·坤처럼 至純한 것도 아니면서] 反對卦(또는 反易
卦)가 불가능한 나머지 6개의 卦에 있어서 단지 正體만 취하게 된다면,
그 卦가 함유하고 있는 잠재적 성질(卦才)을 씀에 미진(未盡)한 것이 있게
된다.[135)

따라서 聖人이 [이런 미진한 점을 타개하고자] 그것을 顚倒하여 象을
취했다. 대저 그 卦의 형태는 거꾸로 뒤집어져 있더라도 [거기에 원래
있던] 本象이 아닌 것이 없으니, 그 倒體를 취하는 것이 이치에 합당(允)
한 것이 된다.

○ 雜卦傳曰 大過 顚也 頤之爻詞 再言顚頤 ≪坎離等卦 亦皆有經
證≫ 此 聖人取倒體之明驗也

○「雜卦傳」에서 "大過는 뒤집어짐이다"고 했다. 頤卦의 [六二, 六四
의] 爻詞에서도 "顚頤(거꾸로 기른다)"라는 말을 거듭 언급하고 있다.[136)

---

132) 卦才 : 卦의 잠재적 성질, 괘가 함유하고 있는 성질.
133) 『四箋』에 倒體의 구체적 사례가 언급된다(『四箋』 卷1, 9가).
134) 反對卦를 취하지 않는 경우(不取反對者)는 ①乾, ②坤, ③坎, ④離, ⑤頤, ⑥大過,
　　⑦中孚, ⑧小過의 8괘를 가리킨다.
135) 그 속에 이미 들어가 있는 여러 성격들이 死藏된다는 뜻.
136) 茶山의 방식으로 해석하면 以上의 뜻과는 무관하다. "顚頤者, 倒卦也."(『四箋』 卷4,
　　2나)

≪坎卦이나 離卦137) 등에도 역시 倒體를 취한 經典의 증거가 있다.138)≫ 이는 聖
人이 倒體를 취했다는 명백한 증거이다.

伏體者 筮主於數 據其位而考其數 坎离之形 雖不現於其外 坎离之數 實伏其中

伏體는 數를 위주로 하는 占筮에서 그 자리(位)에 근거하여 그 數를
고려하는 것이다. 즉 坎·离의 형태는 비록 겉으로 드러나지 않으나,
坎·离의 數는 실제로 그 [자리] 속에 숨어 있다.139)

易有二觀 一曰 卦德 二曰 卦數 ≪一至六≫ 卦德者 乾坤之所分賦也 卦數者 坎离之所占據也

易에는 두 가지 관점이 있으니, 하나는 卦德이고, 또 하나는 卦數이
다.140) ≪[卦數란] 1에서 6까지의 수≫ 卦德이란 乾·坤의141) 성질이 나뉘어
부여된 것이며, 卦數란 坎·离가 [上·下卦의 자리를] 점거하고 있는
것이다.

六十四卦 其剛畫皆乾 其柔畫皆坤 則六十四卦 無一不囿於乾

---

137) 여기서 "坎離"란 당연히 八卦의 坎离가 아닌 64괘 중의 習坎과 離卦이다. 왜냐하면,
坎(☵)과 离(☲)는 倒體가 불가능하기 때문이다.
138) 坎卦 初六의 설명에서 茶山은 "卦無反對, 故亦取倒象, ≪義見頤六二≫. 此爻倒看,
則坎之渙也 ≪初六爲上六≫"이라 하였다(『四箋』卷4, 9가). 또한 "此爻, 若不倒看, 則
…… 非失道也"라고 하며, 반대의 결과가 나옴을 지적하였다(『四箋』卷4, 9가). 그리고
離卦의 경우는 그 九三에 이런 사례가 나온다. "日之方昃, 其勢倒懸 ≪落向下≫ 此爻
之象, 又宜倒看 ≪坎離等六卦, 本取倒象≫."(『四箋』卷4, 13가)
139) "伏离", "伏坎"이라는 말이 『四箋』(卷7, 34가)에 나온다. 반면에, '伏艮'이나 '伏巽'
등은 가능하지 않다.
140) 앞서 仲氏의 二觀은 "類聚"와 "羣分"이었다(『四箋』卷1, 20가). 한편 "『易學緒言』에
서는 德과 位를 二觀이라고 하였다(易有二觀, 曰德曰位, 德者, 乾坤也, 位者, 坎离
也)."(『易學緒言』,「周易答客難」卷4, 27가)
141) 여기서 "乾坤"은 삼획괘의 乾·坤을 가리킨다. 아래도 동일하다.

坤之範圍也 六十四卦 其下卦 皆离 ≪一二三 奇偶奇≫ 其上卦 皆坎
≪四五六 偶奇偶≫ 則六十四卦 無一不函於坎离之管轄也 若是者
何也 天地水火 易之四柱也 故其分布諸卦 而主其象數 如此

64卦에서 그 陽爻는 모두 乾이고, 그 陰爻는 모두 坤이다. 이러한즉
64卦 중에서 乾·坤의 범위에 속하지 않는 것은 하나도 없다.[142] 64卦에
서 下卦는 모두 离이며 ≪1·2·3의 자리가 홀수·짝수·홀수이므로 陽·陰·
陽[으로 离☲]≫ 上卦는 모두 坎이다. ≪4·5·6의 자리는 짝수·홀수·짝수≫
그런즉 64卦에서 坎과 离의 관할(管轄) 안에 있지 않는 것은 하나도 없
다.[143]

이러한 것은 무엇 때문인가? 天·地·水·火(즉 乾·坤·坎·離)는 易
의 네 기둥이다.[144] 그러므로 이 4가지가 모든 卦에 분포되어 그 卦들의
象(卦德)과[145] 數(卦數)를 주재하는 것이 이와 같은 것이다.

○以之筮日 則下卦爲晝 ≪故初爲日出 二爲日中 三爲日昃≫ 上卦爲
夜 ≪夬九二≫

○이상의 논리에 입각하여 期日이나 날짜를 점치면,[146] 下卦는 [离
로서] 낮이 되고 ≪따라서 初位는 日出이 되고, 제2位는 한낮이 되며, 제3位는 日
沒이 됨≫ 上卦는 [坎으로서] 밤이 된다.[147] ≪夬卦 九二를 참조할 것[148]≫

---

142) 卦德에 대한 언급이다.
143) 卦數에 대한 설명이다.
144) 「讀易要旨」「13. 建維」에 乾·坤·坎·离가 易의 "四維"라는 말이 나온다(『四箋』
　　卷1, 16나).
145) "主其象數"에서 "數"는 卦數나 卦位일 것이니, "象"은 '卦德'과 연관된다.
146) "以之筮'日'"과 아래의 "以之筮'月'"이 다른 점은 前者는 하루 중 晝·夜에 연관되
　　는 것인 데 반해서, 後者는 일 년 중에 계절(時)과 달(月)에 연관된다는 것이다.
147) 茶山은 『說卦傳』의 坎卦의 物象에 관한 荀九家의 說을 채록하면서, "坎爲夜"의 說
　　이 간보(干寶)와 우번(虞翻)의 說에 속한다고 말하고 있다. 그런데 다산은 坎의 單一한
　　象만 가지고, '밤(夜)'이 될 수 있는 것이 아니라, 해가 지하에 들어가는 象과 결합되어
　　야 비로소 '밤(夜)'이 될 수 있다고 말하고 있다. "다만 下卦는 본래 离位에 해당되므로
　　아침, 한낮, 저녁의 삼시(三時)가 되며, 上卦는 본래 坎位이니, 밤에 해당되는 것으로

以之筮月 則下卦爲時 ≪震春而离夏≫ 上卦爲月 ≪兌在上 爲月幾
望≫ 皆以坎离之位也 ≪說卦云 离爲日 坎爲月≫

그것으로 달(月)을 점치는 경우는, [离의 자리인] 下卦는 四時가 되
고[149] ≪震은 봄이요, 离는 여름≫ [坎의 자리인] 上卦는 月이 되니 ≪만일
兌卦가 上卦의 자리에 있으면, 月幾望[150]이 됨≫ 모두 坎・离의 자리로서 따
져서 그렇게 보는 것이다.[151] ≪「說卦傳」에 离는 日이고, 坎은 月이라고 하였
다.[152]≫

牉[153]合者 婚媾之象也 故凡婚媾之卦 其少男少女 多一倒而
一正 ≪亦有不然者≫

[반쪽씩 서로 합쳐서 보는] 牉合의 방법론은 혼인(婚姻)에 쓰는 象이
다. 그러므로 대개 婚姻 문제를 따지는 卦는 그 少男(艮)과 少女(兌) 중에
하나는 거꾸로 보고, 다른 하나는 바르게 보는 경우가 많다. ≪물론 또한

간주하여 점치는 것이라고 한다. 그러나 이는 다른 하나의 用例인 것이며, 物象이라는
측면과는 다른 것이라고 한다(唯下卦位离故占爲朝晝夕三時, 上卦位坎, 故占之以夜 此
別是一例 與物象不同)." "坎爲夜"의 說은 夬卦 九二의 주석에서도 언급되고 있다(『四
箋』卷5, 24가). 茶山은 比卦 九五의 주석에서도 "坎爲夜"를 언급하고 있다(『四箋』卷
2, 22가).

148)

夬 → 제2효변 → 革 ← 推移 ← 大壯

　　夬卦 九二에 "莫夜有戎"이라 하였는데, 茶山에 따르면 "莫夜"는 '中夜'이며, 大壯
卦(夬卦 九二의 之卦인 革卦의 母卦)와의 관계에서 5位에 해당한다고 한다. "四爲初
夜, 五爲中夜, 上爲子夜 ≪如下卦爲朝晝夕≫."(『四箋』卷5, 24가)

149) 离의 자리인 下卦에 나오는 卦로 時(계절)를 정한다는 것.

150) "月幾望"은 "달(月)이 거의(幾) 보름(望)인 날"을 뜻한다. "月幾望"에 대해서는 『四箋
』(卷1, 16가)을 참조할 것.

151) 坎의 자리인 上卦에 오는 괘로 月을 정하는데, 그 실례로 만일, 兌卦가 上卦의 자리
에 나오면 아직 乾으로 가득 찬 것이 아니므로 '月幾望'이 된다.

152) "离爲日"(『四箋』卷8, 30가), "坎爲月"(『四箋』卷8, 38가).

153) [校閱] 新朝本에는 '牉'으로 되어 있는데, 이런 글자는 字典에서 확인되지 않는다.
奎章本과 國中本에는 반합(牉合)으로 되어 있다.

그렇지 않은 경우도 있다.154)≫

歸妹則艮壻自外至 故爲歸妹之象 ≪女家爲主人≫ 漸則兌女自
外至 故爲女歸之象 ≪壻家爲主人≫

歸妹卦의 경우는 [上卦인 震을 뒤집어 보면] 艮의 사위(壻)가 바깥에
서 오는 것이므로, 歸妹(여동생을 시집보냄)의 象이 된다. ≪여자쪽 집이 [혼사
(婚事)를] 주관하는 사람이 된다.≫ [반면에] 漸卦는 兌의 소녀가 바깥에서 들
어오는 형국이므로, 여자가 시집가는(女歸) 象이 된다.155) ≪사위의 집이 主
人156)이 된다.≫

如咸恒之類 雖亦男女俱存 其勢相順 不相牉合 但可爲夫婦
正家之象 不可爲婚配行禮之象

한편, 예컨대 咸卦157)나 恒卦158)와 같은 것들은, 비록 역시 [위의 歸
妹 등과 동일하게] 男女가 갖추어져 있으나, 그 세력이 서로 순조롭게 따
르기만 할 뿐, 서로 "牉合"하는 것은 아니니, 다만 부부가 집을 바르게
다스리는 象이 될 수는 있어도, 婚配의 禮를 진행하는 象은 되지 못한다.

故大過爻詞 以咸爲震兌之合 ≪下倒震≫ 以恒爲巽艮之合 ≪上倒
艮≫ 此 皆牉合之精義也

---

154) 亦有不然者 : 여기서 "亦有不然者(또한 그렇지 않은 경우도 있다)"라고 한 것이 "[婚
　　姻의 卦象 중에는] 一倒一正이 아닌 경우도 있다"는 것을 의미하는 것인지, 아니면,
　　"[婚姻의 卦象 중에는] 少男과 少女의 결합이 아닌 경우도 있다"는 것을 의미하는 것
　　이지는 분명하지 않다. 여기서는 後者의 의미로 쓴 것이 아닐까 한다.
155) 귀매괘의 "歸妹"나 漸卦의 "女歸"나 어떤 것이든지 결국은 다 여자가 시집가는 것
　　인데, 前者는 남자가 결혼하여 처가(妻家)에 들어가는 측면을 주목한 것이고, 후자는
　　말 그대로 여자가 시가로 들어가는 것을 말한다.
156) 茶山 今補에 巽은 主人이라 하는데, 여기 "主人"은 巽과는 무관한 것이다.
157) 澤山 咸卦는 上卦가 兌로 少女이고, 下卦가 艮으로 少男이다.
158) 雷風 恒卦는 上卦가 震으로 長男이고 下卦가 巽으로 長女이다.

大過 → 九二爻變 → 咸　　　　　大過 → 九五爻變 → 恒

그러므로 [咸卦로 되는] 大過 九二의 爻詞에서 咸卦를 [본래대로 少
女(上卦 兌)와 少男(下卦 艮)으로 보지 않고] 震(長男, 老父)과 兌(少女)의 결
합으로 보고 ≪[咸卦의] 下卦인 艮은 거꾸로 된 震≫ [그 九五의 爻辭에서는]
恒을 [본래대로 長男(上卦 震)과 長女(下卦 巽)로 보지 않고] 巽(長女 : 늙은
여자)과 艮(少男)의 결합으로 본다. ≪恒의 上卦가 震으로 倒艮이다.≫ 이는 모
두 반합(牉合 : 짝지어 배합함)의 정밀한 뜻이다.

兩互作卦者 旣取互體 自然成卦 非苟爲是工巧也

上互卦와 下互卦를 취하여 하나의 새로운 卦를 만드는 것은 일단 互
體를 취하게 되면 자연히 그렇게 卦가 이루어지는 것이지, 억지로 그렇
게 교묘하게 꾸며 낸 것이 아니다.159)

兩互作卦 聖人所以前民用也 亦所以禁民邪也

두 개의 互卦로 새로운 卦를 만든 것은 聖人이 백성들이 편히 이용할
수 있도록 미리 예비한 것이며,160) 또한 백성들이 사악한 짓을 저지르지
못하도록 하기 위한 것이다.161)

假如 婚姻之家 筮遇泰卦 未有交媾之象 民用不便 而兩互作
卦 卽成歸妹 則民用以通也

---

159) "兩互作卦"의 사례는 遯卦 九三(『四箋』 卷4, 35가), 節卦의 象辭(『四箋』 卷6, 43가)
　　등을 참조할 것.
160) 前民用 : 「繫辭上傳」에 나오는 말이다. 『四箋』(卷1, 11나)에서도 언급되고 있다.
161) 禁民邪 : 「繫辭下傳」에 "禁民爲非, 曰義"라는 말이 나온다.

泰 →兩互作卦→ 歸妹

　　예를 들어, 혼인을 앞둔 집안에서 시초점을 쳤는데 泰卦가 나왔다면, 거기에는 혼인(交媾)의 象이 없어, 백성들이 쓰기에 불편하게 된다. 그러나 兩互卦로 새로 卦를 만들면 곧 歸妹가 되어, 백성들이 그것을 사용함에 通하게 되는 것이다.162)

　　又如不正之事　筮遇吉卦　則兩互作卦163) 看取不吉之象　故无妄之象曰　其匪正　有眚　≪兩互 漸≫　謂兩互有眚也　民志　其有邪乎諸卦取兩互爲象　蓋以是也

无妄→兩互作卦→漸

　　또 한편, 만일 바르지 못한 일로 점을 쳤는데 좋은 卦가 나왔다면, 兩互卦로 새로운 卦를 만들어 不吉한 징조를 보아내게 되는 것이다.164) 그러므로 无妄卦의 象辭(卦辭)에 "其匪正, 有眚", 즉 "그 옳지 않은 일을 할 경우에는 재앙이 생길 것"이라고 하였는데 ≪无妄卦로부터 兩互作卦하면 漸卦가 됨≫ 이는 兩互卦를 취할 경우, 재앙이 있다는 말인 것이다. [이렇게 할진대] 백성들이 사악(邪惡)한 마음을 품을 수 있겠는가?

　　여러 卦가 兩互卦를 취해 象을 삼는 것은 [다른 이유가 아니라] 대개 이상의 [두 가지] 이유 때문이다.

---

162) "前民用"에 대한 설명이다.
163) [校閱] 奎章本과 國中本에는 "則兩互作卦"의 "卦"가 있으나, 新朝本에는 없다.
164) "禁民邪"에 대한 설명이다.

○ 吳幼淸云 泰之兩互爲歸[165]妹故 六五曰 帝乙歸妹 ≪見大全[166]≫

泰→兩互作卦→歸妹

○ 오유청(吳幼淸)[167]도 泰卦의 兩互卦를 취하면 歸妹卦가 되기 때문에 [泰卦와 歸妹卦의 兩卦의] 六五의 爻詞에 [각각] "帝乙歸妹"라는 卦辭가 있는 것이라고 말하였다.[168] ≪『周易傳義大全』에 보인다.≫

宋時 金主 完顏亮 入寇 筮之遇隨卦 占者曰 兩互爲漸 亦此法也 然唯[169]中四爻 取兩互 ≪大傳云 雜物撰德 非中爻不備≫ 初與上

---

165) [校閱] 奎章本과 國中本에는 "歸妹"로 되어 있으나, 新朝本에는 "歸妹"의 "歸"가 탈락되어 있다. 여기서는 前者를 따른다.

166) [校閱] "大全"의 "全"이 新朝本과 國中本에는 "傳"으로 되어 있는데, 誤記이다.

167) 吳幼淸 : 元代의 學者로서, 이름은 오징(吳澄, 1249~1333)이다. 臨川 吳氏라고도 한다. 吳澄은 南宋의 과거에 합격하였으나, 南宋이 멸망한 뒤에는 원나라의 벼슬에 올라 國子監에서 일했다. 吳澄은 『易經』・『書經』・『禮記』・『春秋』・『詩經』 등의 경서를 깊이 연구하여 그 주석이나 각 경서의 해제를 작성하기도 했다. 또한 老子 주석서를 집필하기까지 했다. 吳澄은 처음에는 정이와 朱熹의 학문을 따랐지만, 나중에는 육구연의 학문까지도 겸했다. 주희와 육구연의 가르침을 절충시키려는 오징의 태도를 원대 유학의 특색으로 간주하기도 한다. 茶山은 『易學緖言』「吳草廬纂言論」에서 吳澄의 易學에 관해 다음과 같이 평가하고 있다. "著書로는 『易纂言』이 있는데, 본래 邵氏易의 범위를 벗어나지는 못하였으나, 간혹 그의 논이 고대역리에 합치되는 바가 있으므로 이를 채록해놓았다고 하였다(著易纂言, 雖其本領, 不出邵氏之範圍, 而間有名論, 合於古法 玆用采錄)."(『易學緖言』卷3, 7나~8가)

168) 『周易傳義大全』에 "吳幼淸云, 泰之兩互爲歸妹故, 六五曰, 帝乙歸妹"라고 나오는 것이 아니고, 다산이 그 의미를 파악하여 축약하여 고쳐 쓴 것이다. 『周易傳義大全』의 原文에는 "臨川吳氏曰, 六五, 以柔中應在下之剛中, 帝女下嫁從夫之象, 泰卦互體及卦變, 皆成歸妹卦故, 以歸妹爲辭"라고 되어 있다(朝鮮圖書株式會社 編輯部 編纂, 『備旨具解原本周易』, 302면). 吳澄은 卦變관계에 있어서도 泰卦에서 歸妹卦로 됨을 지적하였다. 즉 三陽卦의 推移에서 泰卦의 3이 4로 가면 歸妹가 된다(『四箋』卷6, 20나).

169) [校閱] 奎章本과 國中本에는 "唯"로 되어 있으나, 新朝本에는 "惟"로 되어 있다.

不取也

䷐䷴

隨 → 漸

宋代에 金나라 王 완안량(完顏亮)[170]이 [남송(南宋)을] 침략해 들어옴에 점을 치니 隨卦를 얻었는데, 점쟁이가 말하기를, "兩互를 취하면 漸卦가 된다"고 하였다. 역시 이 兩互作卦法인 것이다.[171] 그러나 오직 가운데 4개의 爻만 兩互體로 취하는 것이지 《「繫辭傳」에 "雜物撰德, 非中爻不備", 즉 "여러 사물을 뒤섞어 그 성질을 복합적으로 서술함은 중간의 爻가 아니면 갖추고 있지 않다"고 함.》 초획(初畫)과 상획(上畫)은 취하지 않는다.

---

170) 완안량(完顏亮)은 금(金)의 제4대 해릉왕(海陵王, 재위 1149~1161)이며, 여진족 이름으로 디구나이[迪古乃]이다. 완아량은 사촌인 금나라 제3대 황제 희종(熙宗)을 살해하고 제위(帝位)에 올랐는데, 폭정을 일삼아 사후(死後)에 제호(帝號)를 받지 못하고 '혜릉군왕(海陵郡王)'에 봉해졌다. 집권 후 10여 년이 지난 어느 해에 양주(揚洲, 江蘇省)에서 자기 밑에 있던 한 부장(部將)에 의하여 살해되었다. 완안량의 '입구(入寇)'에 관한 점괘는 회계(會稽)의 어떤 선비(士夫)가 완안량의 남송(南宋) 침략을 맞아 친 점괘라고 한다. '입구(入寇)'라고 한 것은 그의 침략이 도적질에 불과하다는 폄하(貶下)의 뜻을 함축하고 있다. 회계(會稽)의 선비는 먼저 '고지수(蠱之隨)'의 점괘를 얻었는데, 이것은 고괘(蠱卦)의 여섯 획이 전부 변하여 수괘(隨卦)가 된 경우이다. 그 다음에 그는 수괘(隨卦)로부터 양호괘(兩互卦)를 만들어 점괘(漸卦)를 도출하였다. 그는 이 점괘를 풀이하여 완안량이 전쟁에서 패하리라 해석하고, 특히 수괘(隨卦)가 비괘(否卦)로부터 괘변(卦變)한다는 것에 근거하여 완안량의 목이 잘려 땅에 떨어지리라 예견하였다. 이 고사(故事)는 정형(程迥, 南宋代, 생몰년 미상)의 『주역고점법(周易古占法)』, 하해(何楷, 明代, 생몰년 미상)의 『고주역정고(古周易訂詁)』, 모기령(毛奇齡, 1623~1716)의 『중씨역(仲氏易)』과 『춘추점서서(春秋占筮書)』 등에 수록되어 있다.

171) 그 밖의 "兩互作卦"의 사례는 遜卦의 九三(『四箋』 卷4, 35가), 節卦의 卦辭(『四箋』 卷6, 43가) 등의 경우를 참조.

22) 효변표(爻變表)

乾	初九		爲乾之姤
	九二		爲乾之同人
	九三		爲乾之履
	九四		爲乾之小畜
	九五		爲乾之大有
	上九		爲乾之夬
	用九		爲乾之坤

諸卦六爻之變 皆倣此

諸卦에서 6爻의 변화는 모두 이와 같다.

○用九用六 唯乾坤用[172]之

○用九·用六은 오직 乾卦와 坤卦에서만 사용한다.

효변표 하(爻變表 下)

屯	初九		爲屯之比
	六二		爲屯之節
	六三		爲屯之旣濟

---

172) [校閱] 新朝本과 國中本에는 "有"로 되어 있으나 奎章本에는 "用"으로 되어 있다. 後者가 더 적합한 것으로 보인다.

六四 ䷂ 爲屯之隨
九五 ䷂ 爲屯之復
上六 ䷂ 爲屯之益

右六爻 各成一卦 故 三百八十四爻 其實 三百八十四卦也
위의 [屯卦의] 6개 爻는 각기 하나의 卦를 이룬다. 그러므로 64개 卦
의 384개의 爻는 사실상 384가지 卦이다.[173)]

23) 효변표직설(爻變表直說 : 爻變表에 대한 설명[174)])

爻者 變也 不變 非爻也
爻라는 것은 변하는 것이니, 변하지 않으면 爻가 아니다.

卦畫之一二三四 謂之畫 ≪亦位也≫ 其一二三四之變者 謂之爻
爻者 交也 謂陰陽交易也 今人 認畫爲爻 頭腦已誤也
卦는 맨 아래부터 첫째 줄, 둘째 줄, 셋째 줄, 넷째 줄 식으로 차례로
그리거니와, 이것을 '획(畫)'이라 말하며 ≪동시에 '位'라고 한다.≫ 이런 1·
2·3·4畫이 변하는 것을 '爻'라고 한다.
爻는 서로 교차하는 것을 가리키는데,[175)] 陰과 陽이 각기 [그 반대로]

---

173) 64×6=384인데, 占筮하여 얻게 되는 모든 경우의 수는 이 384 경우에 用九·用六의
두 경우를 합하고, 여기에 다시 老陽이나 老陰이 나오지 않는 경우, 즉 動爻가 없어 象
辭로 점치는 경우인 64 경우를 모두 합하면, 450개의 경우가 된다(384+2+64=450).
174) 李乙浩 역, 『茶山學提要』(대양서적, 1975, 237면)의 번역을 참조할 것.
175) 爻者, 交也 : 이는 『說文解字』의 說인 셈이다. 또 "爻, 交也. 象易六爻頭交也"라고

교차하여 바뀌는 것(交易)을 말한다. 오늘날 사람들은 "획(畫)"을 "효(爻)"라고 여기는데, 이는 그 서두(頭腦)176)부터 이미 틀린 것이다.

○ 筮法 老陽 其畫爲口 ≪謂之重≫ 老陰 其畫爲乂 ≪謂之交≫ 乂者 交也 重乂則爲爻也 爻字 初作之時 原主陰陽交易之義 而反以不變者爲爻 可乎

○ 점치는 법에 老陽은 "口"와 같이 그리고 ≪이런 老陽을 "重"이라고 부름.≫ 老陰은 "乂"와 같이 그리는데177) ≪이런 老陰을 "交"라고 부름.≫ "乂"는 "交"의 뜻이며, "乂"를 거듭하여 겹치면 "爻"가 되는 것이다.178)

이처럼 "爻"라는 글자는 처음에 만들 때부터 陰·陽이 서로 교체된다는 의미에 근거한 것이니, 도리어 변하지 않는 것(畫)을 "爻"로 간주하는 것이 타당하겠는가?

九者 老陽也 六者 老陰也 老無不變 則九六者 旣變之名 不變非九六也

["初九"니 "九三"이니 하는] "九"는 老陽이고, ["上六"이니 "初六"이니 하는] "六"은 老陰이다. 늙음에 변하지 않는 것이 없으니, "九"와 "六"은 이미 변화의 개념이며, 변함이 없다면 "九"나 "六"이 아니다.

筮法 三掛 皆得天數 ≪一三五七九≫ 則其數爲九 ≪參天故≫ 三掛皆得地數 ≪二四六八十≫ 則其數爲六 ≪兩地故≫ 此 其所以爲老也

하였다(『四箋』卷1, 12가).

176) 頭腦：① 序頭, 시초, ② 핵심, 기본, 기초. 사물의 가장 중요한 부분, ③ 인식하고 판단하는 힘, ④ 條理.

177) 金碩鎭, 『周易占解』, 대유학당, 1997, 55면, 86면. 그리고 金碩鎭, 『周易傳義大全譯解』, 대유학당, 1996, 156면을 참조할 것.

178) '입 구(口)'字처럼 그리고 …… '벨 예(乂)'字처럼 그린다(高懷民, 『중국고대역학사』, 숭실대 출판부, 1990, 150면, 154면).

天地之間 不可一刻而無陰 亦不可一刻而無陽 故純陽則直變爲
陰 純陰則直變爲陽 其曰 初九者 謂初畫動而爲陰也 其曰 初六
者 謂初畫動而爲陽也 則周公撰詞之初 原主旣變之體 而用其
物象 ≪如 潛龍爲變巽之物 履霜爲變震之象≫ 不知爻變 則不可以讀周公
之詞也

점치는 법에 세 번 걸어서[179] 모두 天數(홀수)이면 ≪1, 3, 5, 7, 9≫ 그 수
는 九가 된다. ≪"參天"이므로 九이다.[180]≫ 세 번의 "掛"가 모두 地數(짝수)
이면 ≪2, 4, 6, 8, 10≫ 그 수는 六이 된다. ≪二가 地數인 까닭[181]≫ 이처럼 [天
數든지 地數든지] 세 번을 거듭하니, '老'가 되는 것이다.

이 세상에 한 순간이라도 陰이 없을 수 없으며, 역시 한 순간이라도
陽이 없을 수 없다. 그러므로 純陽인 경우는 바로 변하여 陰이 되고, 純
陰은 바로 변하여 陽이 된다.

『周易』에서(其) "初九"라고 한 것은 [老陽인] 初畫이 변동하여 陰으로
되는 것을 말하는 것이며, "初六"이라 하는 것은 初畫이 변동하여 陽으
로 되는 것을 말하는 것이다.[182]

그렇게 본다면(則) 周公이 [『周易』 爻詞의] 글을 처음 지을 때부터 이
미 변화된 體를 근거로 하여 그 物象을 적용한 것이니 ≪예컨대 乾卦 初九
의 '潛龍'이란 乾의 下卦(☰)가 巽(☴)으로 변했을 때의 것이며, 坤卦 初六의 '履霜'
이란 坤의 下卦(☷)가 震(☳)으로 변했을 때의 상징임.[183]≫ 爻變을 알지 못하면,
周公의 爻辭[184]를 읽을 수가 없는 것이다.[185]

---

179) 三掛:「蓍卦傳」참조.
180)「說卦傳」참조(『四箋』卷8, 28나).
181) 參天兩地:「說卦傳」에 나오는 말.
182) 여기 "其"를 "爻變表에 그 사례가 나온 乾卦"라고 볼 수도 있으나, 다음의 "其曰初
六"의 경우 爻變表에 그 사례가 나오지 않는다. 역시 屯卦의 初九의 예가 제시되고,
"初六"의 사례가 제시되지 않음. 따라서 "其"를 『周易』일반으로 봄이 적절하다.
183)『四箋』(卷1, 46나)을 참조할 것.
184) "『周易』, 또는 易詞를 읽지 못한다"는 식으로 해석하면 안 된다. 卦辭는 爻變과 무

左傳 蔡墨之對 既是確證 而春秋官占之引經爲義者 又皆可證

『左傳』에 나오는 蔡墨의 [龍에 대한] 답변186)에서 이미 [爻變에 대한] 확증을 발견할 수 있거니와, [이처럼]『春秋』의 官占에서 [非筮非占으로 단순히]『周易』經文을 인용하여 [爻變의] 의미를 삼은 것들에서 또한 [爻變論의] 증거를 발견할 수가 있는 것이다.

蔡墨曰 周易有之 在乾之姤 ䷫ 曰 潛龍勿用 其同人曰 見龍在田 其大有曰 飛龍在天 其夬曰 亢龍有悔 其坤 ䷁ 《乾六爻 皆變》 曰 見羣龍 無首 吉 坤之剝曰 龍戰于野 《昭 二十九年》

채묵(蔡墨)이 말하기를 "[龍에 대해서는]『周易』에도 나와 있거니와, 乾卦가 姤卦로 변하는 경우(乾之姤)에 이르기를 '潛龍勿用'이라 하였고, 乾卦가 同人卦로 변하는 경우(乾之同人)에 이르기를 '見龍在田'이라 하였고, 乾卦가 大有卦로 변하는 경우(乾之大有)에 이르기를 '飛龍在天'이라 했으며, 그 乾卦가 夬卦로 변하는 경우(乾之夬)에 이르기를 '亢龍有悔'라 하고, 그 乾卦가 坤卦로 변하는 경우187)에 말하기를, '見羣龍, 無首吉', 즉 '여러 龍이 나타나 있고, 우두머리가 아니면 吉하다'라고 하였습니다. 그리고 또한 坤卦가 剝卦로 변하는 경우(坤之剝)에 이르기를, '龍戰于野', 즉 '들판에서 龍이 싸운다'라고 했습니다"라고 하였다. ≪『左傳』「昭公 29年」≫

관하며, 「大象傳」도 마찬가지이다.

185) 엄밀히 따지면 "潛龍"에서 "龍"은 辟卦推移의 관점에서 震으로 설명되는 것이며, "潛"이 巽(隱, 伏)으로 설명됨. 그리고 "履霜"의 "履"는 震足으로 설명되는 것이고, "霜"은 震으로 설명되는 것이라기보다는, 직접적으로 陰이 陽으로 응고(凝固)한 데서 나온 것이다.

186)『四箋』卷7, 28나.

187) 乾卦의 6개 爻가 모두 變하는 경우, 즉 用九를 가리킴.

○春秋卜史之筮 若陳敬仲之觀之否 晉伯姬之歸妹之睽 不可勝數 然 此 猶筮也 亦有非筮非占 而徒然誦易 如蔡墨之例者

○『春秋』에서 卜史들이 [실제로 행한] 占筮의 사례에서도, [爻變論의 증거를 발견할 수 있는데] 예컨대 陳敬仲의 "觀之否"(觀卦가 否卦로 변하는 경우), 晉나라 伯姬의 "歸妹之睽"(歸妹가 睽卦로 변하는 경우) 같은 것은 그 수를 헤아릴 수 없을 정도로 많다.

그런데 이 [陳敬仲이나 晉伯姬의] 경우들은 직접 占筮를 한 것이지만, 占筮를 하지 않고, 다만 『周易』의 經文만을 인용하여 논거로 삼은 [앞서 언급한] 蔡墨의 占筮의 경우와 같은 사례가 또한 [더] 있다.

荀首之言曰 在師之臨 ䷒ 師出以律 否藏凶 ≪宣 十二年≫ 游吉之言曰 在復之頤 ䷚ 曰 迷復凶 ≪襄 二十八年≫

즉 순수(荀首, 知莊子)의 말에 "[『周易』의] 師之臨(師卦가 臨卦로 변하는 경우)에 '師出以律, 否藏凶', 즉 '군대가 출정함에 규율로 하나니, 바르지 않으면 凶하다'라고 하였습니다"라고 한 것이 있으며,188) ≪宣公 12年≫ 유길(游吉)의 말에 "[『周易』의] 復之頤(復卦가 頤卦로 변하는 경우)에 이르기를, '迷復, 凶', 즉 '혼미함으로 되돌아오니, 凶할 것이다'라고 하였다"라고 한 대목이 나온다.189) ≪襄公 28年≫

○由是觀之 曰九曰六之直指變卦 審矣 六爻之動 各成一卦 三百八十四爻者 三百八十四卦也 ≪變卦 謂之爻≫ 今人 欲排比六爻 以成一卦之全體 而可乎

○이런 사례들을 볼 때, "九"나 "六"이라 한 것이 바로 變卦를 말하

---

188) 師卦 初六의 경우에 해당됨.
189) 復卦 上六의 경우에 해당됨.

는 것임은 분명하다. [하나의 卦에] 여섯 개의 爻가 변동하여 각각 하나의 卦가 되니,『周易』의 384개(64×6)의 爻는 384개의 卦로 된다. ≪變卦를 "爻"라 하는 것이다.≫ 그런데 오늘날 사람들은 그런 여섯 개의 爻를 그대로 배열하여 그 전체로 하나의 卦를 삼고자 하는데, 이것이 타당할 것인가?

自漢以來 爻變之說 絶無師承 此 易之所以晦盲也

漢代 이후로 爻變說은 斷絶되어 전승되지 않았다. 이것이 바로 易의 이치가 어두워진 까닭이다.

辟衍之推移也 說卦之物象也 互體之博取也 此三者 九家諸易 皆能言之 至於爻變之義 自漢至今 絶無影響 此 易之所以不可讀也

辟卦와 衍卦의 推移,[190]「說卦傳」의 物象, 互體에 입각한 광범위한 物象의 채택, 이 세 가지는 荀九家들의 易說로도 모두 잘 설명된 것이다. 그러나 爻變의 의미만은 漢代 이후 오늘날까지 단절되어 그 영향이 全無하였으니, 이것이 바로 易이 이해되지 않게 된 까닭이다.

爻不變 則推移之法[191]亦不可通 此 推移之所以廢

爻가 변하지 않으면, 推移의 방식도 또한 통하지 않게 되는데, 이것이 推移라는 [『周易』의] 방법이 사라진 이유인 것이다.

---

190) 辟衍之推移 : ① '辟卦에서 衍卦로 되는 推移'와 '辟卦 자체의 推移'('辟卦의 進退消長' 즉 벽괘들 간의 추이)를 모두 포괄하는 개념으로 보거나, 아니면 단지, ② '辟卦에서 衍卦로 되는 推移'만을 가리키는 개념에 해당될 것이다. 여기서는 ①의 경우를 가리키는 것으로 보았다.

191) [校閱] 新朝本과 國中本에는 "法"으로 되어 있으나, 奎章本에는 "跡"으로 나온다. 그러나 "'…… 跡'이 통하지 않는다"는 식의 말은 어색하다. 따라서 여기서는 前者를 따른다.

爻之旣變 又執之卦 《之卦者 爻也》 溯[192]其推移 假如 乾之九四
小畜也 小畜自姤來 《一之四》 故 其象爲躍 《巽股 超于上》 若不知
爻變者 不知小畜本自姤來 故推移之法 因亦不明 此 推移之所
以廢也

乾 → 小畜 ← 姤

爻가 이미 변함에 또한 그 "之卦"에 주목하여 《"之卦"라는 것은 "爻"를
가리킴》 그것의(之卦의) 推移 과정을 거슬러 올라가 그 근원을 찾는다. 가
령, 乾卦의 九四는 小畜卦인데, 小畜은 姤卦에서 나왔다. 《1이 4로 감》
그러므로 그 象이 "도약(跳躍)하는 것"이 된다.[193] 《[姤卦의 下卦에 있던]
巽의 股가 위로 도약한 것[194]》

만약 爻變을 모르는 자라면, 小畜이 본시 姤卦에서 나왔음도 알지 못
할 것이니, 推移의 法도 그로 말미암아 분명하게 드러나지 못할 것이다.
이것이 推移法이 폐지된 이유인 것이다.[195]

爻不變 則說卦物象 亦皆不合 此 說卦之所以廢

爻가 변하지 않으면, 「說卦傳」에 제시되는 物象 또한 모두 易詞와
부합하지 않게 되는데, 이로써 「說卦傳」의 용도가 폐기되다시피 된 것
이다.

---

192) [校閱] 新朝本에는 "溯"字가 다르게 나옴. "㴑"로 나오는데, 同字이다.
193) 乾卦 九四에 "或躍在淵"이라 하였다.
194) 巽股 : 「說卦傳」에 나오는 말이다.
195) 爻變을 몰라도 또는 인정하지 않아도, 小畜이 姤卦에서 推移했다는 것을 알 수는,
     또는 인정할 수는 있다. 다만 茶山의 말은 "不明"이라는 말에서 알 수 있듯이, 爻變을
     적용치 않으면 推移法이 완전하고도 명확히 드러날 수가 없다는 것이다.

乾旣變巽 尙以乾看 不亦執雞而疑馬乎 坤旣變震 尙以坤求
不亦瞻龍 而疑牛乎

乾이 이미 巽으로 변하였는데도, 여전히(尙) 乾으로 본다면, 또한 닭
(雞, 巽)을 가지고 말(馬, 乾)로 착각하는 것이 아니겠는가? 坤이 震으로 변
하였는데, 坤을 가지고 [그 象을] 찾는다면, 또한 龍(震)을 보고 있으면서
도리어 쇼(牛, 坤)가 아닌가 하고 의심하는 것이 아니겠는가?

坎旣變兌 嗔舍豕而談羊 离旣變艮 慨去雉而論犬 此 王弼之
所以起也

坎이 이미 兌로 변하였는데도, [그것을 모르고] 돼지(豕, 坎)를 버리고
羊(兌)을 이야기한다고 비난하고, 离가 이미 변하여 艮으로 되었음에도,
꿩(雉, 离)을 버려두고 개(犬, 艮)를 논한다고 개탄하니, 이런 억측이 왕필
(王弼)이라는 인물이 나오게 된 이유이다.

九家 不知爻變 猶執說卦 故其說 傅會穿鑿 一往不合 唯彖詞
得合也 九家 見彖詞之巧合 而不忍舍說卦 王弼 見爻詞之不合
而不欲用說卦 苟究其故 只坐[196]爻變之不知也

荀九家는 爻變은 알지 못하면서 오직 「說卦傳」만은 신봉하였는데,
따라서 그 說이 견강부회로 흘러, 열심히 「說卦傳」의 象을 추구하였으
나(一往) 전혀 그것과 부합하지 않는다. 오직 [爻變하지 않는 경우인] 彖
詞(즉 卦辭)에 대한 그들의 해석만은 「說卦」에 부합한다.

이처럼 荀九家는 彖詞(卦辭)에 나온 象이 「說卦傳」과 교묘하게 부합
하는 것을 알았기에 차마 「說卦傳」을 버릴 수 없었던 것이고, 王弼은
[爻變을 적용하지 않은 까닭에] 爻詞가 「說卦傳」과 부합하지 않는 것

을 보고는 「說卦傳」을 사용하여 象을 규명하고자 하지 않았던 것이니, 荀九家나 王弼이 그 한계를 드러내고 잘못을 범하게 된 까닭을 생각해 보면, 단지 爻變을 알지 못한 때문이다.197)

爻不變 則互體之物 亦皆不合 此 互體之所以廢

爻가 變하지 않으면, 互體의 物象도 역시 모두 합치되지 않게 되니, 이것이 互體가 도외시된 까닭이다.

試論 屯卦六二變 則互坤變而爲互震矣 周公 方且談龍 王弼 怪其非牛 互體不廢乎

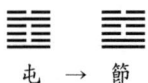

屯 → 節

가령 예를 들어 본다면, 屯卦 六二가 變爻인 경우, 屯卦 2·3·4의 互坤이 變하여 節卦 2·3·4의 互震으로 되니, 周公이라면 이에(方且) 龍(震)을 언급할 것이겠는데, [이렇게 하면] 王弼이라면 [도리어] 그것이 소(牛, 坤)가 아님을 괴이하게 여길 것이다.198) 사정이 이럴진대 [즉 爻變을 모르는 경우] 互體가 폐지되지 않겠는가?

屯六三變 則互艮 變而爲互离矣 周公 方且執雉 王弼 歎199)

---

197) 坐 : ① 전치사로서, 법령이나 금령에 저촉되어 형벌을 받게 되는 원인을 나타낸다. '때문에', '……로 말미암아'로 해석한다. ② 전치사로서 동작·행위의 원인을 나타낸다. '…… 때문에', '……인 까닭에', '……로 말미암아'라고 해석한다. 용법 ①과 유사하지만 용법 ①에 비해 광범위하다. 여기서는 ②의 뜻(김원중 편저, 『허사대사전(虛辭大辭典)』, 현암사, 2003, 845~846면).

198) 屯卦 六二에 실제로 '龍(震)'을 언급한 사례가 있다는 뜻이 아니라, 단지 한 例를 든 것에 불과하다. 즉, 『四箋』의 屯卦 六二에 "龍"을 운운한 대목은 없다. 屯卦 六二의 爻辭를 참조할 것(屯如邅如, 如乘馬班如, 匪寇婚媾, 女子貞, 不字十年, 乃子).

其失犬 互體不廢乎 故曰 互體之廢 由不知爻變

屯 → 旣濟

屯卦 六三이 爻變하는 경우, 3·4·5의 互艮이 변하여 互离로 되거니와, 周公은 이에 꿩(雉, 离)을 포착하는데, 王弼은 개(犬, 艮)를 잃어버림을 탄식할 것이니,[200) 互體가 廢하여지지 않겠는가?

그러므로 [내가 여기서] "互體가 사라진 것이 爻變을 알지 못하는데서 말미암았다"고 말하는 것이다.

○ 天下之事 有失於東 而得於西者 有明於內 而暗於外者 故不達國風之義者 或知小雅之旨 不曉周書之句者 或知虞書之文 至於周易 不達爻變之法 則一部易 六十四卦 三百八十四爻 悉悉乖反 認陰爲陽 認陽爲陰 無有一爻倖而免於乖反者 其 又有得失明暗之可論哉

○ 세상의 일이란 東에서 잃으면 西에서는 얻는 경우가 있고, 안으로는 밝으나 밖으로는 어두운 경우가 있을 수 있다. 그러므로 [『詩經』에서] 「國風」의 뜻은 모르는 사람이 혹 「小雅」의 뜻은 알 수가 있는 것이며, [『書經』에서] 「周書」의 구절은 밝지 못하지만 혹 「虞書」의 문장은 잘 아는 수가 있는 것이다.

그러나 『周易』의 경우는 [이와는 달라서] 爻變의 방식을 파악하지 못

---

199) [校閱] 新朝本과 國中本에는 "嘆"(탄)으로 되어 있으나, 奎章本에는 "歎"(탄)으로 되어 있다. "嘆"과 "歎"은 모두 '탄식한다'는 뜻으로서, 같은 의미로 쓰이는 글자이다.
200) 이 역시 『周易』에 나오는 사례가 아니고, 茶山이 예를 들어 한 말이다. 屯卦 六三에 나오는데, 닭이나 개를 운운한 대목은 없고, "卽‘鹿’无虞" 운운하는 대목이 나올 뿐이다. 한편 "鹿"은 坎에 속한다(「說卦傳」의 遠取에 관한 茶山의 '今補' 항목을 참조할 것).

周易四箋 戊辰本 卷之一   99

하면, 『周易』이라는 한 권의 책에 나오는 64卦 384爻가 모두 다 어긋나
버려서, 陰을 陽인 것으로 인식하게 되고, 陽을 陰으로 인식하게 되어,
단 하나의 爻라도 그 해석이 요행히 그러한 어긋남을 면하는 경우가 있
을 수 없으니, 『周易』의 경우(其) 어찌 무엇이든 一長一短(得失明暗)이 있
게 마련이라는 일반론으로 [그 해석학적 방법론의 차이를] 논할 수 있을
것이겠는가?201)

▌ 독역요지(讀易要旨) ▌

『周易』을 읽음에 염두에 두어야 할 요지(要旨)202)

1. 추상(抽象)	2. 해사(該事)	3. 존질(存質)	4. 고명(顧名)
5. 파성(播性)	6. 유동(留動)	7. 결본(缺本)	8. 용졸(用拙)
9. 쌍소(雙溯)	10. 첩현(疊現)	11. 비덕(比德)	12. 영물(詠物)
13. 건유(建維)	14. 변위(辨位)	15. 우의(寓義)	16. 고점(考占)
17. 인자(認字)	18. 찰운(察韻)		

一曰 추상(抽象)

첫째는, 한 가지 象을 대표적으로 뽑아냄(抽象)이다.

---

201) 즉, 『周易』의 경우는 요행이거나 어쨌거나 간에 일부는 맞고 일부는 틀리는 그런 식
의 논리가 통용되지 않음을 말한 것이다.

202) 『與猶堂全書』 「題讀易要旨後」에 "別補要旨二章, 錄于經首"이라는 말이 나온다(『與
猶堂全書』 第1集 『詩文集』 第14卷, 40나).

○ 易 所以筮也 一卦一爻 各具萬事萬物之象 ≪不變曰 卦 變曰
爻≫ 筮天下之萬事萬物 皆有遇此卦此爻之理 文王周公 於萬象
之中 抽其一象 以爲繇詞 故以卦以爻 則有應萬事萬物之才 而
其繇詞 則不能該萬事萬物

○『周易』이란 占筮를 하기 위한 것으로, 卦 하나 爻 하나가 각각 萬
事萬物의 象徵을 갖추고 있어서 ≪변치 않는 것을 '卦'라고 하고, 변하는 것을
'爻'라고 한다.≫ 세상의 여러 일들에 대해 점을 침에 있어, 모두 이런 卦와
爻의 이치를 만나게 되는데, 文王과 周公은 수많은 象 중에서 그 한 가
지 象만을 뽑아내어 점괘의 글(繇詞)로 삼았다.

그러므로 卦와 爻는 萬事萬物에 모두 부응할 수 있는 능력(才)[203]을
갖추고 있으나, 그것의 특정한 주사(繇詞)는 萬事萬物을 모두 포괄할 수
가 없는 것이다.

○ 假如 乾初九之潛龍勿用 以之筮君子出處進退之吉凶 則
合矣 以之筮婚姻 祭祀 建都 遷國之等 則此詞不可準也

○ 예를 들면, 乾卦 初九의 "潛龍勿用"이라는 주사(繇詞)는 [그것으로
써] 君子의 나가고 물러서는 進退의 吉凶을 점치면 부합하지만, 그것으
로써 婚姻이나 祭祀, 그리고 首都를 세우고 나라를 옮기는 일 등을 점
친다고 한다면, 그 주사(繇詞)는 준거로 삼을 수 없는 것이다.

二曰 해사(該事)
두 번째는, 여러 가지 일들을 갖추어 事例를 제시함(該事)이다.

○ 聖人旣抽一象而爲詞 又恐學者 執此一象 不知變通 故或

---

203) 앞서 "倒體"를 언급하면서, "卦'才'"라는 말이 나왔다(『四箋』 卷1, 10나).

於一繇之內 雜論數事 其實 此卦此爻可論之象 不止此數事

○聖人은 앞서 抽象에서처럼 하나의 象徵을 택해 繇詞를 말했거니와, 또 다른 한편으로 이렇게 됨으로서 學者들이 그 하나의 象에만 집착하여, 변화무상하게 통하는 측면을 알지 못할까 근심하였다.

그래서 간혹 하나의 繇詞 내에 몇 가지 [각기 다른] 일들을 잡다하게 논의하였다. 나아가 사실상 이런 卦爻들에서 논의할 수 있는 상징이 그 몇 가지에만 한정되는 것도 아니다.

○假如 屯六二 其云 乘馬班如者 女難之占也 其云 匪寇婚媾 者 鄰國備患之占也 其云 十年乃字者 婦人産育之占也 三事各 自成文 詞理不相連續 讀之如書史 便不可通

○예컨대 屯卦 六二에서 "乘馬班如(말을 타고 선회한다)"라고 한 것은 여자로 인해 재난을 당한다(女難)는 占이요, "匪寇婚媾(도적이 아니라, 혼인하고자 하는 것)"이라고 한 것은 이웃 나라의 우환에 대비하는 점이다. "十年乃字(십 년 만에 아이를 임신한다)"라고 한 것은 부인이 아이를 낳아 기르는 데 관한 점이다.[204]

이상 세 가지 일들은 각기 다른 맥락에서 이루어진 글이라, 그 글의 문맥(詞理)이 서로 연결되지 않는데, 역사적 사실을 기록(書史)한 것처럼 보아 연결하여 읽는다면[205] 뜻이 통하지 않는다.

三曰 존질(存質)

세 번째는 본질을 보존함(存質)이다.

---

204) 『易學緒言』 「복서통의(卜筮通義)」에 "胎産有占"이라는 말이 나온다(『易學緒言』 卷 4, 19가).

205) (다른 가능한 해석) 『서경(書經)』이나 『사기(史記)』처럼 읽는다면

○ 聖人旣雜論數事 又恐學者 執此數象 不知變通 故或於卦詞 只著卦德 以存其質 而不論事物 或於爻詞 只著休咎 以存其占 而不論事物 若是者 何也 並一事而不論 所以應萬事而無礙也

○ 聖人이 이상에서처럼 이미 여러 일들을 두루 논의하고 나서, 또 한편으로 배우는 자들이 다만 이런 몇 가지 象[206]에만 집착하여 변통(變通)을 알지 못할까 걱정하여, 간혹 卦詞에서 오직 卦德만 드러내어 그 본질을 보존하고, 구체적인 事物을 논하지 않거나, 또는 간혹 爻詞에서도 休咎(=吉凶)만 들어내어 그 占만 취하여 남기고, 사물을 구체적으로 논하지는 않았다.[207] 이는 무슨 연유인가? 한 가지 일도 더불어(並) 논하지 않은 것은 萬事에 응하여 [오히려] 그 한계가 없도록 하고자 한 까닭이다.

○ 如 乾 元亨利貞 大有 元亨 隨 元亨利貞 遯 亨小利貞 大壯 利貞 鼎 元吉亨 兌 亨利貞之類 是也

○ 예컨대 乾卦의 "元亨, 利貞",[208] 大有卦의 "元亨", 隨卦의 "元亨, 利貞", 遯卦의 "亨, 小利貞", 大壯卦의 "利貞", 鼎卦의 "元吉, 亨", 兌卦의 "亨, 利貞" 등의 사례가 이것이다.

○ 其在爻詞 則恒九二之悔亡 大壯九二之貞吉 解初六之无咎 萃九四[209]之大吉无咎之類 是也

○ 爻詞에 있어서는 恒卦 九二의 "悔亡", 大壯卦 九二의 "貞吉", 解

---

206) "執此數象"의 "數象"은 "數와 象"을 가리키는 것이 아니라, "몇 가지 象"을 뜻한다.

207) 추상적인 것(質)만 보존하고, 구체적인 事·物(物象)은 논하지 않았다는 뜻.

208) "元亨利貞"을 4가지로 보는 설이 있고, "元亨"과 "利貞"으로 보는 說이 있음. 茶山은 後者이다. 물론 "元亨利貞"은 "春夏秋冬"에 각기 대응하기도 함.

209) [校閱] 新朝本과 奎章本과 國中本에 모두 "萃九二"로 나오는데, "二"는 "四"의 誤記이다.

卦 初六의 "无咎", 萃卦 九四의 "大吉无咎" 등이 이런 사례이다.

四曰 고명(顧名)
네 번째 卦名에 대한 고찰(顧名)이다.

○卦之命名 本無定則 其以八卦之本德 及陰陽消長之勢 推移往來之情 而名之者 其繇詞 雖無此義 以之爲筮 須觀命名之本象 至於直取物形 及卽卦抽象 而偶以命名者 《如歸妹》 其繇詞 雖用此義 不可爲諸筮之通象也

○卦의 이름을 붙이는 데 있어, 본래 정해진 규칙이 있는 것은 아니다.210)

그 ①八卦의 本德이나 ②陰陽消長의 勢, ③推移往來의 상황으로서 이름을 붙인 卦는 그 주사(繇詞)에 비록 그런 의미(本德, 消長, 推移)가 없더라도 그 繇詞로 점을 침에 있어 반드시 그렇게 命名하게 된 本象을 살펴야만 한다.211)

반면에 ④직접적으로 物形을 취하거나 ⑤卦에 의거하여 象을 뽑아내어 우연적으로 命名한 경우는 《예컨대 歸妹卦의 경우》 그 繇詞에 비록 그런 의미가 인용되고 있다고 해도 모든 占筮의 일반적인 象(通象)으로 삼을 수는 없다.

○以本德而得名者 如八卦之重卦 是也 以陰陽之消長而得名者 如復之謂復 大壯之謂大壯 是也 其以推移之義而得名者 如訟之名 本於中孚 萃之名 本於小過 是也 其直取物形 而名之

---

210) 『四箋』에 "'定'吉", "'定'凶"이라는 표현이 있다(『四箋』 卷1, 17나).
211) 三畫卦인 八卦에서의 "本德·陰陽消長勢·推移往來情"을 가리키는 것이 아니라, 64괘의 경우를 지칭하는 것이다.

者 如井鼎之類 是也 其卽卦抽象 而偶以命名者 如家人歸妹之
類 是也 ≪並義 詳本卦≫

○[첫째로, 八卦의] 本德으로 이름을 얻었다고 하는 것은 [三畫卦인]
八卦의 重卦와 같은 것이 그 예이다.[212]

[둘째로] 陰陽의 消長으로 이름을 얻었다고 한 것은 다시 회복되는
것을 復卦라 하고, 크게 장성한 것을 大壯卦라 하는 것과 같은 경우이
다.[213]

[셋째로] 推移의 의미에 따라 卦名을 얻게 된 것은 訟이라는 卦名이
中孚卦에 근본을 두고 있고,[214] 萃라는 卦名이 小過卦에 근본을 두고
있는 것과 같은 사례이다.[215]

[넷째로] 직접 物形을 취하여 命名한 경우는 井卦와 鼎卦[216] 등이 그
것이다.

[다섯째로] 卦에 卽하여 象을 뽑아내어 우연적으로 命名한 것은 家人
卦와 歸妹卦 등이 그것이다.[217] ≪의미는 모두 本卦에 상세히 나온다.≫

○ 以兄嫁妹 其在雷澤之卦 不過萬象之中一象也 六爻之詞
雖皆言歸妹 未必嫁妹爲本象 而他事爲客也 筮婚姻者 當用此

---

212) 64괘의 重卦 중에서 乾卦, 坤卦, 坎卦, 離卦, 震卦, 巽卦, 艮卦, 兌卦 등은 八卦의
本德으로서 이름을 붙인 ①의 경우에 해당된다.
213) 卦名을 陰陽消長의 勢로서 붙인 ②의 경우에 해당됨.
214) 中孚는 입(口)이 서로 맞닿아 화순한 象인데, 이것이 訟으로 되면서 쟁론하게 되는
형국이라 "訟"이라 명명한 것이다.
215) 小過에는 陽이 2개가 모여 있는데, 이것이 萃로 변해도 여전히 모여 있는데서 '모일
萃'라는 이름이 붙게 된 것이다. 訟卦와 小過卦 以外에도 損·益卦도 推移의 의미에
따라 卦名을 얻게 된 경우에 해당한다. 다산은 『易學緒言』에서 다음과 같이 말하고 있
다. "若云 卦變之法, 當時未有, 則損益二卦, 何名損益?"(『易學緒言』 卷1, 30나)
216) 솥 아래 불(火)이 있고, 바람(風)이 불어드는 형국이 鼎卦이다.
217) "家人"은 風火卦의 한 가지 함의이지, "家人"이 그 卦의 本象인 것은 아니다(『四箋』
卷5, 1나). "歸妹"도 역시 雷澤卦의 一象인 것이지, 本象은 아니다(『四箋』 卷6, 20나~
21가). 바로 아래에 설명이 나온다.

詞 若於祭祀 戰伐之筮 而遇此卦者 不可以此詞 占之也

○[歸妹를 부연설명하면] '오라비가 누이를 시집 보냄(以兄嫁妹)'[218]은 雷澤 歸妹卦의 수많은 象 중에 一象일 뿐이며, 六爻의 爻辭가 비록 모두 "歸妹"를 말하더라도 [반드시] 嫁妹가 本象이 되고 다른 일은 客象[219]이 되는 것은 아니다.

婚姻 문제를 占筮하는 경우에는 당연히 이 繇詞를 사용하지만, 만약 祭祀나 전쟁(戰伐)의 占筮에서 이 卦를 얻는 경우에는 이 繇詞로 占칠 수 없는 것이다.

五曰 파성(播性)
다섯째는 본성을 씨를 뿌리듯 전파함(播性)이다.[220]

○卦變爲爻 則其物象事情 與本卦大異也 然 其性氣 皆主本卦 若舍本卦之性氣 而專用之卦之物象 《之卦者 變卦也》 則大悖也 故聖人於爻詞 必爲之播本卦之性氣 俾顧其本

○卦의 변화는 爻를 중심으로 이루어지니, [효변이 이루어지면] 그 物象과 事情이 本卦와는 크게 다르게 된다. 그러나 그 성격(性氣)은 모두 本卦를 중심으로 하는 것이니, 만약 [효변이 이루어진 뒤에] 本卦의 성격(性氣)을 버리고 之卦의 物象만을 專的으로 적용한다면 《之卦란 變卦

---

218) 以兄嫁妹 : '오라비가 누이와 결혼한다'는 것이 아니고, 부모 대신 오빠가 여동생의 결혼을 주관한다는 뜻. 歸妹卦에 관한 『四箋』의 주석("歸妹者, 以兄而嫁妹也" 以下)을 참조할 것(『四箋』卷6, 20나). 또 다산은 "所歸妹也者 震旣爲兄 《非兌配》 所歸者妹 也 《明所歸者 非震妻》('시집가는 것이 누이동생'이라고 한 것은 震이 이미 兄이 되었으니 《兌의 배필이 아님》 시집보내는 것이 누이동생이 되는 것이다. 《시집보내는 사람이 震의 아내가 아님을 [분명하게] 밝힌 것이다》"라고 하였다(『四箋』卷6, 21나).
219) 客象 : 부차적인 象, 이차적인 象, 부가적인 象.
220) '播性'은 性을 播種한다는 뜻, 즉 本卦의 성질이 之卦에 뿌려진다는 의미이다. 播性과 留動은 丁卯本에서 수정・보충한 것으로 丙寅本에서는 언급이 미비하였다(『四箋』卷1, 17가).

를 가리킴》 이는 크게 어긋나게 될 것이다. 그러므로 聖人은 爻詞에 반드시 本卦의 性氣를 [씨를 뿌리듯] 설정하여 두어, 그 本質을 되돌아보게 하였다.

○假如 本卦是升 則之井之蠱 《升 五六》 皆取升上之象 《井自泰來 一升五》 雖有卑降者 不顧焉 《井亦自泰來 柔自五降 而不取焉》

泰→ 推移 → 井←제5爻變← 升 → 上爻變 → 蠱

○가령 本卦가 地風 升卦인 경우, [그 六五가 爻變한] 井卦나 [上六이 爻變한] 蠱卦로 변해가도 《升卦 六五와 上六의 경우》 모두 위로 올라감(升上)의 象을 취한다. 《井卦는 泰卦에서 나왔는데, 1이 5로 올라간 것이다.》 비록 아래로 내려온 것이 있다고 해도 그것은 취급하지 않는다. 《井卦는 또한 泰卦에서 나왔는데,221) 이는 陰이 5에서 1로 내려온 것이기도 하지만, 이런 측면은 취하지 않는 것이다.》

本卦是復 則之震之屯 《復四五》 皆取來復之象 《震自小過來 剛自三反》 雖有出往者 不顧焉 《震亦自臨來 剛自內出 而不取焉》

震←4爻變←復→5爻變→屯   小過 →推移→震←推移←臨

本卦가 復卦인 경우, 震卦나 屯卦로 변하는데 《復卦의 六四와 六五의 경우》 모두 "來復"의 《다시 돌아와서 회복함222)》 象을 취했다. 《震卦는 小

---

221) 이미 "井自泰來"라고 하였는데, 이어서 "井亦自泰來"라고 하니, '亦'字의 쓰임새가 자연스럽지 않다. 또한 井卦는 三陽卦이기 때문에 母卦가 하나밖에 없다.

過卦에서 나왔는데, 剛이 제3位에서 되돌아 온 셈이다.≫ 비록 "出往"하는 것이
있다고 해도 고려하지 않는 것이다. ≪震卦는 또한 臨卦에서 나온 것이기도 한
데, 이 경우는 陽이 內卦에서 밖으로 나갔다고 볼 수가 있으나, 取하지 않는다.≫

故需之六爻 盡取需待之義 賁之六爻 悉含賁文之理 皆所以
播本卦之性氣 以撰其德也 ≪多不能悉指≫

따라서 需卦의 여섯 개의 爻는 전부 "需待(음식접대)"의 의미를 취하였
으며, 賁卦의 6개 爻는 모두 "賁文(빛나는 문채)"의 理를 포함하는데, 이는
本卦의 性氣를 전파하여 그 德을 갖추게 한 때문인 것이다. ≪이런 사례는
매우 많아서 모두 지적할 수가 없을 정도이다.≫

六日 유동(留動)
여섯 번째, 변동을 保留함[223]

○一畫旣動 全卦遂變 故聖人之撰爻詞 其升降往來之情 皆
取變象 然 於卦主之爻 又爲之留其所動 不逐其變 而專用推移
之本象 以明此畫之爲卦主 此又一例也

○한 畫이 변동을 하게 되면 全卦가 變하게 된다. 그러므로 聖人이
爻詞를 지을 때, 그 승강왕래(升降往來)의 상황에 있어 모두 變象을 취
하였다.

그러나 卦主가 되는 爻에 있어서는 그 변동한 바를 유보하여, 그 變化
를 쫓지 아니하고 推移의 本象만을 이용함으로써 그 畫이 卦主가 됨을

---

222) 復卦의 卦辭에 "七日'來復'"이라는 말이 나온다. 그러나 여기 六四와 六五에 이런
말이 나오는 것은 아니다. 한편, "出往"이라는 말은 『周易』에 나오지 않는다.
223) 爻變과 관련된 特例로서, 卦主일 경우 爻變이 적용되지 않는다는 것이다. 『易學緒
言』 「오초려찬언론(吳草廬纂言論)」에서도 "三百數十爻. 皆取旣變之象. 其或取不變
之象者. 唯卦主之留動耳"이라고 함(『易學緒言』 卷3, 13가).

밝혔다.224) 이 역시 하나의 사례인 것이다.

○如 師九二之王三錫命 ≪取自復剝來之象≫ 比九五之王用三驅
≪亦取復剝象≫ 皆所謂留動以明主也

師→九二 爻變 → 坤   比→九五 爻變 → 坤   復 剝
                                          師·比의 母卦

○예컨대 師卦 九二의 "王三錫命", ≪復卦와 剝卦에서 나온 象을 취함≫
比卦 九五의 "王用三驅"의 경우가 ≪역시 復·剝의 象을 취함≫ 모두 이른
바 "留動(변동을 보류함)"의 경우를 적용하여, 卦主임을 밝힌 것이다.

又如謙九三之有終 ≪取艮終≫ 豫九四之由豫 ≪由此以成豫≫ 皆不
取爻變之象者也 ≪多不能悉指≫

또 예를 들면, 謙卦 九三의 "有終"과 ≪艮의 '終'이라는 의미를 취함≫ 豫
卦 九四의 "由豫"은 ≪이 九四로 말미암아 豫卦가 성립≫ 모두 爻變의 象을
취하지 않은 것이다. ≪많아서 일일이 거론할 수 없다.≫

○若此類 必古來筮法本然 故周公撰詞 如此也 蓋以筮家 旣
遇此卦 又遇此爻 則神明所指 丁寧在此 故占之以此畫 不復考
變也

○이런 사례는 틀림없이 예로부터 내려오는 筮法의 本然의 모습일
것이다. 따라서 周公의 易詞를 지은 것이 이와 같은 것이다. 대개 점치

---

224) 爻變은 무시하고, 卦變만 언급·적용한다는 뜻이다.

는 사람(筮家)은 이런 卦를 얻고, 또 이런 爻를 얻게 되면, 神明이 지시하는 바가 정녕 이것에 있다고 보아, 이 畫으로 점치고, 爻變을 다시 고려하지 않는 것이다.

七日 결본(缺本)
일곱 번째는 본성의 생략(缺本)이다.

○聖人旣爲之播性 又恐學者 專執性氣 不知變通 故或於六爻之內 其一二爻之詞 缺其本性 而不必擧論 其實 此一二爻 未嘗無本性氣也
○聖人은 이미 播性을 하고 나서, 다른 한편으로 學人들이 오로지 性氣에만 집착하여 變通을 알지 못할까 우려하여, 간혹 여섯 개의 爻 중에 그 한두 개의 爻詞에서 그 本性을 빼버리고, 그 모두를 거론하지는 않았는데, 그러나 사실상 그 한두 개의 爻라도 그 본래의 性氣가 없는 것은 아니다.

○如屯六四 不言屯 蒙六三 不言蒙 需上六 不言需 訟六三 不言訟之類 是也 ≪多不能悉指≫
○예컨대 屯卦 六四에서 "屯"을 언급치 않고, 蒙卦 六三에서 "蒙"을 언급치 않고, 需卦 上六에서 "需"를 말하지 않고, 訟卦 六三에서 "訟"을 말하지 않는 등이 이것이다. ≪많아서 모두 거론하지 않는다.[225]≫

八日 용졸(用拙)
여덟 번째는 졸열(拙劣)한 象을 사용함이다.[226]

---

225) 예컨대 歸妹 九二도 缺本에 해당한다고 볼 수 있다(『四箋』 卷6, 22나).
226) 朱子도 이와 유사한 말을 하고 있다(『朱子語類』 第5冊, 中華書局, 1986, 1655면).

○易詞物象 無不巧合 然 有時乎 取象狹隘 用物窘乏 有若拙澁 而寡能者 此 正大巧之所寓也 蓋以筮家 雜筮萬事 安得每卦 巧合萬象 必其取象之法 委曲周備 無法不具 而後方可以前民用也 故聖人或舍其平坦巧合之物 而別求拙劣之象 用撰厥詞 皆所以示筮例也

○易詞의 物象은 교묘히 부합하지 않는 것이 없으나, 그러나 때로는 象을 취하는 것이 갑갑하고 事物에의 응용이 군색하여, 마치 졸열(拙劣)하고 서툴러 능숙하지 못한 것 같이 보이는 경우도 있는데, 이에는 사실상 크나큰 기교가 깃들어 있는 것이다.227)

대개 점쟁이들이 여러 일에 대해 잡다한 占을 치는 경우에, 어떻게 매번 卦가 萬象에 교묘히 부합하게끔 되겠는가? 반드시 그 象을 취하는 방법이 자세하고도(委曲) 두루 갖추어져서, 그 법식에 빠진 것이 없는 이후에야 비로소 民用을 예비할 수 있는 것이다. 그러므로 聖人은 간혹 그 평이하고 일반적인 物象이나 교묘히 부합하는 事物을 버려 두고, 따로 옹색하고 졸열한 象을 구하여서, [그것을] 써서 易詞를 지었는데, 이는 모두 占의 實例(筮例)를 보이기 위한 까닭이다.

○屯之六二 苟取坎男 以配兌女 ≪屯之節≫ 而謂之婚媾

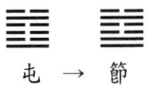

屯 → 節

○屯卦 六二[의 "匪寇婚媾"]는 구차히 坎의 中男을 취하여 兌의 少女와 짝지어 ≪[屯卦 六二는] 屯卦가 節卦로 변하는 경우≫ 이를 "婚媾"라고 하였다.228)

---

227) 老子는 『道德經』에서 "大巧若拙"(45章)라고 말한 바 있다.

賁之六四 苟取昔震 ≪大壯之上 震≫ 以配今离 ≪賁之離≫ 而謂之
婚媾 ≪苟以老夫 配中女≫ 卽所以用拙也

賁 → 離 ← 大壯

[그리고] 賁卦 六四[의 "匪寇婚媾"]는 이전의 震(長男)을 취하여 ≪[離
卦가 推移되어 나온] 大壯卦의 上卦가 震≫ 지금의 离와 짝지어 ≪賁卦가 離卦
로 가는 경우229)≫ 이를 "婚媾"라 하였으니 ≪구차히 늙은 남자[老夫; 震]를 중
년 여인[中女; 离]에 짝지음≫ 이는 곧 졸열(拙劣)한 것을 사용한 경우에 해
당된다.

履之六三 以家人爲有兩足 ≪一與二爲震 又三與四爲震≫

履 兩互作卦 → 家人

履卦 六三[의 "眇能視, 跛能履"]의 경우는 [그 兩互로 作卦한] 家人
으로 말미암아 두 다리를 가지게 된다. ≪家人卦의 1과 2가 震[足]이 되고, 또
3과 4가 震[足]이 됨230)≫

同人之象 以剛躋澤上 ≪自夬來 二之上≫ 爲利涉大川 亦所以用
拙也 ≪多不能悉指≫

---

228) 屯卦 六二에서는 屯卦의 上卦가 坎인데 盜賊이 아니고 中男이 되며, 節卦의 下卦
가 兌女가 되어, 이 둘이 결합되는 형국으로 설명하고 있다(『四箋』卷2, 3나).
229) "賁之离"를 "賁卦의 [下卦인] 离"를 가리키는 것으로 볼 수도 있다.
230) 「說卦傳」 이후의 "附見兼互取象之法" 참조(『四箋』卷8, 41나).

同人 ← 夬

同人卦의 象詞(卦辭)[231]에서는 剛이 못(澤) 위에 올라있는 것을 가지고 ≪[同人卦는] 夬卦에서 나왔는데, 2획이 6으로 감≫ "利涉大川"[232]이라 하였는데, 이런 사례 또한 졸열(拙劣)한 것을 사용한 까닭이다. ≪많아서 모두 거론하지 않는다.≫

九日 쌍소(雙溯)

아홉 번째는 두 개의 母卦로 소급됨이다.

○卦有二母者 ≪不自否泰者 皆有二母≫ 其卦詞 必雙溯其本 而兩著其象 ≪二本 各一句≫ 其爻詞則 又執之卦 ≪之卦者 變卦≫ 雙溯其本 ≪之卦之二母≫ 而鑄合爲詞 若是者 明易之爲道 不外乎推移也

○卦가 2개의 母卦를 가진 경우 ≪否卦와 泰卦에서 나온 3陽·3陰卦의 경우가 아니면, 모두 2개의 母卦를 가진다.≫ 그 卦詞는 반드시 그 근원을 양쪽으로 소급해서, 그 象을 이중으로 드러낸다.[233] ≪2개의 근원이 각각 한 구절씩 기술된다.≫

그 爻詞도 또한 之卦를 포착하여 ≪之卦란 變卦를 가리킴≫ 之卦의 근본을 쌍방으로 소급하여 ≪之卦의 두 가지 母卦를 가리킴≫ 그것들을 긴밀히 결합하여 爻詞를 짓는다. 이런 사례는 易의 道[234]가 推移 이외의 것이 아님을 밝혀 보여주는 것이다.[235]

---

231) 同人卦의 象詞:同人于野, 亨, 利涉大川.

232) 여기의 "大川"은 黃河나 陽子江을 의미한다고 볼 수 있음.

233) 三陽卦와 三陰卦는 단지 1母卦만을 가지기 때문에, 쌍소(雙溯)의 규칙에 해당되지 않는다.

234) 易之爲道:易의 성격, 易의 본질, 易의 논리, 易이 천명하는 진리.

○如頤之卦詞 其云 觀頤者 自觀來之象也 ≪五之一≫ 其云 自求口實者 自臨來之象也 ≪二之上≫

觀 → 頤 ← 臨

○예컨대 頤卦의 卦辭(象)236)에서 "觀頤"라 말한 것은 觀卦에서 나온 象이다. ≪觀卦의 5가 1로 가서 頤卦가 되었다.≫ 또 [頤卦의 卦辭(象)에서] "自求口實"237)이라 말하는 것은 臨卦에서 나온 象이다. ≪臨卦의 2가 上으로 가서 頤卦가 되었다.≫

又 如乾之小畜曰 或躍在淵 躍自姤來也 ≪巽股超于上≫ 淵自夬來也 ≪夬上澤≫

乾 → 제4효변 → 小畜   姤 → 小畜 ← 夬

또 예를 들면, 乾卦가 小畜으로 변하는 경우에(乾卦 九四가 變爻) "或躍在淵"이라 말하는데, "躍"은 小畜의 母卦인 姤卦에서 왔고 ≪巽의 股가 위로 올라온 것≫ "淵"은 역시 小畜의 母卦인 夬卦에서 나온 것이다. ≪夬卦의 上卦는 兌로 못이다.≫

---

235) 이후에서는 "易之大義, 不出乎陰陽之昇降, 卽所以體乾坤也"라고 함(『四箋』卷1, 16나).

236) 頤卦의 卦辭:頤, 貞吉, 觀頤, 自求口實.

237) 自求口實:頤卦의 象詞에 나오는 말, "스스로 음식물이 들어오기를 바라고 있다"(김경탁 역주,『주역』, 명문당, 1978, 152면), "스스로 입안의 果實을 求하는 것" 등으로 해석될 수 있음.

坤之豫曰 括囊无咎 囊自復來也 ≪復下震 爲囊≫ 括自剝來也
≪剝上艮 爲手≫

坤 → 제4효변 → 豫   復 → 豫 ← 剝

坤卦가 豫卦로 변하는 경우(坤之豫)에 "괄낭무구(括囊无咎)"라 하는데
(坤卦 六四의 爻辭) "囊"은 復卦에서 온 것이고 ≪復卦의 下卦는 震인데, 주머
니의 뜻이 됨238)≫ "括"은 剝卦에서 온 것이다. ≪剝卦의 上卦인 艮은 손이
다.239)≫

十曰 첩현(疊現)
열 번째는 거듭 들어냄(疊現)이다.

○ 此卦彼卦 其物象相同者 其繇詞 或疊用前文 以現其象 若
是者 明諸卦諸爻 凡具此物象者 其占可同也

○ 한 卦와 다른 卦가 그 物象이 서로 같은 경우, 그 주사(繇詞)는 간혹
앞선 글을 그대로 중첩 사용하여 그 象을 드러낸다. 이와 같은 事例는
이런 物象을 갖춘 모든 卦와 爻는 그 占이 동일할 수 있음을 나타내는
것이다.

○ 如小畜之彖 小過之六五 皆云 密雲不雨者 二卦 皆爲巽爲
兌 而不成坎雨也

---

238) 震에 주머니(囊)의 뜻이 있다는 것은 다산의 '今補'에 나온다(『四箋』卷8, 36나).
239) 艮에 手의 뜻이 있다는 것은 「說卦傳」의 '近取' 항목에 나온다(『四箋』卷8, 33가).

小畜　　　　小過

○예컨대 小畜卦의 彖詞[240]와 小過卦 六五의 爻詞[241]에서 모두 "密雲不雨"라 말한 것은 그 두 卦가 모두 巽과 兌는 되었지만[242] 坎의 비(雨)는 되지 못함을 가리킨 것이다.[243]

小畜上九 歸妹六五 中孚六四 皆云 月幾望者 三卦 皆坎月之位 《四五六》 兌缺未盈 而幾乎至於乾圓也 《義詳本卦下》

夬→小畜→需　中孚　　歸妹→兌←大壯　　中孚→履←夬

小畜 上九, 歸妹 六五, 中孚 六四의 爻詞에서, 모두 "月幾望"을 언급한 것은[244] 이 세 卦가 모두 坎月의 자리에 있는데 《4·5·6의 자리는 坎位》 兌가 자리하여 上畫의 결여로 가득 차지는 않고,[245] 거의 乾의 圓에 다다른 것이다.[246] 《뜻은 本卦의 아래에 상세히 하여 두었다.》

十一曰 비덕(比德)
열한 번째는 [구체적인 사물은 언급치 않고] 그 德만을 대비함.

---

240) 『四箋』卷2, 23나.
241) 『四箋』卷7, 7나.
242) 小畜과 小過에는 모두 巽도 있고 兌도 있다. 小畜은 上卦가 巽이고, 2·3·4의 下互卦가 兌이며, 小過는 2·3·4의 下互卦가 巽이고, 3·4·5의 上互卦가 兌이다.
243) 坎雨 : 「說卦傳」에 나오지는 않는다. 다산이 '今補' 이외에 다시 보충한 것에 속한다. 『四箋』에 그 용례가 나온다(『四箋』卷2, 9가).
244) 각각 『四箋』(小畜卦 上九 : 卷2, 26가; 歸妹卦 六五 : 卷6, 23가; 中孚卦 六四 : 卷7, 4나)을 참조할 것.
245) 兌缺 : 「說卦傳」에 兌는 "毁折"이고 "附決"이라고 하였다.
246) 乾圓 : 「說卦傳」에 "乾爲圜"이라 하였는데, 이에서 유래된 해석이다.

○聖人於播性之中 兼指事物 ≪如 需九五之需于酒食≫ 既指事物
則不得不偏係一事 而有不能統馭衆情

○聖人은 파성(播性)247)하는 가운데 구체적인 사물을 아울러 지시하
였다. ≪예컨대 需卦 九五의 “需于酒食”248)이 그러하다.≫ [그러나] 이렇게 구
체적인 事物을 지칭하게 되면, 결국 그 하나의 事物에만 얽매이게 되어,
여러 정황을 통괄할 수 없는 경우가 있게 된다.

故或有排比六爻 彼此讐校 爲二字詞 以顯卦德 而不論事物
者 若是者 諸事之筮 皆可以此二字 占其大體也

따라서 여섯 개의 爻를 배열하여 비교하고,249) 이것과 저것을 대조(讐
校)250)하여,251) 두 글자(二字)의 爻詞로서 卦德(卦의 성질)을 나타내고는 구
체적인 사물을 거론하지 않는 경우가 있다.

이와 같은 것은 여러 일들을 占침에 있어서 모두 이 두 글자에 따라
그 기본적 의미(大體)를 占칠 수 있는 것이다.

○如 臨之云 咸臨 甘臨 至臨 知臨 敦臨 兌之云 和兌 孚兌
來兌 商兌 引兌之類 是也

---

247) 播性 : 爻詞에 之卦가 아닌 本卦의 性氣를 심어 놓은 것을 가리킴.
248) 需于酒食 : “술과 음식을 기다림”(金碩鎭, 『周易傳義大全譯解』, 대유학당, 1996, 313
면), “술과 밥을 차려놓고 기다린다”(김경탁 역주, 『주역』, 명문당, 1978, 95면). 茶山은
“술과 음식을 즐기면서 기다림” 정도로 해석한다(『四箋』 卷2, 11나).
249) “排比六爻”라는 표현은 앞에서도 ‘효변을 적용하지 않는 경우’를 말하며 나왔다(『四
箋』 卷1, 13가).
250) 讐校 : 교정함(=校讐)의 뜻. 수교(讐校)의 ‘수(讐)’字는 ‘수(讎)’字의 뜻과 같다. ‘수
(讎)’字에는 ‘원수 수’, ‘동료 수’, ‘자주 수’, ‘대답할 수’, ‘바로잡을 수(校讎)’ 등의 뜻이
있다.
251) [校閱] ‘讐’字가 奎章本에는 “讎”字로 나옴.

臨　兌

○예컨대 臨卦에서 初九와 九二의 "咸臨", 九三의 "甘臨", 六四의 "至臨", 六五의 "知臨", 上六의 "敦臨"이라 말한 것, 그리고 兌卦에서 初九의 "和兌", 九二의 "孚兌", 六三의 "來兌", 九四의 "商兌", 上六의 "引兌"라고 말한 것들이 이것이다.252)

○又如 復卦六爻 大抵比德 獨於上六 兼指事物 又所以明比德爲詞之卦 未嘗無萬事萬物之象也

復

○한편 復卦의 6개의 爻와 같은 경우는 대체로 德을 比定하였지만, 오직 上六만은 ["敦復"이라 比德을 하면서] 구체적인 事物을 아울러 지적하고 있는데,253) 이는 比德함으로 卦詞를 삼은 卦라 해도 萬事萬物의 象이 없지 않다는 것을 밝히기 위한 것이다.

十二曰 영물(詠物)

열두 번째, 事物에 빗대어 말함(詠物)이다.254)

○易詞之文 有象有占 占以指事 婚媾之占 不能通祭祀 象以

---

252) 여기에서 보면 모두 구체적인 사물이 언급되지 않고, 추상적인 卦德만이 比定되었다.
253) 初九부터 차례로 "不遠復", "休復", "頻復", "獨復", "敦復", "迷復"이라 나온다(『四箋』卷3, 32가 이하 참조).
254) "詠物"이란 구체적인 '占'이 아닌, '象'과 연관되는 것이다. 詠物이란 본래 鳥獸花月 등을 주제로 詩歌를 짓거나, 또는 그 詩歌를 뜻하였다.

表微[255] 草木鳥獸之動 車輿器服之變 皆可以爲萬事之通象 故
詠物喩事 一似風詩之有比興也 至如馬牛羊豕之有關人事者 或
爲通象 或爲指事 此又有分也

○易詞의 글에는 象을 말한 것이 있고,[256] 占을 말한 것이 있다.[257]
占은 구체적인 일을 지적하여 占을 치는 것이므로, 혼인(婚姻)에 관한 占
은 祭祀의 占과 통용하지 못한다.

[반면에] 象은 상징(象徵)을 표현하는 수단으로서,[258] [상징(象徵)인 특
정한] 草 ·木·鳥·獸의 運動과 車·輿·器·服의 變化는 모든 일(事)
에 통용되는 상징(象)이 될 수가 있다. 그러므로 [『周易』에서] 이렇게 사
물에 빗대어 어떤 사건을 비유하여 말하는 것은 마치 風詩[259]에 '比'와
'興'[260]이 있는 것과 유사하다.[261]

한편으로[262] 말·소·돼지·양과 같이 人事와 관련된 것은 象으로
두루 통용될 수도 있고, 구체적인 일을 지시하는 것(占)으로 될 수도 있
는데, 이 ["有關人事者"]는 또한 이렇게 [실제 사례에서는 象과 占으로]
구분이 있는 것이다.[263]

---

255) [校閱] 新朝本과 奎章本과 國中本에 모두 "微"(미)로 되어 있다. 그러나, "微"(미)는
'徵'(징)의 誤記로 의심된다.

256) 일반적으로 象은 추상적인 것을 가리키는 반면에, 占은 구체적인 것을 가리킨다. 개,
돼지 등의 象은 구체적인 것일 수 있으나, 그 개, 돼지가 그대로 쓰이는 것이 아니라,
다시 어떤 것을 상징하기 때문에 이렇게 말하는 것이다.

257) 『周易本義』(백은기 역해, 여강출판사, 1999)의 말미에 조선 선조 때 최립(崔岦, 1539
~1612)의 『周易本義口訣』을 토대로 「象·占체계표」를 '부록 2'로 정리하여 두고 있는
데(709면 이후), 象과 占으로 구분하고 "占中象", "象中占", "象而占" 등으로 항목을
보다 세분하여 분류하고 있다. 이는 여기 나오는 茶山의 관점과도 통한다.

258) 여기서는 "미(微)"字를 '징(徵)'字의 誤字로 보고 해석하였다.

259) 風詩 : 『詩經』의 國風(여러 나라의 민요)을 가리킨다.

260) 比와 興은 『詩經』의 六義(風, 雅, 頌, 比, 賦, 興)에서 나온 문장 서술 형식이다. 賦는
사실적 서술을 가리키는 반면에, 比는 비유를 가리키고, 興은 아무 관계도 없는 딴 사
물을 또는 다른 것을 먼저 말하고 나서 본론으로 들어가는 서술 형식을 가리킨다.

261) 一似 : "一如". 즉 "……와 똑같다"는 의미이다("一如所見 : 본 바와 같다").

262) 至如(=至于) : 화제를 바꾸거나, 다른 화제를 꺼낼 때 쓰이는 連詞로서, "……와 마찬
가지로", "……로 말하면", "……에 관해서는", "……에 이르러서는" 등을 뜻한다.

○如飛龍在天 鳴鶴在陰 枯楊生稊[264] 繫于苞桑之類 是皆興
體也 如羝羊觸藩 豶豕之牙 仍是通象 至如喪羊于易 行人得牛
之類 旣可爲象 亦可爲占

○예컨대 "飛龍在天"(乾卦, 제5효), "鳴鶴在陰"(中孚, 제2효), "枯楊生稊"
(大過, 제2효), "繫于苞桑"(否卦, 제5효) 등은 모두 興體[265]이다.[266] 그리고
또 "羝羊觸藩"(大壯卦, 제3효와 제6효), "豶豕之牙"(大畜卦, 제5효)와 같은 것
은 [萬事에] 두루 통하는 象인 것이다.

반면에, [大壯卦 六五의] "喪羊于易",[267] [无妄卦 六三「小象傳의」]
"行人得牛"[268] 등과 같은 경우는 이미 象도 되고, 또한 占도 되는 것이다.

十三曰 건유(建維)

열세 번째는 근간을 세움(建維)이다.[269]

○易有四維 乾坤坎离 是也 六十四卦 其陽畫 皆本於乾 其陰

---

263) 以上에서, 3가지 경우가 제시되었다. 즉 ① 占, 指事, 특정한 것에만 적용된다. ② 象,
    萬事之通象, 比興, 추상적인 것으로 두루 전용 가능하다. ③ 有關人事者, 일반적인 通
    象일 수도 있고 특정한 指事일 수도 있다.

264) [校閱] 新朝本과 國中本에는 모두 "稊"(제)로 되어 있으나, 奎章本에는 사다리 "梯"
    (제)로 되어 있다. 前者가 옳다.

265) 興體 : 興이란 『詩經』의 六義의 하나로, 아무 관계도 없는 딴 사물을 먼저 말하고 나
    서 본론으로 들어가는 기법을 말한다.

266) 여기서 열거한 경우들은 모두 앞서 말한 "草木鳥獸之動, 《車輿器服之變》"에 속
    한다.

267) 『四箋』(卷6, 32나). 한편, 여기의 "易"字에 대해서는 여러 해석이 있다. 地名으로 보
    거나, 場 또는 場(밭둑 역)이라 보는 說 등이 있다.

268) "六三, 無妄之灾 或繫之牛, 行人之得, 邑人之災." "象曰, 行人得牛, 邑人災也."(『四
    箋』 卷3, 35나)

269) 建維의 '維'는 四正卦를 가리키는데, 이 四正卦와 관련하여 異說이 있다. 茶山은
    乾·坤·坎·离를 四正卦로 삼는 반면에, 역학사를 통해 보면 震·巽·坎·离를 四正
    卦로 보는 경우도 있었고(심경호 역주, 『주역철학사』, 예문서원, 1994, 184면), 또 坎·
    震·离·兌로 보는 경우도 있었다(같은 책, 200면).

畫 皆本於坤 此 二維也 六十四卦 其上卦 皆位於坎 《四五六》
其下卦 皆位於离 《奇偶奇》 此 二維也 故易之大義 不出乎陰陽
之升降 卽所以體乾坤也 若其爲占 則又必以亨貞二字 立其大
綱 卽所以察离坎也 《离亨而坎貞》

○ 易에는 4개의 벼리(維)가 있는데, 乾·坤·坎·离가 그것이다.[270]
64卦의 陽畫은 乾에 근본하고, 陰畫은 坤에 근거하는 것인데, 이것(乾·
坤)이 두 가지 벼리이다.[271] 64卦의 上卦는 모두 坎의 자리에 자리한 것
이며 《4·5·6[은 坎位]》 下卦는 모두 离의 자리에 있는 것이니 《홀수, 짝
수, 홀수[는 离位]》 이것이 또 2개의 근간이다.[272]

그러므로 易의 大義는 陰陽의 오르고 내림에서 벗어나지 않으니, 이
는 곧 乾과 坤을 本體로 삼은 까닭이다.[273] [그리고] 그 점을 칠 때는 또
한 반드시 '亨'과 '貞' 두 글자로서 그 큰 강령(綱領)을 세우니, 즉 坎·离
를 고려하는 까닭이다. 《离는 亨이고, 坎은 貞이다.[274]》

○ 凡 陽在上曰 順 《巽之德》 陰乘剛曰 厲 《兌之德》 所以立乾
坤也 离以爲誠 坎以爲敬 誠以格天曰 亨 敬以幹事曰 貞 而剛
柔交感 謂之有孚 《剛柔應》 所以著坎离也 《只离亦爲孚》

○ 무릇 陽이 위에 있으면 '順'이라 하고 《巽의 德》 陰이 剛을 타고
있으면 '厲'라고 하니 《兌의 德》 乾·坤을 [바로] 세우기 위한 까닭이
다.

---

270) 다산은 乾·坤·坎·离를 "易之四柱"라고도 하였다(『四箋』 卷1, 11가).
271) 茶山은 주석에서 "卦德者, 乾坤之所分賦也. 卦數者, 坎离之所占據也"라고 하였고
(『四箋』 卷1, 11가), 또 丁若銓의 "二觀" 즉 "類聚"와 "羣分"이 언급되고 있는데, 이 역
시 乾·坤과 관련된다(『四箋』 卷1, 10가).
272) 이는 바로 뒤의 「14. 辨位」와도 연관된다.
273) 陰陽이 곧 乾坤이기 때문에, 乾坤은 곧 陰陽이 된다는 뜻.
274) 乾卦의 「文言」에 따르면, 元·亨·利·貞은 각각 春·夏·秋·冬에 배당되는 德이
다. 四德 중에서, 亨은 离(誠)의 德이 되고, 貞은 坎(敬)의 德이 된다.

[그리고] 离는 誠이요 坎은 敬이 되는데,[275] 誠實함으로써 하늘을 감동시킴(格)을 '亨'이라 하고, 恭敬함으로써 일을 주관하는 것을 '貞'이라 하며, 그리고 剛 · 柔가 교감하는 것을 '有孚'라 말하니 ≪剛柔가 相應하는 것≫ 모두 坎과 离를 드러내기 위한 것이다. ≪한편 剛柔交感이 "有孚"가 된다고 했는데, 단지 离만으로 또한 "孚"가 되기도 한다.[276]≫

十四日 변위(辨位)
열네 번째는 자리를 구분함이다.[277]

○ 位之名 有四 其一曰 三才之位 一二地 三四人 而五六爲天位 是也 其二曰 二氣之位 一三五 爲陽爲剛 二四六 爲陰爲柔 是也 三曰 貴賤之位 一二爲民 三四爲臣 五爲君 六爲天 是也 四曰 內外之位 一二三爲我 四五六爲敵 是也 物象雖同 而其詞不同 其詞亦同 而其吉凶不同者 專由其位之不同 所宜精察也

○ 자리(位)의 명칭에는 4가지가 있다.

그 첫째는 ① 三才의 자리로, 1과 2는 땅,[278] 3과 4는 사람, 5와 6이 하늘의 자리가 되는 것이 그것이다.

둘째는 ② 陰陽 2氣의 자리로 홀수인 1 · 3 · 5는 陽의 자리이고 剛의 자리이며, 짝수인 2 · 4 · 6은 陰의 자리이고 柔의 자리가 되는 것이 그것이다.[279]

---

275) 각각 『四箋』(卷1, 35가, 卷1, 35나) 참조할 것.
276) 『四箋』 卷8, 39나.
277) "左右 · 前後" 등은 「易例比釋」, 「東西南北例」를 참조할 것(『四箋』 卷4, 25나).
278) 한편 '第1位'는 地下에 해당된다(『四箋』 卷1, 39가).
279) 下卦位가 离, 上卦位가 坎이 되는 것은, 앞의 '建維'와도 연관되는 것이지만, 여기 "二氣之位"에 따른 것이기도 하다. 그리고 여기서 언급되지는 않으나, 易例에 따르면 下卦(离)의 1 · 2 · 3位는 각각 아침 · 낮 · 저녁에, 上卦(坎)는 '夜'에 해당하는데(『四箋』 卷2, 22가), 이도 "二氣之位"와 연관된 것이다.

셋째는 ③貴賤의 (등급에 따른) 자리로서, 1과 2는 人民의 자리요, 3과 4는 臣下의 자리,[280] 5는 임금의 자리, 6은 天의 자리가 되는 것이 그것이다.

넷째, ④ 內外의 자리이니, 1·2·3은 '나(我)의 자리'요,[281] 4·5·6은 '敵의 자리'가 되니, 바로 이것이다.

物象은 동일한데 그 주사(繇詞)가 같지 않거나, 그 繇詞는 또한 같더라도 그 吉凶이 같지 않은 것은 전적으로 그 자리가 같지 않음에서 말미암은 것이니, 마땅히 정밀하게 살펴보아야 될 바이다.

○ 試論 乾卦 初與四 均爲變巽 而初曰 潛龍 四曰 躍龍者 以其位也

姤 ← 乾 → 小畜

○ 예를 들어 시험삼아 말해 보면, 乾卦에서 初爻와 第四爻는 똑같이 巽으로 변하는 것이나, 初爻에서는 "潛龍"이라 하고, 4爻에서는 "躍龍"이라 말하니, 그 자리 때문인 것이다.[282]

二與五 均爲變离 而二曰 見龍 五曰 飛龍者 以其位也

同人 ← 乾 → 大有

---

280) 三四爲臣 : 『四箋』(卷1, 39가)에서 이것이 九家易說이라 함. 또 "4位"는 諸侯의 자리라고도 하였다(『四箋』 卷7, 16가).

281) 『四箋』(卷5, 22가, 卷7, 16가)에서 "內卦爲我"라고 함.

282) 이는 天地人 "三才之位"와 연관되는 것이다. 즉 '1位'는 地下이니 "潛"인 것이며, '4位'이니 "近天中"(5位)이라 "躍"인 것이다(『四箋』 卷1, 39가).

또한 乾卦의 제2爻와 5효는 똑같이 离로 변하는 것인데, 2爻에서는 "현룡(見龍)",[283] 5爻에서는 "비룡(飛龍)"이라 말하는 것은 그 자리 때문인 것이다.[284]

大傳曰 二多譽 三多凶 四多懼 五多功 驗之易詞 鑿鑿符合 至如 陽居陰位 陰居陽位 而吉凶不同者 孔子象傳 備言之

「大傳」(「繫辭傳」)의 이른바, "제2位는 명예가 많고, …… 제3位는 흉함이 많고, …… 제4位는 근심이 많으며, …… 제5位는 功이 많다"고 하는 것은,[285] 易詞와 견주어 보면 착착 부합한다. 그리고 陽이 陰의 자리에 있거나 陰이 陽의 자리에 위치하고 있어, 그 吉凶이 다르게 된 사례는 孔子의 「象傳」에서 갖추어 말해 두었다.

十五日 우의(寓義)

열다섯 번째, "義理的 측면을 부여하여 두었다"는 것을 알아야 한다.

○ 易主於筮 而義理寓焉 聖人察進退消長之勢 ≪十二辟≫ 玩升降往來之象 ≪五十衍≫ 而寓義理於其間

○ 易이란 것은 점치는 것을 중심으로 한 것이나, 義理가 그것에 깃들여 있는 것이다. 聖人이 [自然의] 진퇴소장(進退消長)의 흐름을 관찰하고 ≪12辟卦[가 그 결과 제시됨]≫ 승강왕래(升降往來)의 象을 음미하여 ≪50衍卦[가 그 결과 제시됨]≫ 그 사이에 義理를 부여하였던 것이다.

---

283) 离는 밝게 드러나는 것, 혹은 "相見"함을 뜻한다. 그래서 "현룡(見龍)"의 뜻이 된다(『四箋』卷1, 39가).

284) 2位는 "地面"이므로(즉 地下에서 地面으로 나온 것) "현(見)"이라고 한 것이고, 5位는 天이므로 "飛"인 것이다(『四箋』卷1, 41나).

285) 『四箋』卷8, 14가 이후 참조

然 文王周公之詞 其義所寓 隱而不彰 微而不著 至孔子象傳
則專闡義理 其爻詞之微隱者 文言 大傳 又推演而爲之戒 至於
大象傳 則不干筮家 而純爲居觀之用 因傳以求經 則義可得矣

그런데 文王과 周公의 卦·爻詞는 그 義理的 측면을 부가함에 있어
은유적이고 분명치 않거나, 微妙하여 그 의미가 잘 드러나지 않는다.

그러나 孔子의 「象傳」에 이르러서야 비로소 義理的 측면이 온전히
밝혀지는데, 그 爻詞의 은미(隱微)한 점은 「文言」286)과 「大傳」(「繫辭傳」)
이 또한 부연 설명을 해서, 주의하여 살피도록(戒) 하였다.

「大象傳」에 이르러서는 비로소 점치는 것과 관계없이 순수하게 君子
의 居觀의 용도로 되었으니, 이 「大象傳」에 의거하여 『易經』의 뜻을 구
한다면 그 의리적 측면을 파악할 수 있을 것이다.

○文言者 乾坤諸爻也 ≪漢儒謂之文言≫ 其在大傳者 如中孚九
二 同人九五 大過初六之類 是也

○「文言」은 乾·坤의 여러 爻[에 대한 부연설명]이다. ≪漢儒들이 그것
을 「文言」이라 불렀다.≫ 그 「文言」이 「大傳」에 있는 경우는 中孚의 九二
("鳴鶴在陰"287)) 同人의 九五("同人, 先號咷而後笑, 大師克相遇"),288) 大過의
初六("藉用白茅, 无咎")289) 등과 같은 것이 바로 그것이다.

十六日 고점(考占)
열여섯 번째는 "占을 고려해야 한다"는 것이다.

---

286) 다산은 『四箋』에서 「文言」을 "古之字書"라고 하였다(『四箋』卷1, 36가). 또 『易學緖
言』「漢魏遺義論」에서도 "余謂文言者. 古之易詁"라고 하였다(『易學緖言』卷1, 32가).
287) 『四箋』卷7, 3가.
288) 『四箋』卷2, 39나.
289) 『四箋』卷4, 5나.

○卦爻之象 本無定吉 亦無定凶 吉於取女者 以之伐國 未必
不凶 吉於祭祀者 以之涉川 未必不凶 君子遇之而吉者 或害於
小人 君子遇之而凶者 或利於小人 凡 易詞之言吉凶者 不可爲
諸筮之通占也

○卦爻의 象에 본래부터 정해진 吉·凶은 없다.[290) 여자를 얻음에
吉한 경우라고 하더라도 나라를 정벌함에 있어서는 반드시 凶하지 않은
경우가 되는 것은 아니고, 제사에 吉한 경우라고 하더라도 반드시 하천
(川)을 건넘에 있어 흉하지 않은 경우가 되는 것은 아니다.

君子가 만나서 吉한 경우라도 小人에게는 해로울 수도 있고, 君子가
만나서 凶한 경우라도 小人에게는 이로울 수가 있는 것이다. 일반적으
로 易詞에서 吉·凶을 말한 것은 모든 점치는데 통용되는 占卦가 될 수
는 없는 것이다.

○自復臨而至夬乾 在乾卦爲乘龍御天之象 在坤卦爲履霜堅
氷之象 此 同一義理而吉凶不同也 屯之象 在行役之筮 則勿用
有往 在立君之筮 則利用建侯 此 同一卦象而吉凶不同也

復 → 臨 → 泰 → 大壯 → 夬 → 乾

○[동일하게] 復卦·臨卦에서 夬卦·乾卦에 이르는데, 乾卦에서는
乘龍하여 御天하는 象이 되고,[291) 坤卦에서는 '서리를 밟으니, 굳게 얼
음이 얼게 된다'는 象이 되니,[292) 이는 義理는 동일하지만, 그 吉凶이

---

290) 본래는 吉象도 凶象도 없다는 뜻.
291) "時乘六龍, 以御天"이라는 말이 乾의 「象傳」에 나옴(『四箋』卷1, 36나). 한편, "飛龍
在天"이라는 말은 乾 九五에 나온다(『四箋』卷1, 41나).
292) 坤卦 初六에 "履霜堅氷至"라 나옴(『四箋』卷1, 46나 이하 참조).

다른 것이다.

屯卦의 象詞(卦辭)에서 遠征(行役)에 관한 占에서는 "가지 말라" 하고, 임금을 추대하는 占에서는 "諸侯를 세움이 이롭다"고 하는데,293) 이는 卦象은 동일하지만 그 吉·凶이 같지 않은 것이다.

坤之黃裳元吉 隨之元亨利貞 本爲大吉之占 而在南蒯穆姜之筮 則大凶 此 同一繇事 而吉凶不同也 屯九五之言 小貞吉 大貞凶 否六二之言 小人吉 大人否 皆所以示此例也

坤卦 六五의 "黃裳元吉"과 隨卦 象辭의 "元亨利貞"은 본래 크게 吉한 점이지만, 남괴(南蒯, 黃裳元吉)와 목강(穆姜, 元亨利貞)의 占에 있어서는 크게 凶한 것이니,294) 이는 동일한 繇詞이지만295) 그 吉凶은 다른 것이다.

屯卦 九五[의 爻詞]에서 "小貞吉, 大貞凶", 즉 "작은 일의 점은 吉하나, 큰 일의 占은 凶하다"라고 말한 것과, 否卦 六二[의 爻辭]에서 "小人吉, 大人否", 즉 "小人의 운세는 吉하나, 大人의 운세는 비색(否塞)하다"라고 한 것은 모두 이러한 사례를 보여주기 위한 것이다.296)

十七日 인자(認字)

열일곱 번째, 文字의 뜻을 바로 파악해야 하는 것이다.

○ 欲得經旨 先認字義 諸經皆然 而易爲甚 如亨貞悔吝之等

---

293) 원문은 "勿用有攸往, 利建侯"이다. 즉 앞의 句에서는 "攸"字가 빠지고, 뒷 句에서는 없는 원래는 없는 "用"字가 첨가되었다. 誤字는 아닌 것으로 생각된다(『四箋』 卷7, 30가).

294) 「春秋官占補註」에 나온다(『四箋』 卷7, 28가; 권7, 24가).

295) 坤卦 六五의 "黃裳元吉"과 남괴(南蒯)의 占辭(黃裳元吉)가 같고, 隨卦 象辭의 "元亨利貞"과 목강(穆姜)의 占辭(元亨利貞)가 같다.

296) 占의 종류에 따라 길흉이 다름을 보여주기 위한 것이라는 뜻.

字義 尙多不白 又如序卦雜卦之言卦義者 是 卦義也 非字義也
而後世字書 並錄爲字義 大謬矣

○經典의 심오한 뜻을 알고자 한다면 먼저 '글자의 뜻'을 파악해야
하거니와, 모든 經典이 그러한 것이지만, 『易經』은 더욱 그러하다.[297]

예컨대 '亨'·'貞'·'悔'·'咎' 등의 字義는 아직도 오히려 명백히 밝
혀지지 못한 바가 많다.

또한, 예컨대 「序卦傳」과 「雜卦傳」에서 언급하는 卦의 의미는 [말
그대로] 卦의 뜻이지, 그 글자의 뜻이 아니다. 그런데 後世의 字典에서
[卦義를] 아울러 기록하여 글자의 뜻으로 삼아 기록하니 큰 잘못이다.

○亨者 感而遂通也 ≪見比釋≫ 然 亨 本爲离火之德 故 烹飪之
烹 得與亨通 ≪見鼎卦≫ 烹飪 所以燕享 故燕享之享 亦與亨通
≪見隨升≫

○'亨'이란 "感而遂通(감응하여 통달함)"[298]의 뜻이다. ≪「易例比釋」을 참
조[299]≫ 그런데 "亨"이란 본래 离火의 德으로, 따라서 "팽임(烹飪)"[300]의
'烹'은 '亨'字와 통할 수 있다. ≪鼎卦를 참조할 것[301]≫ [그리고] "烹飪"이
란 燕享(잔치, 제사)을 위한 것이다. 따라서 燕享의 "享(향)"도 역시 "亨(형)"
과 통한다. ≪隨卦,[302] 升卦[303]에 나온다.≫

○貞之別有三 其一曰 利貞之貞 貞者 事也 不正之事 不敢以

---

297) "讀聖經而求聖道, 其字義名實, 最宜精核, 不可漫漶."(『四箋』卷8, 26나)
298) 感而遂通 : 「繫辭上傳」에 나오는 말인데, 다산은 생략한 구절이다. 『四箋』(卷1, 35가)
    에서 언급되고 있다.
299) 『四箋』卷1, 21가. 한편 이을호는 "比卦의 해석을 보라"고 해석. 誤譯으로 사료됨.
    比卦는 『四箋』(卷2, 19가)에 나온다.
300) 烹飪 : 음식을 삶다, 요리.
301) 「鼎卦, 彖傳」에 '亨飪'이라 나옴(『四箋』卷6, 5나).
302) 隨卦 上六, "王用亨[享]于西山."(『四箋』卷3, 10나)
303) 升卦 六四, "王用亨[享]于岐山."(『四箋』卷5, 35나)

筮故 謂事爲貞 貞者 正也 ≪如 小貞吉 大貞凶[304]≫ 又 幹事之法 必
以堅固故 謂事爲貞 貞者 固也

○‘貞’에는 세 가지 구별되는 의미가 있다. 첫째는 ①“利貞”이라 할
때의 “貞”으로, 이때 “貞”은 일(事)이다. 옳지 않은 일은 점칠 수 없으므로
일(事)이 貞이라 말하는 것이며, [이때] 貞은 ‘바름(正)’이다.[305] ≪예컨대 “小
貞吉, 大貞凶”과 같은 경우이다.[306]≫ 또한 일을 처리하는 방법은 반드시 견실
해야 하므로 일을 貞이라 하는 것이며, 이때의 貞은 ‘견실함’이다.

其二曰 貞節之貞 ≪如云 女子 貞 不字≫

두 번째는 ②“貞節”이라 할 때의 貞이다.[307] ≪예컨대 屯卦 六二의 “女
子, 貞, 不字”, 즉 “여자가 정절을 지켜, 자식을 낳아 기르지 못한다”라고 한 경우와
같다.≫

其三曰 貞悔之貞 而貞悔有二種 卦變曰 悔 不變曰 貞 此 洪
範之義也 ≪國語所謂 貞屯悔豫者 是也≫

屯　　　豫

세 번째는 ‘貞·悔’의 貞으로 이때 貞·悔에는 두 가지 종류가 있다.
[먼저] 卦가 變하는 것을 “悔”라 하고,[308] 卦가 변하지 않는 것을 “貞”이

---

304) [校閱] 新朝本과 奎章本과 國中本에 모두 “如, 小貞凶, 大貞吉”이라고 나온다(『四
　　箋』 卷1, 18가). 그러나 『周易』에는 “小貞凶, 大貞吉”이라는 구절은 없으므로, 착오(錯
　　誤)가 아닌가 생각된다. 따라서 “如, 小貞凶, 大貞吉”을 “如, 小貞吉, 大貞凶”으로 고
　　쳐 읽기로 한다.
305) 貞者, 正也：『四箋』(卷1, 22가)에서 되풀이 설명되고 있다. 『四箋』(卷1, 35나)에 그
　　사례가 제시되고 있다.
306) 小貞吉, 大貞凶：屯卦 九五.
307) 『四箋』(卷1, 22가)에 그 설명이 나온다.

라 하는데, 이는 『尙書』「洪範」에 나오는 의미이다.309) ≪『國語』에서 소위
"貞屯悔豫"라고 한 것이 바로 이것이다.310)≫

又 內卦曰 貞 外卦曰 悔 左傳 以蠱爲貞風悔山之卦 是也

貞風　　悔山　　蠱

또 한편 內卦를 "貞"이라 하고 外卦를 "悔"라 하는데,311) 『左傳』에서
蠱卦를 貞風悔山의 卦라 하는 것이,312) 바로 이것이다.313)

○改過曰 悔 不改過曰 吝 故卦象俱變 則謂之悔 卦旣變而象
猶不變 則謂之吝 此 又易經之大義也 ≪每心不忘曰 悔 口舌文過曰 吝≫
○허물을 고치는 것을 '悔'라 하고, 잘못을 고치지 않는 것을 '吝'이
라 한다. 그러므로 '卦'와 '象'이 모두 변하면 "悔"라고 하고, '卦'는 이
미 변했는데도 '象'이 오히려 변하지 않고 있다면 "吝"이라 말한다.314)
이런 改過와 연관된 의미는 또한 『易經』의 大義이다. ≪언제나 마음으로
잊지 않고 있는 것을 "悔"라 하고,315) 言說로 허물을 꾸미는 것을 "吝"이라 한다.316)≫

---

308) 『四箋』 卷1, 22가.
309) 車相轅 譯, 『書經』, 명문당, 1973, 189면, 194면.
310) "重耳反國之筮"에 "貞屯悔豫"라고 나온다(『四箋』 卷7, 29가). 『四箋』(卷1, 28나)에
　　서도 언급되고 있다.
311) 『四箋』(卷7, 29나); 『朱子語類』 第4冊, 中華書局, 1986, 1636면.
312) 「春秋官占補註」의 「秦伯伐晉之筮」에 나온다(『四箋』 卷7, 17나).
313) 以上에서 언급된 "貞"의 字義를 정리해 보면 ①"利貞"之貞, 貞＝事; ㉠正, ㉡固,
　　②"貞節"之貞, ③"貞悔"之貞; ㉠卦變, ㉡內卦의 의미가 있다.
314) 『四箋』(卷1, 28가)에서도 언급되고 있다.
315) 心(忄)＋每＝"悔".
316) 口＋文＝"吝".

○序卦云 屯者 盈也 蠱者 事也 臨者 大也 若此類 與雜卦所云 比樂師憂 謙輕豫怠之等 無以異也 皆是卦義 認之爲字義 則謬矣

○「序卦傳」에서는 "屯이라는 것은 가득찬 것이고, …… 蠱라는 것은 일(事)이며, …… 臨은 큰 것이다"라고 하였는데, 이상의 사례들은 「雜卦傳」에서 말한 "比卦는 즐겁고, 師卦는 근심하며, …… 謙卦는 가볍고(輕), 豫卦는 게으르다(怠)" 등과 다름이 없거니와, 이상의 모두는 卦의 뜻(卦義)인데, [그것을] 글자 자체의 뜻(字義)으로 인식하는 것은 오류이다.

十八日 찰운(察韻)

열여덟 번째, 운자(韻字)를 파악하여야 한다.317)

○易詞韻法 最嚴最精 而其格律 多變 最難尋索

○易詞의 音韻法은 가장 엄격하고도 가장 정밀한 것이다. 그러나 그 格律이 자주 변화하여 구별하기가 매우 어렵다.

盖一繇之內 有一二字 輒韻者 有二三句 乃韻者 有二三繇 相承以韻者 《乾 二三四五》 有全六爻 相承以叶者 《坤六爻》 有三四繇 疊文相承 以叶者 《如 蒙卦 復卦》 有卦詞與爻詞 相承以叶者 《坤 蒙等》 又或三四繇 各有數句者 其上句與上句 叶 下句與下句 叶 《坤 一二三四》 或一繇之內 凡有數句 而其詞 朶堅美者 相承叶韻 其字法 零碎 如吉凶悔吝无咎等字 仍不叶韻 《乾三四》

대개 ① 하나의 繇詞 안에, 한두 字가 바로 韻으로 되는 것이 있다.318)

317) 다산은 句絶이 의심스러우면 운으로 결정하고(『四箋』 卷3, 28나), 글자 뜻이 미심쩍으면 卦象으로 결정한다고 말한 바 있다. 다산은 "无悔"와 "悔亡"이 叶韻으로 "大意不殊"라고 다산은 설명하고 있다(『四箋』 卷1, 29가).

② [하나의 繇詞 안에] 두 세 句가 곧 韻으로 되는 경우가 있다.319)

③ 두세 繇詞가 서로 이어져 韻으로 되는 것이 있고 ≪乾卦의 2, 3, 4, 5爻의 경우320)≫

④ 여섯 개의 爻 모두가 서로 이어져 叶韻(韻을 맞춤)으로 되는 것이 있고 ≪坤卦의 여섯 爻의 경우321)≫

⑤ 서너 개의 繇詞가 중첩된 글로 서로 이어져 叶韻이 된 것이 있고 ≪蒙卦와 復卦322)의 경우323)≫

⑥ 卦詞와 爻詞가 서로 이어져 협운(叶韻)이 된 것이 있다. ≪坤卦, 蒙卦 등≫

⑦ 또한 간혹, 서너 개의 주사(繇詞)가 각각 몇 개씩의 句를 가지고 있는데 [그 각각의 繇詞의] 上句와 上句가 협운으로 되고, 下句와 下句가 협운으로 되기도 한다. ≪坤卦 1, 2, 3, 4爻의 경우324)≫

---

318) 乾卦 彖辭, "乾, 元亨, 利貞"에서 "亨"字와 "貞"字가 叶韻. 乾卦 初九, "潛龍, 勿用"에서 "龍"字와 "用"字가 叶.

319) 다산은 이 경우의 구체적인 사례를 밝히지 않고 있다.

320) 2爻 : 현룡재전 리견대인(見龍在田 利見大人); 田 tián
    3爻 : 군자 종일건건 석척약 려무구(君子 終日乾乾, 夕惕若 厲无咎); 乾 qián
    4爻 : 혹약재연 무구(或躍在淵 无咎); 淵 yuān
    5爻 : 비룡재천 리견대인(飛龍在天 利見大人); 天 tiān

321) 다산은 坤卦 六二의 주석에서 "諸家, 皆以直方大, 爲句, 然, 霜方章囊(又裳黃)"라고 말하고 있다. 즉, '霜', '方', '章', '囊', '裳', '黃'은 서로 叶韻의 관계에 있다(『四箋』卷 1, 47나).
    初六 : 리상 견빙지(履霜 堅冰至); 霜 shuāng 제1성
    六二 : 직방 대불습 무불리(直方 大不習 无不利); 方 fāng 제1성
    六三 : 함장 가정 혹종왕사 무성유종(含章 可貞 或從王事 无成有終); 章 zhāng 제1성
    六四 : 괄낭 무구 무예(括囊 无咎 无譽); 囊 náng 제2성
    六五 : 황상 원길(黃裳 元吉); 裳 cháng 제2성
    上六 : 용전우야 기혈현황(龍戰于野 其血玄黃); 黃 huáng 제2성

322) 不遠復, 休復, 頻復, 獨復, 敦復, 迷復이라 하였다.

323) 臨卦의 경우는 「讀易要旨」의 「11. 比德」에서 언급되고 있다(『四箋』卷1, 16가).

324) 坤卦의 1, 2, 3, 4爻의 上句에서, 霜(shuāng), 方(fāng), 章(zhāng), 囊(náng)이 협운이 된다.
    坤初六 : 履霜 堅冰至 : 霜(shuāng) 제1성
    坤六二 : 直方 大不習 无不利 : 方(fāng) 제1성

혹은 ⑧ 하나의 주사(繇詞) 내에 여러 개의 句가 있고, 그 주사(繇詞)가 '문채롭고(朱)', '견실하며(堅)', '아름다운 것(美)'은 서로 이어서 협운(叶韻)이 된다.

⑨ 그 '낱말의 표현법(字法)'이 짧게 똑똑 끊어지는 경우, 예를 들어 "吉", "凶", "悔", "吝", "无咎" 등의 글자는 곧 협운으로 되지 않는다.[325]

≪乾卦의 3·4효의 경우[326]≫

其或古韻今韻 元有不同者 在所審理 而後世拘曲之士 妄造叶韻之說 指商爲角 變喉爲齒者 又紛然雜出 湏洞其間 凡如此類 悉不可信

그 중 간혹 古韻과 今韻이 원래부터 같지 않은 것은 자세히 살펴보아야 할 것인데, 後世에 삼류선비들이 叶韻의 學說을 망령되이 만들어, '商(shāng)'音[327]을 가리켜 '角(jiǎo, jué)'音[328]이라 하고, '喉(hóu)'音[329]을 바

坤六三 : 含章 可貞 或從王事 无成有終 : 章(zhāng) 제1성
坤六四 : 括囊 无咎 无譽 : 囊(náng) 제2성
또 坤卦의 1, 2, 3, 4爻의 下句에서, 至(zhì), 習(xí), 事(shì), 譽(yù)이 협운이 된다.
坤初六 : 履霜 堅冰至 : 至(zhì) 제4성
坤六二 : 直方 大不習 无不利 : 習(xí) 제2성
坤六三 : 含章 可貞 或從王事 无成有終事 : 事(shì) 제4성
坤六四 : 括囊 无咎 无譽 : 譽(yù) 제4성
325) 以上의 사례를 종합해보면, 모두 9가지의 사례가 제시되고 있다.
즉 ① 한 繇詞 안에 한두 글자를 叶韻(一繇之內, 一二字, 輒韻者).
② (한 繇詞 안에) 두세 句가 곧 叶韻(一繇之內, 二三句, 乃韻者).
③ 두세 개의 繇詞가 서로 이어져 叶韻. 乾卦 2, 3, 4, 5爻(二三繇, 相承以韻者).
④ 6개의 爻 모두가 서로 이어져 叶韻. 坤卦 여섯 爻(全六爻, 相承以叶者).
⑤ 서너 繇詞가 중첩된 글로 서로 이어져 叶韻. 蒙·復卦(三四繇, 疊文相承, 以叶者).
⑥ 卦詞와 爻詞가 서로 이어져 叶韻. 坤, 蒙卦 등(卦詞與爻詞, 相承以叶者).
⑦ 각 繇詞의 上句와 上句가 협운이 되고, 下句와 下句가 협운(坤卦 1, 2, 3, 4爻).
⑧ 一繇之內, 凡有數句, 而其詞采堅美者, 相承叶韻.
⑨ 其字法, 零碎, 如吉凶悔吝无咎等字, 仍不叶韻(乾三四).
326) 乾卦3爻와 4爻에 있어서 乾(qián)字와 淵(yuān)字는 협운의 관계에 있다.
乾卦3爻; 君子 終日乾乾, 夕惕若 厲无咎
乾卦4爻; 或躍在淵 无咎

꾸어 '齒(chǐ)'音330)이라 하는 [식의] 說이 또한 어지러이 쏟아져 나와, 그 간에 끊임없이 계속 되었으니(澒洞), 대개 이와 같은 類는 모두 믿을 수 없는 것이다.331)

○ 試論 乾坤等 數卦
○시험삼아 乾·坤 등의 몇 가지 卦를 예를 들어 보면 다음과 같다.

乾之象 亨貞 叶 其初九 龍 用 叶 ≪用音庸 詩云 謀臧不從 不臧覆用≫
乾卦의 象詞[인 "乾元亨利貞"]에서 '亨(hēng, héng)'과 '貞(zhēn)'은 叶韻이며,332) 乾의 初九[인 "潛龍勿用"333)]에서 '龍'과 '用'도 협운이다.334) ≪'用 yòng'字의 발음은 庸(yōng)이다.335) 『詩經』 [「小雅」 「小旻」]에서도 "謀臧不從, 不臧覆用", 즉 "좋은 계책은 따르지 않고, 좋지 않은 것은 오히려 사용하니"336)라고 했다.≫

其次 田乾淵天叶 ≪利見大人 爲剩句≫ 上九用九 悔首叶 ≪悔音虎 皆上聲≫
다음으로 2爻의 '田', 3爻의 '乾', 4爻의 '淵', 5爻의 '天'字는 叶韻이다. ≪2爻와 5爻의 '利見大人'은 남는 구절이다.≫ 上九와 用九에서는 '悔(huǐ)'

---

327) 商音 : 五音의 하나. 쇠소리 상.
328) 角音 : 五音의 하나.
329) 喉音 : 내쉬는 숨으로 목청을 마찰하여 내는 소리. "ㅇ", "ㅎ"과 같은 것.
330) 齒音 : 잇소리. 윗니 아랫니 사이를 마찰하여 나는 소리. "ㅅ", "ㅈ"과 같은 것.
331) 商(音)과 角(音)은 音樂의 音階이니, 비유로 생각되고, 喉音 齒音은 韻法에서 말하는 音의 종류로 생각된다.
332) 亨 hēng, héng 貞 zhēn 'ㆁ'과 'ㆁ'(『四箋』 卷1, 35가).
333) 『四箋』 卷1, 37나.
334) ① 一繇之內, 一二字, 輒韻者 : 한 繇詞 안에 한두 글자가 叶韻하는 사례.
335) 『四箋』(卷2, 8가)에서도 언급되고 있다.
336) 謀臧不從, 不臧覆用 : "좋은 계책(謀)은 따르지 않고, 좋지 않은 것은 오히려(覆) 사용하니."

와 ‘首(shǒu)’가 협운이다.[337] ≪“悔 huǐ”의 발음은 “虎 hū”이며, 모두 上聲이다.≫

○坤之彖 亨貞 叶 其六爻 霜 方 章 囊 裳 黃 叶 其[338]二句
至 利 事 譽 叶

○坤卦의 경우도 [乾卦와 동일하게] 彖辭의 ‘亨’과 ‘貞’이 협운이
고,[339] 그 여섯 개의 爻에서 ‘霜’, ‘方’, ‘章’, ‘囊’, ‘裳’, ‘黃’이 협운이
다.[340] 1에서 4효까지 그 第二句의 ‘至’, ‘利’, ‘事’, ‘譽’는 叶韻이다.[341]

○蒙卦 則發蒙 包蒙 因蒙 童蒙 以疊文相承 而中爻揷[342]一
躬字

○蒙卦의 1효, 2효, 4효, 5효의 ‘發蒙’, ‘包蒙’, ‘因蒙’, ‘童蒙’은 글자
가 겹쳐져(疊文) 서로 이어져 있고(相承),[343] 그 가운데인 3효에 ‘躬(gōng)’
字를 끼워 넣었다.

○坤之彖 有攸往 與爻詞之霜方等字 叶 ≪往 平聲 小畜之傳 尙往
與施未行 叶 又 太玄經云 喪其芳 无攸往≫ 後得主 與至[344] 利等字 叶 ≪主

---

337) ③二三繇, 相承以韻者 : 두세 繇詞가 서로 이어져 叶韻(乾卦 2, 3, 4, 5爻)하는 사례.
338) [校閱] 新朝本에는 “其二句”로 되어 있으나, 奎章本과 國中本에는 “其第二句”로 되
   어 있다.
339) 坤, 元‘亨’, 利牝馬之‘貞’ → ‘ㅎ’, ‘ㅎ’. 亨(hēng, héng). 貞(zhēn). ①一繇之內, 一二字,
   輒韻者(한 繇詞 안에 한두 글자를 叶韻(韻)에 맞춘 것)).
340) ④全六爻, 相承以叶者(坤, 六爻) : 6개의 爻 모두가 서로 이어져 叶韻(坤卦 여섯 爻).
341) 坤卦   上句   下句(제2구)
     初六 履‘霜’ 堅冰‘至’   ‘ㅎ’   ‘ㅣ’
     六二 直‘方’ 大不習 无不‘利’   ‘ㅎ’   ‘ㅣ’
     六三 含‘章’可貞 或從王‘事’ 无成有終   ‘ㅎ’   ‘ㅏ’
     六四 括‘囊’无咎无‘譽’   ‘ㅎ’   ‘ㅔ’
     六五 黃‘裳’元吉   ‘ㅎ’
     上六 龍戰于野 其血玄‘黃’   ‘ㅎ’
342) [校閱] 奎章本에는 “삽(揷)”字가 “파(播)”字로 되어 있으나, 誤字로 생각된다.
343) ⑤三四繇, 疊文相承, 以叶者(蒙·復卦) : 서너 繇詞가 중첩된 글로 서로 이어져 叶韻.

去聲≫ 蒙之彖 初筮告 再三瀆 與爻詞之用說桎梏 叶 此 又卦爻
相承之證也

○坤卦 象詞의 "有攸‘往(wǎng)’"과 그 [初六의] 爻詞의 ‘霜(shuāng)’
[六二의 爻詞의] ‘方(fāng)’ 등의 글자는 협운이다. ≪‘往’은 平聲이다. 小畜卦
象傳의 "尙‘往(wǎng)’"과 "施未‘行(háng, xíng)’"은 叶韻이다. 또 『太玄經』에서는 "喪其
‘芳(fāng)’, 无攸‘往(wǎng)’"라고 하였다.345)≫

坤卦 象詞의 ‘後得主’346)와 (坤卦) 初六의 ‘至’, 六二의 ‘利’ 등의 글
자는 叶韻이다. ≪"主(zhǔ)"는 去聲이다.347)≫

蒙卦 象詞의 "初筮告, 再三瀆"[의 "瀆(dú)"]과 初九 爻詞의 "用說桎
梏"[의 ‘梏(gù)’]는 叶韻이다. 이상은 또한 卦와 爻가 서로 이어지는 증거
인 것이다.348)

○乾三四之无咎 蒙六三之无攸利 蒙四五之吝吉等字 此所
謂零碎 不叶韻者也

○乾卦 3·4爻의 ‘无咎’, 蒙卦 六三의 ‘无攸利’, 蒙卦 4·5爻의 ‘吝’
과 ‘吉’ 등의 글자는 소위 짧게 끊어져 있어349) 협운(協韻)이 되지 못하는
것이다.350)

○用之音 庸 往之音 汪 慶之音 羌 厲之音 列 古韻本然 皆有

---

344) [校閱] 新朝本과 國中本에는 "至"(지)로 되어 있으나, 奎章本에는 "地"(지)로 되어
있다. 後者는 誤記로 보인다.

344) [校閱] 新朝本과 國中本에는 "至"(지)로 되어 있으나, 奎章本에는 "地"(지)로 되어
있다. 後者는 誤記로 보인다.
345) 鄭萬耕 校釋, 『太玄校釋』, 北京師範大, 1989, 81면.
346) 後得主: 『易學緖言』(「왕보사역주론(王輔嗣易注論)」 卷1, 38)에서 "主利"로 斷句하
는 것은 잘못이라 함.
347) "全"은 上聲, 혹은 去聲이다. 일반적으로는 上聲으로 쓰인다.
348) ⑥卦詞與爻詞, 相承以叶者(坤·蒙等): 卦詞와 爻詞가 서로 이어져 叶韻(坤, 蒙卦 등).
349) 蒙六四 困蒙 吝(in) 蒙六五 童蒙 吉(ji)
350) ⑨"其字法, 零碎, 如吉凶悔吝无咎等字, 仍不叶韻 ≪乾三四≫(그 字法이 자질구레
하면, 예를 들어 吉凶, 悔吝, 无咎 등의 글자는 곧 협운으로 되지 않는다)."

博據 若此類 韻家之說 可信也

○"用(yòng)"의 발음은 "庸(yōng)"351)이다. "往(wǎng)"의 音은 "汪(wāng)"이다. "慶(qìng)"의 音은 "강(羌, qiāng)"이다. "厲(lì)"의 音은 "列(liè)"이다. 古韻이 원래 그러하며, 모두 널리 근거를 찾을 수 있으니, 이러한 것들은 音韻學者들의 說을 믿을 수 있다.

○至若 蹇初六曰 往蹇來譽 則改蹇音 而爲許 ≪往蹇與王臣蹇蹇 疊文相承 來譽與匪躬之故 叶≫ 噬嗑初九曰 滅趾无咎 則改咎音 而爲 以 ≪滅趾與滅鼻 相承 无咎 則零碎而不叶≫ 若此類 不可勝數 此 陋儒之 曲解也

○그러나 蹇卦 初六에서 "왕건래예(往蹇來譽)"라 한 것을 "蹇(jiǎn)"의 발음을 고쳐 '許(xǔ)'라고 한 경우와 ≪蹇卦 初六의 '往蹇'과 六二의 '王臣蹇蹇'은 중첩된 글이 서로 이어져 있는 것이며, '來譽'와 六二의 '匪躬之故'는 협운이 된다.352)≫ 噬嗑卦의 初九에서 "滅趾无咎"라 했는데, 여기 "咎(jiù)"의 발음을 고쳐 '以(yǐ)'라고 한 경우를 보면 ≪'멸지(滅趾)'와 [六二]의 '멸비(滅鼻)'는 서로 이어지는 것이고, '无咎'는 자질구레하므로 협운이 못 된다.≫ 이런 식의 설명은 수도 없이 많으나, 이것은 고루한 학자들이 오해한 것이다.

○察韻苟精 則絶句無錯 絶句無錯 則經旨以明 此 又學者所 宜十分明目者也

○音韻을 살핌이 참으로 정밀하다면 句를 나누는데 착오가 없을 것이고, 구절을 나누는 것에 잘못이 없으면, 經典의 의미가 그로써 바르게 드러날 것이다. 이 또한 學者가 마땅히 철저히 밝혀야 할 대목인 것이다.

---

351) 앞서 乾初九를 설명하는 부분에서도 언급되고 있다(『四箋』卷1, 37나). 이후 蒙卦 六三의 주석에서 다시 설명되고 있다(『四箋』卷2, 8가).

352) 김상섭 역, 『高亨의 周易』, 예문서원, 1995, 333면 이후 참조

周易四箋 戊辰本 卷之二

【 역례비석 상(易例比釋 上 : 易例[1]의 비교해석[2]) 】

1. 元亨利貞例
2. 亨利貞例
3. 元亨例
4. 亨例
5. 利貞例
6. 元吉例
7. 貞吉例
8. 貞凶例
9. 永貞例
10. 居貞例
11. 艱貞例
12. 安貞例
13. 女貞例
14. 君子貞例
15. 幽人貞例
16. 雜貞例
17. 可貞例
18. 貞吝例
19. 貞屬例
20. 屬例
21. 吝例
22. 悔例
23. 无悔例
24. 悔亡例
25. 无咎例
26. 有孚例
27. 征吉例
28. 征凶例

---

1) 易例 : 周易占辭의 용례, 周易의 用例, 事例, 凡例, 體例.
2) 比釋 : 여러 사례를 모으고 비교하여 해석.

01) 원형이정 예(元亨利貞 例)

乾	䷀	元亨利貞
坤	䷁	元亨 利牝馬之貞
屯	䷂	元亨利貞 《彖曰 大亨 貞》
隨	䷐	元亨利貞 《彖曰 大亨 貞》
臨	䷒	元亨利貞 《剛中而應 大亨以正》
无妄	䷘	元亨利貞 《剛中而應 大亨以正》
革	䷰	元亨利貞 《文明以說 大亨以正》

亨者 天時也 《嘉之會》 貞者 人事也 《事之幹》 易之爲道 前民用也 臨事而筮 紹天明也

"亨"은 天時에 관련되고 《[또한 亨은] 좋은 모임3)》 "貞"은 人事에 관련된다. 《[또한 貞은] 일의 근본4)》 易의 道는 백성들의 이용을 예비한 것으로,5) 어떤 일에 임하여 점을 치는 것은 하늘의 밝음을 분명히 하려는 것이다.

不亨天心 則時運不通 不致人力 則事功不集 故曰亨 曰貞 爲占法之大觀也 占而曰 亨 則知命之旣通也 占而曰 貞 則知事之有功也 易之大義 正在乎亨貞二字 天時人事 於此乎占之也

하늘의 마음(天心)에 형통하지 못하면, 時運이 통하지 않게 되고, 인간

---

3) 嘉之會: 乾卦의 「文言」에 나오는 말(『四箋』 卷1, 35나).
4) 事之幹: 乾卦의 「文言」에 나오는 말(『四箋』 卷1, 35나).
5) 前民用: 「繫辭上傳」에 나오는 말, 백성들의 일상생활의 지침을 미리 알려주는 것(『國譯 茶山詩文集』 卷5, 솔, 1996, 78면).

의 노력을 다하지 않으면 일(事)에 공로가 쌓이지 못한다. 그러므로 "亨"이라 하거나 "貞"이라 하는 것은 점법(占法)의 중요한 관점인 것이다.

占을 쳐서 "亨"하다고 나오면, 天命이 이미 통한 것을 알게 되고, 占을 쳐서 "貞"이라 나오면, 일이 성공할 수 있음을 알 수 있다.

[이렇듯] 주역의 큰 의리는 바로 이 '亨'과 '貞' 두 글자에 있는 것이니, 天時와 人事를 이것으로 점쳐지는 것이다.

元亨利貞 雖若四德 然 其在占法 唯亨字 可爲斷詞

[한편] "元"・"亨"・"利"・"貞"이 비록 [동등하게] 四德을 형성하는 듯하지만, 占法(점치는 법)에 있어서는 오직 '亨'字만이 [그 자체로] 판단의 언사(斷詞: 판단의 표현)가 될 수 있다.6)

卽雖貞字 例已不同 如貞吉利貞之類 必附著他字 方爲占詞 單貞 無可占也

즉, ["元"・"利"는 말할 것도 없거니와] 비록 '貞'字라고 해도 그 용례가 이미 [亨과는] 다르다.7) 예를 들면 '貞吉'이나 '利貞' 등의 사례와 같이, 반드시 다른 글자와 결부되어야만 비로소 占詞가 될 수 있으며, '貞' 하나만으로는 점칠 수가 없는 것이다.8)

至如元利二字 字義尤虛 若元吉 元永貞 利建侯 利用獄之類 每依占以著德 ≪元字 每在上≫ 或依事以爲用 ≪利字 每在上≫ 不似亨

---

6) '크다(元)', '이롭다(利)', '바르다(貞)'의 경우에는 그 일・대상・주체가 빠져 있기 때문에, 다른 어떤 것이 덧붙어 보완이 되어야 뜻이 통하는 반면에, '亨'은 '天時가 亨'이라는 의미이므로 그 자체로 완결된 의미를 가진다는 뜻이다.
7) "貞"의 의미에 대해서는 「讀易要旨」의 17則 '認字'를 참조할 것(『四箋』 卷1, 18가).
8) 困卦에서 "困은 亨코 貞하니 大人吉코……"(金碩鎭, 『周易傳義大全譯解』 下, 대유학당, 1996, 1044면)라고 한 경우는 '貞'字가 단독으로 쓰인 용례가 아닌가 생각된다. 이후 「16. 雜貞例」에 이런 사례들이 나온다.

字之爲斷詞 皆[9]可驗也

심지어10) "元", "利" 두 글자는 그 [자체로는] 의미가 매우 공허(空虛)하여, 예컨대 "元吉"(坤卦 六五 등), "元永貞"(比卦 등), "利建侯"(屯初九, 豫), "利用獄"(噬嗑) 등의 용례에서처럼,11) 매번 占에 의거하여 성질(德)을 드러내거나 ≪'元'이라는 글자가 늘 위에 나옴12)≫ 혹은 [구체적인] 사안(事案)에 따라 적용되어 쓰이는 것이니 ≪'利'라는 글자도, 늘 위에 나옴13)≫ '亨'字가 [단독으로] 斷詞(판단의 표현)가 되는 것과는 다르다는 것을 모두 징험(徵驗)할 수가 있다.

特以文言之詞 平列四德 以配四時之象 ≪朱子曰 元爲春 亨爲夏≫ 故諸家說易 每欲立之爲四柱 便多窒礙不通 ≪朱子曰 伊川 泥那四德≫

그런데(特) 「文言」의 글에는 이 4가지를 四德으로 동등하게 배열하여 [봄, 여름, 가을, 겨울의] 四時의 象에 배당하였는데 ≪朱子는 "元"은 봄(春)이고, "亨"은 여름(夏)이라고 함14)≫ 이 때문에, 많은 학자들은 『周易』을 해설하면서 항상 元·亨·利·貞을 네 기둥(四柱)으로 설정하고자 하니, 그 결과(便) 꽉 막혀 [앞뒤의 의미가] 통하지 않는 경우가 많게 되었다. ≪朱子가 말하기를, "伊川先生은 四德이라는 것에 너무 집착했다"고 말한다.15)≫

又或謂 諸卦之元亨利貞 ≪如 屯隨臨革≫ 爲二德 ≪亨與貞≫ 乾坤則四德全備 亦不通之論也

---

9) [校閱] 新朝本과 國中本에는 "此"로 되어 있으나, 奎章本에는 "皆"로 되어 있다.
10) [校閱] "至如"가 奎章本에는 "至於"로 나온다.
11) 각각 『四箋』의 坤卦 六五(卷1, 49나), 比卦(卷2, 19나), 屯卦 初九(卷2, 2나), 噬嗑卦 (卷3, 21가)에 나온다.
12) "元吉"과 "元永貞"의 경우.
13) "利建侯", "利用獄"의 경우.
14) 金碩鎭 譯, 『周易傳義大全譯解』上, 대유학당, 1996, 187면.
15) 『朱子語類』에 "牝馬之貞, 伊川只爲泥那四德, 所以如此說不通"이라고 함(『朱子語類』卷69, 中華書局, 1986, 106면).

또 어떤 이(或者)는 말하기를, "여타 卦辭에 나오는 元亨利貞은 ≪예컨 대 屯, 隨, 臨, 革卦≫ 결국 두 가지 德이지만 ≪亨과 貞≫ 乾卦와 坤卦의 경우에는 [元·亨·利·貞의] 四德을 모두 갖춘 것이다"라고 하였는데, 이것 역시 통할 수 없는 논리(不通之論)이다.

孔子象傳 元亨 則曰 始而亨 利貞 則曰 乃利貞 混合言之 未嘗四破 可見文王卦詞 元亨爲一句 利貞爲一句 其在占法 仍是大亨以貞而已

孔子의 「象傳」에서, "元亨"을 "始而亨"이라 하고, "利貞"을 "乃利貞"이라 하여, [그 4가지를] 둘 씩 묶어 말하고, 4가지로 쪼개서 말한 적이 없었다.16) 따라서 [이러한 用例로 미루어 볼 때] 文王의 卦詞(彖詞)에서도 "元亨"이 一句가 되고, "利貞"이 한 句가 됨을 알 수가 있는데, 占法에서도 ["元亨, 利貞"은] 여전히(仍) "大亨以貞"17)일 따름인 것이다.

故亨貞二字 特相叶韻 亦其驗也 朱子之義 眞確縝密 不可易也 ≪朱子曰 人只見夫子於乾坤文言18) 解作四德 他卦 只云 大亨以正 便19)要於乾

────────────

16) "元亨"과 "始而亨"은 乾卦의 「象傳」에 나오는 말이 아니라, 「文言」에 "乾元者, 始而亨"이라 나온다(『四箋』卷1, 35나). '乃利貞'은 乾卦 「象傳」에 나오는 말이다(『四箋』卷1, 36나). 그러면, "孔子「象傳」, 元亨, 則曰始而亨"이라는 말은 어찌 된 것인가? 茶山에 따르면 현행 「文言傳」은 「繫辭傳」에서 잡출(雜出)된 것이라고 한다(『四箋』卷7, 31나). 그리고 「繫辭傳」은 원래 「象傳」이라고 한다(『四箋』卷8, 1가). 그래서 「文言」에 나오는 말을 '「象傳」에 나온다'고 한 것이다.

17) 大亨以正 : "올바름으로써 크게 형통함", 혹은 "크게 형통하니, 곧음으로써 그런 것"이라는 뜻이다. "大亨以正"이란 말은 臨卦와 革卦와 无妄卦의 「象傳」에 나온다. 다산은 臨卦의 「象傳」에 대한 주석에서 "大亨以正者, 明元亨爲一句, 利貞爲一句也('大亨以正'이라고 한 것은 '元亨'이 한 句가 되고, '利貞'이 또 한 句가 됨을 밝힌 것)"라고 하였다. 즉, 大亨─元亨 그리고 以正─利貞이 각각 대응한다는 말이다. 아래에 나오는 "大亨以正"과 의미가 같다.

18) [校閱] 新朝本과 國中本에는 "文言"으로 되어 있으나, 奎章本에는 "文書"로 되어 있다. 後者는 誤記이다.

19) [校閱] 朱子의 원문에는 "便"과 "要" 사이에 "須"字가 있음. "較"가 "敎"로 나옴. "畢

坤四德 說較大於他卦 畢竟 皆占詞也≫

그러므로 "亨"과 "貞"의 두 글자는 특별해 서로 叶韻하는 것이니, 이 역시 그 증거가 된다. 이에 대한 朱子의 해석이 참으로 확실하고도 엄밀하니, 번복할 수 없는 것이다. ≪朱子는 다음과 같이 말한다. "사람들은 단지 孔子가 乾卦와 坤卦의 「文言傳」에서는 [元·亨·利·貞을 각각] 4개의 德으로 해석하고, 여타의 卦(臨卦와 无妄卦의 象)에서는 단지 [둘씩 묶어서] "大亨以正"이라고만 말한 것을 보고, 문득 곧 乾坤의 四德을 他卦의 그것에 비교하여 그 의미가 중요한 것으로 간주하려고 한다.) 畢竟 [본래는 乾坤의 元亨利貞까지도 어느 것이나 동일하게] 모두 占詞인 것이다."20)≫

○ 牝馬之喩 雖在利貞 其實 坤之元亨 亦與乾相反 ≪巽爲元≫
亦如馬之有牝馬也
○[坤卦의 경우] 牝馬(암말)21)의 비유(喩)가 비록 "利貞"에만 해당하지만, 사실상 坤의 "元亨"도 또한 乾의 "元亨"과는 相反되는 것이니 ≪[乾은 震이 元인 반면에] 坤의 경우는 巽이 元으로 된 것22)≫ 이 역시 말(馬)에도 '암말(牝馬; 坤)'이 있는 것과 같다.23)

特以亨者 時運也 貞者 事功也 ≪天時與人事≫ 服牛乘馬 引重致
遠 屬於事功 故喩之於利貞 其實 牝馬二字 照徹元亨 ≪與乾反≫
특히 "亨"이란 것은 時運이고, "貞"은 事功(일의 공적)인데, ≪天時와 人事≫ "소를 부리고(服牛) 말을 타며(乘馬), 무거운 물건을 운반하여(引重) 멀

竟" 다음에 "本"字가 더 있다.
20) 『原本周易本義·朱文公易說』(朱熹 撰, 朱鑑 編, 上海古籍出版社, 1990, 48면)과 『朱子語類』(第4冊, 中華書局, 1986, 1621면)에 유사한 구절이 나온다.
21) 乾은 얼룩말(駁馬)인 데 반해서, 坤은 암말(牝馬)이 된다.
22) 乾은 震主之亨인데, 坤은 巽妃之亨이다(『四箋』卷1, 45가).
23) 坤에서는 "元亨, 利牝馬之貞"이라 하고, 乾에서는 "元亨, 利貞"이라 하였으니, "利貞"의 경우는 乾과 坤이 분명 다른 내용이거니와, 元亨의 경우도 내용상 다르다는 것을 지적한 것이다.

리까지 이르는 것(致遠)"은 일의 공적(事功 : 임무)에 속하니,[24] 따라서 그것을 [즉 坤의 이런 성질을] "利貞(이로운 일, 그 일을 함에 이로움)"에 비유한 것인데, 그러나 사실상 "牝馬"라는 두 글자는 [뒤에서 앞의] "元亨"까지도 설명하는 것(照徹)이다. ≪["元亨"의 뜻에서도] 乾卦와 相反된다.≫

凡筮而遇是者 必陰道大亨 而陰功利貞也 在一國 則女后之亨也 在一家 則主母之亨也 以筮君臣 則利於臣僕 以筮服乘 則利用牝牝 ≪說卦 坤爲子母牛≫ 皆與乾卦之德 一一相反 故曰 牝馬二字 並照元亨也

대개 占筮하여 이를 얻은 경우는 반드시 陰道가 크게 형통하는 것이므로, 陰의 功德을 쌓는 것이 일을 함에 이롭다. 한 나라에 있어서는 여군주(女后)가 형통하게 되는 경우요, 한 집안에 있어서는 主婦(主母)가 형통하게 되는 경우이다.

이런 점괘로 君臣 간의 문제를 점치면, 신하나 아랫사람(臣僕 : 신하와 하인)이 이로운 것이고, 멀리 물건을 싣고 운송하는 것이나 말을 타고 길을 나서는 것(服乘 : 싣고 타는 것)에 대해 점치면, 암소나 암말(牝牝)을 사용하는 것이 이롭다. ≪「說卦傳」에 坤은 子母牛[25]가 된다고 하였다.≫

이 모두가 乾卦의 德과는 하나같이 相反되니, 그래서 "利貞"에 속한 "牝馬"라는 두 글자가 동시에 앞의 "元亨"[의 의미]까지 밝혀준다고 말한 것이다.

○臨曰 元亨利貞 孔子曰 浸而[26]長 遯曰 亨小利貞 孔子曰 浸

---

24) "服牛乘馬, 引重致遠(소를 부리고 말을 타며, 무거운 물건을 운반하여 멀리까지 이르는 것)", 「繫辭下傳」에 나오는 말로, 隨卦와 연관된 말이다(『四箋』 卷8, 10가).

25) 子母牛 : 새끼가 있는 어미소.

26) [校閱] 新朝本과 國中本에는 "而"로 되어 있으나, 奎章本에는 "曰"로 되어 있다. 前者가 옳다.

而長 以此觀之 臨元亨者 陽道之亨也 遯亨者 陰道之亨也 ≪陰曰
小≫ 故孔子 每以元亨 訓爲大亨 大者 陽也

○臨卦에 "元亨利貞"이라 하였는데, 孔子는 이를 두고 "점차로 자란
다(浸而長)"라 하였고, 遯卦에서 "亨小利貞"이라 하였는데, 역시 孔子는
"점차로 자란다(浸而長)"라고 하였다. 이로써 볼 것 같으면, 臨卦에 나오
는 "元亨"이란 것은 陽道의 형통함이며, 遯卦의 형통함(遯亨)은 陰道의
형통함이다.27) ≪陰을 [가리켜] "小"라고 한다.≫

그러므로 孔子는 항시 "元亨"이라는 말을 '大亨(크게 형통함)'이라는 의
미로 해석하였는데, 여기서 '大'라는 것은 陽을 가리킨다.

○餘詳乾卦
○나머지 내용은 乾卦에 상세히 나와 있다.

02) 형이정 예(亨利貞 例[28])

蒙	䷃	亨 利貞	≪以亨行 時中也≫
同人	䷌	亨 利貞	≪中正以應≫
離	䷝	亨 利貞	≪柔麗乎中正 故亨≫
咸	䷞	亨 利貞	≪二氣感應 以相與≫

---

27) 臨卦는 陽道가 자라는 것이고(형통한 것), 遯卦는 陰道가 자라는 것이라는 뜻이다.
28) "亨"과 "利貞"이 연결된 것이 아니라, 떨어져 있는 경우가 많다. 즉 본래 "亨"이 있고
"利貞"이 있는 것이지만, 구문에서 서로 멀리 떨어져 있는 경우가 있다. 슈츠스키는『주
역연구』에서 "亨利貞"이라는 항목을 설정하기는 하였는데, 1가지만 제시하고 있다(슈
츠스키, 오진탁 역, 『주역연구』, 한겨레, 1987, 144면).

恒	䷟	亨 利貞	《剛柔皆應》
遯	䷠	亨 利貞	《當位而應 與時行也》
萃	䷬	亨 利貞	《剛中而應 聚以正也》
兌	䷹	亨 利貞	《說以利貞 順乎天 應乎人》
渙	䷺	亨 利貞	《剛來而不窮 柔得位乎外》
小過	䷽	亨 利貞	《過以利貞 與時行也》
旣濟	䷾	亨 利貞	《亨 小者亨也 利貞剛柔 正而位當也》

稽之文言 元亨利貞 明是震离兌坎之德 然 考之易詞 其例不一

「文言」을 살펴보면, 元·亨·利·貞은 분명 각각 震·离·兌·坎의 德이다. 그러나 『周易』의 易詞에서 고찰해보면, 그 용례가 일치하지 않는다.[29]

或二五相應 而謂之亨 或當位正位 而謂之貞 或卦有震善 而不稱元亨 或卦無兌和 而得稱利貞 不离而亨 非坎而貞者 又不可枚擧

2位와 5位가 相應하면 "亨"이라 하기도 하고, 혹은 지위에 합당한 자리(當位[30])이거나 올바른 자리(正位[31])가 되면 "貞"이라 하기도 하고, 혹은 卦에 震의 善함이 있는데도 "元亨"이라 칭하지 않기도 하고, 혹은 卦에 兌의 和가 없는데도 "利貞"이라 하기도 한다. 离가 아님에도 亨이고, 坎

---

29) 震·离·兌·坎에 따르는 것만은 아니라는 것을 지적한 것이다.

30) 예를 들어, 陰이면서 陰의 자리에 있고, 陽이면서 陽의 자리에 있는 경우가 "當位"이다. 그 반대의 경우는 "不當位"가 된다. ‘例’ 遯卦"剛當位而應". 旣濟, "剛柔正而位當."(『四箋』卷1, 29나)

31) 『四箋』(卷1, 50가)에 "正位居體"(坤卦 六五 文言), 『四箋』(卷5, 1나)에 "正位乎內"(家人 象傳)라는 말이 나온다.

이 아님에도 貞인 것이 또한 [많아서] 일일이 열거할 수 없을 정도이다.

要之 天時人事之通與不通 固與不固 唯在卦德之大小 不可
拘也 亨者 通也 然 默玩孔子之傳 多訓爲行 讀者詳之

요컨대 天時와 人事의 通·不通과 固·不固는 오직 卦德의 크고 작
음에 달려 있으니 어느 한 방식에 구애되어서는 안 된다.

"亨"이란 통하는 것이다. 그러나 孔子의 [「彖傳」이나 「小象傳」 등의]
傳文을 잘 음미해 보면, 많은 경우에 "亨"을 "行"이라 풀이하였으니,[32]
독자는 이를 자세히 살펴보아야 한다.

○遯與旣濟 皆云 亨小利貞 而孔子於遯 以小利貞 爲句 旣濟
宜亦然也 ≪朱子 於旣濟 以亨小 爲句≫ 孔子於旣濟 曰 亨 小者 亨也
若然 遯之云 亨 亦小者 亨也

○遯卦와 旣濟卦에서 모두 "亨, 小利貞"이라 했는데, 孔子는 遯卦에
서 "小利貞"을 한 句로 하였으니, 旣濟卦의 경우도 당연히 그러한 것이
다. ≪朱子는 旣濟卦에서는 "亨小"를 한 句로 보았다.≫

孔子는 旣濟卦에서 말하기를, "[여기서] 亨은 작은 것(小者)이 亨通함
이다"라고 하였으니, 그렇다면 遯卦에서 "亨"이라 한 것도 역시 작은 것
(小者)이 형통한 것이다.[33]

聖人之文 彼此互備 使人推通 此 易例比釋之所以作也

聖人의 문장에는 이런 것과 저런 것이 모두 갖추어져 있어, 사람들이
그것을 상호 연관짓고 미루어서 通하게 하였거니와, 이것이 내가 「易例
比釋」이라는 부분을 지은 이유이다.[34]

---

32) 遯卦에서 "剛當位而應, 與時行也"라고 하였다.
33) 『四箋』(卷7, 9가)에서도 언급되고 있다.

03) 원형 예(元亨 例)

大有	䷍	元亨	≪應乎天而時行 是以元亨≫
蠱	䷑	元亨35)	≪天下治也≫
升	䷭	元亨	≪剛中而應 是以大亨≫
鼎	䷱	元吉亨	≪柔進得中 而應乎剛≫

元者 始也 大也 君也 蠱與升鼎 泝其本則 皆有震善 ≪見本卦≫
所以元亨

“元”은 시작함(始)이라는 의미이며, 크다(大)는 의미이며, 임금(君)이라
는 의미이다.36) [위에서 본] 蠱卦·升卦·鼎卦는 그 근본을 소급해 보
면, 모두 震의 善함을 가지고 있다. ≪本卦에 나온다.≫ 그래서 “元亨”인
것이다.

大有 則特以五爲君位 故得稱元亨 此 一例也

大有卦의 경우는 특히 제5位가 君位가 되므로, “元亨”이라 말하는 것
이니, 이것도 하나의 [별도의] 용례이다.

鼎 大有之傳 皆言其行 ≪鼎云 柔進而上行≫ 亨者 行也

鼎卦37)와 大有卦38)의 「象傳」에는 모두 그 “行”을 언급하고 있는데

---

34) 聖人이 글 자체를 친절하게 일일이 밝혀서 쓰지 않고, 이것은 저것에서, 저것은 이것
에서 상호 대조하여 알게 두었으므로, 자신이 ‘역례비석’을 지어 상호 대조하여
이해하기 용이하게 하였다는 뜻이다.
35) [校閱] 新朝本에는 蠱卦의 卦 그림이 들어가야 할 위치에 旅卦의 卦 그림이 잘못
들어가 있다.
36) 『四箋』(卷1, 21가)에도 “元者, 始也, 大也, 君也”라고 나옴. 한편, 『四箋』(卷5, 7가)에
서는 “元, 始也, 本也”라고 함.

≪鼎卦에서 "柔進而上行"이라고 함≫ [이런 의미에서] "亨"이란 것은 움직임 (行 : 행함)이다.39)

04) 형 예(亨 例40))

需	亨	≪以正中也≫
小畜	亨	≪剛中而志行 乃亨≫
履	亨	≪說而應乎乾 是以亨≫
泰	亨	≪天地交而萬物通≫
謙	亨	≪天道 下濟而光明 地道 卑而上行≫
噬嗑	亨	≪柔得中而上行≫
賁	亨	≪柔來而文剛 故亨≫
復	亨	≪剛反動而以順行≫
大過	亨	≪巽而說行 乃亨≫
坎	亨	≪以剛中也≫

---

37) 鼎卦의 象詞 : "元吉亨 ≪象曰, ... 柔進而上行, 得中, 而應乎剛, 是以 元亨≫ 卦 自大壯來, 震其元也. ...... 民德歸順, 君道之吉也. ○又自遯來, ... 下與二應, 嘉會 之亨也."(『四箋』 卷6, 5가~나).

38) 大有卦의 「彖傳」에 "其德 ...... 應乎天而時行, 是以 元亨"이라고 함. 또 茶山은 주 석에서 "夬之五陽, 本由震積, 善之長也. ...... 柔得尊位, ≪五君位≫ 嘉會合以, 元而 亨也 ≪君道之大通≫"라고 하였다(『四箋』 卷2, 41나).

39) "默玩孔子之傳, 多訓爲行."(『四箋』 卷1, 20나)

40) "亨"이 단독으로 나타나는 사례를 모은 것이며, 보다 세부적으로는 "小亨"이라는 사 례가 있다.

困	亨	≪困而不失其所亨≫
震	亨	≪恐致福也≫
豐	亨	≪明以動[41]≫
旅	小亨	≪柔得中乎外≫
巽	小亨	≪中正而志行[42]≫
節	亨	≪剛柔分而剛得中≫
未濟	亨	≪柔得中也≫

右諸卦之中 其無离德之嘉會者 泰 謙 復 大過 四卦也

이상의 여러 卦에서, 离德의 "嘉會"가 없는 경우는 泰, 謙, 復, 大過 4개의 卦이다.[43]

泰之傳曰 萬物通 亨者 通也 謙曰 上行 復曰 以順行 大過曰 巽而[44]說行 亨者 行也

그 泰卦의 「象傳」에 "萬物通"이라 했는데, 따라서 "亨"이란 "通"이라는 의미이다.[45] 謙卦에서는 "上行"이라 하고,[46] 復卦에서는 "以順行"이라 하고,[47] 大過卦의 「象傳」에서는 "巽而說行"이라 하였으니,[48] "亨"이란 것은 또한 "行"이라는 의미이다.

---

41) [校閱] 奎章本에는 "明而動"으로 나오는데, "明以動"이라고 하는 것이 더 정확하다.
42) 다산은 "中正而志行"으로 句를 끊지 않고, "[剛巽乎]中, ≪句≫ 正而志行"으로 斷句하고 있다(『四箋』 卷6, 34가).
43) 离의 嘉會의 德이 없는데도 亨한 경우를 말하는 것이다.
44) [校閱] "而"字가 奎章本과 新朝本과 國中本에 모두 "以"字로 되어 있는데, 誤記이다.
45) 『四箋』 卷1, 35가.
46) 『四箋』 卷3, 1나.
47) 『四箋』 卷3, 31나.
48) 『四箋』 卷4, 5나.

离德嘉會 震道通行 則其占亨也 然 或雖有此象 而不得爲亨
者 卦德有未然也

[요컨대] 离의 德으로 좋은 만남(嘉會)을 가지고, 震의 道가 通하여
行하니, 곧 그 占이 "亨"이 되는 것이다. 그러나 간혹 비록 이런 象이
있다고 해도, "亨"이 되지 못하는 경우는 卦德에 그렇지 않음이 있기
때문이다.

否	初六	䷋	亨	《志在君也》
否	六二	䷋	亨	《不亂羣也》
大畜	上九	䷙	亨	《道大行也》
節	六四	䷻	亨	《承上道也》

否與大畜 卦德未亨 而爻乃得亨也

否卦와 大畜卦의 경우는 卦德은 형통하지 못하지만,[49] 爻는 亨通함
을 얻은 것이다.

若節六四 則卦旣云亨 爻又言之者 明卦德雖亨 爻象宜察也
諸卦爻詞 雖不云亨 可推而知也

그리고 예컨대 節卦 六四의 경우, 卦[辭]에서 이미 "亨"이라 말했는
데,[50] 爻[辭]에서 또한 "亨"이라 말한 것은,[51] 卦德이 비록 亨通하다고
해도, 爻象은 마땅히 따로 살펴야 함을 밝힌 것이다. 여러 괘(諸卦)의 爻
詞에서 비록 "亨"이라 말하지 않았다 해도, [이를] 미루어 알 수가 있는
것이다.

---

49) 否卦와 大畜卦의 象詞에 "亨"이 언급되지 않는다.
50) 이는 앞서 『四箋』(卷1, 21나)에서 언급되었다.
51) 節卦 六四의 爻辭에서 "亨"이라고 하였다(『四箋』卷6, 44나).

05) 이정 예(利貞 例[52])

大畜	䷙	利貞	≪剛上而尙賢 大正也≫
大壯	䷡	利貞	≪大者 正也≫
漸	䷴	利貞	≪往有功也≫
中孚	䷼	利貞	≪乃應乎天也≫
明夷 六五	䷣	利貞	≪明不可息也≫
損 九二	䷨	利貞	≪中以爲志也≫
鼎 六五	䷱	利貞	

程子曰 諸卦 多有利貞 而所施或不同 有涉不正之疑 而爲之
戒者 ≪損九二 是也≫ 有其事必貞 乃得其宜者 ≪大畜 是也≫ 有言所
以利者 以其有貞也 ≪漸 是也≫

程子가 다음과 같이 말했다.[53] "여러 卦에서 '利貞'이라는 말이 많이
나오지만, 그러나 그 쓰임새(所施)는 간혹 같지 않으니, ① 바르지 못함(不
正)에 빠질(涉) 우려(疑)가 있어, 그것을 경계한 경우가 있고 ≪損卦 九二가
이 경우에 해당됨≫ ② 그 일(事)이 반드시 올바른 경우(貞)에만, 이에 그 마
땅함(宜; 利)을 얻는다는 [의미일] 경우가 있으며 ≪大畜卦가 이 경우에 해당
됨≫ ③ 이로운 까닭(所以)은 그것이 바르기(貞) 때문임을 말한 것이 있다.
≪漸卦가 이 경우에 해당됨≫

---

52) ① 貞吉, ② 利貞, ③ 可貞, ④ 貞吝, ⑤ 貞厲, ⑥ 不可貞, ⑦ 貞凶의 순서이다. 각각 「易
例比釋」 上의 「7. 貞吉例」, 「5. 利貞例」, 「17. 可貞例」, 「18. 貞吝例」, 「19. 貞厲例」, 「8.
貞凶例」에서 다루어지며, "⑥不可貞"은 「17. 可貞例」에서 다루어진다.
53) 이 程子의 말은 『周易傳義大全譯解』 下(金碩鎭, 대유학당, 1996, 1155면 이하)를 참
조할 것.

○鏞案 貞者 正也 卜筮之義 紹天明也 不正之事 不敢以筮 故謂事爲貞 貞者 事也 利貞者 宜幹也

○[鏞案] "貞"이라는 것은 '正(올바름)'의 의미이다. 卜筮의 취지(義)는 天明을 받자는 것(紹)이니, 애초부터 바르지 못한 일이라면 감히 점칠 수 없는 것이다. 그러므로 일(事)을 "貞"이라고 말하는 것이다. "貞"이라는 것은 일(事)이니, "利貞"54)이란 '일을 맡아 처리하기에 마땅하다(宜幹)'는 뜻이다.55)

君子之事 无往不正 遇此卦 則宜正 遇彼卦 則不宜正 天下无 此理也

君子의 일이란 어디를 가나(往)56) [행실에 있어] 바르지 않은 것(不正)이 없어야 하거니와, 이 卦를 얻으면 마땅히 바르게 해야 되고, 저 卦를 얻으면 바르게 하지 않아도 된다는 그런 이치는 세상에 없는 것이다.

同人 則曰 利君子貞 否57)則曰 不利君子貞 將否塞之時 君子 不宜守正乎

同人卦의 경우는 "利君子貞"이라 하였고,58) 否卦의 경우는 "不利君子貞"이라 하였는데,59) [만약 "利貞"을 '곧으면(貞) 이롭다', 또는 '곧으

---

54) 利貞 : '일을 잘 처리할 수 있다', '일을 처리하기에 적당하다', '적절하게 일이 처리된다'.
55) 결국 程子의 이상의 구분은 적절하지 않다는 것을 지적한 것이다.
56) 往 : '……을 향하여 움직임'. "何'往'不利, 故曰, 貞吉."(『四箋』 卷2, 35가) "何往不凶?"(『四箋』 卷4, 31나)
57) [校閱] 新朝本과 國中本에는 "否"로 되어 있으나, 奎章本에는 "吉"로 되어 있다. 前者가 옳다.
58) 同人卦의 象(『四箋』 卷2, 37나). 이는 이후 「14. 君子貞例」에서 언급된다(『四箋』 卷1, 25나).
59) 否卦의 象(『四箋』 卷2, 34나). 이도 역시 「14. 君子貞例」에서 언급된다(『四箋』 卷1, 25나).

니 이롭다'는 식으로 해석한다면, "不利君子貞"과 같은 경우] 암울한 시기(否塞之時)에는 君子가 바름을 지키지 않아도 된다는 것인가? [그렇지 않을 것이다.]

有曰 可貞 ≪坤六三之等≫ 有曰 不可貞 ≪蠱九二之等≫ 筮遇不可貞之卦者 將不可以自正乎

또한, 어떤 경우는 "可貞"이라 하기도 하고[60] ≪坤卦 六三[61] 등≫ 어떤 경우는 "不可貞"≪蠱卦 九二 등[62]≫이라 하였는데, ["貞"을 '일(事)'로 보지 않고 '바름' 정도로 본다면] 占筮하여 "不可貞"의 卦를 얻은 경우에 스스로를 바르게 해서는 안 된다고 할 것인가? [그렇지 않을 것이다.]

諸卦言貞凶者 甚多 君子之義 辟凶趨吉 則筮遇貞凶者 將違於正而求吉乎

여러 卦에서 "貞凶"이라 말하는 경우가 매우 많은데,[63] 君子의 의리는 凶함을 피하고 吉함으로 나아가는 데 있거니와, 占筮하여 "貞凶"을 얻은 경우는 장차 正道를 어겨가면서 吉함을 구해야 한다는 것인가?[64]

苟以利貞 訓爲宜正 則六十四卦 三百八十四[65]爻 无一而非利貞 奚特大畜 大壯 漸 中孚之等 始得爲宜正乎 利貞也者 宜幹事之謂也

---

60) 「17. 可貞例」는 『四箋』(卷1, 26가~나)에 나온다.

61) 坤卦 六三 : 含章 可貞.

62) 蠱卦 九二 : 幹母之蠱, 不可貞.

63) 「8. 貞凶例」는 『四箋』 卷1, 23나 이후에 나온다.

64) 이후 『四箋』 卷1, 26가에서는 "若云 小正而吉 大正而凶 則筮而遇是者 將置第一等 義理 必求其次乎 謬甚矣"라고 하였다.

65) [校閱] 奎章本에는 "三百八十四爻"로 되어 있으나 新朝本과 國中本에는 "三百八十六爻"로 되어 있다.

굳이 "利貞"을 "宜正(바르게 함이 마땅하다, 마땅히 바르게 해야 한다)"의 뜻으로 풀이한다면, 64卦 384爻의 어느 것 하나라도 "利貞"이 아님이 없으니, 어찌 단지 大畜·大壯·漸·中孚 등만이 비로소 "宜正"이 되겠는가? 그러므로 "利貞"이라는 것은 '일을 수행하고 처리하기에 마땅함·좋음(宜幹事)'을 말하는 것이다.

○以卦象則 或以坎德之堅固 或以卦體之中正 或致役乎坤 或成終乎艮 其例不一

○"利貞"을 卦象의 측면에서 보면, 혹은 坎德의 堅固함 때문이거나, 或은 卦體의 中正함 때문에, 或은 坤에서 일을 열심히 하기 때문에, 或은 艮에서 일을 완수하기 때문이니,[66] 그 용례(用例)가 하나가 아니다.[67]

要之 坎者 勞卦也 《說卦文》 上卦位坎 《四五六》 故其取堅固 中正之德 多在上卦 讀者詳之

요컨대 坎은 열심히 노력하는 괘(勞卦: 수고로운 卦)인데[68] 《「說卦傳」의 글[69]》 上卦位가 바로 그 坎이다. 《4·5·6位》 그러므로 [『주역』의 "利貞"의 例에서] 堅固·中正의 德을 취한 경우는 上卦에 많이 나온다. 讀者는 이런 점을 자세히 살펴보기 바란다.

---

66) 成終乎艮 : "成言乎艮"(『四箋』 卷8, 30가), "艮, …… 萬物之所'成終'而成始也"(『四箋』 卷8, 30나), "終萬物, 始萬物者, 莫盛乎艮"(『四箋』 卷8, 31가~나)이라는 말에서 유래함.

67) 損卦 上九는 艮으로 "貞吉"이 된 사례이다. "陽積至三, 艮以成之(移爲艮), 以之幹事, 則事半而成功也. 故曰貞吉(亦本象)."(『四箋』 卷5, 18가)

68) 坎者, 勞卦也 : "坎者, 水也, 正北方之卦也, 勞卦也."(『四箋』 卷8, 30나)

69) 「說卦傳」에서 "勞乎坎"(『四箋』 卷8, 30나)이라고 함.

06) 원길 예(元吉 例[70])

坤	六五	䷁	元吉	≪文在中也≫
訟	九五	䷅	元吉	≪以中正也≫
履	上九	䷉	元吉	≪大有慶也≫
泰	六五	䷊	元吉	≪中以行願也≫
復	初九	䷗	元吉	≪以修身也≫
大畜	六四	䷙	元吉	≪有喜也≫
離	六二	䷝	元吉	≪得中道也≫
損之象		䷨	元吉	≪其道上行≫
損	六五	䷨	元吉	≪自上佑也≫
益	初九	䷩	元吉	≪下不厚事也≫
益	九五	䷩	元吉	≪大得志也≫
井	上六	䷯	元吉	≪大成也≫
鼎之象		䷱	元吉	≪柔進得中而應乎剛≫
渙	六四	䷺	元吉	≪光大也≫

☞ 이상 14가지 사례.

元者 始也 大也 君也 萬物始乎震 ≪說卦文≫ 陽道始大 以爲人
主 故震移之吉 卽爲元吉

　"元"이라는 것은 '始'이며, '大'이며, '君'이다.[71] 萬物은 震方에서 시

---

70) 元吉 : '크게 길함', '임금이 길함', '시작은 길함' 등의 의미를 가진다.

발하는데 《「說卦傳」의 글[72]》 陽의 원리(陽道)가 [이 震에서] 처음으로 커지니, 그것을 "人主(임금)"로 삼는 것이다. 그러므로 震이 옮겨가는 吉함(震移之吉)이 곧 "元吉('크게 길함'이나 '임금의 길함')"이 되는 것이다.

五爲君位 故又或以得中爲元吉 不一例也

[六畫卦에서] 제5位는 君位가 되는데, 그러므로 또한 간혹 그 한가운데를 얻는 것(得中)으로 "元吉"이 되기도 하니, 한가지 용례가 아니다.[73]

07) 정길 예(貞吉 例[74])

需之象		䷄	貞吉	《位乎天位 以中正也》
需	九五	䷄	貞吉	《二中正也》
比	六二	䷇	貞吉	《不自失也》
比	六四	䷇	貞吉	《以從上也》
否	初六	䷋	貞吉	《志在君也》
謙	六二	䷎	貞吉	《中心得也》

---

71) 『四箋』(卷1, 21가)에서 이미 나옴. "古, 以君爲元."(『四箋』卷6, 5나)

72) "萬物出乎震"(『四箋』卷8, 30나), "帝出乎震"(『四箋』卷8, 30가).

73) 이상에서 元吉의 경우로서, ①震移之吉, 卽爲"元吉", ②或以得中, 爲"元吉"의 2가지 사례가 제시되었다.

74) "貞吉"은 어떤 정당한 일에 대해 점을 쳤는데, 그의 결과도 吉하다고 나온 경우에 해당된다. 다산은 "最好者, 貞吉也"(『四箋』卷1, 26나)라고 말하기도 하였다. 貞吉의 例는 ①貞吉, ②利貞, ③可貞, ④貞吝, ⑤貞厲, ⑥不可貞, ⑦貞凶의 순서로 제시되고 있다. 각각 「易例比釋」上의 「7. 貞吉例」, 「5. 利貞例」, 「17. 可貞例」, 「18. 貞吝例」, 「19. 貞厲例」, 「8. 貞凶例」에서 다루어지며, "⑥不可貞"은 「17. 可貞例」에서 다루어진다.

豫	六二	䷏	貞吉	《以中正也》
隨	初九	䷐	貞吉	《不失也》
臨	初九	䷒	貞吉	《志行正也》
頤之象		䷚	貞吉	《養正則吉也》
咸	九四	䷟	貞吉	《未感害也》
遯	九五	䷠	貞吉	《以正志也》
大壯	九二	䷡	貞吉	《以中也75)》
大壯	九四	䷡	貞吉	《尚往也》
晉	初六	䷢	貞吉	《獨行正也》
晉	六二	䷢	貞吉	《以中正也》
家人	六二	䷤	貞吉	《順以巽也》
蹇之象		䷦	貞吉	《以正邦也》
解	九二	䷧	貞吉	《得中道也》
損	上九	䷨	貞吉76)	《大得志也》
姤	初六	䷫	貞吉	《柔道牽也》
升	六五	䷭	貞吉	《大得志也》
巽	九五	䷸	貞吉	《位正中也》
未濟	九二	䷿	貞吉	《中以行正也》

---

75) [校閱] 奎章本에서는 "以中行"이라 나오는데, 原文과 新朝本에는 "以中也"로 "行"이 없다.

76) 茶山은 損卦 上九에서 "陽積至三, 艮以成之 《移爲艮》, 以之幹事, 則事半而成功也. 故曰貞吉 《亦本象》"이라고 함(『四箋』卷5, 18가). 이는 艮에 입각하여 "貞吉"을 설명한 경우에 해당된다. 앞서, 다산은 "利貞例"를 설명하면서도, "利貞"이 되는 경우는 卦象의 측면에서, "或以坎德之堅固, …… 或成終乎艮; 其例, 不一"이라고 하였다(『四箋』卷1, 22가).

未濟　九四　䷿　貞吉 ≪志行也≫
未濟　六五　䷿　貞吉 ≪其暉吉也≫

☞ 이상, 26가지 사례.

貞者 正也 不正之事 不敢以筮 故謂事爲貞 筮之所問 皆正事
也 正事之筮 而卦德中正 則正事之吉也 故二五中正 或坎离中
正 則得云 貞吉

"貞"은 正이다. 바르지 않은 일(事)은 敢히 점치지 않는 것이므로 [『주
역』에서는] 일(事)을 일러 貞이라 한다. 占筮하여 묻는 것은 [원래] 모두
바른 일(正事)이다.[77]

이렇게 이미 바른 일(正事)을 가지고 占筮를 함에, 그 卦德이 中正하
면 곧 그 바른 일(正事)이 吉한 것이다. 그러므로 二位나 五位가 中正하
거나, 或은 坎이나 离의 中正이라면, "貞吉"이라고 말하는 것이다.[78]

貞吉者 幹事之吉也 非謂 遇此卦者 正則吉也 雖非此卦 正則
吉矣

[요컨대] "貞吉"이라는 것은 '[바른] 일을 처리하고 수행한 결과(幹事)
가 吉하다'는 것이지, '그 卦를 얻은 者가, 바르게 [행동을] 하면 吉하게
된다'고 말하는 것이 아니다. 비록 이런 "貞吉"이라는 卦를 얻지 않았다
하더라도, 바르게 하면 吉한 것이다.

○ 頤之傳曰 養正則吉 謂頤養之事 本不失正 則遇頤而吉 非

---

77) 茶山은 升卦 六五의 주석에서 "正事 吉也 ≪貞 正也≫"라고 함(『四箋』 卷5, 35나).
78) "貞吉"이 "바르면 吉하다"라는 의미가 아니라, '그 바른 일이 길하다'는 의미라는 것
　을 지적한 것이다.

謂遇頤而後 養正則吉也

○頤卦의 「象傳」에 이르기를 “養正則吉”이라 하였는데, 이것은 먹이고 기르는 일(頤養之事; 國君養賢)이 본래 바름을 잃지 않았으면, 곧 頤卦를 얻었으니, 그 일이 吉하게 된다는 것이지, 頤卦를 얻은 이후에야, 올바름을 기름(養正)이 吉하다는 것은 아니다.79)

08) 정흉 예(貞凶 例80))

師	六五	䷆	貞凶	《使不當也》
隨	九四	䷐	貞凶	《其義凶也》
剝	初六	䷖	貞凶	《以滅下也》
剝	六二	䷖	貞凶	《未有與也》
頤	六三	䷚	貞凶	《道大悖也》
恒	初六	䷟	貞凶	《始求深也》
巽	上九	䷸	貞凶	《正乎凶也》
節	上六	䷻	貞凶	《其道窮也》
中孚	上九	䷼	貞凶	《何可長也》

---

79) “凡頤養之事, 吉 《貞 事也》 故曰 頤貞吉 《三字, 當連讀》”이라고 함(『四箋』 卷 4, 1나).

80) “‘貞凶’은 어떤 바른 일의 결과가, 흉할 것이다라고 점괘가 나온 것이다. 바른 일을 한다고 해서 항상 길한 결과가 나오는 것은 아니다. 그렇지만, 길한 결과가 나오지 않는다고 해서 바른 일을 하지 않을 수는 없다(諸卦言貞凶者, 甚多, 君子之義, 辟凶趨吉, 則筮遇貞凶者, 將違於正而求吉乎).”(『四箋』 卷1, 22나)

貞凶者 雖正事 而亦凶也 貞凶之卦 未嘗無中正之象 ≪坎离之
中正≫ 然 其卦德 卦性 各有不同 故或爲貞吉 或爲貞凶也

"貞凶"이라는 것의 의미는 비록 올바른 일이라 해도 또한 凶하다는
것이다. "貞凶"의 卦라고 해도 中正의 象이 없는 것은 아니지만 ≪坎·离
의 中正≫ 그 卦德과 卦性에 각기 다른 점이 있기 때문에 或은 "貞吉"이
되고, 或은 "貞凶"이 되는 것이다.

○剝之兩爻[81] 宜亦貞凶爲句 蔑字屬上句

○剝卦의 兩爻, 즉 初六과 六二에서도 마찬가지로 "貞凶"을 한 句로
보아야 하며,[82] "蔑"字는 그 上句에 붙여야 한다.[83]

09) 영정 예(永貞 例[84])

坤	用六		利永貞	≪以大終也≫
比之象			元永貞	≪以剛中也≫
賁	九三		永貞吉	≪終莫之陵也≫
益	六二		永貞吉	≪自外來也≫

---

81) [校閱] 奎章本에는 "爻"가 "互"로 되어 있으나 誤記가 아닌지 의심된다. 新朝本과
   國中本에는 爻로 나온다.
82) 茶山의 다음의 설명을 참조할 것. "貞凶, 與他卦之征凶, 無異例."
83) 茶山은 剝卦의 句를 끊는 法에 대해 다음과 같이 말하였다. "案. 句絶之可疑者, 當
   以韻決之, 兩爻之剝牀, 疊文相承."(『四箋』 卷3, 28나~29가)
84) '永貞'은 국운 등 나라의 중요한 일로 그 기간이 오랜 일에 대해 점치는 것을 말한다.
   다산은 永貞의 占筮에서는 說卦方位의 一宮을 한 해(一歲)로 계산한다고 말한 바 있
   다(筮永貞, 則以一宮, 當一歲; 筮近事, 則以一宮, 當一日)."(『四箋』 卷4, 24가)

萃	九五	䷬	元永貞	≪志未光也≫
艮	初六	䷳	利永貞	≪未失正也≫
小過	九四	䷽	勿用永貞	≪終不可長也≫

永貞者 久長之事也 周禮 春官 大祝 掌六祝之辭 以祈福祥 以
求永貞

"永貞"이라는 것은 오래 지속되는 일(事)이다.[85] 『周禮』「春官」에 따
르면, 대축(大祝)은 '六祝(6가지의 기원제)'의 祝文(辭)을 관장하여(以事鬼神
祇[86]), 복과 상서로움(福祥)을 기원하고, "永貞(국운 등 오랜 기간 바르게 지속
되어야 할 중요한 일이나, 그 효과나 결과가 오랜 기간을 요하는 일)"을 빈다(求)고
하였다.[87]

一曰 順祝 ≪鄭司農云 豐[88]年也≫ 二曰 年祝 ≪鄭云 求永貞≫ 三曰
吉祝 ≪鄭云 祈福祥≫ 四曰 化祝[89] ≪鄭云 弭災兵≫ 五曰 瑞祝[90] ≪鄭云
逆時雨 寧風旱≫ 六曰 筴祝 ≪鄭云 遠罪疾≫

[그 6가지는 다음과 같다.]

① 첫째, 順祝 ≪鄭司農[91]은 풍년(豐年[92])을 기원하는 것이라 함≫

② 둘째, 年祝 ≪鄭司農은 永貞을 비는 것이라 함≫

---

85) 永貞者, 久長之事也 : 이후 『四箋』(卷1, 51가)에서도 언급됨.

86) 鄭玄云, 『周禮注疏』, 上海古籍出版社, 1987, 382면. "以事鬼神'示'"라 나옴.

87) 『周禮』「春官」「大祝」: 陳戌國 點校本 『周禮·儀禮·禮記』(岳麓書社, 1995), 68면
이후. 해당 원문은 "大祝, 掌六祝之辭, 以事鬼神祇, 祈福祥, 求永貞"이다.

88) [校閱] 奎章本에는 "豐"으로 되어 있으나 新朝本에는 "豐"으로 되어 있다.

89) [校閱] 奎章本과 國中本에는 "祝"(축)으로 되어 있으나, 新朝本에는 "祀"(사)로 되어
있다. 後者는 誤記이다.

90) 앞의 경우와 같다.

91) 鄭司農 : 東漢 初期의 古文學者. 鄭衆. 환관 鄭衆과 구분하기 위해 鄭司農이라 함.
皮錫瑞, 이홍진 역, 『中國經學史』, 형설출판사, 1984, 72면 註 36번.

92) 豐年 : 글자 그대로 '해(年)를 풍성하게 하는 것'이다. 豐年은 俗字로 쓴 것이다.

③ 셋째, 吉祝 ≪鄭司農은 福과 상서로움을 기도하는 것이라고 함≫

④ 넷째, 化祝 ≪鄭司農은 천재지변(災)과 전쟁(兵)이 그치도록(弭, 미[93]) 기원하는 것이라고 함≫

⑤ 다섯째, 瑞祝 ≪鄭司農은 '때에 맞는 비(時雨)'가 내리고(逆) 태풍이나 가뭄(風旱)이 가라앉게(寧 : 잦아들게) 기원하는 것이라고 함≫

⑥ 여섯째, 筴祝[94] ≪鄭司農은 罪나 질병이 멀리하게 기원하는 것이라고 함≫

鄭玄云 永 長也 貞 正也 求多福 歷年得正命也 ≪賈云 歷年得正命 卽求永貞也 祈永貞 是 命年之事 故知年祝 當求永貞也≫

鄭玄이 말하기를, ["永貞"에 대해] "'永'은 長이며, '貞'은 正이다. 多福하기를 비는 것이며, 그리고 대대로[95] 하늘의 바른 명(正命)을 얻어 누리기를 비는 것(求)"[96]이라고 하였다.[97]

≪賈氏[98]가 말하였다.[99] 鄭玄이 말한 "歷年, 得正命(오랫동안 정명을 얻는다)"이 바로 "求永貞"이다. "永貞을 기원한다(祈永貞=求永貞)"는 것은 하늘이 허락한 나라의 수명(命年)에 관한 일(事)이다. 그러므로 두 번째 "年祝"이 "求永貞"에 해당함을 알 수 있다.≫

---

93) B.C.546년에, 宋의 대부인 向戌의 주선으로 晉·楚 등 14개국이 宋나라 수도에 모여 "미병대회(弭兵大會)"를 열어 休戰을 하였다. 그러나 미병(弭兵)은 결국 휴식하면서 전쟁 준비를 다시 하는 기간이 되었다(윤내현, 『商周史』, 민음사, 1984, 165면).

94) 筴祝 : 陳戌國 點校本 『周禮·儀禮·禮記』(岳麓書社, 1995), 68면에는 簡字로 "策"이라 나온다. '筴'字는 점대 '책', 낄 '협'으로 읽는다.

95) 歷年 : ①세월을 지냄, 해를 겪음. ②지난 해, 겪은 햇수, ③여러 해, 累年. 이 경우 "歷年"을 '국가가 지속하는 年數'로 본 것이다.

96) 鄭玄云, 『周禮注疏』, 上海古籍出版社, 1987, 382면.

97) 일단은 大畜이 "六祝"을 관장하여 "祈福祥", "求永貞"하는데, 鄭司農에 따르면 그 六祝 중에 ②年祝이 "求永貞"이라는 것이다. 따라서 위의 鄭玄의 발언이 '大祝의 소임'에 대한 설명인지, 아니면 보다 구체적으로 '②年祝에 대한 해석'인지 확인이 필요하다. 아래 賈氏의 말로 보면 後者일 듯하다.

98) 賈氏는 賈公彦을 지칭하는 것으로 보인다. 賈公彦은 唐나라 洛水 永州 사람이다. 그의 『周禮疏』는 博核하여 학자들의 칭송을 받는다고 함(皮錫瑞, 이홍진 역, 『中國經學史』, 형설출판사, 1984, 159면, 註 7번).

99) 鄭玄云, 『周禮注疏』, 上海古籍出版社, 1987, 382면.

○ 鏞案 六祝之辭 皆是求永貞也 鄭司農 獨以年祝屬之永貞 未必然也 年祝者 歷年之長短[100]也 化祝者 敎化之遲速也

○[鏞案] 六祝의 축문(辭)은 모두 [국가적 大事 등의 중요한 일이] 오랫동안 바르게 지속되기(永貞)를 기원하는 것이다. 鄭司農은 단지(獨) "年祝"만을 이런 "永貞"과 연관시켰지만, 반드시 그런 것은 아니다. "② 年祝"이라는 것은 그 지속 기간(歷年)의 長短과 연관된 것이며, "④ 化祝"이라는 것은 백성과 풍속을 敎化하는데 [있어 그 효과나 기간이] 빠르고 늦음(遲速)에 관한 것이다.

左傳曰 定鼎郟鄏 卜年 八百[101] 卜世 三十 又曰 衛遷于帝丘 卜年 三百 《僖 三十一年》 此 年祝之永貞也

『左傳』에 "[예전 周나라 成王은] 천자를 상징하는 九鼎(鼎)을 겹욕(郟鄏) 땅에 안치하고(定), '나라의 수명'을 거북껍질로 점치니(卜年) 7백년이고, 그 대수를 점치니(卜世[102]) 30대였다"(宣公 3年條[103])라고 하였으며, 또 "衛나라가 帝丘로 도읍을 옮기고, 그 국운을 점치니(卜年) 3백 년이었다"고 하였는데,[104] 《僖公 31年[105])》 이것이 "年祝"의 "永貞"이다.

---

100) [校閱] 新朝本과 國中本에는 "短長"으로 되어 있으나, 奎章本에는 "長短"으로 되어 있다.

101) 茶山의 인용문은 원문과 상이하다. 원문에는 "定鼎于郟鄏, 卜世卅, 卜年七百"이라 나온다. 즉 다산은 '卜年'과 '卜世'의 순서를 바꾸었고, '7백'을 '8백'이라 하였다. 周나라 대수나 햇수에 관해서는 논란이 분분하다. 『漢文大系』卷10「第十 宣三」, 20면의 주석 부분 참조.

102) 卜年, 卜世 : 世(대수)가 '임금의 수'라면, 年은 그 나라의 존속 기간에 해당된다.

103) 『春秋左氏傳』上 '宣公 3年'(文璇奎 역, 명문당, 1987), 532면; 『漢文大系』卷10「第十 宣三」, 20면.

104) 역시 原文과는 차이가 있다. 原文은 "衛, 遷于帝丘. 卜曰, 三百年"이다(『春秋左氏傳』 上 '僖公 31年'(文璇奎 역, 명문당, 1987), 400면; 『漢文大系』卷10「第七 喜卅一」, 51면).

105) 이는 『易學緒言』(卷4, 18가)에서도 언급된다.

論語曰 善人爲邦百年 亦可以勝殘去殺 又曰 如有王者 必世
而後仁 若於制禮發政之時 筮其便否 則此 化祝之永貞也 若順
祝吉祝之等 其義未傳 不可詳也

『論語』「子路」편에 이르기를, "善人이 나라(邦)를 다스리기(爲)를 百
年이면, 잔악한 것(殘)을 누르고 사형(殺 : 살인)을 제거할 수 있다"라고 하
였으며, 또 말하기를 "만약(如) 王道를 실행하는 자가 있다고 해도, 한
세대(30년) 이후에야 仁政이 행해질 것이다"라고 하였으니,[106] 예컨대 禮
를 제정하고, 정사(政事)를 펼칠 때, 그것이 언제 [제대로] 시행될지 여부
(便否)에 대해 점친다면, 이는 바로 "④化祝"의 "永貞"이다. "順祝"·
"吉祝" 등과 같은 경우는, 그 뜻(義)이 전하지 않아, 여기서 상세히 논의
할 수 없다.

10) 거정 예(居貞 例[107])

屯 初九 ䷂ 利居貞 ≪志行正也≫
隨 六三 ䷐ 利居貞
頤 六五 ䷚ 居貞吉 ≪順以從上也≫
咸 六二 ䷞ 居吉 ≪順不害也≫
革 上六 ䷰ 居貞吉

---

106) 장기근 역, 『論語』, 명문당, 1973, 324면, 325면.
107) 크게는 수도를 옮기는 것, 작게는 개인의 집이나 거처를 옮기는 것에 관련되며, 혹은
   은둔하고자 하는데 그 길흉여부를 점치는 것과 관련되는 占筮의 例이다. 즉, "거처를
   옮기고자 하는데 어떨지 여쭙습니다" 정도의 물음에 대해, "거처를 옮겨 정하고자 하는
   그 일이 이롭다", 또는 "길하다" 정도로 점괘가 나온 것에 해당된다.

居貞者 遷居之事也 春秋傳曰 匪居是卜 唯鄰是卜 楚辭 有卜
居之賦 古人遷居 必有卜筮 可知也 若夫居正以固志 則无往不
利 奚特筮遇是卦 而後始知其利哉

"居貞"이라는 것은 거처를 옮기는 일(遷居之事)이다. 『春秋傳』에 이르
기를 "거처나 집이 좋은지 어떤지 점치는 것이 아니라(匪), 그 이웃(鄰)이
어떤지 점친다"라고 하였고,108) 『楚辭』109)에도 「卜居」(주거지나 거처에 대
해 점친 것)의 賦가 있다.110)

[以上에서] 옛 사람들은 거처(居處)를 옮길 적에 반드시 卜筮를 하였
음을 알 수가 있다. 그런데 만약111) 바르게 처신하여112) 그 뜻을 굳게 가
진다면, 어디를 가도, 不利할 것이 없을 것인데, 어찌(奚) 꼭(特) 점을 쳐서
그 卦를 얻고 난 이후에야 비로소 그것이 利로움을 알겠는가?

○坎則爲居 然 其在卦象 或以艮止 或以坤安 不一例也
○坎이 곧 '居'인데, 그러나 卦象에서는 간혹 艮의 止(그침)나 혹은 坤
의 安(편안함)의 뜻에 의거하여 '居'가 설정되기도 하니, 한 가지 용례가
아니다.

---

108) "匪居是卜, 唯鄰是卜"(文璇奎 역, 『春秋左氏傳』中, 명문당, 1993, 568면); 『漢文大
系』卷11(『春秋左氏會箋』下)「第二十 昭三」, 56면→ "諺曰, 非'宅'是卜, 唯鄰是卜."
109) 『楚辭』(16권) : 중국 楚나라의 굴원(屈原)과 그 말류(末流)의 사(辭)를 모은 책, 또는
그 문체의 명칭이다. 漢나라 유향(劉向)이 楚나라 회왕(懷王)의 충신 굴원(B.C.3세기경)
의 『離騷』와 25편의 부(賦) 및 후인의 작품에다가 自作 1편을 덧붙여 『楚辭』를 편집하
였다. 後漢의 왕일(王逸)은 본서의 사장(辭章)을 고정(考定)하고 주석하여, 『楚辭章句』
(16권)를 지었다.
110) 「卜居」: 『楚辭』중 굴원(屈原)이 지은 작품에 포함되어 있으나 첫 구의 "屈原旣放"
때문에, 屈原의 作이 아니라는 설이 분분하다. 왕일(王逸)에 따르면, 간신들이 참소로
부귀영화를 누리는 데 반하여, 忠直한 屈原 자신은 추방당하여 어찌할 바를 모르고 있
으므로 太卜에게 물으니, 太卜이 "神有所不通"이라고 하였으니, 이는 세상의 부패상
을 풍자한 것이라고 한다(柳晟俊, 『楚辭選注』, 형설출판사, 1989, 19면).
111) 若夫 : ……에 이르러.
112) 만약 "居貞"의 '貞'字를 '正'의 뜻으로 보아, "居貞"을 '올바르게 처신하다', '올바름
에 머무르다' 등의 뜻으로 해석한다면 안 된다는 것을 지적한 것이다.

11) 간정 예(艱貞 例)

≪艱則亦艱貞也 古文本相通: "艱則" 또한 "艱貞"이다. 古文에서는 "則"과 "貞"字가 본래 서로 통용되었다.[113]≫

泰	九三	䷊	艱貞 无咎	
大有	初九	䷍	艱則无咎	≪无交害也≫
噬嗑	九四	䷔	利艱貞	≪未光也≫
大畜	九三	䷙	利艱貞	≪上合志也≫
大壯	上六	䷡	艱則吉	≪咎不長也≫
明夷之象		䷣	艱則吉	≪晦其明也≫

艱貞者 艱險之事也 春秋傳曰 重耳在外十九年 險阻艱難 備嘗之矣 于此之時 若有筮問[114] 則謂之艱貞也

"艱貞"이란 것은 '어렵고 험난한 일'이다. 『春秋傳』에 이르기를 "重耳는 외국에서 19年을 지내면서, …… 온갖 어렵고 험난한 고초를 두루 다 맛보았다"(僖公 28年條)라고 하였는데,[115] 이런 때에 만약 占筮하여 묻는다면, 그런 처지를 "艱貞"이라 말하였을 것이다.[116]

明夷之傳曰 以蒙大難 文王以之 內難而能正 箕子以之 文王箕子之時 筮其所以濟艱之術 則謂之艱貞也 若謂之艱難正固

---

113) 『四箋』에서 學圃의 다음의 언급을 참조할 것. "學圃云, 艱則, 當作艱貞 ≪古文, 貞. 則, 鼎 三字, 皆相通≫."(『四箋』 卷2, 42가)

114) [校閱] "若有筮問"의 "有"가 奎章本에는 "問"으로 되어 있다.

115) 文璇奎 譯, 『春秋左氏傳』 上, 명문당, 1993, 376면.

116) "내가 지금 艱貞에 처해 있는데, 어떻게 되겠습니까?" 정도로 묻게 된다는 것. 그러면 점괘가 "利艱貞"이니 "艱則吉"이니 "艱貞无咎"니 하고 나온다는 것이다.

則不可解也

[“明夷, 利艱貞”이라는 卦辭에 대해] 明夷卦의 「彖傳」에서 “以蒙大難, 文王以之, …… 內難而能正[其志], 箕子以之”, 즉 “[나라 안으로는 밝게 다스리고 대외적으로는 유순한 태도를 취해서] 큰 환란을 감당하셨으니, 文王이 그러셨다. …… 안이 어려웠으나 능히 바르게 처신하니, 箕子가 그러셨다”라고 하였는데,[117] [이에서 알 수 있듯이] 文王이나 箕子의 시절에도 환난에서 벗어날 방책이 될 만한 바가 무엇인지를 점친 것이니, 그런 곤란한 상황을 “艱貞”이라 말하였던 것이다.

만약에 “艱貞”을 “艱難의 상황에서도 正固(貞)해야 한다”라는 식으로 풀이한다면 [위의 孔子의 「彖傳」은] 이해할 수가 없는 것이다.

○以卦象則 或坎險忽夷 或兌陂旣平 則爲利爲吉 然 唯卦德是察 不一也

○卦象으로 따져보면, 어떤 경우는 坎의 험난함이 [사라져] 홀연히 평온한 상태(夷)로 되거나, 혹은 兌의 가파름(陂:비탈)이 아주 평탄하게 되거나 하면, [그 艱貞이라는 상황이] 이로운 것으로 되고 吉한 것으로 된다. 그러나 반드시 卦德을 중심으로 그 상황을 살펴보아야 하니, [그 用例가] 한가지만 있는 것이 아니다.

---

117) 明夷卦의 「彖傳」의 原文에는 “內文明而外柔順, 以蒙大難, 文王以之. …… 內難而能正其志, 箕子以之”라고 나온다.

12) 안정 예(安貞 例[118])

坤之象 ䷁ 安貞吉 ≪應地無疆≫

訟 九四 ䷅ 安貞吉 ≪不失也≫

安貞者 安靜之事也 安之爲字 象女在室中 所以應坤德也

"安貞"이라는 것은 안정(安靜)된 일을 뜻한다. "安"이라는 글자는 여자가 집안에 있는 것을 象形한 것이니, 따라서 坤卦의 德에 상응하는 것이다.

訟九四 渙也 渙自否來 以坤爲坎 所以爲安貞也

訟 九四爻變 → 渙 ← 否 三陰卦의 母卦인 否의 5가 2로 推移

訟卦 九四는 渙卦가 되거니와, 渙卦는 否卦에서 나왔는데, 否卦의 下卦인 坤이 [渙卦로 되면서] 坎으로 변한 것이다. 따라서 "安貞"이 되는 것이다.

洪範曰 用靜吉 安貞吉者 用靜吉也

『書經』「洪範」에 "用靜吉(고요함을 씀이 吉하다)"이라 했는데,[119] 여기

---

118) "安貞吉"의 用例는 "安貞(안전한 일)"에 대해서 묻는 占筮라기보다는, 오히려 그 점친 결과가 "用靜吉(고요함을 씀이 吉하다)"이라 나온 것으로, 즉 "안전한 방식"을 채택하라는 권고에 해당된다. "安貞吉"의 뜻: ①안정된 일이 吉하다. ②안전하게 일을 처리해야 吉하다. ③안전한 일이니 吉하다.

119) 車相轅 譯, 『書經』, 명문당, 1973, 190면.

"安貞吉(안정된 일이 吉하다)"이라는 것이 바로 "用靜吉"이다.

13) 여정 예(女貞 例)

觀	六二	䷜	利女貞	《亦可醜也》
家人之彖		䷤	利女貞	《男女正也》
恒	六五	䷟	貞 婦人吉 夫子凶	《婦人吉 從一而終也 夫子制義 從婦凶也》

女貞者 婦女之事也 婦女之事 貴於柔順 故卦以巽順 則利女
貞也

　　"女貞"이란 것은 부녀자의 일(事)을 말하는 것이다. 부녀자의 일에
있어서는 부드럽게 순종함을 귀하게 여기니,120) 그러므로 卦에 巽의
순종함(順)이 나타나면, "利女貞", 즉 "부녀자의 일은 이롭다"라고 하는
것이다.

觀六二之傳曰 亦可醜也者 以闚觀也 傳之文例 本括二句 其
實 闚觀 一事也 利女貞 一事也

　　한편, 觀卦 六二의 「象傳」에서 "亦可醜也(또한 추악하다 하겠다)"라고
한 것은 몰래 엿보기(闚觀) 때문이다. [孔子가 지은] 「小象傳」의 문장 구
성방식(文例: 글쓰는 방식)이 본래 2구절을 포괄하니, 여기서도 사실상(其實)

---

120) 茶山은 恒卦 六五의 주석에서도 "婦人之德, 貴於巽順"이라고 함.

"몰래 엿보는 것(闚觀)"이 한가지 일이고, "利女貞"이 또 다른 하나의 일(一事)인 것이다.121)

○ 若訓貞爲正 則女之貞正 無往不利 不特觀與家人 爲然也
○ 만약에 "貞"을 '바름(正)'이라 풀이한다면, 여자가 지조가 있고 단정한 경우, 어디를 가나(往) 이롭지 않을 리가 없으니, 특별히 觀卦나 家人卦의 상황에서만 그렇게 되는 것은 아닐 것이다.122) [따라서 여기서는 "貞"을 正이라 해석해서는 안 된다.]

14) 군자정 예(君子貞 例)

否之象　䷋　不利君子貞
同人之象　䷌　利君子貞 ≪君子正也≫

君子貞者 君子之事也
"君子貞"이라 하는 것은 君子의 일(事)을 말하는 것이다.123)

---

121) "亦可醜也"라는 말과 "利女貞"이라는 말이 얼핏 상반되어 보이므로 부연한 것이다. 즉 「小象傳」에 "闚觀女貞, 亦可醜也"라고 나오는데, "女貞"이란 말은 文例상 그냥 따라 들어간 말일 뿐이라는 것이다(『易學緖言』, 「곽씨거정박의(郭氏擧正駁義)」 卷4, 7나~8가).

122) 여기서는 "貞"을 正이라 해석해서는 안 된다는 것을 지적한 것이다. 『四箋』(卷1, 26가)에서도 언급된다.

123) 여기서도 "貞"이 事의 의미로 사용되고 있다. 요컨대 "貞"을 '正'의 의미로 사용할 경우, "不利君子貞"은 君子가 올바른 행동을 하면 안 되는 모순이 생기게 된다("同人, 則曰 利君子貞, 否, 則曰 不利君子貞, 將否塞之時, 君子, 不宜守正乎?" 『四箋』卷1, 22가).

15) 유인정 예(幽人貞 例)

履	九二	䷉	幽人貞吉
歸妹	九二	䷵	利幽人之貞

幽人貞者 山林幽隱之人所筮事也

"幽人貞(은둔자의 일)"이라는 것은 山林에 숨어사는 사람(幽隱之人)이 [어떤] 일에 대해 占筮한 것이다.

16) 잡정 예(雜貞 例[124])

師之象	䷆	貞丈人吉 ≪能以衆正≫
困之象	䷮	貞大人吉 ≪以剛中也≫
旅之象	䷷	旅貞吉
巽	初六 ䷸	利武人之貞
升	上六 ䷭	利于不息之貞 ≪消不富也≫
屯	九五 ䷂	小貞吉 大貞凶

師貞者 師旅之事也 困貞者 困阨之事也 旅貞者 旅人之事也

---

124) ①師의 貞, ②困한 貞, ③旅貞, ④不息之貞, ⑤小貞·大貞 등 5가지가 언급된다.
앞서 「1. 元亨利貞例」에서, "雖貞字, 例已不同; 如, 貞吉, 利貞之類, 必附著他字, 方
爲占詞, 單貞, 無可占也"라고 하였다(『四箋』卷1, 19나).

師卦의 "貞"은 군사적인 업무(師旅之事)를 가리키며,125) 困卦의 "貞"은
곤란한(困阨) 일(事)을 가리키며,126) 旅卦의 "貞"은 여행하는 사람(旅 : 나그
네)의 일을 가리킨다.127)

不正之事 不敢以筮 故卦德之正¹²⁸⁾ 筮者受之也 若以不正之
事 筮遇貞吉之卦 則縱云貞吉 其占不驗 此 聖人謂事爲貞之微
意也

不正한 일은 감히 점치지 못하니,129) 그러므로 [바른 일로 점을 쳐야]
卦德의 올바름을 점치는 자가 받게 되는 것이다. 만약 不正한 일에 대해
점을 쳐서 "貞吉"하다는 卦를 얻었다면, 설사130) "貞吉하다"고 말은 하
여도 [그 말만 貞吉일 뿐이지] 그 占은 효험이 없을 것이다. 이것이 바로
[『주역』에서] 聖人이 '일(事)'을 '貞'이라고 말한 은미(隱微)한 취지인 것
이다.131)

故孔子之傳 每訓貞爲正¹³²⁾ ≪師之傳曰 貞 正也≫ 其實 貞者 事也
貞吉者 幹事之吉也

그러므로 孔子의 傳에서 매번 "貞"을 正이라 풀이한 것인데 ≪師卦의
「彖傳」에 "貞은 正"이라고 함133)≫ 실제로는 "貞"이라는 것은 '일(事)'이며,

---

125) 師卦 : 師貞, 丈人吉, 无咎.
126) 困卦 : 困亨, 貞大人吉. 无咎, 有言不信.
127) 旅卦 : 旅, 小亨, 旅貞吉.
128) [校閱] 新朝本과 國中本에는 "正"으로 되어 있으나, 奎章本에는 "貞"으로 되어 있다.
129) "不正之事, 不敢以筮" : 앞서, 『四箋』(卷1, 18가, 卷1, 22가)에서도 언급됨.
130) 從(縱) : 설사 ……하더라도 云 : 이렇게 하면, 이와 같이, =是.
131) "事吉"을 "貞吉"이라 하여, 그 일이 애당초 "바른 일"이 되어야 함을 암시하고 있다
　　는 것.
132) [校閱] 新朝本과 國中本에는 "正"으로 되어 있으나, 奎章本에는 "吉"로 되어 있다. 後
　　者의 "吉"은 誤記이다.
133) 師卦의 「彖傳」에서 "師, 衆也; 貞, 正也"라고 하였다(『四箋』卷2, 16가).

"貞吉"이라는 것은 '일을 하는 데 있어서 吉하다'는 것이다.

○周禮 太卜 凡國大貞則作龜 ≪立君 遷國 爲大貞≫ 小事 則涖卜
≪代王 主其卜≫ 又 小宗伯 凡國大貞 則奉玉帛 ≪注以貞爲事≫ 據此
大貞者 大事也 小貞者 小事也

○『周禮』「春官」「太卜」에 따르면,[134] 太卜은 나라에 큰 일(大貞)이
있으면 거북껍질로 점을 치며[135] ≪임금을 추대하거나, 수도를 옮기는 일이 "大
貞"에 해당됨≫ 작은 일(小事)에는 거북점을 치는 데 [감독하거나] 참여(涖
卜)만 한다.[136] ≪王을 대신하여 그 占卜을 주관한다.[137]≫ 또한 小宗伯은 國
家의 큰 일(大貞)[에 대해 점치는 일]에 玉帛을 받든다[고 하였다].[138]
≪그 注에서 "貞"을 事라고 풀이하였다.[139]≫

以上에 의거하여 본다면, "大貞"이라는 것은 큰 일(大事)이고, "小貞"
은 작은 일(小事)이다.

若云 小正而吉 大正[140]而凶 則筮而遇是者 將置第一等義理
必求其次乎 謬甚矣

---

134) 以下의 인용문은 原文을 그대로 인용한 것이 아니고, 축약한 것(鄭玄云, 『周禮注疏
  』, 上海古籍出版社, 1987, 371면, 372면).
135) "命龜, 告龜以所卜之事也. 作龜, 鑽灼之也."(陳澔, 『禮記集說』, 臺北 : 世界書局,
  1979, 347면)
136) 이는 屯卦 九五의 "小貞, 吉, 大貞, 凶"을 설명하고자 하는 것이다. 以下의 구절은
  屯卦 九五의 주석에서 다시 그대로 반복되고 있다(『四箋』 卷2, 5가).
137) 代王 主其卜 : 鄭玄云, 『周禮注疏』, 上海古籍出版社, 1987, 372면에는 "凡小事, 則
  涖卜" 다음에 細注로 "代宗伯"이라 나온다.
138) "小宗伯 …… 則奉玉帛, 以詔號."(鄭玄云, 『周禮注疏』, 上海古籍出版社, 1987, 291
  면) 陳戌國 點校, 『周禮·儀禮·禮記』, 岳麓書社, 1995, 55면.
139) 鄭玄云, 『周禮注疏』, 上海古籍出版社, 1987, 291면에는 "注以貞爲事"라는 말은 보
  이지 않음. 다만 "鄭云, 問事之正, 曰貞"이라는 말은 나오는데, 이를 가지고 다산이 이
  렇게 말한 것일 수 있다.
140) [校閱] "大正而凶"의 "大正"이 奎章本에는 "大貞"으로 되어 있으나 誤記이다. 新朝
  本과 國中本에는 "貞"이 "正"으로 되어 있다.

그런데 만약 ["貞"을 곧이곧대로 "正"이라 보아, 屯卦 九五에 나오는 "小貞吉, 大貞凶"을] "조금 바르면 吉하고, 지나치게 바르게 하면 凶하다"라는 식으로 해석한다면, 占筮하여 이 괘를 얻은 자는 장차 제일 근본적인 도리는 버려 두고, 그 다음의 차선을 찾아야 한단 말인가? 그렇게 본다면 이는 그릇됨이 심하다.[141]

17) 가정 예(可貞 例[142])

坤 六三[143]	䷁	可貞 ≪以時發也≫
无妄 九四	䷘	可貞 ≪固有之也≫
損之彖 九四	䷨	可貞 ≪其道上行≫
蠱 九二	䷑	不可貞[144] ≪得中道也≫
節之彖	䷻	不可貞 ≪其道窮也≫
明夷 九三	䷣	不可疾貞[145] ≪乃大得也≫

---

141) 程子는 완전히 그렇게 보았고, 朱子는 '큰 일'·'작은 일'로 보기는 했으나, '큰 일은 바르게 해도 흉하다'는 식으로 보았으니, 역시 "謬甚矣"의 범주에 속한다고 하겠다(金碩鎭, 『周易傳義大全譯解』上, 대유학당, 1996, 274면 이후).

142) "可貞"이란 "그럭저럭 할 만한 일이다", "그럭저럭 일은 성사될 것이다"라는 정도의 의미이다. 可貞例는 貞例에 속하며, 貞例는 ①利貞, ②貞吉, ③可貞, ④貞吝, ⑤貞厲, ⑥不可貞, ⑦貞凶의 순서로 열거되고 있다(『四箋』卷1, 21나 이후).

143) [校閱] "坤六三"이 奎章本에는 "坤六二"로 되어 있는데, 誤記이다.

144) 茶山은 蠱卦 九二의 주석에서 "卦有坎貞, 艮又可貞. 然, 二五之應, 今焉失之. 凡男子之事, 不可貞也. 故曰, 幹母之蠱"라고 함(『四箋』卷3, 13나). "不可貞"은 "貞厲"보다 더 못한 것이다. ①貞吉, ②利貞, ③可貞, ④貞吝, ⑤貞厲, ⑥不可貞, ⑦貞凶의 순서이다(『四箋』卷1, 21나 이후).

145) 不可疾貞 : '빠르게 처리해야 될 일(疾貞)은 가능하지 않다', 혹은 '일을 빠르게 해치우려 해서는 안 된다'는 뜻이다. 다산은 明夷卦 九三의 주석에서, "疾貞者, 速擧事也.

可者 僅可之意 可貞者 利貞之次也 雖未宜幹 猶可爲事也

[여기서] "可"라는 것은 '겨우 할 만하다(僅可)'라는 의미이니, "可貞"이라는 것은 "利貞"의 다음으로, 비록 일을 하기에 아주 적합한 것(宜幹)은 아니지만,[146] 그래도 그 일을 해볼 만하다는 것이다.[147]

其次 貞吝也 其次 貞厲也 其次 不可貞也 最下者 貞凶也 最好者 貞吉也

그 다음으로 "貞吝"이며, 그 다음이 "貞厲"이고, 그 다음이 "不可貞"이다. 가장 나쁜 것(最下)은 "貞凶"이며, 가장 좋은 것(最好)은 "貞吉"이다.[148]

易之爲道 前民用也 臨事而筮 欲知其利鈍也 故聖人於卦德 爻象 較其錙銖 而分其等級 如是也

易道는 [고원한 것이면서도, 또한] 일반 백성들이 상용할 것(民用)을 대비한 것으로, 어떤 일(事)을 맞아 占筮하는 것은 그 일이 순조롭게 될지 좌절되고 말지(利鈍; 吉凶)[149]를 알고자 하는 것이다. 그러므로 聖人이 卦德과 爻象에서 그같이 아주 작은 차이(錙銖)[150]까지도 비교하여 等級을 나눔이 이와 같은 것이다.

…… 以幹坎事, 似有欲速之象. …… 前路悠遠, 不可疾貞也. 文王, 卑屈外順, …… 以待其時, 當此占也"라고 함(『四箋』卷4, 45가~나).

146) 雖未宜幹 : 비록 일을 하기에 아주 좋지는 않지만……, 적절한 일은 아니지만, …….

147) 앞에서 "可貞"과 "不可貞"에 대해 언급된 것이 있다. 즉, "有曰, 可貞 ≪坤六三之等≫ 有曰 不可貞 ≪蠱九二之等≫ 筮遇不可貞之卦者, 將不可以自正乎"라고 함(『四箋』卷3, 13나).

148) 길흉의 순서를 열거하면, 다음과 같다. ① 利貞, ② 貞吉, ③ 可貞, ④ 貞吝, ⑤ 貞厲, ⑥ 不可貞, ⑦ 貞凶의 순서이다. 각각 「易例比釋」上의 「7. 貞吉例」, 「5. 利貞例」, 「17. 可貞例」, 「18. 貞吝例」, 「19. 貞厲例」, 「8. 貞凶例」에서 다루어지며, "⑥ 不可貞"은 여기 「17. 可貞例」에서 다루어진다. 한편, 「21. 吝例」, 「20. 厲例」는 따로 다루어진다.

149) 利鈍 : 날카로움과 무딤, 吉과 凶, 일의 순조로움과 좌절, 날랜 것과 굼뜬 것.

150) 치수(錙銖, zī zhū) : '치(錙)'와 '수(銖)'는 무게의 단위이다. '치(錙)'는 1兩의 4분의 1, 혹은 6銖의 무게에 해당한다. '수(銖)'는 1냥의 24분의 1에 해당한다. 요컨대 '치수(錙銖)'는 '극히 미세한 것', 혹은 '아주 사소한 돈이나 일'을 가리킨다.

18) 정린 예(貞吝 例[151])

泰 上六 ䷊ 貞吝 《其命亂也》
恒 九三 ䷟ 貞吝 《无所容也》
晉 上九 ䷢ 貞吝 《道未光也》
解 六三 ䷧ 貞吝 《又誰咎也》

吝者 小疵不改也 人不改過 謂之吝 故卦不改疵 亦謂之吝也
以之幹事 則舊所妨礙者 終不淸脫 不能利幹 故曰 貞吝也 以卦
象則 或陰居陽位 或以柔乘[152]剛 或艮迷如舊 或坎凊不悛 皆爲
吝象也

　“吝”이라는 것은 작은 잘못을 고치지 않는 것이다. 사람이 그 잘못을
고치지 않는 것을 “吝”이라 이르는 것이니, 그러므로 『周易』의 卦에서
도 그 ‘허물(疵)’을 고치지 않는 것을 또한 “吝”이라 이르는 것이다.[153]

　이런 자세로 일을 한다면, 예전에 방해가 되었던 것이 끝내 청산되지
않아, 일을 잘해낼 수 없는 것이니, 그러므로 “貞吝(일을 함에 과거의 허물을
고침에 인색하다, 과거가 제대로 정리되지 않아 일이 순조롭지 않다)”이라 하는 것
이다.

　卦象의 측면에서 본다면, 혹 陰이 陽의 자리에 위치하였거나, 혹은 柔

---

151) “貞吝”은 “과거가 제대로 정리·청산되지 않았기 때문에 일이 순조롭지 않다” 정도
　　의 의미에 해당된다. 이후, 「21. 吝例」에서 “改過曰, 悔, 不改過曰, 吝. 悔吝者, 易家之
　　大義也”라고 하였다(『四箋』 卷1, 28가).
152) [校閱] 新朝本과 國中本에는 “乘”으로 되어 있으나, 奎章本에는 “升”으로 되어 있
　　다. 前者가 옳다.
153) 다산은 「21. 吝例」에서 “改過曰悔, 不改過曰 吝, 悔吝者 易家之大義也”라고 하였
　　다(『四箋』 卷1, 28가).

(陰)가 剛(陽)을 위에서 올라타고 있거나, 혹은 艮의 혼미함이 예전과 같거나, 혹은 坎의 허물(眚)을 고치지 않으면, 모두 "呇"의 象이 되는 것이다.

19) 정려 예(貞厲 例[154])

訟	六三	䷅	貞厲	≪從上吉也≫
小畜	上九	䷈	貞厲	≪有所疑也≫
履	九五	䷉	貞厲	≪位正當也≫
噬嗑	六五	䷔	貞厲	≪得當也≫
大壯	九三	䷡	貞厲	≪君子罔也≫
晉	九四	䷢	貞厲	≪位不當也≫
革	九三	䷰	貞厲	
旅	九三	䷷	貞厲	≪其義喪也≫

厲者 危也 易例 柔乘剛爲厲 故兌則爲厲 ≪此 最多≫ 然 或陰
居陽位 或陰升陽降 亦可爲厲 又或一剛孤高 其象嵬危者 亦
得爲厲 ≪晉九四 頤上九≫ 不一例也 以之幹事 危殆而不安 故其
占 貞厲也

"厲"는 위험함(危)이다. 易例에서는 陰(柔)이 陽(剛)을 올라타고 있는
것을 "厲"라고 하니, 그러므로 兌가 곧 "厲"가 된다. ≪이런 경우가 가장
많다.≫

---

154) "貞厲"는 '일이 위태하다', 혹은 '일이 위험하다'의 用例에 해당됨.

그러나 간혹 陰이 陽의 자리에 위치하거나, 陰이 올라가고 陽이 내려오는 경우도 역시 "厲"가 될 수가 있다. 또한, 간혹 하나의 陽(剛)이 홀로 외로이 높게 있어서, 그 象이 높고 위태로운 것도 역시 "厲"가 되니 ≪晉卦 九四[155]와 頤卦 上九[156]의 경우≫ 事例가 일정하지 않다.

이런 상황에서 일을 하게 되면, 危殆하고 不安하니, 그러므로 그 占이 "貞厲(일이 위태하다)"가 된다.

20) 여 례(厲 例[157])

乾	九三	䷀	厲 无咎
蠱	初六	䷑	厲 終吉
復	六三	䷗	厲 无咎
大畜	初九	䷙	厲 ≪不犯災也≫
頤	上九	䷚	厲吉 ≪大有慶也≫
遯	初六	䷠	厲 ≪不往何災也≫
遯	九三	䷠	厲 ≪有疾憊也≫
晉	上九	䷢	厲吉 ≪道未光也≫

---

155) 晉卦 九四에 "晉如, 鼫鼠, 貞厲. 象曰; 鼫鼠, 貞厲, 位不當也"라고 함. 茶山은 주석에서 "坎貞旣滅, 一剛孤高, 於幹事, 危甚也"라고 함(『四箋』卷4, 41나).

156) '頤卦 上九'에 "由頤, 厲, 吉, 利涉大川"라고 함. 이는 다음의 「20. 厲例」에 나온다(『四箋』卷1, 27가).

157) 厲의 易例에 대한 茶山의 다음의 언급을 참조. "厲者, 危也. 易例, 柔乘剛爲厲故, 兌則爲厲 ≪此最多≫."(『四箋』卷1, 27가) 大畜卦 初九에서도 "有厲"라는 구절이 나왔다(『四箋』卷3, 37나).

家人	九三	䷤	悔厲吉[158]	《未失也》
睽	九四	䷥	厲无咎	《志行也》
夬之象		䷪	厲	《其危乃光也》
姤	九三	䷫	厲 无大咎	
震	六二	䷲	厲	《乘剛也》
震	六五	䷲	厲	《危行也》
艮	九三	䷳	厲	《危薰心也》
漸	初六	䷴	厲 无咎	
兌	九五	䷹	厲	《位正當也》
小過	九四	䷽	厲	《終不可長也》
既濟	上六	䷾	厲	《何可久也》

厲吉者 昔危而今安也 厲无咎者 雖危而无尤也

"厲吉"은 이전에는 위태하였으나, 지금은 편안한 것이다. "厲无咎"는 비록 위태로우나, 허물은 없다는 것이다.[159]

易例 兌乘剛而稱厲者 十居八九 此 其故 何也 臣不陵君 女不 跨夫 賤不妨貴 愚不據賢 柔之乘剛 危之道也

易例에서 陰이 陽 위에 올라타고 있는 형국인 兌卦의 "乘剛"을 "厲" 라고 말한 경우가 십중팔구인데, 이는 그 까닭이 무엇인가? 신하는 임금 을 능멸할 수 없으며, 아녀자는 지아비를 넘보지 못하며, 천한 자는 귀한 사람을 비방하지 못하는 것이며, 우둔한 자가 賢者를 누르지 못하는 것

---

158) 이는 「22. 悔例」에서도 나온다(『四箋』卷1, 28가).
159) "厲"와 "无咎"가 연관되어 설명되는 경우가 다소 있다. 즉 "雖厲吉也, 亦无咎也"(『四箋』卷4, 42가), "其象不厲, 是, 无咎也"(『四箋』卷5, 17가) 등이 그 사례이다.

이니, [이처럼] 柔가 剛을 올라타는 것은 위험한 길인 것이다.

21) 인 예(吝 例[160])

屯	六三	(卦象)	往吝 《窮也》
蒙	初六	(卦象)	以往吝
蒙	六四	(卦象)	吝 《獨遠實也》
同人	六二	(卦象)	吝
蠱	六四	(卦象)	吝 《往未[161]得也》
觀	初六	(卦象)	吝 君子吝 《小人道也》
賁	六五	(卦象)	吝 終吉 《有喜也》
大過	九四	(卦象)	吝
咸	九三	(卦象)	往吝 《亦不處也》
家人	九三	(卦象)	終吝 《失家節也》
姤	上九	(卦象)	吝 《上窮吝也》
困	九四	(卦象)	吝有終 《有與也》
巽	九三	(卦象)	吝 《志窮也》

---

160) 앞서, 「18. 貞吝例」에서, 茶山은 "吝者, 小疵不改也"라고 하였다(『四箋』 卷1, 26나).
이것은 「繫辭傳」에서 "悔吝者, 言乎其小疵也"라고 말한 것에 근거를 둔 것이다. 그밖에 『四箋』(卷8, 3나)에서도 "吝"에 대해 설명한 바 있다.

161) [校閱] 奎章本과 國中本에는 "未"(미)로 되어 있으나, 新朝本에는 "來"(래)로 되어 있다. 前者가 옳다.

未濟	初六	䷿	吝	《亦不知極也》
噬嗑	六三	䷔	小吝	《位不當也》
萃	六三	䷬	小吝	

易者 聖人所以改過而遷義也 故孔子曰 假我數年 卒以學易
庶無大過矣 斯可驗也

易이란 것은 聖人이 허물을 고쳐 옳은 데로 나아가도록 하기 위해 만
든 것이다. 따라서 孔子도 "나에게 수년이 더 주어져, 마침내 易을 완전
히 체득하게 된다면, 大過를 범하는 일은 없을 것"이라고 하고 말씀하신
것이니,162) 이런 말씀으로도 易의 그런 성격을 증거(驗)할 수가 있다.

改過曰 悔 不改過曰 吝 悔吝者 易家之大義也 或陰居陽位 陽
居陰位者 卦旣變遷 猶不悛改 則其占爲吝 又 或艮迷兌厲 依然
不改 亦得爲吝 不一例也

잘못을 고치는 것을 "悔"라고 하고, 잘못을 뉘우치지 않는 것을 "吝"
이라 하니, [이런 측면에서] "悔"와 "吝"은 易學家의 근본취지(大義)인 것
이다.163)

[吝이란] 혹 陰이 陽의 자리를 차지하거나, 陽이 陰의 자리를 차지하
는 경우에, 卦가 이미 변천하였는데도 여전히(猶) [그런 잘못을] 뉘우치
고 고치지 않으면, 그 占이 "吝"으로 되는 것이다.

또는 혹 艮의 미혹함(迷)이나 兌의 위태로움(厲)이 [卦가 변함에도] 여
전히 바뀌지 않는 경우에도 역시 "吝"이 되니, 그 用例가 한가지가 아
니다.

---

162) 『論語』(장기근 역, 명문당, 1973), 185면에 "五十以學易, 可以無大過"라고 함. 孔子
의 이상의 발언은 『四箋』(卷7, 5가)에서도 인용되고 있다.

163) 앞서, 「18. 貞吝例」에서, "吝者, 小疵不改也"라고 하였다(『四箋』 卷1, 26나).

22) 회 예(悔 例[164])

乾	上九	䷀	有悔 《盈不可久也》
豫	六三	䷏	悔遲有悔 《位不當也》
蠱	九三	䷑	小有悔 《終无咎也》
家人	九三	䷤	悔厲吉 《未失也》
困	上六	䷮	動悔有悔 《吉行也》
鼎	九三	䷱	悔終吉

人之有悔 將以改也 故易例 象有變改 謂之悔也

사람에게 뉘우침(悔)이 있으면, 장차 [그 허물을] 고치게 된다. 그러므로 易例에서는 象에 변화(變改)가 있으면, 그것을 일러 "悔"라고 말하는 것이다.[165]

筮家 直以變卦 謂之悔卦 國語所云 貞屯悔豫 是也

䷂ ䷏

屯 　 豫

점치는 자(筮家)들은 變卦를 바로(直) "悔卦"라고 하거니와, 『國語』에서 말한 바, "貞屯"[166]·"悔豫"[167]가 바로 이것이다.[168]

---

164) 茶山은 "改過曰, 悔, 不改過曰, 咨, 悔咨者, 易家之大義也"라고 함(『四箋』卷1, 28가).

165) 즉, "悔"가 한 번 변한 것(즉 잘못)을 "고쳤다"는 것이 아니라, '후회가 있을 것이라 告知하여, 장차 또 다시 변하게 함에 이 易詞의 목적이 있다는 것을 지적한 것이다.

166) 貞卦는 本卦, 즉 屯卦를 가리킨다.

167) 悔卦는 變卦(之卦), 즉 豫卦를 가리킨다.

168) 內卦를 貞, 外卦를 悔라고 보기도 한다(『四箋』卷1, 18가). 이처럼, 『國語』의 貞·悔

23) 무회 예(无悔 例[169])

同人	上九	䷌	无悔	≪志未得也≫
復	初九	䷗	无祗悔	≪以修身也≫
復	六五	䷗	无悔	≪中以自考也≫
咸	九五	䷞	无悔	≪志末也≫
大壯	六五	䷡	无悔	≪位不當也≫
渙	六三	䷺	无悔	≪志在外也≫
未濟	六五	䷿	无悔	

卦有三變 本以辟卦 變而爲衍卦 又變而爲六爻 此 三變也 再變而悔者 三變之後 反其本象 則其占爲无悔 以之行事 則無可悔改也

卦는 [기본적으로] 세 단계의 변화를 거치는데, 본래는 ①辟卦였는데, [이것이] 변하여 ②衍卦가 되고, 또 다시 변하여 ③여섯 개의 爻로 된다. 이것이 [卦의] 세 단계의 변화이다.[170]

두 번째 변화의 단계에서, [卦象이 변하여] "悔"가 되었다가, 이것이 세 번째 변화의 단계를 거친 후에[171] 그 辟卦의 本象으로 되돌아간다면,

의 개념에 대해, 內·外卦로 해석하는 등 여러 설이 구구한데, 茶山은 이를 變卦를 말하는 것으로 본다(『四箋』 卷1, 14나 참조).

169) 茶山은 "无悔"의 用例가 "悔亡"과 크게 다르지 않다고 하였다. "无悔與悔亡, 大意不殊, 或以叶韻, 或以文勢也."(『四箋』 卷1, 29가)

170) 卦有三變: 卦가 세 번 변화한다고 해석하면, 맞지 않는다. 왜냐하면, 위의 설명대로 한다면, 辟卦에서 衍卦로 변화할 때 한 번 변화하고, 衍卦가 爻變하여 두 번 변화하여, 모두 합쳐도 두 번의 변화 밖에는 발생하지 않기 때문이다. 따라서 "卦有三變"은 괘가 세 번 변화한다는 것이 아니라, 괘가 세 단계의 과정에 따라서 변화한다고 해석되어야 옳다.

그에 대한 占이 "无悔"가 되는 것이다.

　이런 점괘가 나온 경우, 어떤 일을 실행해도, 후회하거나 고칠 일(悔改)이 없다는 것이다.

　○辟卦 則又以交易之卦爲本象 交易之卦 又自辟卦來 亦三變也 假如 觀以升交 升自臨來 未嘗無三變也

臨 → 推移 → 升　　　　　　觀

　○辟卦인 경우, [즉 辟卦이고 爻變하지 않는 경우] 上·下卦를 교체하는 交易卦를 그 本象으로 하고, 交易卦는 또한 辟卦에서 나왔으니, 이 역시 3단계로 변하는 것이다. 예를 들면, 辟卦인 觀卦는 升卦를 交易한 것인데, 升卦는 臨卦에서 나온 것이니, 三變하지 않음이 없는 것이다.

24) 회망 예(悔亡 例[172])

咸　九四　　悔亡 ≪未感害也≫

恒　九二　　悔亡 ≪能久中也≫

大壯　九四　　悔亡

---

171) 爻變한 이후를 가리킨다.
172) 앞의 "无悔"와 의미상 동일하다. 悔亡例는 下經의 咸卦에서부터 나오며, 上經에는 나오지 않는다.

晉	六三	䷢	悔亡 《志上行也》
晉	六五	䷢	悔亡 《往有慶也》
家人	初九	䷤	悔亡 《志未變也》
睽	初九	䷥	悔亡
睽	六五	䷥	悔亡 《往有慶也》
夬	九四	䷪	悔亡
萃	九五	䷬	悔亡 《志未光也》
革之象		䷰	悔亡 《革而當》
革	九四	䷰	悔亡 《信志也》
艮	六五	䷳	悔亡 《以正中也》
巽	六四	䷸	悔亡 《有功也》
巽	九五	䷸	悔亡 《位正中也》
兌	九二	䷹	悔亡 《信志也》
渙	九二	䷺	悔亡 《得願也》
節	上六	䷻	悔亡 《其道窮也》
未濟	九四	䷿	悔亡 《志行也》

无悔與悔亡 大意不殊 或以叶韻 或以文勢也

"无悔"와 "悔亡"은 전반적인 의미는 다른 것이 아닌데, 혹은 협운(叶韻)[173) 때문에, 혹은 문장의 어세(語勢) 때문에 그렇게 쓰여진다.

○反對之卦 二五相照 巽九五 兌九二 皆云 悔亡者 巽變爲蠱

---

173) 叶韻: 『四箋』(卷4, 32가)에서 다시 언급된다.

兌變爲隨 皆以震巽艮兌 兼爲大离 ≪隨蠱 皆大离≫ 不變中孚之舊
象也 ≪兌巽 皆自中孚來≫

巽　　　　兌

○ 反對되는 卦[174]의 경우 二와 五가 [서로] 상응한다. 巽卦 九五와
兌卦 九二에서 모두 "悔亡"이라 말하였다.[175]

巽→九五爻變→蠱　　　兌→九二爻變→隨

[그런데 그것은] 巽卦 九五는 변하여 蠱卦로 되고, 兌卦 九二는 변하
여 隨卦가 되었는데, 隨·蠱卦는 모두 각각 震·巽·艮·兌로 구성되
어 있으며,[176] 겸획(兼畫)해서 보면 大离가 되어 ≪隨卦와 蠱卦에는 모두 大
离의 象이 있음≫ 中孚의 舊象[177]이 변하지 않았기 때문이다.[178]

兌 ← 推移 ← 中孚　　　巽 ← 推移 ← 中孚

---

174) 反對之卦란 卦 전체를 뒤집어 놓은 것을 가리킨다.
175) 巽卦와 兌卦는 서로 反對卦가 된다. 巽卦를 뒤집으면, 巽卦 九五의 위치는 兌卦 九
二에 해당되니, 두 곳에서 모두 "悔亡"이라고 말한 것은 결코 우연의 일치라고 할 수
없다는 것을 지적한 것이다.
176) 蠱卦는 上卦는 艮, 下卦는 巽, 上互卦는 震, 下互卦는 兌로 되어 있다. 隨卦는 上卦
는 兌, 下卦는 震, 上互卦는 巽, 下互卦는 艮으로 되어 있다.
177) 中孚의 舊象이란 大离를 가리킨다. 中孚의 舊象이 변하지 않았다는 것은 中孚卦에
있던 舊象을 隨卦와 蠱卦에 와서 회복한 것을 가리킨다.
178) "皆以 …… 兼爲"의 구조이므로, 원인－결과로 해석하는 것이 적절할 듯. 그냥 병렬
로 해석하면 어색하다.

≪兌卦와 巽卦는 모두 中孚卦에서 [推移되어] 나온 것이다.≫

又有坎在离位 ≪一二三≫ 以當乾卦 ≪一與三位 剛也 其二畫 剛[179]也≫
离在坎位 ≪四五六≫ 以當坤卦[180] ≪四與六位 柔也 其五畫 柔[181]也≫ 而
謂之悔亡者

또한 坎이 [下卦로] 离位에 있어서 ≪1·2·3位는 [본래] 离位≫ 乾卦에
상당하게 되고 ≪1位와 3位는 그 자리가 陽剛이고, 제2획은 [그 자체가] 陽剛[이
니, 乾에 상당하는 것]≫ 离가 [上卦인] 坎의 자리에 있어서 ≪4·5·6位는
[본래] 坎位≫ 坤卦에 상당하게 되니 ≪4位와 6位는 柔이고, 제5획은 [그 자체
가] 柔이니, 坤卦에 상당하는 것≫ "悔亡"이라고 말한 경우도 있다.[182]

○ 又按 悔亡之文 自咸恒而有之 ≪上經 無悔亡≫ 覽者詳之 ≪藝
文志云 施孟梁丘之易 或脫去无咎悔亡 唯費氏經 與古文同≫

○[又按] "悔亡"이라는 文句는 咸卦와 恒卦에서부터 나오기 시작하
는데 ≪上經에는 "悔亡"이라는 말이 나오지 않음≫ 독자(讀者)들은 이 점을 상
세히 살피기 바란다. ≪『漢書』「藝文志」에 말하기를, "시수(施讎)·맹희(孟喜)·
양구(梁丘)의 易經에는 간혹 '无咎'나 '悔亡'이 빠져 있지만,[183] 오직 비직(費直)의 經
文만이 古文과 동일하다"라고 하였다.[184]≫

---

179) [校閱] 新朝本과 國中本에는 "剛"으로 되어 있으나, 奎章本에는 "柔"로 되어 있다.
   前者가 옳다.
180) [校閱] 新朝本과 國中本에는 "坤卦"로 되어 있으나, 奎章本에는 "坤位"로 되어 있
   다. 前者가 옳다.
181) [校閱] 新朝本과 國中本에는 "柔"로 되어 있으나, 奎章本에는 "剛"으로 되어 있다.
   前者가 옳다.
182) 暌卦 初九의 경우를 참조할 것. 『四箋』에서는 "坎以當乾, 离以當坤"이라는 식의 논
   리를 언급한다(『四箋』 卷5, 5나).
183) 『漢書』「藝文志」의 原文과는 약간의 차이가 있다. 原文에는 "施孟梁丘經, 或脫去
   無咎悔亡, 唯費氏經與古文同"으로 되어 있다. 즉, 茶山이 "施孟梁丘之易"으로 인용
   한 것이 原文에는 "施孟梁丘經"으로 되어 있다(『漢書』 卷30 第6冊, 中華書局, 1983,
   1704면).

25) 무구 예(无咎 例[185])

師之象 ䷆ 无咎 ≪毒天下而民從之≫

比之象 ䷇ 无咎 ≪以剛中也≫

隨之象 ䷐ 无咎

復之象 ䷗ 无咎[186] ≪以順行≫

恒之象 ䷟ 无咎 ≪久於其道也≫

損之象 ䷨ 无咎 ≪其道上行≫

困之象 ䷮ 无咎 ≪以剛中也≫

艮之象 ䷳ 无咎 ≪上下敵應 不相與也≫

大傳曰 无咎者 善補過也 卦之愆尤 不一其規 或柔乘剛 或陰
居陽 或以陰而消陽 皆爲眚咎

　「大傳」에 이르기를, "无咎란 잘못을 잘 보완하는 것이라"라고 하였다.
卦에 어떤 허물(愆尤)이 있게 되는 것은 그 규례(規)가 한가지가 아니다.
① 或은 柔가 剛을 올라타거나 ② 或은 陰이 陽 위에 자리하거나 ③ 或
은 陰이 陽을 약화시키는 경우 모두 허물과 재앙(眚咎)으로 된다.

---

184) 費直: 鄭玄의 祖宗이 되는 인물이다.
185) ① 卦辭의 无咎例, ② 上經의 无咎例, ③ 下經의 无咎例, ④ 萃卦, ⑤ 기타의 順으로
　　총 8종, 99가지의 '无咎例'가 제시되고 있다. 그런데 제일 마지막의 '夬卦 初九'의 "爲
　　咎"(『四箋』卷5, 23나)는 당연히 "无咎"가 아니다. 따라서 다산이 '98가지'라 함(『四箋』
　　卷1, 32가).
186) 茶山은 復卦의 象詞에 대한 주석에서, "今坤朋復來, 皆君子之朋也, 雖來何咎 ≪異
　　於剝≫"이라고 함(『四箋』卷3, 31나). 다산은 아래에서 이는 交易·反易에 입각하여
　　取象한 사례라고 함(『四箋』卷1, 29나).

或變而順理 或變而當位 或剛自外¹⁸⁷⁾反 則謂之无咎 又或卦
體毀壞 失其本形者 變而補之 亦云 无咎也

이런 데에서 ①或은 변화하여 이치를 따르거나 ②혹은 변화하여 자
리에 합당하게 되거나, ③혹은 剛이 밖(外卦)에서 되돌아오면 그것을 "无
咎"라고 한다. ④또 혹은 卦體가 훼손되어, 그 본래의 모습(本形)을 상실
하였던 것이 변화하여 그 상실을 보완하면, 또한 "无咎"라고 말한다.

○ 象詞之言无咎者 辟卦之咎 移之爲无咎也 又 或辟卦之象
言无咎者 ≪復之象≫ 又 以交易反易而取象

○象詞에서188) "无咎"라고 하는 것은 辟卦의 허물(咎)이 추이하여 허
물이 없게 된 것이다. 한편, 혹 辟卦의 象詞에서 "无咎"라고 하는 것은
≪[예컨대] 復卦의 象≫ 또한 交易・反易으로서 象을 취한 것이다.

豫之時 以陽居陰 ≪剛居四≫ 復乃无咎也 ≪四交而爲一≫ 剝反爲
復 亦无咎也

豫　　　復　　　　　剝　←反易→　復

[예컨대], 豫卦인 때는 陽이 陰位에 자리하고 있지만, ≪剛이 제4位에 자
리≫ 이를 交易한 復卦는 "无咎"하다. ≪第4畫은 交易하면 제1畫이 됨≫ 剝
卦가 反易하여도 復卦가 되니 역시 "无咎"인 것이다.189)

☞ 이상은 象에 나오는 "无咎"의 사례이다. 다음은 上經의 "无咎"例.

---

187) [校閱] 新朝本과 國中本에는 "外"로 되어 있으나, 奎章本에는 "五"로 되어 있다. 前
　　者가 옳다.
188) 즉 爻變하지 않는 경우를 가리킨다.
189) 剝卦의 경우도 역시 "以陽居陰"의 "咎"이다.

乾	九三	䷀	无咎	《反復道也》
乾	九四	䷀	无咎	《進无咎也》
坤	六四	䷁	无咎	《愼不害也》
需	初九	䷄	无咎[190]	《未失常也》
師	九二	䷆	无咎[191]	
師	六四	䷆	无咎[192]	《未失常也》
師	六五	䷆	无咎	
比	初六	䷇	无咎	
小畜	六四	䷈	无咎	《上合志也》
履	初九	䷉	无咎	《獨行願也》
泰	九三	䷊	无咎	
否	九四	䷋	无咎	《志行也》
同人	初九	䷌	无咎	
大有	初九	䷍	无咎	《无交害也》
大有	九二	䷍	无咎[193]	

---

190) 茶山은 需卦 初九의 주석에서, "泰之時, 柔以乘剛. 今也, 剛升得五, 柔降爲巽, 是, 无咎也"라고 함(『四箋』卷2, 10가).

$$ ䷼ \qquad ䷄ \qquad ䷯ \qquad ䷊ $$
中孚 → 推移 → 需 → 初九爻變 → 井 ← 推移 ← 泰

茶山은 아래에서, "善補過"와 "无咎"가 되는 이유를 中孚卦의 上卦에 巽이 있었는데, 卦가 변하더라도, 井卦의 下卦에서 巽이 다시 復舊되기 때문이라고 설명한다(『四箋』卷2, 10가).

191) 茶山은 師卦 九二의 주석에서, "卦自剝來, 始迷失道, 今乃得中, 是, 无咎也. 此爲卦主, 故占與象動"이라고 함(『四箋』卷2, 17가). 師卦의 象詞에 나오는 "无咎"에 대해서도 위와 동일하게 설명되었다(『四箋』卷2, 16가).

192) 茶山은 師卦 六四의 주석에서, "解自臨來, 兌本乘剛, 今剛旣升, 是, 无咎也"라고 함(『四箋』卷2, 17나).

大有	九四	䷌	无咎 《明辨晢[194]也》
豫	上六	䷏	无咎
蠱	初六	䷑	无咎 《意承考也》
臨	六三	䷒	无咎 《旣憂之 咎不長也》
臨	六四	䷒	无咎 《位當也》
臨	上六	䷒	无咎[195] 《志在內也》
噬嗑	初九	䷔	无咎
噬嗑	六二	䷔	无咎
噬嗑	六三	䷔	无咎 《位不當也》
噬嗑	六五	䷔	无咎 《得當也》
賁	上九	䷕	无咎 《上得志也》
剝	六三	䷖	无咎 《失上下也》
復	六三	䷗	无咎
无妄	九四	䷘	无咎 《固有之也》
頤	六四	䷚	无咎 《上施光也》
大過	初六	䷛	无咎 《柔在下也》
大過	九五	䷛	无咎
大過	上六	䷛	无咎 《不可咎也》
坎	六四	䷜	无咎
坎	九五	䷜	无咎 《中未大也》

---

193) 「31. (3) 利有攸往例」에서도 언급된다(『四箋』卷4, 21가~나).
194) [校閱] 奎章本에는 "晢"字가 "晳"字로 나오지만, "晳"字는 誤字이다.
195) 이 다음에 觀卦 初六, 九五, 上九의 "无咎"가 언급되어야 하나, 이는 다음에서 特記된다(『四箋』卷1, 32가).

離　　初九　䷝　　无咎

離　　上九　䷝　　无咎

☞ 이상 上經의 "无咎"例. 이하는 그 각각의 설명.

乾三四之 皆云 无咎者 履自夬來 ≪上之三≫ 移不失兌也 小畜
自姤來 ≪一之四≫ 移不失巽也 ≪孔子曰 進无咎≫

乾→九三爻變→履← 推移 ←夬　　　　乾→九四爻變→小畜←推移←姤

乾卦의 九三・九四에서 모두 "无咎"라고 말한 것은 九三의 之卦인
履卦는 夬卦에서 나왔는데 ≪上이 3으로 감≫ 이렇게 推移하면서 兌가 본
모습을 잃지 않았기 때문이며, 九四의 之卦인 小畜은 姤卦에서 나왔는
데 ≪1이 4로 감≫ 이렇게 추이하면서 巽이 본모습을 잃지 않았기 때문이
다. ≪이 九四의 경우 孔子는 그 「小象傳」에서 "나아감에 허물이 없다"라고 하였
다.196)≫

故需不失巽 ≪中孚之舊巽≫ 師不失震 ≪復之時 下震≫ 皆云 无咎
而孔子於二卦 皆云 未失常 ≪常 舊也≫ 可驗也

中孚→推移→需→初九爻變→井　　　　復→ 推移 →師→六四爻變→解

---

196) 이상의 설명은 『四箋』의 해당 卦에서의 설명과 근본적으로 다르지는 않으나, 그 초
　　 점이 다소 다르다고 하겠다. 즉 여기서는 각각 추이하여 兌・巽이 변함 없음이 강조되
　　 었다면, 『사전』의 본문에서 九三의 경우는 "仰順巽命"이 지적되었으며(『四箋』 卷1, 40
　　 가), 九四의 경우는 "柔乃得位"라고 지적하였다(『四箋』 卷1, 41가).

그러므로 需卦 初九는 巽의 본모습을 잃지 않았기 때문에 ≪中孚의 舊 巽≫ 師卦 六四는 震의 본모습을 잃지 않아서 ≪復卦인 때에 下卦가 震이었음≫ 모두 "无咎"라고 하는 것인데, 孔子도 이 두 卦의 爻詞에서 모두 "未失常"이라고 하였으니, ≪'常'은 舊이다[197]≫ 이의 증거가 될 수 있겠다.[198]

○噬嗑六五 補之得乾 ≪否之時 舊乾≫ 賁之上九 補之得坤 ≪泰之時 舊坤≫ 則皆云 无咎 ≪二卦 本反易≫

否→推移→噬嗑→六五爻變→无妄   泰→推移→賁→上九爻變→明夷

○噬嗑卦 六五의 경우는 [爻變을 하면서] 보완되어(補之)[199] 乾을 얻고 ≪否卦인 때의 舊乾≫ 賁卦 上九[의 경우]는 보완하여 다시 坤을 얻으니 ≪泰卦인 때의 舊坤≫ 모두 "无咎"라고 한 것이다.[200]

噬嗑   賁   否   泰

≪[噬嗑卦와 賁卦 혹은 否卦와 泰卦의 관계에서] 두 卦는 본래 反易의 관계이다.≫

大過之卦 自大壯來 故初六補之爲乾 ≪大壯之下乾≫ 九五補之爲震 ≪大壯之上震≫ 則皆云 无咎

---

197) 『四箋』(卷2, 18가)에도 동일한 말이 나온다.
198) 이런 설명도 역시 本卦에서의 설명과는 근본은 같으나, 초점이 다소 상이한 것이다.
199) "善補過"의 "補"의 뜻이다.
200) 다산은 噬嗑卦 六五의 해당 부분에는 兌가 없어진 것과 연관하여서도 설명하고 있다(『四箋』卷3, 20가). 또 賁卦 上九의 해당 부분에는 泰卦와 연관하여, "柔乃卑降(上之二)"으로 설명하고 있다(『四箋』卷3, 27나).

九五 震
乾 (初六爻變)

大壯 → 推移 → 大過

大過卦는 大壯卦에서 나온 것이다. 그러므로 그 初六이 [爻變하여] 보완되면 乾이 되고 ≪大壯卦의 下卦가 乾≫ 九五가 보완되면 震이 되니 ≪大壯卦의 上卦가 震≫ 모두 "无咎"라고 말한 것이다.[201]

離自遯大壯來 故初九補之爲艮 ≪遯下艮≫ 上九補之爲震 ≪大壯之上震≫ 則皆云无咎 此 皆善補過之義也

遯 → 推移 → 離 ← 推移 ← 大壯   艮 ← 初爻變 ← 離 → 上爻變 → 震

離卦는 遯卦와 大壯卦에서 나왔다. 그러므로 그 初九가 보완되면 艮이 되고 ≪遯卦의 下卦는 艮≫ 上九가 보완되면 震이 되니 ≪大壯의 上卦는 震≫ 모두 [그 옛 모습을 복원하여] "无咎"라고 말한 것이다.[202] 이상의 "无咎" 사례는 모두 "善補過(과실을 잘 보완한다)"[203]의 뜻이다.[204]

余於易箋 只取剛柔逆順之義 以釋无咎 而若其比玩之法 又有斯義 學者 宜推通乎其餘也

내가 『四箋』의 해당 卦 본문(易箋)[205]에서는 단지 剛柔에 따른 逆順의

---

201) 大過 初六과 九五는 각각 『四箋』(卷4, 6가; 陰乃巽伏)과 『四箋』(卷4, 7나; 陰乃卑降)에 설명이 나오는데, 역시 여기서와는 다소 다른 측면에서 설명하고 있다.

202) 옛 모습을 복원하는 것이 마치 '잘못을 뉘우치고 悔改하는 것'과 유사하므로, "无咎(허물없음)"로 된다는 것이다.

203) 善補過: 「繫辭上傳」(3章)에서 "无咎者, 善補過也"라고 함.

204) 이 말은 아래 下經의 无咎例를 설명하는 부분에서도 나온다.

205) 여기서 엄밀히 따지면 「易例比釋」과 「易箋」이 구분되어 사용되었음을 알 수 가 있

의미206)만을 취하여 "无咎"를 해석하였는데, 가령 [이 「易例比釋」에서
처럼] 여러 卦・爻詞를 비교 분석하는 방식(比玩之法) 또한 이런 의의(意
義)가 있으니, 易을 공부하는 者는 마땅히 [여기서 언급하지 않은] 그 나
머지 事例에 대해서도 미루어 통달하여야 할 것이다.207)

☞ 이 아래는 下經 "无咎"例의 卦그림과 一覽表이다.

晉	初六	䷢	无咎	《未受命也》
晉	上九	䷢	无咎	《道未光也》
睽	初九	䷥	无咎	
睽	九二	䷥	无咎	《未失道也》
睽	九四	䷥	无咎	《志行也》
解	初六	䷧	无咎	《剛柔之際 義无咎也》
損	初九	䷨	无咎	《尙合志也》
損	六四	䷨	无咎	《亦可喜也》
損	上九	䷨	无咎	《大得志也》
益	初九	䷩	无咎	《下不厚事也》
益	六三	䷩	无咎	《固有之也》
夬	九三	䷪	无咎	《終无咎也》
夬	九五	䷪	无咎	《中未光也》

다. 송재소, 「년보」, 『다산시연구』, 창작과비평사, 1986, 301면 참조.
206) 이를 "剛柔와 逆順의 의미"라 해석하면 어색하다.
207) "宜推通乎其餘"에서 "其餘"란 여기서 언급하지 않은 것들을 말하는 것이다. 이동철
   은 "그 나머지 '방법'"이라 해석하여, 뜻은 통하지만, 다소 애매하게 되었다. "剛柔逆順
   法"이나 "比玩法" 이외에 다른 방법이 또 있는 것은 아닐 것이다.

姤	九二	无咎	
姤	上九	无咎[208]	
升	九二	无咎	《有喜也》
升	六四	无咎[209]	《順事也》
困	九二	无咎[210]	《中有慶也》
井	六四	无咎	《修井也》
革	六二	无咎	《行有嘉也》
鼎	初六	无咎	《以從貴也》
震	上六	无咎	《畏鄰戒也》
艮	初六	无咎	《未失正也》
艮	六四	无咎	《止諸躬也》
漸	初六	无咎	《義无咎也[211]》
漸	六四	无咎	《順以巽也》
豐	初九	无咎	《過旬災也[212]》
豐	九三	无咎	
巽	九二	无咎	《得中也》

---

208) 앞서, 損卦 六四에서도, "大壯之卦, 以雷乘乾 《左傳文》"(『四箋』卷5, 17가)이라는 말이 나왔다. 이 다음에 바로 萃卦의 无咎例가 나와야 하나, 이는 特別한 경우라서, 이 다음에 『四箋』卷1, 31나 이후에서 特記하고 있다.

209) "无咎"에 대한 명시적인 설명이 『四箋』에 나오는 것은 아니다. 다만, "巽以順之"(『四箋』卷1, 46가)라는 말로써, 巽의 卦德이 지적되고 있다.

210) 困卦는 象詞에도 "无咎"라 나오는데(이는 앞서, 『四箋』卷1, 29나에서 지적됨) 이처럼, 象詞와 九二의 爻詞의 占이 동일한 것은 이 九二가 卦主이기 때문이다.

211) 茶山은 中孚 六四의 설명에서 "義无咎也"라는 말을 사용하고 있다(『四箋』卷7, 4나).

212) 過旬災也(豐卦 初九의 「小象傳」). 열흘이 지나서도 [계속] 만난다면, 재앙이 있을 것이다. 여기서 茶山은 "旬"을 글자 그대로 "10日"로 풀이하고 있다.

渙	九五	䷲	无咎	《正位也》
渙	上九		无咎	《遠害也》
節	初九		无咎	《知通塞也》
節	六三		无咎	
中孚	六四		无咎	《絶類上也》
中孚	九五		无咎	《位正當也》
小過	六二		无咎	
小過	九四		无咎	
旣濟	初九		无咎	《義无咎也》
未濟	上九		无咎	

晉自小過來 《三之上》 初六上九 補之得震 《小過之舊震》 而謂
之无咎

小過→ 推移→晉　上九爻變 ䷲ 震　初六爻變 ䷲ 震

晉卦는 小過卦에서 나왔는데 《3이 上으로 감》 그 初六과 上九가 [효
변하게 되면] 보완하여 震을 획득하니 《小過卦의 때에 있던 以前의 震》 그
래서 "无咎"라고 말한 것이다.213)

升自小過來 《四之二》 九二 補之得艮 六四 補之得震 《本雷

---

213) 以上의 설명 방식도 『四箋』의 해당 부분에서의 설명과는 차이가 있다. 晉卦 初六의
경우에는 "移之噬嗑, …… 否塞之時, 剛自外反, 是, 无咎也"(『四箋』 卷4, 40나)라고 하
였고, 晉卦 上九의 경우에는 "剝之時, 一剛在上, 厲之至也. 降而得道, …… 亦无咎
也"(『四箋』 卷4, 42가)라고 하였다.

山》 而謂之无咎

升卦는 小過卦에서 왔는데 《4가 2로 推移》 九二를 보완하면 艮을 얻고, 六四가 보완되면 震을 얻으니 《본래 雷山 小過》 그래서 "无咎"라고 말하였다.[214)]

睽自大壯來 《上之三》 九二 補之得震 《大壯之上震》 而謂之无咎 則孔子[215)]曰 未失道也 《震爲道》 此 皆善補過之義也

睽卦는 大壯卦에서 나왔는데 《上이 3으로 감》 그 九二가 보완되어 震을 얻으니 《大壯의 上震[을 다시 얻은 것]》 그래서 "无咎"라고 말하는 것이며,[216)] 그런즉 孔子도 "未失道(길을 잃지 않음이다)"라고 말한 것이다. 《震은 道가 된다.[217)]》 [以上에서 말한 바] 이것은 모두 "善補過"라는 뜻 [에서 나온 "无咎"라는 말]이다.[218)]

---

214) 以上도 『四箋』의 해당 부분에서의 설명과는 다르다. 升卦 九二에서는 "震自臨來, 兌德乘剛, 今陽旣升, 是, 无咎也"(『四箋』卷5, 35가)라고 하였고, 升卦 六四(『四箋』卷 5, 35나)에서는 "无咎"에 대한 명시적인 설명은 없고, 다만, "巽以順之"(『四箋』卷5, 35 나)의 卦德이 지적되고 있다.

215) [校閱] 新朝本과 國中本에는 "孔子"로 되어 있으나, 奎章本에는 "孔氏"로 되어 있다. 後者는 誤記이다.

216) 茶山은 『四箋』의 睽卦 九二의 주석에서 噬嗑卦의 母卦인 否卦와 연관하여 설명하고 있다. 즉, "睽卦 九二, 否塞之時, 剛自外反 《五之一》, 是, 无咎也 《善補過》"(『四箋』卷5, 6가)라고 하고 있다. 따라서 여기서 大壯卦와 연관하여 설명하는 방식과는 차이가 있다.

217) 「說卦傳」에 "震 …… 爲大塗"라 나온다(『四箋』卷8, 35나).

○損自泰來 初九則 坎以當乾 ≪一與三 位剛≫ 六四則 离以當坤
≪四與六位 柔≫ 而謂之无咎 ≪泰 下乾上坤≫ 此 又一例也

泰 → 推移 → 損　　　　→　六四 爻變　≡≡ 离
　　　　　　　　　　　　→　初九 爻變　≡≡ 坎

○損卦는 泰卦에서 推移하여 나왔는데, 그 初九의 경우는 [爻變을
하게 되면, 下卦인] 坎이 [泰卦의] 乾에 배당(配當)되게 되고[219] ≪1·3位
는 剛의 자리≫ 六四의 경우는 [爻變을 하게 되면, 上卦인] 离가 坤에 배당
(配當)되게 되어서 ≪4·6位는 柔의 자리≫ [泰卦의 옛 모양을 회복하니[220]]
그래서 각각 "无咎"라고 말한 것이니[221] ≪泰卦는 下卦가 乾이고, 上卦가 坤≫
이 또한 "无咎"가 되는 한 가지 用例이다.[222]

睽初九 亦以坎馬 當乾馬 ≪大壯之下乾≫

大壯 → 推移 → 睽 → 初九爻變 → 未濟

---

218) 앞서, 上經의 无咎例를 설명하는 부분(『四箋』 卷1, 29나)에서도 같은 말이 나왔다.
219) "坎以當乾(一與三位剛)"라는 방식은 이후 蠱卦 九三(『四箋』 卷3, 13나)과 姤卦 九
　　三(『四箋』 卷5, 28가)의 "无大咎"를 설명하는데도 적용된다.
220) 坎이 1·2·3의 离位와 결합하니 乾이 되어, 泰卦의 下乾을 다시 복원하고, 离가
　　4·5·6의 坎位와 결합하여 坤에 상당하게 되어, 泰卦의 上坤이 다시 성립된다는 것
　　이다.
221) "乾坤坎离, 爲四正之卦, 故, 坎以當乾, 离以當坤, 此又一例也."(『四箋』 卷5, 5나) 이
　　런 논리로 "悔亡"을 설명한다.
222) 이 역시 『四箋』의 해당 본문의 해석과는 상이하다. 즉, 『四箋』의 損卦 初九의 주석
　　에서, 다산은 "臨之時, 兌陰乘剛, 蒙乃剛升, 是, 无咎也. 損本下兌, 今坎中剛, 亦无咎
　　也"라고 말하고 있다(『四箋』 卷5, 16가). 그리고 損卦의 六四에서는 "大壯之卦, 以雷
　　乘乾, 移之爲睽 ≪陽升而陰降≫, 其象, 不厲, 是, 无咎也 ≪下雖兌而亦无咎≫"라고
　　말하고 있다(『四箋』 卷5, 17가).

[이와 연관하여, "喪馬, 勿逐自復" 운운한] 睽卦의 初九도 역시 坎의 馬를 乾의 馬에 배당시킨 것이다. ≪大壯卦의 下卦가 乾[223)]≫

☞ 以上, 下經의 "无咎"例

萃 初六 ䷬ 无咎

萃 六二 ䷬ 无咎 ≪中未變也≫

萃 六三 ䷬ 无咎 ≪上巽也≫

萃 九四 ䷬ 无咎[224)] ≪位不當也≫

萃 九五 ䷬ 无咎[225)] ≪志未光也≫

萃 上六 ䷬ 无咎 ≪未安上也≫

萃之六爻 皆言无咎 卽所以敎民補過也 萃者 天下之大盜也 ≪自小過時 爲大盜 萃[226)]而不散≫ 苟善補矣 亦无咎之人也

萃卦의 여섯 爻에서 모두 "无咎"라고 말한 것은 바로 백성들을 교화하여 [어떤] 과실을 범했을 때 [바로] 고치도록 하기 위해서이다.

3·4·5·6이 여전히 坎盜

䷡　䷽　→　☵

大盜 ←大坎＝小過→推移→萃

"萃"라는 것은 天下의 大盜이지만 ≪[그 母卦인] 小過卦에서 이미 "大盜"

---

223) 大壯卦의 下卦가 乾馬였는데, 推移하여 睽卦로 되면, 乾馬가 喪失되었다가, 다시 初九가 爻變하게 되면, 下卦가 坎이 되므로, 坎馬가 회복된 것으로 풀이한 것이다.

224) [校閱] "무구(无咎)"가 新朝本에는 "무자(无咨)"로 되어 있는데, 誤記이다.

225) 茶山은 萃卦 九五의 주석에서, "豫自剝來, 迷而得道, 是, 无咎也"라고 함(『四箋』 卷 5, 33가).

226) [校閱] 奎章本에는 "萃"로 되어 있고, 新朝本과 國中本에는 "聚"로 되어 있다.

의 象인데,227) 그 大盜들이 웅거하여 흩어지지 않는 것이 萃의 象228)》 진실로 그 잘못을 잘 보완하면, 또한 허물이 없는 사람(无咎之人)인 것이다.

易 四百五十繇 而其无咎者 九十八也 以其例而推之 有咎者 鮮矣 人孰無過 改之爲貴 聖人於此廣開自善之路 以導萬民 其 旨 淵乎微矣

『周易』의 450개229) 繇詞 가운데 "无咎"(=善補過)라는 말은 98차례 나오는데,230) 이런 예로 미루어보면, '허물이 있다(有咎)'고 [비난하여] 말한 경우는 아주 드문 편이다.231)

사람이 누군들 과실이 없겠는가! [그러나] 그것을 고치는 것이 소중하니(貴), 聖人이 이에 스스로 바르게 되는 길을 활짝 열어 萬民을 인도하시니,232) 그 뜻이 은연중에 깊으신 것이다!233)

蠱 九三 ䷑ 无大咎 ≪終无咎也≫
姤 九三 ䷫ 无大咎234)

---

227) 「說卦傳」에 "坎, …… 爲盜"라고 함.
228) 이와 연관하여, "草中有卒, 其文爲萃 ≪字從艸從卒≫", "移之爲萃, 驅之出境 ≪出 坤外≫, …… 依然爲盜" 등의 설명이 『四箋』(卷5, 30가) 이후에 보인다.
229) 384개 爻辭(6×64)와 64개의 象詞, 그리고 用九와 用六의 두 가지를 합치면, 450개의 繇詞가 된다.
230) 「25. 无咎例」에서 총 8종, 99가지의 사례가 제시됨. 그런데 제일 마지막의 夬卦 初九의 "爲咎"는 당연히 "无咎"에 속하지 않는다. 따라서 다산이 '98가지'라고 한 것이다.
231) "有咎"라는 단어는 『周易』에 나오지 않는다(이정호 편저, 『주역자구색인』, 충남대학교, 1963, 52면). 다만, 夬卦 初九에서, "爲咎(허물이 된다, 허물이 될 것이다)"라고 한 경우가 한 차례 나올 뿐이다. 이처럼, "咎"가 명시적으로 지적된 경우는 한 차례뿐이지만, 이외에도, 悔·吝 등이 결국은 "咎"에 해당하므로 여기서 "鮮矣"라고 한 것이다. 이에 대해서는 바로 아래에서 언급된다.
232) 『四箋』(卷5, 30가)에 "廣開遷善之路, 使其自新"이라는 표현이 나온다.
233) 특히 最惡인 萃卦에서 6爻 모두에서 "无咎"를 언급하였고, 또한 전체적으로도 98차례나 "无咎"라고 하였으니, 周易을 지은 聖人이 사람들을 격려하여 改過遷善시키는 것을 무엇보다 중시했다는 것이다.

大者 陽也 坎以當乾 ≪一與三位剛≫ 故无大咎也

3이 6으로 추이

泰→推移→蠱→九三爻變→蒙 　 姤 九三 爻變→訟 　 ──→ 乾에 상당.

泰의 下乾에 해당

"大"란 陽을 말한다. [蠱·姤卦 모두에서] 坎으로서 乾에 해당하게 되니 ≪1·3位는 剛의 자리235)≫ 그러므로 "无大咎"인 것이다.236)

蠱之兩互 又爲歸妹 歸妹六三 補之爲乾 亦无咎也

上互卦 蠱 下互卦 兩互作卦 歸妹 六三 爻變 → 大壯 　 ←── 泰의 下乾

한편, 蠱卦를 兩互로 作卦하면 또한 歸妹卦가 되는데, 歸妹卦의 六

---

234) 茶山은 姤卦 九三의 주석에서, "中孚之時, 兌乃乘剛, …… 移之爲訟, 陰猶據三, 非无咎也. 剛升爲乾 ≪一之四≫, 无大咎也"라고 함(『四箋』 卷5, 28나).

姤→三爻變→訟← 推移 ←中孚

즉, 中孚卦에서 訟卦로 推移하는 과정을 보면, 4가 1로 간 것은 동시에 1이 4로 간 것인데, 이런 측면에서 上乾이 성립하고, "移之爲訟, 陰猶據三, 非无咎也"이니, "无咎"에 "大"가 부가된다는 것이다.

235) 이는 앞서 損卦를 설명하면서 언급된 방식이다(『四箋』 卷5, 16가).

236) 以上의 설명은 『四箋』의 해당 괘(蠱卦·姤卦)의 본문에서 언급된 방식과는 다르다. 蠱卦 九三의 경우, 꼭 泰卦의 下乾이 아니라, 그냥 离位만을 가지고 말하는 것일 수 있겠다. 그리고 姤卦 九三의 경우는, ①姤卦의 兩互卦인 乾卦, ②또는 辟卦推移에서 姤卦의 前 단계인 乾卦, ③姤卦의 反易卦인 夬卦의 下乾이 복원된 것으로 볼 수 있 겠다. 혹은 ④中孚卦와 訟卦의 관계에서, 六三이 여전히 陰이니 "非无咎"인데, 离位로 乾이 성립하여 "无大咎"가 되는 것이거나, ⑤그냥 姤卦와 訟卦의 관계에서 '3의 陰'이 '2의 陽'을 타고 있으니 '咎'인데, 이것이 离位로 乾이 성립하니 "无大咎", ⑥訟卦의 母卦인 遯卦에서 설명할 수도 있겠다.

三은 爻變하여 보완하면 乾이 되니, 또한 "无咎"인 것이다.[237)]

觀 初六 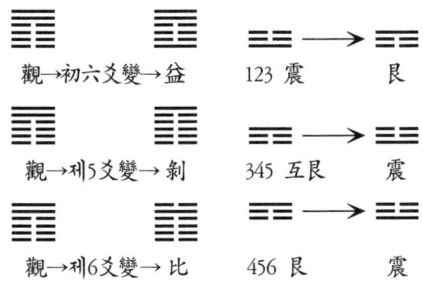 [238)] 小人无咎 ≪小人道也≫

觀 九五 [239)] 君子无咎 ≪觀民也≫

觀 上九 君子无咎 ≪志未平也≫

觀者 自上而觀下也 自上觀下 則震艮顚倒 故初六爲艮 五六
爲震也 ≪上九則互震倒≫ 小人者 艮也 君子者 震也

觀→初六爻變→益　123 震　艮

觀→제5爻變→剝　345 互艮　震

觀→제6爻變→比　456 艮　震

[觀卦에서] "觀"이란 말은 [엄밀히 따지면] 위에서 아래를 내려다보는
것이다. 위에서 아래를 내려다보면 震과 艮이 서로 뒤바뀐다.[240)] 그러므
로 [觀卦에서] 初六은 艮이 되고, 九五와 上九는 震이 된다.[241)] ≪[觀卦

---

237) 이는 蠱卦 본문에서 설명과 동일하다(『四箋』卷3, 13나). 즉 위에서 "坎以當乾"의 방
　　식을 언급하고 나서, 蠱卦만 보충하여 부연한 것이다. 그리고 "无咎"가 되는 것은 歸妹
　　卦의 母卦가 地天 泰卦인데, 그 泰卦의 下卦인 乾을 大壯卦가 되면서 보완하였기 때
　　문이다.
238) 괘그림이 奎章本과 國中本에는 "風地觀" 그대로 나오나, 新朝本에는 효변을 적용하
　　여 "風雷益"으로 나온다.
239) 괘그림이 奎章本과 國中本에는 "風地觀" 그대로 나오나, 新朝本에는 효변을 적용하
　　여 "水地比"로 나온다.
240) 震을 뒤집어서 보면, 艮이 되고, 艮을 뒤집어서 보면, 震이 된다.
241) 이것을 순서대로 설명하면 다음과 같이 된다. ①觀卦의 初六은 益卦가 되고, 益卦

의] 上九의 경우는 [爻變하면 水地 比卦로서] 곧 互震이 거꾸로 있는 것이다.≫ [初六의] "小人"이란 그 艮이고, [九五와 上九의] "君子"란 震이다.242)

小畜	初九		何其咎	≪其義 吉也≫
隨	九四		何咎	≪明功也≫
睽	六五		往何咎	≪往有慶也≫
夬	初九		爲咎243)	≪不勝而往咎244)也≫

何咎 猶无咎也

"何咎"는 결국 "无咎"와 동일한 의미이다.245)

○ 夬初九之占 當與姤上九同 然 夬爲咎 姤爲无咎者 夬則卦主在下 ≪初爻 初爲主≫ 爲敵所克也 ≪兌金 克巽木≫

夬→初九爻變→大過   姤→上九爻變→大過

의 1·2·3은 震인데, 그것을 위에서 [거꾸로] 내려다보면, 艮이 된다. ②觀卦의 九五는 剝卦가 되고, 剝卦의 4·5·6은 艮인데, 그것을 거꾸로 뒤집어보면, 震이 된다. ③觀卦의 上九는 比卦가 되고, 比卦의 3·4·5는 艮인데, 그것을 거꾸로 뒤집어보면, 震이 된다.

242) 이것은 『四箋』의 해당 본문에서의 설명 방식과는 다르다.

243) 茶山은 夬卦 初九의 주석에서, "初本得位, 今乃失之, 是爲咎也 ≪陰居陽≫"라고 함(『四箋』 卷5, 23나~24가). 이는 당연히 "无咎例"가 아니다. 다만 바로 아래에 나오거니와 姤卦 上九의 "无咎"와 비교하기 위해서, 그리고 일단은 "咎"이므로 달리 다른 例에 둘 수도 없고 하여, 여기 "无咎例"에 끼워 제시한 것으로 추정된다.

244) [校閱] 奎章本과 國中本에는 "不勝而往, 咎也"로 되어 있으나, 新朝本에는 "咎"가 탈락되고 없다. 前者가 옳다.

245) 이것은 "何其咎"와 "往何咎"의 두 경우 모두에 해당된다. 한편, 茶山은 睽卦 六五(『四箋』 卷5, 7나)에서, "往何咎"를 "往无咎"라 표현하고 있다.

○夬卦 初九의 占과 姤卦 上九의 占은 당연히 같아야 한다.[246] 그런데 夬卦는 "咎"가 되고, 姤卦는 "无咎"가 되는 것은, 夬卦의 경우는 卦主(卦의 주체)가 아래에 있고[247] ≪이는 初爻이니, 初가 그 主가 됨≫ 그것이 상대(敵)에게 패배하기(所克) 때문이다.[248] ≪兌의 金이 巽의 木을 이기는 것이다.≫

26) 유부 예(有孚 例[249])

需之象	有孚	≪以正中也≫
訟之象	有孚	≪剛來而得中也≫
觀之象	有孚	≪下觀而化也≫
坎之象	有孚	≪不失其信≫

---

246) 夬卦 初九와 姤卦 上九는 똑같이 大過卦로 변하기 때문에, 그 占이 같아야 한다는 뜻이다.

247) 夬卦의 경우와는 반대로, 姤卦 上九(姤之大過)의 경우에는, 卦主가 '在上'에 있게 된다.

248) 姤卦 上九는 下經의 无咎例를 제시하는 부분에서 지적되었다(『四箋』卷1, 312가).

249) 이 '有孚例'의 구성은 ① 象의 "有孚"와 기타 "孚", ② 爻辭의 "有孚", ③ 기타 "孚"의 순서로 되어 있다. '孚'字에는 '믿음(信也)'(『四箋』卷1, 32나；『四箋』卷2, 25나；有孚者, 有恃也：『四箋』卷7, 15가) '감화(感化也)'(『四箋』卷1, 33가), 상하가 서로 응하는 것(上下相應, 謂之孚：『四箋』卷6, 38가) 교감(交感也：『四箋』卷4, 37나) 등의 뜻이 있다. "交孚"(睽卦 九四)는 '交感'의 뜻으로 쓰인다(『四箋』卷4, 37나). '有孚例'는 기본적으로 '祭祀의 占'에 쓰이는 占例이며, ① 제사의 占, ② 국가간의 외교를 점친 것, ③ 政治的 效果・결과를 점친 것 등에 사용된다. "有孚"는 "그 성의와 정성이 지극하여, 그래서 하늘이 감복하여, 복을 내린다(또는 그 은총을 받는다)"는 정도의 의미이다. 한편, 하늘이나 귀신을 섬기는 제사와 마찬가지로, '국가간의 외교(都國相交)'나 '군자가 세상을 다스리는 일(君子御世)'에도 성의와 信義가 있어야 하고, 그래야 그에 대한 결과・효과・보답이 있게 된다. 따라서 "有孚"에는 어떤 일을 성실히 수행하여 그 보답을 받는다, 또는 '좋은 결과가 나온다'는 의미가 첨부된다.

損之象 ䷨ 有孚 ≪其道上行≫
夬之象 ䷪ 孚號
革之象 ䷰ 乃孚 ≪革而信之≫

孚者 信也 誠則必信 故虛中爲孚 此 中孚之所以名也 故 易例
离則有孚

"孚"라는 것은 믿음(信)이니,250) 성실하여야 반드시 신망(信)을 얻게 되
는 법이다. [본래] 가운데를 비운 것(虛中)이 "孚"이니,251) 이는 [전체로
보면 大离가 되는] "中孚卦"가 그렇게 이름이 붙게 된 까닭이다. 그러므
로 易例에서는 [그 가운데가 비어 있는] 离가 곧 "有孚"로 되는 것이다.

然 或二五相應 亦云 有孚 ≪剛柔應≫ 觀卦 是也 夬之孚號 則又
以履²⁵²⁾之交易 ≪天澤交≫ 履者 离也 ≪通卦爲离形≫

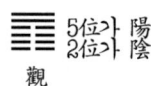

觀

그런데 간혹 2와 5가 [陰－陽 또는 陽－陰으로] 相應하는 경우, 역시

---

250) '孚'字는 "믿게 하다", "신망을 받다", "신의", 또는 "신망을 얻는 것"을 뜻한다. 이밖
에, 茶山은 "孚者, 感化也"(『四箋』卷4, 37나), "孚者, 交感也"(『四箋』卷4, 37나) "有孚
者, 有恃也 ≪离爲信≫"(『四箋』卷7, 15가)의 뜻이 있다고 하였다. 원래, '孚'字는 어린
아이를 손으로 어루만지는 모습을 象形한 글자로서, 이러한 字意로부터, 하늘과 神이
인간에게 복을 내리거나 은총을 내려 준다는 뜻이 이끌어져 나온 것으로 보인다. 또
'孚'字는 알(卵)을 뜻하던 글자였는데, 닭이 달걀을 낳고, 오리가 오리알을 낳듯이, 사
람의 말도 이렇게 신의가 있어야 한다는 의미에서, 信의 뜻이 유래되었다고 한다(許愼
撰, 段玉裁 注,『說文解字注』, 上海古籍出版社, 1981, 113면 참조).
251) 다산은 郭(外城 부), 莩(갈대 부), 脬(방광 포), 浮(뜰 부), 등의 사례를 거론하며 "孚"
가 '속이 비어 있는 것'을 나타내는 글자라 함(『四箋』卷7, 1나).
252) [校閱] "履之交易"의 "履"가 奎章本에는 "離"로 되어 있는데, 誤記이다.

"有孚"라고 말하는데 ≪剛과 柔가 相應≫ 觀卦[의 象詞에 나오는 "有孚"]가 이런 경우이다.253)

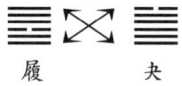

履　　　夬

夬卦의 [彖辭의] "孚號"의 경우는, 또한 履卦와의 交易에 따른 것인데 ≪天澤의 交易≫ 履卦는 离이다.254) ≪履卦를 전체적으로 보면 离의 형태이다.≫

○ 祭祀之義 必以誠信 有孚者 祭祀之占也
○祭祀라는 의식은 정성(誠)으로 해야 하늘이 감동(信=孚=感化)하는 것이니,255) "有孚(미쁨이 있다)"라는 것은 祭祀에 대해 점친 占辭인 것이다.256)

然 或隣國相交 必以信孚 小畜所謂 有孚攣如 是也
그런데 한편 이웃나라와 상호관계를 맺는 데 있어서도, [祭祀와 마찬가지로] 반드시 신의(信)로서 해야 '보답(孚=感化)'이 있게 되는 것이니,257) [따라서 "有孚"가 '국가간의 외교관계의 좋은 결과'를 의미하기

---

253) 觀卦의 象辭에 "觀, 盥而不薦, 有孚, 顒若(觀은 손을 씻었으나, 祭物을 올리지 못한 것이다. 감복하여 호응함(孚)이 있을 것이니 [백성들이] 온화하게 [윗사람을] 우러러 보는 듯(顒) 하다)"라고 함. 다산은 이에 대한 주석에서, "二與五應, 兩心相假, 是, 有孚也"라고 함『四箋』卷3, 17나).

254) 『四箋』의 履卦의 象詞의 주석에서는 上位(剛)와 제3位(柔)가 서로 相應 관계에 있음도 "有孚"가 되는 이유가 된다고 지적하고 있다. 즉, 茶山은 "履交爲夬, 而三六猶應 ≪不失剛柔應≫ 是, 有孚也"라고 함『四箋』卷5, 23가).

255) 必以誠信 : (다른 가능한 해석) 祭祀의 도리(義)는 정성(誠)과 믿음(信)으로 지내는 것이니.

256) 「易例比釋下」에 「32. 祭祀例」라는 항목이 나온다(『四箋』卷4, 22나).

257) 엄밀히 따지면, 이렇게 해석하려면 "必以信孚"가 아니라, "必信以孚"가 되어야 할 것이다(위에서도 동일). 그러나 의미를 보다 명확히 한다는 뜻에서 그대로 둔다. "必以信孚"를 "반드시 성실과 신의로서 해야 하는 것이니,"로 해석할 수도 있다. 한편, 豐卦

도 하는데] 小畜卦[의 九五]에서 말하는 "有孚攣如"[258]는 바로 이런 경우에 해당된다.[259]

君子御世 必以信孚 革所謂 已日乃孚 是也 孚者 感化也

[또한] 君子가 세상을 다스림(御世)에 반드시 정성과 신의(信)로서 해야, [백성들이] 감화되는 것(孚)이니, 革卦에서 말하는 "已日乃孚"가 바로 이것이다.[260] 이런 측면에서 "孚"라는 것은 '感化됨'이기도 하다.[261]

☞ 이상은 象(卦辭)에 나타난 "有孚", 기타 "孚"의 사례이며, 아래는 爻辭에 나타난 "有孚"의 사례.

比　初六[262]　䷇　有孚[263]

六二의 「小象傳」에 "信以發志"라는 표현이 나온다.

258) "有孚攣如"는 "서로 신의가 있어서, '한쪽 팔이 아플 때(攣) 다른 팔이 돕는 것과 같다' 정도의 의미이다(『四箋』卷2, 25나 이후 참조). 中孚卦 九五의 "有孚攣如"도 그 뜻이 동일하다(『四箋』卷7, 5가).

259) 이도 『四箋』의 小畜 九五 본문에서는 언급되지 않은 내용이다. 『四箋』의 小畜卦 九五의 주석에서는 "有孚攣如, 大畜自中孚來, 本以大离, 移亦不變 ≪大畜, 亦大离≫ 是, 有孚也"라고 함(『四箋』卷2, 25나 이후 참조).

260) 已日乃孚: '하루만 되면 감화를 받는다', 또는 "하루가 다 가기 前에 감화를 받는다", "하루만에 곧 신뢰를 받는다" 정도의 의미이다. 茶山은 革卦의 象詞에 대한 주석에서 "不過一日 ≪离爲日≫ 民已信之 ≪离爲信≫ 已日乃孚也, 已日者, 旣日也, 日在西天之下 ≪离在兌乾下≫ 旣日之象也"라고 함(『四箋』卷6, 1나). 즉, "已日"은 '旣日'이며, 离가 兌乾下에 있어 "日在西天之下"의 象이 있는 것이다.

261) 民心이 곧 天心이니, 民에 정성을 드려 그를 감동시킴은 바로 하늘이 감응하는 것과 같은 것이겠다.

262) 比卦 初六의 爻辭에는 "有孚"가 2번 언급된다(아래의 未濟 上九도 2回 언급). 前者는 水雷 屯卦의 1, 2, 3, 4, 5의 大离에 입각하여 설명하고, 後者는 이와 아울러 그 2位와 5位의 相應함으로 "有孚"를 설명하는데, 결국 같은 것을 두고 같은 방식으로 설명하는 것이 된다. 茶山은 比卦 初六의 주석에서, "此, 比之屯也. 屯自觀來, 觀本有孚, 移之爲屯, 离誠乃格, 是, 有孚也. …… 大离之誠, 二五遂應, 有孚盈缶也"라고 함(『四箋』卷2, 20가).

263) [校閱] 奎章本에는 괘그림만 나오고 "有孚"라는 말이 빠져 있다.

小畜	六四	䷈	有孚	《上合志也》
小畜	九五	䷈	有孚[264]	《不獨富也》
隨	九四	䷐	有孚	《明功也》
大壯	初九	䷡	有孚[265]	《其孚窮也》
家人	上九	䷤	有孚	《反身之謂也》
解	六五	䷧	有孚	《小人 退也》
益	六三	䷩	有孚	《固有之也》
益	九五	䷩	有孚	《勿問之矣》
萃	初六	䷬	有孚	
井	上六	䷯	有孚	《大成也》
革	九三	䷰	有孚	《又何之矣》
革	九四	䷰	有孚	《信志也》
革	九五	䷰	有孚	
豐	六二	䷶	有孚	《信以發志也》
中孚	九五	䷼	有孚[266]	《位正當也》
未濟	六五	䷿	有孚	《其暉吉也》
未濟	上九	䷿	有孚[267]	

---

264) 茶山은 앞서 "鄰國相交"와 연관된 "有孚"라고 하였다(或隣國相交, 必以信孚, 小畜
所謂, 有孚攣如, 是也;『四箋』卷1, 32나).
265) 茶山은 大壯卦 初九의 주석에서, "初本無應, 爻之旣變, 六位皆應, 是, 有孚也"라고
함(『四箋』卷4, 37가~37나). 따라서 이는 离로 말미암아 "有孚"가 되는 것이 아니라,
六位가 皆應이라, 有孚인 사례에 속한다.
266) 이 有孚例도 "鄰國相交"와 연관된 "有孚"의 경우이다. 앞서 小畜卦 九五를 설명하
는 자리에서 같이 설명되었다(『四箋』卷2, 25나). 茶山은 中孚卦 九五의 주석에서, "大
离猶舊, 所以孚也"라고 함(『四箋』卷7, 5가).
267) 未濟卦 上九에서도 "有孚"가 2回 나온다(有孚于飮酒, 无咎. 濡其首, 有孚, 失是).

☞ 아래는 爻辭에 나타난 "有孚"의 사례를 『周易四箋』해당 부분에서 옮긴 것이다. 위의 『四箋』의 괘그림으로는 '18가지 사례'가 제시되었으나, 실제로는 比卦 初六과 未濟卦 上九에 각각 "有孚"가 2회씩 나타나니, 전부 '20가지 사례'라 하겠다.

諸卦 並²⁶⁸⁾以离孚 ≪或大离互离≫ 唯大壯初九 以六位皆應 ≪雷風恒≫ 謂之有孚也

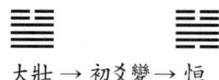

大壯 → 初爻變 → 恒

이상의 卦들은 모두 离에 따라 孚로 된 것인데²⁶⁹⁾ ≪혹은 大离이거나 互离일 수도 있음≫ 오직 大壯 初九의 경우만은 여섯 개의 位가 모두 相應함에 따라 ≪이는 爻變하면 雷風 恒卦로 됨≫ "有孚"라고 말한 것이다.

○中孚六爻 皆宜有孚 唯九五言之者 明小畜九五²⁷⁰⁾ 其象 宜同也 ≪皆有孚攣如≫

○中孚卦의 여섯 爻에는 모두 "有孚"[의 例]가 있어야 마땅한데,²⁷¹⁾ 단지 九五에서만 "有孚"를 언급한 것은, 小畜의 九五와 그 [相互援助의] 象이 동일해야 한다는 것을 밝힌 까닭이겠다.²⁷²⁾ ≪[中孚卦 九五와 小

---

268) [校閱] "並"이 奎章本에는 "幷"으로 나온다.
269) 諸卦 並以离孚 : (다른 가능한 해석) "以上의 卦들은 '离孚'에 의한 것이지만 『四箋』(卷7, 1나)에 "中以离孚"라는 표현이 나온다.
270) [校閱] 奎章本과 新朝本과 國中本에 모두 "小畜六四"라고 나오는데, "六四"는 "九五"의 誤記이다.
271) 中孚卦는 祭祀와 연관된 卦이다. 茶山은 "內外齊潔 ≪下倒巽≫, 中以离孚 ≪二五夾≫"라고 하였다(『四箋』卷7, 1나).
272) 中孚卦와 小畜卦에는 大离의 象이 있는데, 中孚卦 九五와 小畜卦 九五가 효변해서 생긴 巽卦와 大畜卦에도 大离의 象이 있으므로, "有孚"가 성립된다.

畜卦 九五의] 두 곳에서 모두 "有孚攣如"라 하였다.≫

☞ 이 아래는 "有孚"와 연관된 '기타 '孚'의 사례'이다.

泰	九三		其孚[273]
泰	六四		以孚 ≪中心願也≫
大有	六五		厥孚交如[274] ≪信以發志≫
隨	九五		孚于嘉 ≪位正中也≫
睽	九四		交孚[275] ≪志行也≫
解	九四		朋至斯孚 ≪未當位也≫
姤	初六		孚
萃	六二		孚 ≪中未變也≫
升	九二		孚 ≪有喜也≫
兌	九二		孚兌 ≪信志也≫
兌	九五		孚于剝 ≪位正當也≫

←損南益北

中孚→五爻變→損←推移←泰   小畜→五爻變→大畜←推移←中孚

이처럼, 두 卦에 있어서, "有孚"의 象도 동일하지만, "損南益北"(中孚 九五)과 "南鄰之富, 移於北鄰"(小畜 九五)의 象도 또한 동일하다.

273) 泰卦 九三의 爻辭에 "勿恤, 其孚"라고 함. "勿恤, 其孚"는 "근심하지 말고, 그 믿음을 지니라"의 뜻이다.

274) 참고로, 睽卦 九四에 "交孚"라는 말이 나온다(『四箋』卷5, 7가).

275) 茶山은 "交孚"를 '交感'의 뜻으로 보았다. 茶山은 睽卦 九四의 주석에서, "此, 睽之損也. …… ○中孚之時, …… 四之旣變, …… 遂成大离 ≪二六夾≫ 六位皆應, 是, 交孚也 ≪三往上來, 爲交感≫"라고 함(『四箋』卷5, 7가).

諸卦 並以离孚 唯泰之三四 升之九二 皆以兩互之卦 得有离 誠也 ≪見本卦≫

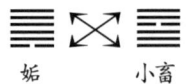

兩互作卦 →　　← 兩互作卦

下互兌　泰　上互震　　　歸妹　　　上互震　升　下互兌

以上의 여러 卦들도 역시 모두 离로 말미암아 "孚"하게 된 것이다. 다만 泰卦 九三[276]과 泰卦 六四[277]와 升卦 九二[278]는 모두 그 兩互卦(즉 歸妹)에서 离의 誠을 얻은 경우이다. ≪[해당되는] 本卦를 참조할 것[279]≫

姤之初六 又以小畜交易 ≪風天交≫ 本有离孚 ≪小畜有离形≫ 亦有正應也 ≪一四應≫

姤　　　　小畜

姤卦의 初六은 또한 小畜卦와 交易관계인데,[280] 小畜에서 본래 离의 孚가 있었고 ≪小畜卦에는 3·4·5에 离의 형태가 있음≫ 또한 正應관계가 있

---

276) 茶山은 泰卦 九三에서, "泰之兩互, 卽成歸妹. …… ○歸妹之卦, 雖有坎恤 ≪三五互≫, 亦以离孚, 勿恤其孚也 ≪有信故無憂≫"라고 함(『四箋』卷2, 32가).

277) 茶山은 泰卦 六四의 주석에서, "歸妹之卦, 成言乎艮, 以戒坤民, 而上下不應. 四之旣變, 艮戒雖減, 而民志乃應, 不戒以孚也. 我悅民順, 不孚而能然乎"라고 함(『四箋』卷2, 32나).

278) 茶山은 升卦 九二의 주석에서 "此, 升之謙也. 升之兩互, 是成歸妹, …… 二爻之動, 又變爲震. …… 本以离誠 ≪歸妹本互离≫, 今又虛中 ≪震大离≫ 誠之旣孚, 物薄何咎, 利用禴也. …… 萃六二亦然"이라고 함(『四箋』卷5, 35가).

279) 이밖에, 隨卦 九五도 兩互作卦한 漸卦에 입각하여 설명하고 있는 경우이다. "此, 隨之震也. 隨之兩互, 卽成漸卦. 漸者, 女歸之卦也."(『四箋』卷3, 10나)

280) 姤卦 初六이 효변하면, 乾卦가 되지만, 여기서 交易관계는 효변하기 以前의 姤卦와 小畜卦 사이에 성립된다.

었다.281) ≪小畜卦에서 1과 4가 호응함≫ [그래서 "孚"가 언급된 것이다.]

☞ 이하는 "有孚"나 "孚"가 아니라 그와 반대되는 사례이다.

晋 初六 ䷢ 罔孚 ≪未受命也≫
萃 九五 ䷬ 匪孚 ≪志未光也≫

晋 初六 未嘗無离孚也 萃九五 未嘗無正應也 然而不孚者 卦
德爻象 有未然也 ≪見本卦≫

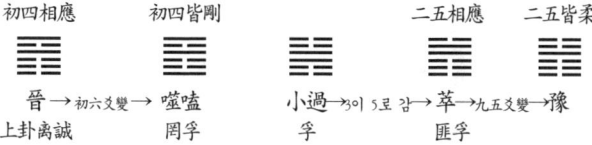

初四相應	初四皆剛		二五相應	二五皆柔
䷢	䷔		䷽	䷬
晋 →初六爻變→ 噬嗑		小過 →3이 5로 감→ 萃 →九五爻變→ 豫		
上卦离誠	罔孚	孚	匪孚	

晋卦 初六에도 离의 "孚"가 없는 것이 아니고,282) 萃卦 九五에도 올

---

281) 茶山은 姤卦 初六의 주석에서, "姤之交易, 卽是小畜, …… 小畜之時, 上下相應 ≪初四應≫ 交之爲姤, 其應如故 ≪初四應≫ 孚蹢躅也"라고 함(『四箋』卷5, 27가~나).
282) 晋卦 初六의 爻詞에서 "罔孚(믿음이 없다)"라고 한 것은 이미 爻變한 경우에 해당되지만, 그렇다고 해서, 본래부터 "罔孚"인 것이 아니고, 晋卦의 本象에서는 上卦가 본래 离이고, 게다가 剛柔의 相應관계(一과 四)가 존재하기 때문에, "孚"가 없는 것이 아니라고 한 것이다.

䷢ ䷔
晋 →初爻變→ 噬嗑

茶山은 晋卦 初六에서, "爻之未變 初與四應 ≪剛柔應≫ 爻之旣變 乃失其應 ≪初今剛≫ 雖有离誠 ≪上本离≫ 亦罔孚也 ≪孚者, 交感也≫"[晋卦에서] 爻가 아직 변하지 않았을 때는, 一과 四가 相應의 관계에 있다. ≪剛과 柔가 상응함≫ 그런데 [晋卦가 噬嗑卦로 되어서] 爻가 이미 변하게 되면, 이에 그 상응함을 잃게 되니 ≪噬嗑卦의 初爻가 지금 陽이며, 四爻도 역시 陽≫ 비록 离의 성실함이 있다고 하더라도 ≪上卦가 본래 离≫ 역시 믿음이 없는 것(罔孚)이다. ≪孚는 交感함을 뜻함≫"라고 함(『四箋』卷 4, 37나).

바르게 상응함(正應)이 없는 것은 아니다.[283] 그런데도, "孚"가 못되는 것은 그들 卦德과 爻象에 그렇지 못함 점(未然)이 있기 때문이다. ≪[설명은] 해당 卦를 참조할 것≫

27) 정길 예(征吉 例)

泰	初九		征吉	≪志在外也≫
升之象			南征吉[284]	≪志行也≫
困	上六		征吉	≪吉行也≫
革	六二		征吉	≪行有嘉也≫
歸妹	初九	[285]	征吉	≪相承也≫

---

283) 앞의 경우(晉卦 初六)와 마찬가지로, 爻詞에서 "匪孚"[君主와 백성 사이에 서로] 호응함이 없다)라고 한 것은 이미 爻變한 경우에 해당되지만, 그렇다고 해서, 萃卦의 本象에 본래부터 "孚"가 없는 것은 아니라고 한 것이다.

小過 → 革 → 豫

茶山은 萃卦 九五의 주석에서, "自小過移 ≪三之五≫ 二五相應 ≪萃五剛≫ 謂旣孚矣, 五之旣變, 坤民不應 ≪二五 今皆柔≫ 乃匪孚也"[萃卦는] 小過卦로부터 推移한 것인데 ≪[小過卦의] 三이 五로 감≫ [萃卦에서는] 二位와 五位가 서로 호응하니 ≪萃卦의 五位는 剛≫ 이미 믿음(孚)이 있다고 하겠으나, [萃卦의] 九五가 이미 효변하여 [豫卦로 되면] 坤의 백성이 [더 이상] 호응하지 않으니 ≪豫卦에서는] 二位와 五位가 지금 모두 柔≫ 곧 "匪孚", 즉 "'[君主와 백성 사이에 서로] 호응함이 없다'라고 한 것이다"라고 하였다(『四箋』卷5, 33가).

284) 南征吉 : 남방을 정벌함이 吉하다는 뜻.

285) [校閱] 新朝本에는 歸妹卦의 괘그림이 빠져 있다. 한편, 奎章本의 경우, 「27. 征吉例」의 괘그림이 전부 "重地坤"으로 보인다. 그렇다면 모두 잘못된 것이다.

征者 伐也 ≪上伐下曰 征≫ 古者 諸侯接隣 數有征伐 國之大事
必以筮決 故征吉 征凶 屢示占例 乃後之說易者 或訓爲行 或訓
爲進 不亦謬乎

여기 "征"이란 것은 "伐"이다. ≪윗사람이 아랫사람을 치는 것[伐]을 "征"이
라 한다.≫ 古代에는 諸侯들이 인접하여 있어서 征伐에 나서는 일이 여러
번 있었다. 이러한 國家의 大事는 반드시 占筮로 결정했던 까닭에, "征
吉"이니, "征凶"이니 하는 占辭의 例가 자주 보이는 것이다. 그런데(乃)
後代에 『周易』을 해석하는 者들이 [이 征을 단순히] "行"으로 풀이하거
나, 或은 "進"으로 풀이하니, 또한 잘못이 아니겠는가?

離之上九曰 王用出征 謙[286]之上六曰 利用行師 征邑國 復之
上六曰 至于十年 不克征

離卦의 上九에 "王用出征"[287]이라고 하였고, 謙卦의 上六에 "利用
行師, 征邑國"[288]이라 하였으며,[289] 復卦 上六에는 "至于十年, 不克
征"[290]이라 하였다.

易凡言征 無非征伐之征 ≪漸九三云 夫征不復 亦從征者之占也≫ 則征
吉征凶 豈有異釋哉

[이상에서처럼] 『周易』에서 대저 "征"이라 말하는 경우, "征伐"의

---

286) [校閱] 奎章本과 國中本에는 "謙"이 있으나, 新朝本에는 빠져 있다. 後者는 誤記이다.
287) 王用出征 : "왕이 정벌을 단행한다", 또는 "왕이 이로써 출정한다".
288) 利用行師, 征邑國 : 군사를 움직여, 邑國을 정벌함이 이롭다.
289) 茶山은 謙卦 上六의 주석에서, "易例, 凡自我伐彼者, 曰征曰伐, 而不言邑國, 此云,
邑國者, 明自外而伐內也(易例에서는 대체로 자신이 상대를 친 경우에 '征'이나 '伐'이
라고만 하고, '邑國'을 [덧붙여] 말하지 않는다. [그런데] 여기서 '邑國'을 [덧붙여] 말
한 것은 분명 [정벌은 정벌인데] '밖에서 안을 친 것', [즉 밖에서 자신의 나라로 쳐들
어 간 것]임을 [분명히] 밝힌 것이라고 함."(『四箋』卷3, 4나)
290) 至于十年, 不克征 : 십 년이 되도록 싸워도 정벌하지 못한다.

"征"이 아닌 경우가 없으니 ≪漸卦 九三에도 "夫征不復", 즉 "지아비가 정벌에 나섰다가 돌아오지 못한다"라고 한 것도 역시 정벌에 從軍한 자(從征者)의 占에 해당됨≫ "征吉"・"征凶"에 어찌 다른 해석이 [있을 수] 있겠는가?

若夫行者之筮 其在易詞 曰行 曰往者 不可勝數 不可與征吉 征凶 混而不分也

예컨대 길떠나는 자와 관련된 占筮의 경우라면, 易詞에서 "行"이라거나 "往"이라고 한 경우가 헤아릴 수 없을 정도로 많이 나오고 있으니,291) 따라서 이것을 "征吉"・"征凶"과 뒤섞어 구분하지 않는 것은 옳지 않다.

○以卦象則 或以卦主之存亡 占其吉凶 或以物性之相克 占其勝敗 然 水克火 火克金 金克木 則易詞有徵 至於 木克土 土克水 則絶無影響

○[征吉・征凶의 易例는] 卦象의 측면에서는 어떤 경우에는 卦主의 存亡에 따라서 그 吉・凶을 점치거나,292) 혹은 五行에 따른 物性의 相克 여부로 그 勝・敗를 점치기도 한다. 그런데 [後者의 경우에 있어] "물이 불을 이기고(水克火)", "불이 쇠를 이기고(火克金)",293) "금이 나무를 이기는(金克木)"294) 경우는 곧 易詞에 증거가 있으나, "나무가

---

291) 日行曰往者 : 『주역자구색인』(이정호 편저, 충남대학교, 1963)에서, '行'은 249~251면에, '往'은 163면 이후에 많은 사례들이 제시되고 있다. 또한 「易例比釋」에서 본다면 「31. 利有攸往例」가 이의 대표적인 사례이겠으며, 「30. 利涉大川例」도 연관되는 것이겠다.
292) 위의 사례에서 본다면, 困卦上六과 升卦의 象 등이 이에 해당될 것이다.
293) 火克金(金遇火)의 事例(『四箋』 卷1, 34나) : ① 革卦 六二; 征吉; "大壯之時, 我得乾金, 克彼震木. 移之爲革, 火又克金, 以征則吉."(『四箋』 卷6, 2나~3가) ② 火將克金(『四箋』 卷6, 4나).
294) 金克木의 事例 : ① 夬卦 初九(『四箋』 卷5, 23나), ② 革卦 六二; 征吉; "大壯之時, 我得乾金, 克彼震木. 移之爲革, 火又克金, 以征則吉."(『四箋』 卷6, 2나~3가)

흙을 이기고(木克土)", "흙이 물을 이기는(土克水)" 경우는 전혀 아무런 흔적이 없다.

古之聖人 驗諸實理 以爲占例 而後之術數家 增衍添補 以爲 相克相生之說耳

[이상의 증거에서 볼 때] 옛 聖人은 實理에 입각하여 占例를 삼았지만, 이후의 술수가(術數家)들이 이를 제멋대로 늘리고 덧붙여서, 이른바 상극(相克)·상생(相生)의 說을 지어냈을 따름인 것이다.

春秋傳 晋趙鞅卜救鄭 《哀九[295]年》 遇水適火 《杜氏云 水火之兆》

『春秋左氏傳』에 晋나라 조앙(趙鞅)이 [宋나라의 공격을 받고 있는] 鄭나라를 구원하는 문제에 대해 거북점을 쳐서 《애공(哀公) 9年[296]》 "水適 火(물이 불에 달려드는 격의 징조)"를 얻었는데 《이에 대해 杜預가 해석하기를 "水火의 징조"라고 하였다.》

史龜曰 是謂沈陽 《火陽得水沈》 可以興兵 史墨曰 炎帝火師 姜 姓其後也 水勝火 伐姜則可 《宋 子姓 爲水》

이에 대해 史龜는 "이것을 '침양(沈陽)'이라 하는 것입니다. 《['沈陽'이런 火의 陽기운이 물(水)을 만나 침체되는 것을 가리킴》 군사를 일으킬 만합니다"라고 하였고,[297] 史墨은 "염제(炎帝, 神農氏)는 불을 이용하는 방법을

---

295) [校閱] 新朝本과 奎章本과 國中本에 모두 "哀八年"이라고 나오지만, 『左傳』의 原文에는 "哀公, 九年"으로 되어 있다. 따라서 "哀八年"을 "哀九年"으로 고쳐야 옳다. 한편, 이는 「春秋官占補註」에 나오는 "陽虎救鄭之筮"와 연관되는 사항이고, 또 같은 해의 일인데, 그 「補註」에서도 역시 "哀八年"이라고 나온다(『四箋』 卷7, 28나).

296) 『春秋左氏傳』 下(文璇奎 역, 명문당, 1987)를 참조할 것. 「春秋官占補註」의 "陽虎救鄭之筮"가 바로 이 다음에 나오며, 연관된 일이다(『四箋』 卷7, 28나).

297) 史龜의 말은, 軍師를 동원할 수 있는 운수이기는 하지만, 결국 宋나라에 敵對해서 鄭나라를 도와서는 안 된다는 것이다(文璇奎 역, 『春秋左氏傳』 下, 명문당, 1987, 460면).

가르친 사람(火師)으로, 姜氏 姓을 가진 자들이 그 후예들입니다.[298] 물
(水)을 불(火)을 이기는 것이니, 姜氏 性의 나라를 치면, 좋습니다"라고 하
였다.[299] ≪宋나라 왕실은 子氏 姓이며, [그 姓이] 水에 해당한다.≫

又 史墨對趙簡子曰 庚午之日 日始有謫 火勝金 故弗克 ≪昭
三十一年[300]≫ 水克火 火克金 則有徵矣

또 한편, 사묵(史墨)[301]이 晉나라 조간자(趙簡子)에 대답하여 말하기를,
"庚午日[302]에 해(日)가 비로소 변할 기운을 나타냈습니다. 불(火)은 쇠(金)
를 이깁니다. 따라서 [南方의 火에 해당하는] 楚나라를 이기지 못합니
다"라고 하였으니 ≪소공(昭公) 31年[303]≫ 이처럼 "水克火"와 "火克金"의
경우는 [『周易』 이외에도] 증거(徵)가 있는 것이다.

---

298) 『史記』에 의하면 신농(神農)의 이름은 석년(石年), 천수(天水) 지방에서 출생하여 강
   수(姜水)땅에서 자랐기 때문에 성(姓)을 자란 곳의 지명을 따서 姜이라고 정하였다. 천
   수(天水)땅은 현재 감숙성(甘肅省) 위천현(渭川縣)인데 漢나라 때는 천수(天水)라고 했
   고, 강수(姜水)는 현재 기서성(岐西省)을 말한다.
299) 史墨의 말도 결국은 "鄭나라를 구원해서는 안 된다"는 것인데, 晉나라나 宋나라는
   모두 물(水)에 해당하니, "不可干"이라는 것이다. '姜氏 姓의 나라'란 齊나라를 말한다
   (文璇奎 역, 『春秋左氏傳』 下, 명문당, 1987, 460면).
300) [校閱] 新朝本에는 "昭, 二十一年"로 보이지만, "二"는 誤記라기보다는 단순히 인쇄
   가 잘못되어 "三"에서 그 上畫이 보이지 않은 것으로 판단된다. "三"과 "二"는 그 위·
   아래의 간격이 다르다. 따라서 여기의 "二"가 "三"의 上畫이 보이지 않는 것임을 알 수
   가 있다. 奎章本과 國中本에는 "昭, 三十一年"으로 되어 있다.
301) 大史 蔡墨을 가리킴.
302) "午"는 南方·火에 해당(文璇奎 역, 『春秋左氏傳』 下, 명문당, 1987, 318면).
303) 위의 책, 318면.

28) 정흉 예(征凶 例)

小畜	上九	䷈ 征凶	≪有所疑也≫
頤	六二	䷚ 征凶	≪行失類也≫
大壯	初九	䷡ 征凶	≪其孚窮也≫
損	九二	䷨ 征凶	≪中以爲志也≫
困	九二	䷮ 征凶[304]	
革	九三	䷰ 征凶	
革	上六	䷰ 征凶	
震	上六	䷲ 征凶	≪雖凶 无咎≫
歸妹之象		䷵ 征凶	≪位不當也≫
未濟	六三	䷽ 征凶	≪位不當也≫

困之九二曰 征凶 其上六曰 征吉 自否而移 二往上來 ≪上之二≫
此凶則 彼吉也

否 → 推移(2가 6으로) → 困

困卦 九二에는 “征凶”이라 했고, 그 上六에서는 “征吉”이라 했는데,
[困卦는] 否卦에서 推移한 것으로, 2가 가고, 上이 온 것이니 ≪[否卦의]
上이 2로 감≫ 하나가 凶하면, 다른 하나는 吉한 것이다.

---

304) 困卦 九二는 困卦가 효변하여, 擇地 萃卦로 되는 경우로서, “征凶”이 되지만, 困卦
上六은 困卦에서 訟卦로 변하여, “征吉”이 된다.

革之六二曰 征吉 其上六曰 征凶 自大壯移 ≪二之五≫ 火克金
也 ≪下得火≫ 自遯而移 ≪上之一≫ 金遇火也 ≪上得金≫

大壯 → 2가 5로 → 革 ← 6이 1로 ← 遯

革卦의 六二에서는 "征吉"이라 하였고, 그 上六에서는 "征凶"이라
하였는데, 각각 [六二의 경우는] 大壯卦에서 推移하여 ≪2가 5로 감≫ 火
가 金을 눌러 이긴 것(克)이고, ≪下卦에 불(火)을 얻었다.≫ [그 上六의 경
우는] 遯卦에서 推移하여 ≪上이 1로 감≫ 金이 火를 만난 것이기 때문
이다. ≪上卦가 金을 얻었다. [그래서 "征凶"이 된다].≫

○ 下卦位离 ≪一二三≫ 上卦位坎 ≪四五六≫ 下卦位右 ≪古[305]尙
左≫ 上卦位左 ≪右西而左東≫ 東西南北 皆有例也 南征之吉 北征
之凶也 ≪升之象≫

○ 下卦의 位는 离이고 ≪1・2・3位≫ 上卦의 位는 坎이거니와 ≪4・5・
6位≫ 다른 한편 下卦位는 右측이 되고 ≪古代에는 左측을 높였다.≫ 上卦位
는 左측이 된다. ≪右는 西쪽이고, 左는 東쪽≫ 東・西・南・北 모두 이처럼
그 用例가 있다.[306] 한편, '南征의 吉'은 '北征의 凶'이 된다. ≪"南征吉"이
라는 구절이 升卦의 象辭에 나온다.≫

---

305) [校閱] 奎章本에는 "右"로 보이는데, 新朝本과 國中本에는 "古"로 나온다. 後者가
옳다.
306) 「易例比釋下」의 「37. 東西南北例」를 참조할 것(『四箋』 卷4, 25나).

항 목	세 목	彖	爻	計	總計
1. 元亨利貞 例	元亨利貞	6	·	6	7
	元亨利牝馬之貞	1	·	1	
2. 亨利貞 例	亨利貞	6	·	6	11
	亨利君子貞	1	·	1	
	利貞亨	1	·	1	
	亨小利貞	2	·	2	
	亨 亨小利貞	1	·	1	
3. 元亨 例	元亨	3	·	3	4
	元亨吉	1	·	1	
4. 亨例	亨	15	4	19	21
	小亨	2	·	2	
5. 利貞 例	利貞	4	3	7	7
6. 元吉 例	元吉	12	2	14	14
7. 貞吉 例	貞吉	2	24	26	26
8. 貞凶 例	貞凶	·	9	9	9
9. 永貞 例	利永貞	·	2	2	7
	元永貞	1	1	2	
	永貞吉	·	2	2	
	勿用永貞	·	1	1	
10. 居貞 例	利居貞	·	2	2	5
	居貞吉	·	2	2	
	居吉	·	1	1	
11. 艱貞 例	艱貞无咎	·	1	1	6
	艱則无咎	·	1	1	
	利艱貞	1	2	3	
	艱則吉	·	1	1	
12. 安貞 例	安貞吉	1	1	2	2
13. 女貞 例	利女貞	1	1	2	3
	貞婦人吉, 夫子凶	.	1	1	
14. 君子貞 例	不利君子貞	1	·	1	2
	利君子貞	1	·	1	
15. 幽人貞 例	幽人貞吉	·	1	1	2
	幽人之貞	·	1	1	

항 목	세 목	象	爻	計	總計
	貞丈人吉	1	·	1	
	貞大人吉	1	·	1	
16. 雜貞 例	旅貞吉	1	·	1	6
	利武人之貞	·	1	1	
	利于不息之貞	·	1	1	
	小貞吉 大貞凶	·	1	1	
	可貞	1	2	3	
17. 可貞 例	不可貞	1	1	2	6
	不可疾貞	·	1	1	
18. 貞吝 例	貞吝	·	4	4	4
19. 貞厲 例	貞厲	·	8	8	8
	厲无咎	·	4	4	
	厲終吉	·	1	1	
20. 厲例	厲	1	9	10	19
	厲吉	·	2	2	
	悔厲吉	·	1	1	
	厲无大咎	·	1	1	
	往吝	·	2	2	
	以往吝	·	1	1	
	吝	·	7	7	
21. 吝例	君子吝	·	1	1	16
	吝終吉	·	1	1	
	終吝	·	1	1	
	吝有終	·	1	1	
	小吝	·	2	2	
	有悔	·	1	1	
	悔遲有悔	·	1	1	
22. 悔例	小有悔	·	1	1	6
	悔厲吉	·	1	1	
	動悔有悔	·	1	1	
	悔終吉	·	1	1	
23. 无悔 例	无悔	·	6	6	7
	无祇悔	·	1	1	

항　목	세　목	象	爻	計	總計
24. 悔亡 例	悔亡	1	18	19	19
25. 无咎 例	无咎	8	82	90	99
	无大咎	·	2	2	
	小人无咎	·	1	1	
	君子无咎	·	2	2	
	何其咎	·	1	1	
	何咎	·	1	1	
	往何咎	·	1	1	
	爲咎	·	1	1	
26. 有孚 例	有孚	5	18	23	38
	孚號	1	·	1	
	乃孚	1	·	1	
	其孚	·	1	1	
	以孚	·	1	1	
	厥孚交如	·	1	1	
	孚于嘉	·	1	1	
	交孚	·	1	1	
	明至斯孚	·	1	1	
	孚	·	3	3	
	孚兌	·	1	1	
	孚于剝	·	1	1	
	罔孚	·	1	1	
	匪孚	·	1	1	
27. 征吉 例	征吉	·	4	4	5
	南征吉	1	·	1	
28. 征凶 例	征凶	1	9	10	10

周易四箋 戊辰本 卷之三

▌Ⅰ. 중천 건(重天 乾)▌

乾下乾上 ○ 第一卦 ≪復 五陽進≫

復 → 臨 → 泰 → 大壯 → 夬 → 乾

乾이 下卦이며, 乾이 上卦이다. ○ 第1卦이다. ≪復卦로부터 다섯 개의 陽이 [점진적으로 축적되어] 前進한 것이다.≫

序卦傳曰 有天地然後 萬物生焉

「序卦傳」에 말하였다. "天·地가 있은 이후에, 萬物이 生成한다."

○雜卦傳曰 乾剛坤柔

○「雜卦傳」에 말하였다. "乾은 강건하고, 坤은 부드럽다."

○說卦傳曰 乾 健也

○「說卦傳」에 말하였다. "乾은 군셈(健)이다."

○程子曰 乾 天也 健而無息之謂 乾

○程子가 말하였다. "乾은 하늘이다. …… 군세어 쉼이 없는 것을 乾
이라 이른다."

○鏞案[1] 乾 健者 六書之諧聲也

○[鏞案] ["乾"을 健으로 해석하였는데] '乾'字와 '健'字는 六書法
으로 볼 때, 해성(諧聲)의 관계에 있다.[2]

八卦消長之序 亦如重卦 陽起於震 《如復臨》 壯於兌 《如大壯》
究於乾 《如重乾》 故說卦傳曰 震 其究爲健 健者 乾也

八卦가 꺼지거나 자라나는 순서도 역시 重卦[의 消長의 순서]와 같은

---

1) [校閱] 新朝本과 國中本에는 "鏞案"으로 되어 있으나 奎章本에는 "鏞按"으로 되어
있다.
2) '乾'字와 '健'字가 각각 意符와 晉符가 나뉘는 "形聲字"이기도 하지만 『說文解字』
(『說文解字注』, 許愼 撰, 段玉裁 注, 上海古籍出版社, 1988)에 따르면 둘 다 形聲字
이다. 아래에서 설명) 따라서 여기서는 이 둘이 상호 "諧聲" 관계에 있다는 말로 보는
것이 적절할 것이다. 다시 말해 "乾"字와 "健"字가 諧聲 관계에 있다는 것으로, "乾"
字와 "健"字 각각이 諧聲字(形聲字)임을 지적한 것으로 보는 것은 어색하다.

데, [八卦에서 보면] 陽은 震에서 발생하여 ≪[八卦의 震은 重卦에서는] 復卦
와 臨卦에 해당됨≫ 兌에서 장성(壯盛)하고 ≪[八卦의 兌는 重卦에서는] 大壯卦
에 해당됨≫ 乾에서 [그 성장의] 궁극(窮極)에 도달한다. ≪[八卦의 乾은 重卦
에서는] 重乾卦에 해당됨≫ 따라서 「說卦傳」에서 "震, 其究爲健",3) 즉 "震
은 그 究竟에 '健'이 된다"라고 하였는데, [이때] "健"은 바로 '乾'을 가
리키는 것이다.

以重卦則 卦由復始 ≪一而六≫ 爲臨爲泰 以至於乾 其行甚健
≪震以行≫ 故謂之乾也

復 → 臨 → 泰 → 大壯 → 夬 → 乾

重卦로 보면, 卦가 復卦로부터 시작하여 ≪[陽이] 初位에서 시작하여 上位
까지 도달함≫ 臨卦가 되고, 泰卦가 되어, 乾卦에 이르게 됨에, 그 운행(運
行)이 매우 굳건하다. ≪震으로써 運行함≫ 따라서 [이 卦를] "乾"이라 이르
는 것이다.

乾者 氣也 古篆 氣作气作三 又作𡆠作𩇿 卓者 𡆠𩇿之轉隷也
≪古文 氣무二字 皆作𩇿≫ 乞者 气三之轉隷也 ≪篆 又作乞 此以卦爲字也≫
乾은 氣이다. 옛 전서(篆書, 古篆4))에서는 "氣"字를 "气"로 쓰기도 하고,
"三"로 쓰기도 하였으며, 또는 "𡆠"로 쓰기도 하고 "𩇿"로 쓰기도 하였
다. ["乾"字 좌측의] "卓"字는 ["氣"字의 고전체(古篆體)인] "𡆠"과 "𩇿"의

---

3) 乾卦의 「大象傳」의 "天行健"의 설명에서도 이 구절을 언급하고 있다(『四箋』 卷8, 35
   나). 또 「說卦傳」에도 이 부분에 대한 언급이 있다(『四箋』 卷8, 31나).
4) "篆"에는 '大篆'과 '小篆'이 있는데, 前者는 周나라 太師籒가 지은 것이라 "籒文"이
   라 하기도 하며, 後者는 大篆을 보다 간략하게 한 것으로 秦나라 李斯의 창작이라고
   함. 여기 茶山이 "古篆"이라함은 大篆(籒文)을 말하는 것으로 보임.

예서체(隸書體)로 바꾼 것이다. ≪古文에서는 "氣"와 "旱" 두 字가 모두 "🔾"으로 되어 있다.≫ [또한 "乾"字 右側의] "乞"字는 "乚"과 "二"을 예서체(隸書體)로 바꾼 것(轉隸)이다. ≪篆字에서는 ["气"字를] 또한 "乂"로 쓰기도 하였는데, 이 것은 卦로서 文字를 삼은 경우이다.≫

萬物之生 皆受氣化 故爲天爲父 與坤爲配也

萬物의 생성은 모두 氣의 변화를 받아 [생성된] 것이다. 그러므로 [만물을 생성시키는 주체인 乾의 氣가] 하늘이 되고, 아비(父)가 되며, 坤과 더불어 짝이 되는 것이다.

又 乾者 燥也 涸也 坤陰旣燥 兌澤今涸 ≪震兌而爲乾≫ 所以爲乾也

또한 乾은 '마를 燥(조)'의 뜻이며, '물 마를 涸(학)'의 뜻이다. [乾卦에서는] 坤의 陰이 이미 말라붙었으며, 兌의 연못물까지도 지금 메말라 버렸으니 ≪震에서 兌로 되고, 또 乾으로 됨≫ [그것이] 乾으로 되는 까닭이다.

夏易首艮 ≪連山易≫ 商易首坤 ≪歸藏易≫ 以乾爲首者 文王之易也

夏나라 易에서는 艮이 처음에 오고 ≪[하역(夏易)은] 연산역(連山易)을 가리킴≫ 商나라 易에서는 坤이 처음에 오는데 ≪[상역(商易)은] 귀장역(歸藏易)을 가리킴≫ 乾으로써 그 처음을 삼은 것은 文王의 易이다.[5]

---

5) 文王易이라고 한 것은 『周易』을 가리킨다.

乾, 元亨, 利貞.

乾은 크게 형통하고, 일을 맡아 처리함에 이로울 것이다.

此 乾之彖也 蓍卦 六畫皆得少陽者 ≪皆得七≫ 乾而不變 占之
以象也

이것은 乾卦의 단사(彖辭)에 해당된다. 시초(蓍草)로써 점을 쳐서, 여섯
획이 모두 少陽을 얻는 경우는 ≪모두 7의 숫자를 얻은 경우를 말함≫ 乾卦가
변하지 않는 경우인데, 이런 경우에는 彖辭로써 점을 친다.

○亨者 通也 感而遂通也 离虛其心 爲誠爲信 ≪見中孚≫ 則至
誠所格 天心克享 ≪亨 享 古字通≫ 時與命會 ≪嘉之會≫ 運乃通焉
此 所謂 嘉之會也

○亨은 通함의 뜻이니, 감응(感應)하여 마침내 통하는 것이다. 离는 그
마음을 비운 것이니, 성실함이 되고, 믿음(信)이 된다. ≪中孚卦를 참조할 것≫
지극한 정성이 [하늘에] 닿으면, 天心도 감동하여 ≪'亨'字와 '享'字는 古字
에서 서로 통용됨≫ 그 시기(時)와 천명(命)이 [적절하게] 맞아들어 ≪기쁘게
모임≫ 운수(運數)가 이에 通하게 되니, 이것이 이른바 "嘉之會", 즉 "즐겁
게 모이는 것"이다.

其在乾卦 雖無离形 ≪卦無斷≫ 於离之位 ≪一二三≫ 三陽自强[6]
此 至誠無息也 至誠無息 則感而遂通 必享天心 故其占亨也

---

6) [校閱] 新朝本과 國中本에는 "强"으로 되어 있으나, 奎章本에는 "剛"으로 되어 있
다. 前者가 옳다.

乾卦에는 비록 离의 형태는 없지만 《卦에 끊어짐이 없음》 离의 자리에서 《1·2·3位[는 본래 离位]》 세 개의 陽이 스스로 굳세니, 이것이 [이른바] "지극한 정성은 쉬지 않는다(至誠無息)"이다. [이렇게] "지성무식(至誠無息)"하면 곧 [하늘을] 감동시켜, 마침내 통하게 되니, 반드시 하늘의 마음(天心)을 享有하게 되므로 그 占이 형통한 것이다.

○ 貞者 正也 居正以幹事也 《貞 正 諧聲也》

○ "貞"은 올바름(正)을 뜻하니, 올바름에 머물러 일을 주간(主幹)하는 것이다. 《"貞"과 "正"은 [서로 발음이 유사한] 諧聲의 관계에 있다.》

坎堅其心 《說卦文》 爲敬爲直 《坤六二文言》 則動罔不正 事功以凝 《坎爲功》 如幹築墙 乃堅乃固 《事之固》 此所謂 勞乎坎也

坎은 그 마음이 견실(堅實)함을 상징하니 《「說卦傳」의 글》 공경함이 되고, 곧음이 되는데 《["敬以直內"라는 말이] 坤卦 六二의 「文言」에 있음》 곧 행동에 바르지 못한 바가 없어서, 일의 공덕이 응집(凝集)되는 것이다. 《坎은 功이다.》 예컨대 [坎은] 담(墙)을 쌓는 일을 주관할 때, 이에 단단하게 하고, 튼튼하게 하는 것과 같으니 《일을 견고하게 함》 이것이 [「說卦傳」에서 말한바] "勞乎坎", 즉 "坎에서 勞力함"인 것이다.

謂事爲貞者 卜筮之義 事必以正 不正不筮也 《又詳 屯九五》 其在乾卦 雖無坎形 《六陽[7)純》 於坎之位 《四五六》 三剛堅固 此 勞勣不息也 勞勣不息 則事功必成 故其占利貞也

[한편, 여기 易詞에서] "事"를 "貞"이라고 함은 卜筮의 취지이다. 즉, 일은 반드시 올바름으로써 해야 하니, 바르지 않은 일이면 [시초(蓍草)로

---

7) [校閱] 新朝本과 國中本에는 "陽"으로 되어 있으나, 奎章本에는 "陰"으로 되어 있다. 前者가 옳다.

써] 占을 치지 않는 것[이 원칙]이다. ≪[『周易』에서 '貞'字가 일(事)을 뜻하는 것에 관해서는] 屯卦 九五[의 註釋]에서 상세히 밝혔다.8)≫

乾卦에는 비록 坎의 형태가 없으나 ≪[乾卦는] 여섯 개의 陽畫으로 구성되어 있으므로 순수한 陽의 세력을 상징함≫ 坎의 자리(位)에 ≪[上卦인] 4·5·6位는 [본래] 坎位≫ 세 개의 剛이 견고(堅固)하게 있으니, 이는 힘써 노력하며9) 쉬지 않는 것(不息)을 상징한다. [만일에] 힘써 노력하고 쉬지 않으면, 곧 일의 공로가 반드시 이루어질 것이니, 그러므로 그 占이 "利貞", 즉 "일을 [처리]함에 이로운 것"이 되는 것이다.

○ 其謂之元亨者 何也 元者 始也 大也 ≪朱子云≫ 坤之將乾也 復一陽始生 ≪卽天根≫ 此 震德之元也 ≪善之長≫ 元而遂亨 其占 元亨也

○「彖辭」에서] "元亨"이라 한 것은 무슨 의미인가? "元"은 시작(始)을 뜻하고, 큼(大)을 뜻한다. ≪朱子가 [그렇게] 말했다.≫ 坤이 장차 乾으로 변해감에, 復卦의 한 개의 陽이 비로소 생겨나기 시작하니 ≪즉, "天根"을 가리킴≫이 한 개의 陽은 震의 德이 생겨나는 근원(元)인 것이다. ≪[「文言」에서 "元"을] "善之長"이라 하였다.≫ [이렇게 근원(元)으로부터] 시작(元)하여, 마침내 亨通하게 되니, 그 占이 "元亨"이 된다.

○ 其謂之利貞者 何也 利者 和也 宜也 ≪朱子云≫ 復之爲乾也 夬一陰未合 ≪夬五陽≫ 此 兌德之利也 ≪義之和≫ 利於爲貞 其占 利貞也

---

8) 茶山은 屯卦 九五의 주석에서, "小貞"(小事)과 "大貞"(大事)의 해석과 연관하여,『周禮』의 용례를 근거로 '貞'이 곧 事임을 밝히고 있다(『四箋』卷2, 5가).

9) 노예(勞勩) : 힘써 수고스럽게 노력함.

復 → 臨 → …… → 夬 → 乾

○[그러면] "利貞"이라고 한 것은 무슨 의미인가? "利"는 조화로움(和)이고, 마땅함(宜)인데 ≪朱子가 [그렇게] 말함≫ 復卦가 乾卦로 되는 과정에서, 夬卦의 한 개의 陰이 아직 [다른 다섯 개의 陽과] 합쳐지지 않고 있으니 ≪夬卦에는 다섯 陽이 있음≫ 이것이 兌의 德으로서의 利이다. ≪「文言」에 "利"는 "義之和"라고 하였다.≫ [이렇게] 일(貞=事)을 하는 것이 이로우니, 그 占이 "利貞", 즉 "일을 함에 이로움"이 된다.

文言曰 元者 善之長也 ≪震爲仁 又爲長子≫ 亨者 嘉之會也 ≪离爲禮 又爲相見≫ 利者 義之和也 ≪兌爲義 又爲和悅≫ 貞者 事之幹也 ≪坎爲勞 又爲堅固≫

「文言」에서 [다음과 같이] 말하였다. "元은 善의 으뜸이다. ≪震은 仁이 되고, 또한 長子가 됨≫ 亨은 기쁘게 모이는 것[10]이다. ≪离는 禮가 되고, 또한 서로 마주봄[相見]이 된다.≫ 利는 의로움이 [적절하게] 조화된 것이다. ≪兌는 義가 되고, 또한 和合하여, 기뻐함이 된다.≫ 貞은 일(事)의 근간(幹)이다. ≪坎은 수고로움이 되고, 또한 견고(堅固)함이 된다.≫

君子 體仁 足以長人 ≪震德爲人主≫ 嘉會 足以合禮 ≪离爲喜 嘉者 喜也≫ 利物 足以和義 ≪利字 象以刀刈禾 和字 象以口食禾 皆兌秋之德≫ 貞固 足以幹事 ≪幹 築墻木 所以爲堅固≫ 君子 行此四德者 故曰 乾 元亨利貞

君子는 仁을 [몸소] 체험하고, 실천한 자이니, 충분히 다른 사람의

---

10) 嘉之會 : (다른 가능한 해석) 아름답게 모임.

어른이 될 수 있으며 《震卦의 德으로서 人主가 됨》 기쁘게 모임을 가지니, 禮儀에 합치(合致)할 수 있으며 《离는 기뻐함이 되는데, "嘉之會"의 "嘉"字는 곧 기뻐함을 뜻함》 사물을 이롭게 함으로써, 和合된 正義를 구현할 수 있으며 《'利'字는 칼(刀=刂)로써 곡식(禾)을 베는 것을 象形한 글자이며, '和'字는 입(口)으로 곡식(禾)을 먹는 것을 象形한 것인데, ['利'와 '義'는] 모두 兌의 가을(秋)의 성격에 해당됨》 바르고 한결같음으로써, 일을 잘 처리할 수 있다"라고 [「文言」에서] 말하였다. 《"幹"은 [본래] 담장을 쌓는데 쓰는 나무(築墻木)를 가리키는데, [담장을] 보다 견고하게 쌓기 위해 사용된다.》 [孔子께서 말씀하시기를] "君子는 바로 이 네 가지 德을 행하는 자이니, 그러므로 '乾, 元亨利貞'이라고 말한 것이다"라고 하였다.

○案 文言者 古之字書 若爾雅 說文之類 而專爲易詁者也 《若爾雅之有詩詁》 故孔子之生 《襄 二十二年》 十三年之前 《襄九年》 穆姜預說文言之詞 斯可驗也 史記 孔子世家 及漢書 儒林傳 《費直傳》 並別之於十翼 《唯藝文志 以文言 序卦等 爲十篇》 盖孔子引用文言 以爲易傳 而後之儒者 遂認爲孔子所作 謬矣 君子行此四德者 以下 孔子文也

○[案] 「文言」은 [中國의] 古代의 字書로서, 예컨대 『이아(爾雅)』나 『설문(說文)』과 같은 종류인데, 전문적으로 易에 대해 註釋한 것이다. 《예를 들면, 『爾雅』에 『詩經』을 주석한 부분이 있는 것과 같다.》 그러므로 孔子가 태어나기 《양공(襄公) 22年에 孔子가 출생함[11]》 13年 前에 《양공(襄公) 9年[12]》 목강(穆姜)이 이미 「文言」의 글(詞)을 말했던 것인데, 이로서 증거를 삼을 수 있다.

『史記』「孔子世家」와 『漢書』「儒林傳」에서는 《[「儒林傳」중에서] 「費

---

11) 서력기원전 551년에 해당됨.
12) 서력기원전 564년에 해당됨.

直傳」을 말함》「文言」을 「十翼」과는 구별하여 병렬하였다. ≪오직 『漢書』 「藝文志」에서만 「文言」과 「序卦傳」 등을 十篇13)으로 간주하였다.≫

대개 孔子가 [기존의] 「文言」을 인용하여 「易傳」에 포함시킨 것을 이후의 儒者들이 마침내 [그 전부를] 孔子가 지은 것이라고 생각하기에 이르니, [이는] 틀린 것이다. "君子, 行此四德者"라는 구절 이후부터는 孔子 자신의 글이다.

四方之卦 ≪卽震离兌坎≫14) 配於四時 ≪震爲春≫ 配於四端 ≪震爲仁≫ 故又以四德 配於四卦也 ≪震爲元≫ 元亨者 猶言春而夏也 ≪始而亨≫ 利貞者 猶言秋以冬也 又詳易例

[震, 离, 兌, 坎의] 四方을 상징하는 卦는 [春·夏·秋·冬의] 四時에 배당되며 ≪震은 봄이 됨≫ [仁·義·禮·智의] 사단(四端)에 배당되는데 ≪震은 仁이 됨≫ 그러므로 또한 [元·亨·利·貞의] 四德을 四卦에 배당하기도 하는 것이다. ≪震은 "元"이 된다.≫

[이런 측면에서] "元亨"이라고 함은 마치 봄이 되고, 여름이 된다고 말하는 것과 같으며 ≪[「文言」에서] "始而亨"이라고 함≫ "利貞"이라고 함은 마치 가을이 되고, 겨울이 된다라고 함과 같은 것이다. 또한 이런 사례는 『주역』의 일반적인 用例에서도 자세하게 나오고 있다.15)

孔子曰 乾元者 始而亨者也 ≪萬物 始乎震≫ 利貞者 性情也 ≪行健 故能成六陽≫ 乾始 ≪復一陽≫ 能以美利 ≪自臨至夬 皆有兌≫ 利天下 ≪五陽 實於16)坤≫ 不言所利 ≪夬之兌口 亦合 是 不言也≫ 大矣哉 ≪陽曰大≫

---

13) 즉 「十翼」에 해당됨.
14) [校閱] 新朝本과 國中本에는 "卽震离兌坎"으로 되어 있으나, 奎章本에는 "卽震兌坎离"로 되어 있다. 前者가 春·夏·秋·冬의 순서와 일치하므로 적합하다.
15) 又詳易例 : (다른 가능한 해석) 또한 「易例比釋」에 상세하게 나와 있다.
16) [校閱] "五陽實於乾"의 "於"가 奎章本에는 "于"로 되어 있다.

復 → 臨 → 泰 → 大壯 → 夬 → 乾

孔子께서 [「文言」에서] 말씀하시기를, "乾元은 시작하여 형통하게 됨을 가리키는 것이요 ≪萬物은 震에서 시작함≫ 利貞은 性情을 가리킨다. ≪그 運行이 剛健하므로, 능히 여섯 陽을 이룰 수 있는 것이다.≫

乾의 시초(始初)가 ≪復卦의 한 개의 陽을 가리킴≫ 능히 뛰어난 이로움으로써 ≪臨卦에서 夬卦에 이르기까지 모두 兌가 있음≫ 천하를 이롭게 하는데도 ≪다섯 개의 陽이 坤[의 天下]에서 결실을 맺음≫ 오히려 그 이로운 바를 말하지 않으니 ≪[乾卦로 되면] 夬卦의 兌의 입이 또한 다물어지니, 이것이 "不言"이라고 한 理由≫ 위대한 것이다. ≪陽을 가리켜 "大"라고 한다.≫

大哉 乾乎 剛健中正 純粹精也 ≪六陽純≫ 六爻發揮 ≪爻者 變卦也 發 起也 揮 奮也≫ 旁[17]通情也 ≪達乾之性情≫ 時乘六龍 ≪陰在上曰 乘≫ 以御天也 ≪五六爲天位≫ 雲行雨施 ≪六陰 以震行≫ 天下平也 ≪天下 坤也 坤盡變 爲陽≫

위대하도다! 乾[의 運行]이여! 剛하고도 굳세며, 中正을 지키니, 순수(純粹)한 [陽氣의] 정수(精髓)로다. ≪여섯 陽의 순수함≫ 여섯 爻가 발휘(發揮)하여 ≪"爻"는 變卦를 가리키며, "發"은 발생함[起]의 뜻이며, "揮"는 떨침[奮]의 뜻≫ 그 乾의 [性]情을 두루 소통시킨다. ≪乾의 性情을 두루 미치게 한다.≫

때때로 여섯 龍에 올라타서 ≪陰이 [陽의] 위에 있으면 "乘"이라고 함≫ 하늘(天)을 돌아다니며 ≪제5位와 제6位는 天位≫ 구름이 피어오르고, 비가 뿌리니 ≪여섯 陰이 震에 의해 운행됨≫ 天下가 화평하게 된다. ≪"天下"는 坤을 가리키는데, [지금] 坤이 모두 변하여, 陽이 됨≫

---

17) [校閱] 奎章本에는 "旁"이 異體字로 나온다.

○胡炳文曰 夫子於文言 旣分而四之 於此 又分而二之 《又曰
乾性情 只一健字》

○호병문(胡炳文)[18]이 말하였다. "孔子께서 이미 [「文言」에서는 元·
亨·利·貞의] 네 부분으로 나누었는데, 이 부분에서 또 다시 '元亨'과
'利貞'의 두 부분으로 나누었다." 《또 말하기를, "乾의 性情은 오직 '健'이라는
한 글자로 표현할 수 있다"고 하였다.》

○案 始而亨者 明元亨爲一句也 性情也者 明利貞爲一句
也 下三陽之至誠 《下位[19]离》 起於震元 《復一陽》 始而亨也
《震而离》 上三陽之堅固 《上位坎》 合以兌利 《夬一陰》 乃利
貞也 《兌而坎》 以利貞 爲性情者 六位 旣終而後 其剛健不息
之德 乃著也 《上卦 爲利貞》

○[案] 위의 "始而亨"이라는 말은 ["元亨利貞"에서] "元亨"이 하나
의 句로 됨을 [분명히] 밝힌 것이며, "性情也"라고 한 것은 "利貞"이 하
나의 句가 됨을 [분명히] 밝힌 것이다.

下卦의 세 개의 陽은 지극한 정성(至誠)을 상징하는데 《下卦는 본래 离
位에 해당됨》 [그런데 그 三陽은] 震의 근원(元)에서 발생한 것이니 《復卦
의 한 개의 陽이 震의 근원에 해당됨》 [이것을 가리켜] "始而亨"이라고 한 것
이다. 《震이 되고, 离가 됨》

[그리고] 上卦에 있는 세 개의 陽의 견고(堅固)함이 《上卦는 [본래] 坎
位》 兌의 利의 성질과 합쳐지니 《夬卦에 있는 한 개의 陰이 兌의 利에 해당
됨》 곧 "利貞"이 되는 것이다. 《[利는] 兌의 성질이며, [貞은] 坎의 성질임》

---

18) 호병문(胡炳文, 1250~1333): 元代의 경학자. 字는 중호(仲虎), 號는 운봉(雲峰). 주희
(朱熹)의 학문을 깊이 탐구했으며, 저서로는 『易本義通釋』·『書集解』·『春秋集解』·
『禮書纂述』·『四書通』·『大學指掌圖』·『五經會義』·『爾雅韻語』 등이 있다.

19) [校閱] 新朝本과 國中本에는 "位"로 되어 있으나, 奎章本에는 "爲"로 되어 있다. 前
者가 옳다.

[下卦의 "元亨"으로써 性情을 삼지 않고, 上卦의] "利貞"으로써 "性情"으로 삼는 것은 여섯 位가 이미 종결된 뒤라야, 그 剛健하고 쉼이 없는 德이 곧 드러나기 때문이다. ≪[앞서 언급했듯이] 上卦가 "利貞"이 된다.≫

丘氏 以下卦爲元亨 上卦爲利貞 ≪見大全≫

구부국(丘富國)[20]도 下卦가 "元亨"이 되고, 上卦가 "利貞"이 된다고 보았다. ≪『周易傳義大全』에 보인다.≫

彖曰: 大哉, 乾元! 萬物資始, 乃統天, 雲行雨施, 品物流形, 大明終始, 六位時成, 時乘六龍, 以御天, 乾道變化, 各正性命, 保合太和, 乃利貞, 首出庶物, 萬國咸寧.

「彖傳」: 크도다. 乾의 근원(元)이여! 萬物이 [이를] 바탕으로 해서 시작하나니, 이에 하늘을 통괄하느니라. 구름이 일고, 비가 뿌려져, 갖가지 사물이 그 형태를 펼쳐내도다. [태양의] 큰 光明이 끝나고 [또 다시] 시작되면, 六位가 이에 이루어지니, 때로 여섯 龍을 타고 하늘로 나아간다. 乾道가 변화함에 각각 [그] 性命을 바르게 하니, 위대한 조화의 원리(太和)를 보전(保全)하고, [그에] 합일(合一)되니, 이에 일을 주관함에 이로운 것이다. [天地의] 수장(首長)[인 上帝]께서 많은 사물을 산출(産出)하시니, 萬國이 모두 평안해지느니라.

---

20) 丘富國: 중국 宋末, 元初의 학자, 朱熹의 再傳 弟子, 주희의 宗旨를 천명하는 것을 근본으로 삼았다. 저술로는 『周易集解』(10권), 『學易說約』(5篇) 등이 있다.

象者 斷也 《六書之諧聲》 本卦之斷詞也 《占所決》 又 象者 豕頭
也 《見說文》 象詞 在六絲之上 如豕頭在六體之上也 《大傳云 象者
材也》 象詞 本文王所作 《卽卦詞》 此云 象曰者 孔子釋象之文也

"象"은 判斷한다는 뜻이니 《"象"과 "斷"은 [六書法으로 볼 때] 諧聲의 관계
에 있음》 本卦의 斷詞를 의미한다. 《占으로써 決斷함》

또한 "象"이라는 것은 돼지의 머리(豕頭)이다. 《『說文』에 보인다.》 象詞
가 여섯 개의 주사(絲詞)의 위에 있음이 마치 돼지의 머리가 그 몸뚱이(六
體)의 윗부분에 있음과 같다. 《「大傳」에 이르기를 "象은 材"라고 하였다.》

象詞는 본래 文王이 지은 것인데 《즉 卦詞를 가리킴》 여기서 "象曰"은
孔子가 [文王이 지은] 象詞를 해석한 글이다.

○ 乾元者 復也 《乾之始[21]》 說卦傳曰 萬物出乎震 《復下震》 復
之一陽 萬物之所資始也 《六陽始於復》 一陽旣立 六陽乃成 故 六
陽之乾 《天》 此一陽 爲之綱紀 《如網之有綱》 乃統天也 大哉者
天德也 《天字從大 又 至字從土》

○ "乾元"은 復卦를 가리킨다. 《[復卦는] 乾卦의 시초이다.》 「說卦傳」
에서 이르기를, "萬物은 震에서 나온다"라고 하였는데 《復卦의 下卦가
震》 復卦의 한 개의 陽은 萬物이 그것을 바탕으로 시작하는 바의 것
이다. 《[乾卦의] 여섯 陽은 復卦에서 시작함》

[復卦에서] 한 개의 陽이 이미 성립하였고, [이어서 乾卦에서] 여섯
陽이 이에 완성되었으니, 그러므로 여섯 陽으로 된 乾卦는 《[乾은 곧]
天》 이 한 개의 陽을 벼리로 삼고 있는 것이니 《마치 그물에 그물을 버티
는 줄이 있는 것과 같음》 이에 [그것을 바탕으로] 하늘의 큰 줄기가 된 것
이다.

---

21) [校閱] "乾之始"의 "始"가 新朝本과 國中本에는 "姤"로 되어 있는데, 誤記이다.

"大哉"라고 한 것은 하늘의 덕을 [찬탄하여] 말한 것이다. ≪"天"字는 '大'字에서 나왔고, 한편 [坤卦의 「彖傳」에서] "至哉, 坤元"라고 하였을 때] "至"字는 '土'字에서 나온 것이다.≫

○陰不得陽 不成雲雨 ≪陽氣下燭而後 山川蒸 濕上而爲雲雨≫ 坤之時 有陰而已 爲復爲臨 以至於泰 則陽乃交陰 ≪天地交≫ 陰以震發 ≪三得震≫ 此 雲行而雨施也 ≪震爲行≫

坤 → 復 → 臨 → 泰 → 大壯 → 夬 → 乾

○陰氣가 陽氣를 얻지 못하면, 구름과 비(雲雨)를 이루지 못한다. ≪陽氣가 아래를 [따뜻하게] 쪼인 이후에, 山川이 무더워지고, 그 습기가 위로 올라가서, 구름과 비가 된다.≫ 坤卦인 때에는 오직 陰이 있을 따름이었다.

[이것이] 復卦가 되고, 臨卦가 되어, 泰卦에까지 이르게 되면, 陽이 이에 陰과 서로 작용하고 ≪[泰卦에서 비로소] 天과 地가 교섭함≫ 陰이 震으로 말미암아 발생하니 ≪[泰卦에서는] 第3位에 震이 형성됨≫ 이것이 "구름이 일고" 그리고 "비가 뿌린다"는 것이다. ≪震은 行의 뜻이 됨≫

流者 陰之行也 ≪水行曰 流≫ 旣至於泰 則震生蕃鮮 ≪震至三≫ 坤陰流動 ≪震以動≫ 此 品物之流形也 ≪皆變其形質≫

[品物流形", 즉 "갖가지 사물이 그 형태를 펼쳐 내도다"라는 구절에서] "流"는 陰의 움직임을 가리킨다. ≪물이 흘러가는 것을 "流"라고 한다.≫ 이미 泰卦에 이르게 되면, 震의 生成이 왕성해지고 ≪震이 제3位에까지 도달함≫ 坤의 陰이 流動하니 ≪[坤의 陰이] 震으로 말미암아 움직이게 됨≫ 이것이 "品物(萬物)"의 "流形"인 것이다. ≪["流形"이라고 함은] 모두 그 形質을 변

화시킴을 뜻함》

乾者 一氣也 氣所施行 莫顯乎雲雨 而雲雨之發育萬物 最在
离夏之時 《一二三位 离》 故陽進至三 《卽离位》 其德爲亨也

"乾"은 하나의 [큰] 氣이다. 氣를 유통(流通)시키는 데에는 구름과 비
[의 작용]보다 더 뚜렷한 것이 없다. 그리고 구름과 비가 萬物을 발육(發
育)시킬 때에는 离에 해당하는 여름철에 가장 왕성하니 《[下卦인 1·2·3
位는 본래] 곧 离에 해당됨》 그러므로 陽이 제3位까지 前進함에 《즉 离位까
지 도달함》 그 [乾卦의] 德이 亨通함이 되는 것이다.

○大明者 日也 《卽 太陽》 冬至之時 日躔極南 日晷極短 於是
終而復始 至於夏至 則日躔極北 日晷極長 此 大明終始也 以此
之故 十二辟卦 配於四時 《見括例》 周而復始 循環無端 以此之
故 自復而泰 爲壯爲夬 以至於乾 《重卦成》 此 六位時成也 《時
是同》

○[여기 "大明終始"에서] "大明"은 해를 가리킨다. 《즉 太陽이다.》 동
지(冬至) 때에 태양의 궤도가 가장 남쪽으로 치우쳐, 그 그림자가 [미치는
범위가] 가장 짧다. 이에 마침내 다시 시작하여 夏至에 이르게 되면, 태
양의 궤도가 가장 북쪽으로 치우쳐, 해 그림자가 [미치는 범위가] 가장
길게 된다. 이것이 "大明終始"가 의미하는 바이다.

이러한 까닭에, 12辟卦를 [春·夏·秋·冬의] 四時에 배당하는 것이
니 《「括例表」에서 설명함》 [이 12辟卦의 進退消長은] 한 바퀴 돌고, 또
다시 시작하여, 그 순환(循環)함에 끝이 없는 것이다. 이러한 까닭에 復卦
에서 泰卦를 거쳐 大壯卦가 되고, 夬卦가 되어, [마침내] 乾卦에 이르게
되니 《重卦가 성립함》 이것이 "六位時成"의 의미인 것이다. 《여기의 "時"
字는 "是"字와 같은 의미이다.》

○六龍者 六震也 《說卦 震爲龍》 坤得一震 以爲復 《復下震》 復
得一震 以爲臨 《下互震》 臨得一震 以爲泰 《上互震》

○"六龍"은 [乾卦에 있는] 여섯 개의 震을 말한다. 《「說卦傳」에 震은
龍이라고 함》 坤卦가 하나의 震을 얻음으로써, 復卦가 되고 《復卦의 下
卦는 震》 復卦가 하나의 震을 얻음으로써 臨卦가 되며 《[臨卦의] 下互卦
가 震》 臨卦가 [다시 또] 하나의 震을 얻어 泰卦가 된다. 《[泰卦의] 上互
卦가 震》

泰得一震 以爲大壯 《上卦震》 大壯得一震 以爲夬 《雖少一陰 仍
是震》 夬得一震 以爲乾卦 《震以一陽 爲卦主故 雖無二陰 仍是震》 此之
謂 六龍也 《荀九家云 乾爲龍 謬矣》 自復至夬 陰每乘陽 《陰在上》 此
之謂 時乘也 《龍陽物》 至夬至乾 遂達天位 《五六爲天位》 時乘六
龍 以御天也 《御 進也》

坤 → 復 → 臨 → 泰→ 大壯 → 夬 → 乾

泰卦가 한 개의 震을 하나 얻어, 大壯卦가 되고 《[大壯卦의] 上卦가
震》 大壯卦가 한 개의 震을 얻어, 夬卦가 되고 《夬卦의 5·6位는 비록 陰
이 하나가 적기는 하지만, 역시 震이라고 할 수 있음》 夬卦가 震을 [또] 하나 얻
어서 乾卦가 된다. 《震卦는 [아래의] 한 개의 陽으로써 卦主를 삼는 까닭에, 나머
지 두 개의 陰이 없다고 해도 역시 震이 됨》 이를 일러 "六龍"이라고 하는 것
이다. 《荀九家는 乾을 龍이라고 하였는데, 이는 잘못이다.》

復卦에서 夬卦에 이르기까지, 陰이 매번 陽의 위에 올라타고 있는데
《陰이 위에 있음》 이를 일러 "時乘"이라고 한 것이다. 《龍은 [물론] 陽物이
다.》 夬卦에 이르고, 乾卦에 이르러, 마침내 天位에 도달하니 《5·6位는
天位에 해당됨》 [이것을 일러] "時乘六龍, 以御天", 즉 "때로 여섯 龍을

타고 하늘로 나아간다"라고 한 것이다. ≪"御"는 나아감[進]을 뜻한다.≫

○乾由坤變 然 推其本則 坤由乾變 ≪自姤而剝 而爲坤≫ 乾陽旣
極 爲姤 爲剝 爲復 爲夬 十辟以成 ≪自姤至夬 爲十辟≫ 此 乾道變
化 各正性命也 ≪十辟如萬物≫ 天道變遷 以化萬物 而萬物芸芸 各
受性命 此其象也

坤 → 復 → 臨 → 泰 → 大壯 → 夬 → 乾 → 姤 ……… → 剝 → 坤

○乾卦는 坤卦로 말미암아 변한 것이지만, 그러나 그 근본을 따져보
면 坤卦가 오히려 乾卦로 말미암아 변한 것이다.[22] ≪姤卦에서 剝卦로 되
어, 坤卦로 된 것≫ 乾의 陽氣가 이미 極限에 달해, 姤卦로 되고 剝卦로 되
어, [坤卦가 되었다가 다시] 復卦가 되고 夬卦가 되어, 10辟卦가 이로써
성립하는데 ≪[乾坤을 제외한] 姤卦에서 夬卦까지가 10辟卦가 됨≫ 이것을 가리
켜 "乾道變化, 各正性命", 즉 "乾道가 변화함에 각각 [그] 性命을 바르
게 한다"라고 한 것이다. ≪[12벽괘에서 乾과 坤을 제외한] 10辟卦는 萬物에 상
응한다.≫
　　[12辟卦의 전개에서 나타나듯이] 天道가 [春·夏·秋·冬으로] 변천
하여, 萬物을 변화시키는데, 萬物이 무성히 생성하여 각기 그 性命을 받
으니, 이것이 바로 12벽괘가 상징하는 것이다.

○保者 全也 和者 兌也 ≪兌爲悅≫ 利物和義 ≪文言云≫ 其德 和
也 夬爲大兌 ≪全卦 如兌形≫ 是又 太和也 ≪大壯亦大兌≫ 陽進至夬
≪至於五≫ 合其兌和 ≪上圻者 又合≫ 以成乾卦 ≪夬而乾≫ 此 保合太

---

22) 이후(『四箋』 卷1, 37가)에서는 "乾之本, 坤也"라고 하는데, 이와 모순되는 말은 아니다.

和 乃利貞也

○["保合太和"의 句에서] "保"는 온전하게 함을 뜻하며, "和"는 兌를 가리키는데 《兌는 悅이 됨》 만물을 이롭게 하고, 正義를 조화롭게 실현하니 《「文言」에서 [그렇게] 말함》 그 德이 "和"인 것이다.

夬卦는 큰 兌의 모양이니 《[夬卦의] 전체적인 괘[의 형태]는 兌의 형상》 이것이 또한 "太和"이다. 《大壯卦도 역시 큰 兌의 형태》 陽이 진전되어 夬卦에까지 이르러 《제5位에 도달함》 그 兌의 和의 德을 합하여 《[夬卦의] 위가 터져 있던 것이 다시 합쳐짐》 乾卦를 이루니 《夬卦에서 乾卦로 됨》 이것을 [가리켜] "保合太和, 乃利貞", 즉 "위대한 조화의 원리(太和)를 보전(保全)하고, [그에] 合一되니, 이에 일을 맡아 처리함에 이롭다"라고 한 것이다.

兌則爲秋 《夬上兌》 坎則爲冬 《四五六 爲坎》 卦體到此 有如秋冬之成物 故乃利貞也 《秋利而冬貞》

兌는 곧 가을이 되고 《夬卦의 上卦가 兌》 坎은 곧 겨울이 되는데 《第4·5·6位는 본래 坎位》 卦의 형체가 이 [夬]卦에 이름에, 마치 가을과 겨울에 만물을 완성되는 것과 같은 의미를 지니게 되었다. 그러므로 "乃利貞", 즉 "이에 일을 맡아 처리함에 이롭다"라고 한 것이다. 《秋는 "이로움[利]"에 해당되고, 冬은 "[일을 주관함에] 곧음[貞]으로써 함"에 해당된다.》

○ 首出庶物者 復一陽之始生也 《震長子》 萬物出乎震 《說卦文》 又 帝出乎震 《說卦文》 首出庶物 豈非震主乎 《天地之長子》

坤　　復

○"首出庶物", 즉 "[天地의] 수장(首長)[인 上帝]께서 많은 사물을 산출(産出)함"이란 復卦의 한 개의 陽이 비로소 생겨나는 것을 말한다. 《震

은 長子이다.≫ 萬物은 震方에서 나오고 ≪「說卦傳」의 글≫ 또한 上帝도 震方에서 나오니 ≪「說卦傳」의 글≫ "首出庶物"이라고 하였을 때, [그 "首"가] 어찌 震의 主를 가리키는 말이 아니겠는가? ≪[震은] 天과 地의 큰 아들이다.≫

復之先 坤也 坤爲萬國 ≪虞氏云≫ 國而無主 其克寧乎 ≪坤無陽≫ 一陽初出 衆陰有主 ≪震爲主≫ 於是 羣賢並進 ≪乾六陽≫ 坤國大變 此 首出庶物 萬國咸寧也

復卦의 앞에 있던 것이 坤卦이고, 坤은 萬國이 되니 ≪우번(虞翻)이 [그렇게] 말함≫ 나라에 君主가 없으면, 그 나라가 능히(克) 안녕할 수 있겠는가? ≪坤에는 陽이 없음≫

[坤卦에서 復卦로 됨에] 한 개의 陽이 처음 나와, 여러 陰에 주인이 생기고 ≪震이 주인이 됨≫ 이어서(於是) 여러 賢者가 아울러 나오니 ≪乾卦의 여섯 陽이 賢者에 해당됨≫ 坤의 나라가 크게 변화된 것이다. 이것을 [가리켜] "首出庶物, 萬國咸寧", 즉 "[天地의] 수장(首長)[인 上帝]께서 많은 사물을 산출(産出)하시니, 萬國이 모두 평안해진다"라고 한 것이다.

○ 或曰 復至大壯 固皆龍也 ≪皆得震≫ 夬少一陰 乾遂無陰 尙可曰 震龍乎

復 → 臨 → 泰 → 大壯 → 夬 → 乾

○ 혹자가 묻기를 "復卦에서 大壯卦에 이르기까지 한결같이 모두 龍이 있으나 ≪모두 震을 얻음≫ [그러나] 夬卦의 경우는 陰이 하나 적고, 乾卦에는 마침내 陰이 없으니, 여전히 [그런 것들을] 震의 龍이라 말함이 옳겠는가?"라고 하였다.

曰 復臨泰大壯 皆於坤卦之上 只加一陽 便成震龍 若其陰畫
仍是坤卦之舊 《如所云 地不改闢》 非新造也 以此言之 自復臨而
至夬乾 皆以一陽爲震 非有完缺之殊也

[이에 대한] 대답은 다음과 같다. "復卦, 臨卦, 泰卦, 大壯卦는 모두
坤卦의 위에 단지 하나의 陽을 더하여, 곧 震의 龍이 된 것이다. 그 陰畫
은 곧 以前의 坤卦에 있던 것이며 《[이는] "地[의 형태]를 고쳐서, [새로 坤이]
열린 것은 아닌 것"이라고 말하는 것과 같음》 [따라서] 새로 만들어진 것은 아
니다.

이런 관점에서 말한다면, 復卦와 臨卦에서 夬卦와 乾卦에 이르기까
지, 모두 하나의 陽으로 震을 삼은 것이니, [復・臨・泰・大壯과 夬・
乾 사이에, 震龍의 성립에 있어] 완전하고 모자라는 차이가 있는 것이
아니다."

初九 : 潛龍勿用. ○ 象曰 : 潛龍勿用, 陽在下也.
初九 : [물 속에] 잠겨 있는 龍이니, 쓰지 말라. ○「象傳」: "潛龍勿用"
이라고 한 것은 陽이 아래에 있기 때문인 것이다.

○ 潛龍勿用, 下也. ○ 潛龍勿用, 陽氣潛藏.
○[「文言」 제3절] "潛龍勿用"이라고 한 것은 아래로 내려갔기 때문
이다. ○[「文言」 제4절] "潛龍勿用"이라고 한 것은 陽氣가 잠기어 감추
어져 있기 때문이다.

此 乾之姤也 ≪初爻變≫ 著卦 第一畫 三掛之策 皆得天數 ≪一三五七九≫ 曰 初九也 ≪參天故≫

乾 → 姤

이것은 乾卦가 姤卦로 변하는 경우이다. ≪初爻가 변함≫ 시괘(著卦)하여 제1획의 삼괘(三掛)의 策이 모두 天數를 얻으면 ≪天數는 1, 3, 5, 7, 9≫ "初九"라고 한다. ≪"參天", 즉 이들 天數는 '3'으로 대표하는 까닭에 이렇게 되는 것이다.≫

○卦以震成 ≪復臨泰≫ 本皆龍也 ≪震爲龍≫ 變而爲巽 ≪下今巽≫ 巽則爲隱 ≪大傳云 巽 稱而隱≫ 爲伏 爲入 ≪雜卦 說卦文≫ 是 潛龍也 入而不出 ≪出者 震德也≫ 不爲時用 ≪不以震行之≫ 潛龍勿用也 本在下位 ≪一二 爲地位≫ 所以爲潛也

○[乾]卦는 震으로 이루어진 것인데 ≪復卦‧臨卦‧泰卦로 나아감≫ [震은] 본래 모두 "龍"이다. ≪震은 龍이다.≫ [그런데 乾이] 변하여서 巽으로 되니 ≪[姤卦의] 下卦가 현재 巽≫ 巽은 바로 숨는 것(隱)이며 ≪「大傳」에 이르기를, "巽은 적절하면서도(稱) 숨는 것(隱)"이라고 함≫ 엎드려 숨는 것이고, 들어감이니 ≪「雜卦傳」과 「說卦傳」에 나오는 글≫ 이것이 "潛龍", 즉 "[물 속에] 잠겨서 [숨어] 있는 龍"이다.

[그런데 龍이] 들어가 나오지 않으니 ≪[나오거나] 나타나는 것[出]은 震의 성격≫ 때에 맞추어 쓰지 못하므로 ≪震으로 行하지 못함≫ "潛龍勿用"이라고 한 것이다. 본래 下位에 있으니 ≪제1‧2位는 地位≫ [이것이] "潛"이 되는 까닭이다.

○象者 似也 韓子曰 象者 南方大獸 中國不識 但見圖寫者
故假借其義 訓爲形似也 ≪見六書正譌≫

○"象"은 유사함을 뜻한다. 韓非子가 이르기를, "코끼리(象)는 南方에
사는 큰 짐승이라, 중국(中國)에서는 알지 못해, 다만 그 그림(圖寫)을 그
려서 보았다"라고 하였거니와,23) 그러므로 그 모사(模寫)한다는 의미를
빌려 와서, '象'이라는 글자의 뜻을 '형상을 유사하게 나타낸 것(形似)'이
라고 하게 되었다. ≪[주백기(周伯琦)24)의] 『六書正譌』25)에 보인다.≫

象詞 本周公所作 ≪卽爻詞≫ 此云 象曰者 孔子釋象之文也

象詞는 본래 周公이 지은 것인데 ≪즉 爻詞를 가리킴≫ 여기서 "象曰"이
라고 한 것은 孔子가 그 [周公의] 象詞를 해석한 문장이다.

○震之一陽 是名爲龍 ≪義見前≫ 龍者 陽也 位在地底 ≪一二
地≫ 陽在下也 ≪九者 老陽也 老陽亦陽≫

○震의 아래에 있는 한 개의 陽을 "龍"이라고 부른 것이니 ≪이 뜻은
앞서 나왔음≫ "龍"이라고 한 것은 [다름 아닌] '陽'을 가리킨다. [初九의]
위치가 땅의 밑바닥(地底)이니 ≪1·2位는 地位≫ "陽在下", 즉 "陽이 아래
에 있음"이라고 한 것이다. ≪"九"는 老陽인데, 老陽도 역시 陽인 것이다.≫

---

23) 『韓非子』에 "象者, 南方大獸, 中國不識, 但見圖寫者"라는 引用句가 나오는 것이
아니고, 茶山이 그 의미를 풀어 쓴 것이다. 『韓非子』(第6卷)의 「解老」篇(第20篇)에서
"人希見生象也, 而得死象之骨, 案其圖以想其生也, 故諸人之所以意想者, 皆謂之象
也(사람들이 살아 있는 코끼리의 모습을 보기를 원했으나, 거의 볼 수 없으므로, 죽은
코끼리의 뼈를 구해다 놓고, 제각기 그 뼈를 보며 살아 있는 모습을 마음속으로 그렸
다. 그 후로 사람들이 마음으로 상상하는 근거가 되는 것은 모두 象이라고 하였다)"라
고 함.

24) 주백기(周伯琦): 字는 伯溫. 元代의 유명한 문인이자 서예가.

25) 『六書正譌』: 元代의 주백기(周伯琦, 1298~1369)의 저술.

○下者 降也 《第二節》 巽爲卑讓 《伏於陽》 降於陽也 《下去聲》

○「文言」의 "潛龍勿用, 下也"의 '下'字는 내려감(降)을 뜻한다. 《「文言」의 제2절에 나오는 "下"字》 巽은 [자신을] 낮추어 사양함의 뜻이 되는데 《陽[밑]에 엎드림》 陽 아래로 내려간 것이다. 《'下'字는 去聲이다.26)》

○乾則爲氣 《字從气》 是 陽氣也 姤之旣潛 《下今巽》 將以坤藏 《姤者 坤之始》 陽氣潛藏也 《說卦云 坤以藏之》

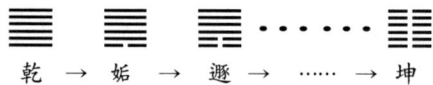

乾 → 姤 → 遯 → …… → 坤

○乾은 바로 氣인데 《'乾'字는 "气"字에서 나옴》 이것은 ["陽氣潛藏"의] "陽氣"이다. 姤卦에 이미 "潛"[의 象]이 있는데 《[姤卦의] 下卦가 지금 巽》 장차 坤卦로써, 저장(貯藏)하게 되니 《姤卦는 坤卦의 始初》 [이것을 가리켜] "陽氣潛藏", 즉 "陽氣가 잠기어 감추어져 있음"이라고 한 것이다. 《「說卦傳」에 이르기를 "坤以藏之"라 했다.》

○案 賈誼 新書曰 潛龍 入而不能出 故易曰 勿用 《巽爲入》

○[案] 가의(賈誼)27)는 『新書』에서 "潛龍은 들어가서는 나올 수가 없는 것이니, 그러므로 易에서 '勿用'이라고 했다"고 하였다.28) 《巽은 入이다.》

---

26) '下'字가 名詞가 아니라, 動詞임을 밝힌 것이다.

27) 가의(賈誼, B.C.200~168) : 중국 前漢 文帝 때의 인물. 洛陽 사람. 西漢 初期의 儒家이며, 文學家이다. 저서에 『新書』 10권이 있다.

28) 賈誼의 『新書』에서 "潛龍, 入而不能出, 故曰, 勿用, 勿用者, 不可也"(『新書』 卷六 「兵車之容」)라고 하였다.

京房 易傳云 潛龍勿用 厥異風 行不解 ≪厥異爲風者 以變巽也≫ 二
家 似知爻變

京房의『易傳』에서도 이르기를, "[乾初九의] '潛龍勿用'은 [반역자의
무리들이 뜻을 모음에, 德이 있는 사람이 이에 은둔하는 象인데] 그 [乾
天(☰)의 象이] 변하여 달라지게 되면, 風(☴)이 되며, 그것이 운행하여 [반
역자의 무리들(衆逆者)을] 해산시키지 못하니(不解) ……"라고 하였는데[29]
≪"厥異"를 "風"이라고 한 것은 [乾(☰)이] 巽(☴)으로 변하였기 때문이다.[30]≫ 이 [가
의(賈誼)와 경방(京房)의] 두 易學家는 爻變[의 방법]을 [이미] 알고 있는
듯하다.

孔子曰 龍德而隱者也 ≪巽爲隱≫ 不易乎世 ≪巽德高潔 不爲世俗所
變易≫ 不成乎名 ≪巽不果≫ 遯世无悶 ≪大巽 爲遯卦≫ 不見是而无悶
≪巽撓屈 故不見是≫

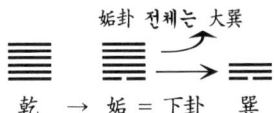

姤卦 전체는 大巽

乾 → 姤 = 下卦 巽

[「文言」의 2節; "潛龍勿用", 何謂也?] 이에 孔子가 다음과 같이 말씀
하셨다. "["潛龍"이란] 龍의 德이 있으면서 은둔하고 있는 사람을 두고
하는 말이다. ≪巽은 숨는 것[隱]이 된다.≫ [이런 사람은 조변석개(朝變夕改)
하는] 世俗에 처하여서도 [그 處身에] 변함이 없으며 ≪巽의 德은 高潔하
여,[31] 世俗에 따라 변하지 않음≫ 그 명성을 이루고자 하지 않으며 ≪巽은 '不

---

29) 京房의『易傳』의 句는『漢書』의 「五行志」에 인용되어 있다. "京房易傳曰, 潛龍勿
用, 衆逆同志, 至德乃潛, 厥異風, 其風也, 行不解物, 不長"이라고 함(『漢書』卷27 第5
冊, 中華書局, 1443면).
30) 즉 乾卦 初九가 爻變하여, 下卦가 巽이 됨.
31) 「說卦傳」에 巽은 "高"라 하였다(『四箋』卷8, 37가). 또한 「說卦傳」에 "齊乎巽, ……

果'32)≫ 세상을 피해서, 숨어살면서도, 근심이 없으며 ≪[姤卦의 下卦에 巽이 나타나 있거니와, 姤卦 자체는] 大巽이므로, 도망가는 패[遯卦가 됨≫ [남들이] 옳다고 보아주지 않아도, 근심이 없는 것이다. ≪巽은 '撓屈', 즉, '구부러짐'이니, 그러므로 "不見是", 즉 "옳다고 보아주지 않는 것"이다.≫

樂則行之 ≪復臨至夬 皆震行≫ 憂則違之 ≪與彼時 相反≫ 確乎 其不可拔 ≪巽爲入≫ 潛龍也

즐거우면 행하고 ≪復卦와 臨卦에서 夬卦에 이르기까지 모두 震으로써 行함≫ 근심스러우면 행하지 않는 것이니 ≪[이는 기회주의나 순응주의가 아니라] 그 時流와 相反되게 行함33)≫ 확고하도다! 그 뜻을 빼앗을 수 없음이여! ≪巽은 入이 됨≫ 잠긴 龍이로다."

○案 巽德不壅 ≪下不塞≫ 風以散之 ≪說卦文≫ 故其象爲无悶也 ≪悶者 心鬱也≫

○[案] 巽의 성격은 막히지 않음(不壅)에 있는데 ≪아래가 陰이니, 막혀 있지 않음≫ [게다가] 바람으로 [사물을] 흩어 놓으니 ≪「說卦傳」의 글34)≫ 그러므로 그 象이 "无悶(근심걱정이 없음)"이 되는 것이다. ≪'悶'字는 마음이 [근심으로] 막혀 통하지 않음[心鬱]을 뜻한다.≫

臨泰以往 皆有兌悅 ≪至夬 皆有兌≫ 斯以震行 ≪六震 乃爲乾≫ 樂則行之也 今旣爲姤 憂則違之也 ≪道相反≫

齊也者, 言萬物之'潔'齊也"라고 함(『四箋』卷8, 30가~나).

32) "不果"는 '열매가 없음'(즉 결실, 결과가 없음), '과감하지 못함' 등의 뜻으로, 「說卦傳」에 나오는 말이다(『四箋』卷8, 37가).

33) 이 말은 일단 "違"字를 풀이한 것이겠는데, 한편 단순히 "즐거우면 행하고, 우려되면 떠난다"라고만 하면, '기회주의' 또는 '순응주의'적 처신으로 비칠 수 있으므로, 다산이 이런 細注를 단 것이기도 하겠다.

34) 風以散之라는 말은 「說卦傳」에 나온다.

復 → 臨 → 泰→ 大壯 →夬 → 乾 姤 → 遯 → 否 → 觀 → … →坤
[辟卦들의 進退消長]　　　　[爻變]　　　　　[辟卦들의 進退消長]

臨卦와 泰卦 이래로 모두 兌의 기쁨(悅)이 있고 ≪夬卦에 이르기까지 모두 兌가 있음≫ 이 기쁨을 震에 따라 수행하니 ≪여섯 개의 震이 곧 乾卦로 됨≫ [이것을 가리켜] "樂則行之"라고 한 것이다. 지금 爻變하여 이미 姤卦로 되었으니, "憂則違之", 즉 "근심스러우면, 행하지 않는 것"이다. ≪[이렇게 乾卦가 姤卦로 되면] 그 나아가는 길(道)이 相反되는 것이다.[35]≫

孔子曰 君子以成德爲行 ≪六震之行 以成乾≫ 日[36]可見之 行也 ≪不入之謂 行 不隱之謂 見也≫

["文言" 제6절] 孔子께서 말씀하시기를, "君子는 德을 이루는 것으로써, 행실(行實)로 삼나니 ≪여섯 개의 震의 운행으로써 乾卦를 형성함≫ 날로 드러나는 것이 행실이다. ≪어디에 들어가지 않은 것을 "行"이라 하고, 숨지 않은 것을 '見(현)'이라 한다.≫

潛之爲言也 隱而未見 ≪巽爲隱≫ 行而未成 ≪巽進退≫ 是以 君子弗用也

"潛"이라는 말은 숨어서 드러나지 않음을 뜻하며 ≪巽은 숨음의 뜻≫ 행하여도 이루지 못함을 뜻한다. ≪巽은 進退가 된다.≫ 이런 까닭에 君子는 [登用되어] 쓰이지 않는 것이다.

○ 案 雜卦傳曰 兌見而巽伏 ≪見 現也≫ 卦相反也 姤與夬反

---

35) 震의 道(앞이 트인 大路)가 艮의 道(앞이 막힌 작은 "徑路")로 되어, 상반되는 것이다.
36) [校閱] 奎章本과 國中本에는 "日(일)"로 되어 있으나, 新朝本에는 "曰(왈)"로 되어 있다. 前者가 옳다.

≪反易卦≫ 隱而未見也 ≪夬上兌≫

巽　姤　　　　夬　兌
[反易]

○[案] 「雜卦傳」에 이르기를 "兌는 드러남이고, 巽은 [엎드려] 숨음"이라고 하였는데 ≪"見"字는 '드러남[現]'의 뜻≫ 이는 兌卦와 巽卦가 [그 성격에 있어] 相反되기 때문이다. ≪[서로] 反易의 관계에 있음≫ [乾卦 初九의 之卦인] 姤卦와 [乾卦의 前단계인] 夬卦는 서로 反對되는데 ≪反易卦≫ 그래서 [乾卦가 姤卦로 변하는 이 乾卦 初九는] "숨어서 드러나지 않는 것"이다. ≪夬卦의 上卦가 兌≫

巽與震反 ≪德相反≫ 行而未成也 ≪震爲行 巽爲不果≫ 君子之道 欲現也 欲行也 隱而不行 非其願也 唯其時也

巽 ⇌ 震
[變易]

復 → 臨 → 泰 → 大壯 → 夬 　→　 乾 → 姤 　→　 遯 → 否 → 觀 → …… → 坤
[辟卦들의 進退消長] 　　　　[爻變] 　　　　[辟卦들의 進退消長]

[乾卦 初九에서, 乾卦가 姤卦로 변하는 경우에 나타나는] 巽과 [乾卦의 以前 단계에 보이고 乾卦를 구성하는] 震은 상반되므로 ≪[이는 이른바 變易의 관계로] 德이 相反됨≫ "行而未成", 즉 "行하되, 이루지 못한다"라고 한 것이다. ≪震은 行이며, 巽은 과감하지 못함[不果]이 된다.≫ 君子의 道는 실현하고자 하고, 실행하고자 하는 것인데, 숨어서 실행하지 못함은 그(其)

[君子]가 바라는 바가 아니고, 다만 그 時期가 그럴 뿐인 것이다.

九二: 見龍在田, 利見大人. ○象曰: 見龍在田, 德施普也.

九二: 밭에 龍이 나타남이니, 大人을 만남에 이로울 것이다. ○「象傳」: "見龍在田"이라고 함은 [君子의] 德의 베풂(德施)이 넓은 것을 가리킨다.

○見龍在田, 時舍也. ○見龍在田, 天下文明.

○「文言」제3절: "見龍在田"은 때(時)[의 運勢]가 [아직 그 君子를] 버려 둔 것을 가리킨다. ○「文言」제4절: "見龍在田"은 [在野에 자리한 聖人君子에 의해] 天下가 文明의 세계로 된 것을 가리킨다.

此 乾之同人也 ≪二爻變≫ 著卦 第二畫 三掛之策 皆得天數曰九二也

乾 → 同人

이것은 乾卦가 同人卦로 변하는 경우이다. ≪제2爻가 변함≫ 著卦하여 제2획의 三掛의 策이 모두 天數를 얻으면 九二라고 한다.

○卦以震積 ≪復臨泰≫ 二亦龍也 ≪震爲龍≫ 變而爲离 ≪下今离≫

离以相見 ≪离爲目≫ 是 見龍也 ≪見音現≫

○乾卦는 震이 누적(累積)된 것이니 ≪復卦에서 臨卦로, 그리고 泰卦로 진행됨≫ 여기 제2爻도 역시 龍이다. ≪震은 龍이 된다.≫ [그런데 제2爻가] 변하여, 离가 되니 ≪[同人卦의] 下卦가 지금 离≫ 그 离에 따라 서로 마주보게 되니 ≪离는 눈이 됨≫ 이것이 "見龍", 즉 "龍을 봄"이다. ≪여기 "見"字의 발음은 '현(現)'이다.≫

三才之位 二爲地面 ≪鄭玄云 初在地下 二在地上≫ 地面曰 田 ≪在地上≫ 見龍在田也 左傳云 龍見于絳郊 ≪昭 二十九年≫ 見龍在田 亦實事也

[天・地・人의] 3才의 자리에서 제2位는 地面에 해당되며 ≪鄭玄이 말하기를, 初位는 地下에 해당되고, 제2位는 地上에 해당된다고 함≫ 地面을 가리켜 '田(밭)'이라고 하니 ≪田은 地上에 있음≫ "見龍在田", 즉 "밭에 龍이 나타난 것"이다. 『左傳』에 말하기를, "龍이 [晉나라의 수도인] 강(絳)의 교외(郊)에 나타났다"고 하였으니 ≪소공(昭公) 29年≫ "見龍在田"도 역시 [역사적으로] 실제로 발생했던 사건인 것이다.

○乾則爲君 ≪說卦文≫ 是 大人也 亦乾爲德 ≪乾直心≫ 是 君子也 ≪在下之聖人≫ 相見乎离 ≪說卦文≫ 嘉會以禮 ≪下今离≫ 利見大人也 ≪利 宜也≫

乾 → 同人

○乾은 곧 君이 되니 ≪「說卦傳」의 글≫ 이는 "大人"을 가리킨다. 또한 乾은 德이 되니 ≪乾은 直心37)≫ 이는 君子이다. ≪在野에 있는 聖人≫ [그

런데 이 大人과 君子가] 离에서 [서로 만나] 보며 ≪「說卦傳」의 글≫ 禮로써 즐거운 모임을 가지니 ≪[同人卦의] 下卦가 지금 离≫ [이것을 가리켜] "利見大人"이라고 한 것이다. ≪"利"는 마땅함이다.≫

見龍在田者 象也 ≪如詩之興體≫ 利見大人者 占也
"見龍在田"은 象[詞]에 해당되는 말이고 ≪詩의 "興"體와 같음≫ "利見大人"은 占[詞]에 해당되는 말이다.

○德者 乾德也 ≪虞氏云≫ 巽以施之 ≪二四互≫ 离則爲寬 ≪虛中故≫ 德施普也 聖人見于世 則雖未及擧而用之 ≪在下位≫ 學問化導 ≪如孔子≫ 其德施已普也
○[「小象傳」의 "德施普"의 句에서] "德"은 乾의 德을 가리키는데 ≪[乾이 德의 뜻이 된다고] 우번(虞翻)이 말함≫ 巽으로 [그 德을] 널리 베풀고 ≪[同人卦의] 2·3·4의 互卦[가 巽]≫ [下卦인] 离는 곧 너그러움(寬)이 되니 ≪[离는 마음의] 中心을 비운 형상이기 때문에 '寬'의 뜻이 됨≫ "德施普", 즉 "덕을 베풂이 넓은 것"이 된다. 聖人이 세상에 나옴에, 비록 등용되지는 못하더라도 ≪아직 下位에 있음≫ 學問으로써 [백성들을] 교화하고 인도하니 ≪예컨대 孔子의 경우≫ 그가 德을 베푸는 것이 이미 두루 미친 것이다.

○五爲君位 四三爲臣位 ≪九家易≫ 而今玆 聖人 尙在二位 ≪民位也≫ 如龍在田 此 時舍而不用也 ≪如 舜耕歷山≫
○제5位는 임금의 자리에 해당되며, 제4位와 제3位는 신하의 자리에 해당된다. ≪荀九家의 易說≫ [그런데] 지금 聖人이 오히려 제2位에 자리하고 있으니 ≪2位는 백성의 자리≫ 마치 龍이 들판에 있는 것과 같다. 이것은 ≪「文言」 제3절에서 말한 바와 같이≫ "때(時)[의 運勢]가 [아직 그 君子

---

37) 德의 古字는 '悳'이니, 즉 '直'字와 '心'字가 결합되어 형성된 글자이다.

를] 버려 두어서, 등용되지 못하는 것이다. ≪예컨대 舜임금이 [처음에는] 歷
山(=首陽山)38)에서 농사를 짓고 살던 것과 같다.39)≫

○乾下爲离 ≪下今离≫ 天下文明也 ≪离爲文 爲明≫

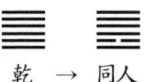

乾 → 同人

○乾[天]의 아래가 离로 되었으니 ≪[同人卦의] 下卦가 지금 离≫ [「文言」
제4절에 말한 바와 같이] "天下文明", 즉 "天下가 文明의 세계로 된 것"
이다. ≪离는 文이 되고, 明이 된다.≫

孔子曰 龍德而正中者也 ≪离者 四正之卦 又二爲中≫

[「文言」 제2절: "見龍在田, 利見大人", 何謂也?] 孔子가 다음과 같이
말씀하셨다. "[이것은] 龍의 德을 지니고, 正中의 지위를 지키는 사람을
가리킨다. ≪离는 4正卦이며, 또한 제2位는 中의 자리가 된다.≫

庸言之信 ≪离爲信≫ 庸行之謹 ≪离爲防≫ 閑邪 ≪离之兩剛 爲防閑≫
存其誠 ≪离虛中 爲誠≫ 善世而不伐 ≪离爲治≫ 德博而化 ≪离爲寬≫
易曰 見龍在田 利見大人 君德也 ≪位卑而德尊≫

[이런 사람은] 평소 말(庸言)에 신의가 있고 ≪离는 信이 됨≫ 평소 행실
(庸行)을 삼가며 ≪离는 지킴이 됨≫ 간사함을 막아 ≪离의 [上下의] 두 개의 剛
이 막는 것≫ 그 참된 마음(誠)을 보존하며 ≪离는 가운데가 비어 '誠'이 됨≫ 세

---

38) 歷山은 중국 산동성의 성도(省都)인 제남(濟南)에 있는 천불산(千佛山)을 가리킨다.
千佛山은 제남시를 내려다보는 위치에 있는데, 285미터에 불과한 낮은 산이지만, 중국
上古시기의 龍山文化의 본거지이다.
39) 순경력산(舜耕歷山): 사마천의 『史記』 卷1 「本紀」 중 「五帝本紀」의 '순임금조'에
나오는 句이다. 즉, "舜임금이 역산(歷山)에서 밭갈이를 하였다"라고 함.

상을 [보다] 좋게 만들지만, [그러한 자신의 공적을] 자랑하지 않으니 ≪离는 다스림이 됨≫ 德을 널리 펴서 교화하는 것이다. ≪离는 넓음[寬]이 된다.≫ 易에 "見龍在田, 利見大人"[40]이라고 하였으니, [이것은] 君子의 德을 말한 것이다." ≪지위는 비록 낮지만, 그 德은 높다.≫

○案 同人自夬來 ≪上之二≫ 庸言者 兌也 ≪夬上兌≫ 庸行者 震也 ≪夬五六 亦震≫ 移之同人 乃信乃謹也 ≪下今离≫

夬　　　同人　　　姤

○[案] 同人卦는 夬卦로부터 왔는데 ≪[同人卦의] 上이 2로 감≫ "庸言 (평소의 말)"이란 兌를 가리키며 ≪夬卦의 上卦는 兌≫ "庸行(평소 행실)"이란 震을 가리킨다. ≪夬卦의 5位와 6位의 陽畫도 역시 震[41]에 해당됨≫ [그런데 夬卦로부터] 推移하여 同人卦가 되면 이에 믿음이 되고, 이에 삼가함이 된다. ≪[同人卦의] 下卦가 지금 [信과 謹을 의미하는] 离이다.≫

又自姤來 ≪一之二≫ 巽德撓曲 ≪巽爲屈≫ 邪而不正 ≪卦[42]形斜≫ 移之同人 則閑以防之也 ≪下今离≫

[同人卦는] 또한 姤卦에서 왔는데 ≪[同人卦의] 1이 2로 감≫ ['바람'으로 대표되는] 巽의 성질(德)은 어지러이 감돌고 휘어지는 것이니 ≪巽은 굽힘[屈]이 됨≫ 사특(邪慝)하여, 바르지 않다. [巽은 그 卦의 형태를 4正卦와 대비해 보면] 卦의 형태가 반듯하지 않다.[43] [그런데 姤卦로부터] 推移

---

40) "易曰, '見龍在田, 利見大人', 君德也"라는 구절은 아래 「文言」 6절에서도 그대로 동일하게 반복된다.

41) 이후(『四箋』 卷1, 39가)에서도 "初與二, 爲震"이라 함.

42) [校閱] "卦形斜"의 "卦"가 奎章本에는 "掛"로 되어 있으나 誤記이다.

43) 『四箋』에서는 乾[☰]의 형태를 가리켜, "卦形正"이라 함(『四箋』 卷2, 14나).

하여 同人卦로 되면, 곧 간사함을 막아, 방지하는 것이다. ≪同人卦의 下卦가 지금 ['防閑'을 상징하는] 离≫

夬之旣移 ≪上之二≫ 兌口亦嗑 ≪上兌合≫ 是 不伐也 ≪不自言≫
夬卦로부터 이미 推移됨에 ≪[夬卦의] 上이 2로 감≫ 兌의 입이 또한 다 물어지니 ≪상부의 兌가 합쳐져 乾으로 됨≫ 이것이 "不伐", 즉 "스스로 그 공적을 자랑하지 아니함"이다. ≪스스로 말하지 아니함≫

化者 訛也 ≪堯典曰 南訛≫ 南方离火之德 能令物化 故易例 离 則爲化
["德博而化"의] "化"字는 '訛', 즉 '변화시킴'의 뜻이다. ≪『書經』『堯典』에 "南訛"라고 하였다.≫ 南方을 상징하는 离火의 德은 능히 만물을 변화시킬 수가 있다. 그러므로 易例에서는 离가 곧 변화의 뜻이 되는 것이다.

孔子曰 君子 學以聚之 ≪乾爲聚≫ 問以辨之 ≪离爲辨≫ 寬以居之 ≪离爲寬≫ 仁以行之 ≪初與二 爲震≫ 易曰 見龍在田 利見大人 君德也
「文言」제6절] 孔子께서 말씀하시기를, "君子는 배움을 통해서 [지식을] 축적하고 ≪乾은 모음[聚]이 됨[44]≫ 질문하여 [事理를] 분별하고 ≪离는 분별함이 됨[45]≫ 너그럽게 살고 ≪离는 寬大함이 됨[46]≫ 仁에 따라 실천한다. ≪初位와 제2位는 震이 됨[47]≫ 易에 '見龍在田, 利見大人'이라 한 것

---

44) 다산이 '今補' 이외에 보충한 것에 해당됨.
45) 茶山의 '今補'를 참조할 것(『四箋』卷8, 39나). 또 다산은 "分別中斷, 离之辨也"이라고 함(『四箋』卷8, 40가).
46) 茶山의 '今補'를 참조할 것(『四箋』卷8, 39나). "普博中恢, 离之寬也"라고 함(『四箋』卷8, 39나~40가).

은48) 君子의 德을 말한 것이다"라고 하였다.

○案 同人自姤夬來 巽則設教 ≪見觀卦≫ 可以學也 ≪姤下巽≫
兌則說言 可以問也 ≪夬上兌≫ 离今文明 ≪下今离≫ 所以爲學問也

姤 → 同人 ← 夬

○[案] 同人卦는 姤卦와 夬卦에서 온 것이다. 巽은 곧 가르침을 베풂
(設教)에 해당되니 ≪[『四箋』의] 觀卦[의 「象傳」]의 부분을 볼 것≫ 배울 수 있
는 것이며 ≪姤卦의 下卦는 巽≫ 兌는 곧 즐거운 말(說言)에 해당되니, 질문
할 수 있는 것이며 ≪夬卦의 上卦는 兌≫ 离로써 지금 그 文章을 밝히니
≪同人卦의 下卦가 지금 离≫ [배우고 묻는] 學問이 성립되는 것이다.

九三 : 君子, 終日乾乾, 夕惕若, 厲, 无咎. ○ 象曰 : 終日乾乾,
反復道也.

九三 : 君子가 終日토록 쉬지 않고 열심히 일하고, 저녁에는 근심스러
운 듯 하니, 위태로우나, 허물이 없을 것이다. ○「象傳」: "終日乾乾"은
道를 反復함이다.49)

---

47) 앞서도 "夬五六, 亦震"이라 하였다(『四箋』, 건1, 39가). 한편, 이는 茶山이 「附見兼互
取象之法」에서 "易例, 又有未滿三畫, 而取之爲象者"라고 한 것과 연관된다고 하겠다
(『四箋』 卷1, 8가).
48) 앞서 「文言」 2절은 問答이었지만, 여기서는 문답이 아니라는 것을 염두에 둘 것.

○ 終日乾乾, 行事也. ○ 終日乾乾, 與時偕行.

○ [「文言」제3절] "終日乾乾"은 [마음만이 아니라] 구체적으로 어떤 일을 수행함이다. ○ [「文言」제4절] "終日乾乾"은 때에 맞추어 실행하는 것이다.

此 乾之履也 ≪三爻變≫ 卦以震成 六爻 皆君子之用也 ≪震君子≫ 於此 特言君子者 此詞爲進德修業之用 非爲筮也

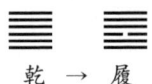

乾 → 履

이것은 乾卦가 履卦로 변하는 경우이다. ≪3爻가 변함≫ 乾卦는 震으로 성립된 것인데, 여섯 爻가 모두 君子의 活用을 위해 설정된 것이다. ≪震은 君子≫ [그럼에도 새삼] 여기 九三에서 특별히 "君子"를 언급한 것은50) 이 爻辭가 君子의 進德修業을 위한 용도(用度)로 설정된 것이지, 占筮를 위한 것이 아니기 때문이다.

○ 下卦位离也 ≪一二三 奇偶奇≫ 离則爲日 ≪說卦文≫ 故初爲日出 ≪見左傳≫ 二爲日中 ≪見豐卦≫ 三爲日夕 ≪見離卦≫ 易例然也

○ 下卦의 자리는 离位이고 ≪1·2·3位는 홀수·짝수·홀수[이므로, 획으로 나타내면 ☲가 됨]≫ 离는 곧 태양(日)이 되는데 ≪「說卦傳」의 글51)≫ 그러므로 初位는 '日出(아침)'이 되고 ≪이런 용례가 『左傳』에 나옴52)≫ 제2位는

---

49) 朱子는 '反復'이 거듭 실천함의 뜻이라고 하였다(反復, 重複踐行之意). 반면에 程子는 "반복함"이 道라고 하였다. "反復道"를 도리를 반복함의 뜻으로 풀 수도 있고(서정기 譯註, 『새시대를 위한 주역』 上, 글, 1999, 96면), 반복함이 도에 합치한다고 풀이할 수도 있다(왕필 著, 임채우 역, 『周易王弼注』, 길, 1998, 27면).
50) 初九, 九二는 모두 표면적으로는 "龍"이 주인공이었다.
51) 「說卦傳」에 "离 …… 爲日"이라 하였고, 또 "日以烜之"라고 하였다.

‘日中(한낮)’이 되고 ≪豐卦의 卦辭 “日中”과 연관하여, 이런 용례가 보임≫ 제3
位는 ‘日夕(저녁)’이 되니 ≪離卦 九三을 참조할 것≫ 易例가 [실로] 이러한
것이다.

　卦自復始 ≪義見前≫ 遂以震行 自强不息 健而又健 ≪行又行≫ 是
乾乾也 爲臨爲泰 遂竟离位 ≪下卦終≫ 終日乾乾也

臨　　泰

　乾卦는 復卦로부터 시작되었는데 ≪그 의미는 앞서 나옴≫ 계속하여 震
으로써 나아감에, 스스로 굳세고 쉬지 않아서, 군건하고 또 군건하니 ≪行
하고 또 行함≫ 이것이 “乾乾”의 의미이다. [復卦가] 臨卦가 되고, 泰卦가
되어 마침내 [日을 상징하는] 离位에까지 이르니 ≪九三은 下卦의 끝[終]에
해당됨≫ “終日乾乾”이라고 한 것이다.53)

　○ 离位旣終 日之夕矣 ≪离之末≫ 离虛其心 ≪今互离≫ 念其兌
咎 ≪下今兌≫ 若蹈虎尾 ≪履之象≫ 如履薄氷 ≪見履卦≫ 上畏乾天
≪履上乾≫ 順其巽命 ≪上互巽≫ 夕惕若也 履者 踐履之卦也 故其
義如此

乾　　履

---

52) 이는 『左傳』의 ‘叔孫豹의 筮’를 두고 하는 말인데, 叔孫豹의 筮에 명시적으로 “初爲
日出”이라 나오는 것은 아니다『四箋』 卷7, 25나).
53) 三位는 “夕”이니 곧 “終日”이라는 것이다.

○[해(日)를 상징하는] 离位가 이미 종결되니, 하루(日)의 저녁(夕)에 해당된다. 《"夕"은 离日의 끝에 해당됨》 [그리고] 离는 그 마음을 비운 것 (虛)으로 《履卦의 3·4·5位가 지금 互离》 그 兌의 허물(咎)을 생각함에 《履卦의 下卦가 지금 兌》 마치 호랑이 꼬리를 밟고 있는 것과 같은 [위태로운] 상황이다. 《履卦의 象을 참조할 것》 [그래서] 얇은 얼음을 밟는 것처럼 조심하여 《이런 의미에 대해서는 履卦를 참조할 것》 위로 乾의 天을 경외하고 《履卦의 上卦는 乾》 그 巽의 命에 순종하니 《[履卦의] 上互卦가 巽》 [이것을 가리켜] "夕惕若", 즉 "저녁에는 두려워한다"고 한 것이다. "履"는 [차근차근 밟아 나가듯이] 실천하고 이행함(踐履)을 뜻하는 卦이다. 그러므로 그 뜻이 이와 같다.

○厲者 危也 兌以一陰 《下今兌》 下乘二剛 《初與二》 位亦匪據 《陰居陽》 其象 危也

○"厲"는 위태로움(危)을 뜻한다. 兌는 하나의 陰이 《[履卦의] 下卦가 지금 兌》 아래로 두 개의 剛을 올라타고 있으며 《初位와 제2位[의 二剛]》 또한 [제3位의] 자리도 역시 [陰이] 차지할 만한 [합당한] 자리가 아니니 《陰이 陽의 자리에 있음》 그 象이 위태로운 것이다.

然而无咎者 履自夬來 《上之三》 夬之時 柔乘五剛 《夬上兌》 驕之至也 移之爲履 《卦今履》 則全一卦而降之 《上兌 今下兌》 上下以辨 《离爲辨》 仰順巽命 《履互巽》 是 无咎也 《善補過》

乾　　履　　夬

그런데도 "无咎"라고 하는 것은 다음과 같은 이유 때문이다. 履卦는

夬卦에서 나왔는데 ≪[夬卦의] 上이 3으로 감≫ 夬卦의 때에는 柔가 다섯
剛을 올라타고 있으니 ≪夬卦의 上卦는 兌≫ 그 교만함이 대단하였다. [그
런데 夬卦로부터] 推移하여 履卦가 되면 ≪卦가 지금 履卦≫ 한 卦가 전부
내려와서 ≪上兌가 지금 下兌가 됨≫ 上下가 분별되고 ≪离는 분별함이 됨54)≫
巽의 命을 받들어 순종하니 ≪履卦의 3·4·5位는 互巽≫ 이것이 "无咎"인
것이다. ≪허물을 잘 보완함≫

○乾之本 坤也 爲臨爲泰 將以爲乾 終而復始 循環無端 ≪十
二辟≫ 反復道也

坤 → 復 → 臨 → 泰 → …… → 乾 → 姤 → 遯 → …… → 坤

○乾卦의 근본은 坤卦이다. [坤卦로부터] 臨卦가 되고, 泰卦가 되어,
장차 乾卦가 됨에, 끝나고 다시 시작하여, 그 순환이 끝(端)이 없으니
≪12辟卦의 순환≫ [이것을 가리켜] "反復道", 즉 "道를 반복함"이라고 한
것이다.

○乾以震行 ≪復臨泰≫ 履乃踐禮 ≪中互离≫ 是 行事也 ≪震爲行≫
終日之所言行 夕而思之 不能無過 ≪兌震爲言行≫ 玆所以惕若也
此一繇 乃古聖人 嚴恭寅畏 進德修業之要旨大法也

坤 → 復 → 臨 → 泰 → …… → 乾 → 履
[九三 爻變]

---

54) 茶山의 '今補'에 "分別中斷, 离之辨也"라고 함(『四箋』 卷8, 40가).

○乾卦는 震으로써 進行되며 《復卦에서 臨卦로 그리고 泰卦로 진행됨》 [乾卦 九三의 之卦인] 履卦는 곧 禮를 실천함(踐禮)이니 《가운데 互离가 있음》 이것이 [「文言」 제3절에서 말하는] "行事", 즉 "일을 진행함"이다. 《震은 '行'이 된다.》

하루 종일(終日) 말하고 행한 바를 저녁에 반성해 보면, 잘못이 없을 수 없으니 《兌와 震은 각각 言과 行에 해당됨》 이것이 "惕若(두려워함)"의 까닭이 된다. 이 한 개의 爻辭는 바로 옛 聖人이 엄숙하고 공경하며, 삼가고 두려워함으로써, [안으로는] 德性을 함양하고, [밖으로는] 바른 일(業)을 수행하던 ["進德修業"의] 要旨이고, 大法인 것이다.

○十二辟卦 與四時而偕行 《復臨泰 周正爲春》 此 卦象也 四時 嬗變 流光迅速 君子之進德修業 豈有間哉

○12辟卦는 四時와 더불어 함께 진행되는 것이니 《復‧臨‧泰卦를 周나라 曆에서는 [이것들은 각각 1‧2‧3月로서] 봄[春]이 됨》 이 卦의 象이다. [春‧夏‧秋‧冬의] 四時는 잇달아 변천하고, 세월(流光)은 빠르게 지나가거니와, 君子의 "進德修業"에 어찌 [한가한] 겨를(間=閒)이 있겠는가?

孜孜不怠 勉勉不已 《卽終日乾乾》 一息不斷 有進無退 《文王之純 亦不已》 與流光而偕行 死而後息焉 此 踐履也 故曰 終日乾乾 與時偕行

부지런히 힘써서, 게으르지 않고, 열심히 힘써서 그만두지 않으며 《곧 "終日乾乾"에 해당됨》 한 순간도(一息) 중단함이 없이, 나아감만 있고 물러섬이 없으니 《文王의 至純함도 역시 멈추지 않았음》 세월의 흐름과 더불어 함께 行하다가, 죽은 다음에야 쉬는 것이니, 이것이 [바로] 실천(踐履)인 것이다. 그러므로 [「文言」 제4절에서] "終日乾乾, 與時偕行"이라고 한 것이다.

○案 班固之賦曰 尸祿負乘 夕惕若厲 淮南子曰 終日乾乾 以陽動也 夕惕若厲 以陰息也 張衡 思玄賦曰 夕惕若厲 以省愆兮 皆以夕惕若厲 爲句 漢儒之疏謬 如此 ≪孔子曰 雖危无咎 故今以厲无咎 爲句≫

○[案] 반고(班固)의 부(賦)[55]에 이르기를, "분에 넘는 자리에 녹봉만 타고(尸祿) 재물은 넘치니(負乘), 저녁에는 두려워하기를 마치 위태로운 것처럼 하여라"[56]라고 하였다.

[그리고]『淮南子』「人間訓」에는 "'終日乾乾'은 陽[의 원리]에 따라 [적극적으로] 움직이는 것이요, '夕惕若厲'는 陰[의 원리]에 따라 쉬는 것이다"라고 하였다.

[그리고] 장형(張衡)[57]의 「思玄賦」[58]에서는 "[易에] '夕惕若厲'라고 하였으니, [낮의] 허물(愆)을 [스스로] 살핌이로세"라고 하였다.

[이러한 예들을 보면, 그 뜻풀이와 무관하게] 모두 "夕惕若厲"를 한 구절로 하였는데, 漢儒들의 오류가 이와 같다. ≪孔子도 [『文言』의 제2節과 제6절

---

55) 班固之賦 : 반고(班固)에게는 "양도부(兩都賦)"라는 작품이 있으나, "尸祿負乘, 夕惕若厲"이 "양도부(兩都賦)"에 나오는 句는 아니다.

56) 尸祿負乘, 夕惕若厲 :『後漢書』(卷82上)의 「方術列傳」(第72上)에 나오는 말이다『後漢書』卷10, 中華書局, 1965, 2714면).

57) 장형(張衡, 78~139)은 字가 평자(平子)로서, 河南省 南陽 출신이며, 유명한 과학자이자, 문학가였다. 장형은 사람됨이 청렴하고 강직하였는데, 이로 말미암아 환관들의 모함을 받아 벼슬에서 물러나 뜻을 펴지 못한 채 일생을 마쳤다. 後漢 中期의 태평성대를 풍자한『二京賦』・『歸田賦』등을 지었다. 天文과 曆學의 大家로서, 혼천의(渾天儀)를 비롯하여, 일종의 地震計라고 할 수 있는 후풍지동의(候風地動儀)를 만들었다. 만년에는 하간왕(河間王)의 宰相으로서 호족들의 발호를 견제하는데 큰 공을 세웠다.

58) 張溥 編,『漢魏六朝百三家集』(卷1, 1412-330면)을 참조할 것. 부(賦)는 西漢 중엽에 유행한 長篇의 韻文 양식이다.『楚辭』와는 다른 새로운 장편의 한부(漢賦)는 西漢 경제(景帝, B.C.157~B.C.142 재위) 때의 文人이었던 매승(妹乘, ?~B.C.141)의「七發」이라는 작품에서 비롯되었다고 전한다. 반고(班固, 32~92)는 西都인 長安과 東都인 洛陽의 성대함을 노래한 양도부(兩都賦)를 지었는데, 장형(張衡)은 반고의 양도부(兩都賦)를 본뜬「西京賦」와「東京賦」의「二京賦」를 지었다. 장형의 부(賦)는 당시 저자거리의 모습과 각종 잡기의 관한 자세한 묘사, 깔끔한 풍경묘사 등이 잘 되어 있는 것으로 평가되고 있다.

에서] "雖危无咎"라 하였으니, 여기서도 "厲, 无咎"를 한 句로 간주하는 것이다.≫

○ 學稼云 兌則爲西 离則爲日 ≪今互离≫ 日在西則夕也

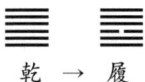

乾 → 履

○ 學稼가 말하였다. "兌는 곧 서쪽(西)이 되고, 离는 곧 해(日)가 되는데 ≪지금 履卦 2·3·4에 互离가 있음≫ 해(日)가 서편에 있으니 곧 '저녁(夕)'인 것이다."

孔子曰 君子 進德修業 ≪柔進而离修≫ 忠信 所以進德也 ≪离忠信≫ 修辭立其誠 ≪兌言而离修≫ 所以居業也 ≪离爲誠≫

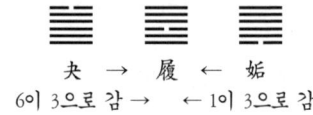

夬 → 履 ← 姤
6이 3으로 감 → ← 1이 3으로 감

[「文言」 제2절; "君子, 終日乾乾. 夕惕若, 厲无咎", 何謂也?] 孔子께서 말씀하셨다. "君子가 [안으로] 德性을 함양시키고, [밖으로] 사업(事業)을 닦아 감에 ≪[履卦의 母卦인 姤卦로부터] 柔가 [위로] 나아가서, 离의 修身[59][의 象]이 됨≫ 忠과 信은 그 德을 증진(增進)시키는 것이요 ≪离가 忠·信[60]≫ 글을 배워서, 그 誠意를 확립하는 것은 ≪兌는 言이 되며[61] 离는 修의 뜻이 됨≫ 그 행실을 충실히 하기 위한 것이다. ≪离는 誠이 된다.[62]≫

---

59) 离修: '今補'의 离治 등의 象을 茶山이 응용한 것으로 보인다. 또 다산은 "离以修之"라는 말을 함(『四箋』 卷8, 39나).
60) 茶山은 '今補' 이외에 离를 信이라 한다. "离忠"도 「說卦傳」에 나오는 것은 아니다.
61) 「說卦傳」의 "兌口", "說言乎兌" 등에서 응용된 것이다. '今補'에 명시되지는 않았다.
62) 다산의 '今補'에 "閑邪存誠, 离之信也"라고 하였다(『四箋』 卷8, 39나).

知至至之 ≪柔自坎位來≫ 可與幾也 ≪坎爲幾≫ 知終終之 ≪下卦終≫ 可與存義也 ≪兌爲義≫

[卦象에 나타나듯이] 가야 할 곳을 알고, [그 곳에] 이르니 ≪[夬卦의 上位에 있는] 柔가 坎位에서 [제3位로] 내려옴63)≫ [미묘한] 기미[를 感知함으]로써 더불어 [일을] 할 수가 있는 것이며 ≪坎은 조짐[幾]이 됨64)≫ 마쳐야 할 데를 알아, 마치니65) ≪[九三은] 下卦의 끝≫ 더불어 義를 보존할 수 있는 것이다. ≪兌는 義가 된다.66)≫

是故 居上位 ≪下卦之上位≫ 而不驕 ≪互巽 爲遜順≫ 在下位 ≪全卦之下卦≫ 而不憂 ≪兌悅而离喜≫ 故乾乾 因其時而惕 雖危 无咎矣

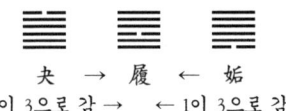

夬 → 履 ← 姤
6이 3으로 감 → ← 1이 3으로 감

이런 까닭에, 높은 자리에 머무르면서도 ≪[九三은] 下卦의 [제일] 윗자리≫ 교만하지 않고 ≪[履卦의 3·4·5位의] 互巽卦는 겸손하게 순종함[遜順]의 뜻이 됨≫ 아랫자리에 있으면서도 ≪전체 卦에서는 下卦에 있음≫ 근심하지 않는다. ≪[履卦의 下卦인] 兌는 즐거워함을 뜻하고, [2·3·4位의] 离는 기쁨을 뜻함≫ 그러므로 열심히 일하고, 또 일하여, 그때에 따라 [반성하고] 근심하니, 비록 위태롭다고 해도 허물은 없는 것이다."

---

63) 이는 "知"라는 말을 설명한 것이다. 즉 "坎知"(今補)를 지적한 것이다. 仁·義·禮·智에서 坎은 "智"에 해당하고, "智"와 "知"는 통한다(『四箋』卷8, 39가).

64) 坎幾는 茶山의 '今補'에 나오는데, 이는 坎이 弓弩가 되는 것으로부터 끌어낸 것이다(「說卦傳」에 坎을 '弓輪'이라 함, 『四箋』卷8, 38가).

65) 이는 夬에서 陽이 더 전진하면 乾이 되는데, 이렇게 되지 않고, 履卦로 推移하여 兌(義)를 여전히 보존하고 있는 상황과 연관되는 것이겠다.

66) 兌義는 '今補'에 나오는데, 仁義禮智에서 兌秋가 義에 배당되는 것이다. 또한 夬에서 履로 되어도 兌가 변함이 보존된다.

○案 此繇 以之爲筮 則於出處進退 祭祀 婚姻 戰伐之等 皆無所當 周公撰詞之初 盖恐學易者 專主卜筮 特於乾卦之內 挿此一繇 使學者 知易之爲用 不止於卜筮也 故孔子解易 多主義理 ≪彖傳 大象傳≫ 其源出於文王周公 非自孔子始也

○[案] 이 占辭(繇辭)로써 점을 치는 경우에, 일반적인 出處進退나, 제사·혼인·전쟁 등의 일에 있어서는, 모두 전혀 해당되는 바가 없다. [따라서] 周公이 [이] 爻辭를 지을 당초(當初)에, 아마도 易을 배우는 자들이 오로지 卜筮를 위주로 할까 우려하여, 특별히 乾卦의 내부에 이 占辭를 삽입하여, [易을] 배우는 자들로 하여금 易의 活用處가 卜筮에만 그치는 것이 아님을 알게 한 것이다. 그러므로 孔子가 『周易』을 해석함에 대부분 義理에 입각하여 해석하였던 것이니 ≪「彖傳」과 「大象傳」의 경우≫ [이처럼 義理로 해석하는] 그것은 [원래] 文王과 周公에 근원을 갖고 있는 것이지, 孔子로부터 처음 시작된 것이 아니다.

孔子曰 九三 重剛而不中 ≪非二五≫ 上不在天 ≪非五六≫ 下不在田 ≪非一二≫ 故乾乾 因其時而惕 雖危 无咎矣

[「文言」 제6절] 孔子께서 [다음과 같이] 말씀하셨다. "九三은 陽爻가 陽位에 있지만, 中은 아니며 ≪[즉] 제2位나 제5位가 아님≫ 위로는 하늘에 있지 않고 ≪5位나 6位가 아님≫ 아래로는 밭(田)에 있지 않다. ≪初位나 제2位가 아님≫ 그러므로 [이런 상황에 처하여] 쉬지 않고, 건실하게 노력하고, 그 때에 따라 삼간다면, 비록 위태롭다고 해도, 허물이 없을 것이다."

○案 大傳曰 三多凶 四多懼 以不得中也 故乾卦三四 皆云[67] 无咎 孔子所言 亦此義也

---

67) [校閱] 新朝本과 國中本에는 "言"으로 되어 있으나, 奎章本에는 "云"으로 되어 있다.

○[案]「大傳」(「繫辭傳」)에서 말하기를, "제3位에는 凶함이 많고, 제4位에는 근심(懼)이 많다"고 하였는데, 이는 [제2位나 제5位의] 中을 얻지 못하였기 때문이다. 그러므로 乾卦의 제3位와 제4位에서 모두 "无咎"(즉 '善補過')를 말한 것이며, 孔子가 [「文言」 6절에서] 말한 바도 역시 이런 취지이다.

九四 : 或躍在淵, 无咎. ○ 象曰 : 或躍在淵, 進无咎也.
九四 : [龍이] 혹(或) 연못(淵)에서 뛰기도 함이니,[68] 허물이 없을 것이다. ○「象傳」 : "或躍在淵"은 나아감에 허물이 없는 것이다.

○ 或躍在淵, 自試也.
○[「文言」 제3절] "或躍在淵"은 스스로 시험함이다.

○ 或躍在淵, 乾道乃革.
○[「文言」 제4절] "或躍在淵"은 乾道가 이에(乃) 革新된 것이다.

此 乾之小畜也 ≪四爻變≫ 小畜自姤來 ≪一之四≫ 姤之時 巽股在下 ≪說卦 巽爲股≫ 移之小畜 ≪一之四≫ 則巽股忽超 ≪下巽 今上巽≫ 幾及天位 ≪五六爲天位≫ 其象 躍也 本皆震龍 ≪義見前≫ 龍之躍也

---

68) "或躍在淵"을 "혹 뛰기도 하고, 혹 연못에 있기도 한다"라고 번역할 수도 있겠으나, 다산의 해석에서 그렇게 번역할 수 있는 근거가 충분치 않아, 그렇게 번역하지 않았다.

乾 爻變→ 小畜←推移 姤

이것은 乾卦가 小畜卦로 변하는 경우이다. ≪제4爻가 변함≫ 小畜卦는
姤卦로부터 왔는데 ≪[姤卦의] 1이 4로 감≫ 姤卦의 때에는 巽의 다리가 아
래에 있었는데 ≪「說卦傳」에, 巽은 股가 된다고 함≫ 推移하여 小畜卦로 되
면 ≪[姤卦의] 1이 4로 감≫ 그 巽의 다리가 갑자기 뛰어 올라 ≪[姤卦의] 下
卦는 巽이었는데, 지금 [小畜卦의] 上卦는 巽≫ [제4位에 이르러] 거의(幾) 天位
에 미치니 ≪5와 6은 天位≫ 그 象이 뛰어오르는 것(躍)이다. [이 乾卦는]
본래 모두 震의 龍이니 ≪이 뜻은 앞서 나옴≫ [여기서 龍이 명시되지는 않
았으나] 龍의 도약(躍)인 것이다.

又自夬來 ≪上之四≫ 上兌之澤 ≪夬上兌≫ 移亦爲淵 ≪今互兌≫ 躍
在淵也 ≪淵 止水≫

夬 → 小畜 ← 姤

또한 小畜卦는 夬卦로부터 왔는데 ≪[夬卦의] 上이 4로 감≫ 위에 있는
兌의 연못은 ≪夬卦의 上卦는 兌≫ 推移하여도 역시 연못이 되니 ≪지금 [小
畜卦의 제2·3·4位가] 互兌≫ "躍在淵", 즉 "연못에서 뛰는 것"이다. ≪"淵"
은 [흐르지 않고] 멈추어 있는 물이다.≫

自姤來則爲進 ≪自下升≫ 自夬來則爲退 ≪自上降≫ 象不確定 其
位可疑 ≪如上 亦如下≫ 疑則或之 ≪占法也≫ 或躍在淵也
姤卦에서 온 경우는 나아감(進=躍)이 되고 ≪아래에서 올라감≫ 夬卦에
서 온 경우는 물러감(退)이 되어 ≪위에서 내려옴≫ 卦象이 확정적이지 않

은데, [게다가] 그 [4位라는] 자리도 [중간에 걸쳐 있어] 의심스럽게 볼 수가 있으니 ≪[重卦에서] 제4位는 [上卦에 속해 있으므로] 위에 있다고 말할 수도 있고, [上卦 내에서는 제일 아래 있으므로] 아래에 있다고 말할 수도 있음≫ 이렇게 [卦象이 확정적이지 않고] 의심스러우면, 혹시(或)하는 의혹을 가지게 되니 ≪占法의 用例[에서는 "或"이라는 말을 그처럼 의심스러운 경우에 사용함]≫ "或躍在淵"인 것이다.

○ 姤之時 柔居陽位 ≪初數奇≫ 進而小畜 ≪一之四≫ 柔乃得位 ≪四數偶≫ 進无咎也 ≪善補過≫

夬 → 小畜 ← 姤

○ 姤卦의 때에는 柔가 陽位를 차지하고 있었는데 ≪初位의 ['1'이라는] 數는 홀수[이므로 陽位가 됨]≫ [위로] 나아가 小畜卦가 되면 ≪[姤卦의] 1이 4로 감≫ 柔가 이에 [바른] 자리를 얻으니 ≪제4位의 ['4'라는] 數는 짝수[이므로 陰位]≫ [「小象傳」에서] "進无咎", 즉 "나아감에 허물이 없다"라고 한 것이다. ≪"无咎"는 [과거의] 잘못을 잘 보완하는 것이다.[69]≫

○ 試者 將用而先嘗之也 姤之時 伏而在下 ≪姤下巽≫ 移之小畜 忽自超騰 ≪一之四≫ 自試之道也 ≪將以飛≫ 四則多懼 ≪大傳文≫ 疑而試之也

夬 → 小畜 ← 姤

---

69) 善補過:「繫辭上傳」에 나오는 말이다.

○[「文言」제3절 "自試"에서] "試"라는 것은 장차 [무엇을] 하고자 함에 먼저 [그것을] 시험해 보는 것(嘗)이다. 姤卦의 때에는 [가만히] 엎드려 아래에 있었는데 ≪姤卦의 下卦는 巽[으로서, '伏'의 뜻이 있음]≫ 推移하여 小畜卦가 되면, 갑자기 [龍이] 스스로 뛰어 오르니 ≪[姤卦의] 1이 4로 감≫ [이것은] 스스로를 시험하는 道이다. ≪[龍이] 장차 날고자 하는 것이다.≫ 제4位는 곧 근심(懼)이 많은 자리인 까닭에 ≪「大傳」에 나오는 말≫ 미심쩍어서 시험해 보는 것이다.

○四者 外卦之始也 內乾旣竟 外乾又始 乾道乃革也 ≪天道變≫ 乾之旣改 ≪四爻動≫ 巽命又新 ≪上今巽≫ 乾道乃革也

○제4位는 外卦의 시작되는 곳이다. [乾卦의 九四는] 內卦인 乾이 이미 마치고, 外卦인 乾이 다시 시작되는 곳이니 [「文言」의 제4절에서] "乾道乃革", 즉 "乾道가 이에(乃) 革新됨"이라고 한 것이다. ≪天道가 변함≫ [또한] 乾이 이미 바뀌어 ≪四爻가 변동됨≫ 巽의 命[70]이 또한 새롭게 되었으므로 ≪[小畜卦의] 上卦가 지금 巽≫ "乾道乃革"이 된 것이다.

○案 初爻四爻 均之爲巽 ≪彼下巽≫ 而彼爲潛龍者 位在地底也 ≪三才位≫ 此爲躍龍者 位近天中也 ≪四近五≫

乾九四→小畜　　　乾初九→姤

○[案] [乾卦의] 初爻와 제4爻는 [어느 경우에나] 균등하게 巽이 되는데 ≪[初爻는] 그 下卦가 巽이 됨≫ 初爻(彼)가 潛龍이 되는 것은 그 자리가 지하(地底)[71]이기 때문이고 ≪[天·地·人] 三才의 위치[로 볼 때 그러함][72]≫ 이

---

70) 荀九家인 虞翻의 說(『四箋』卷8, 37나).
71) 앞서 初九를 설명하는 자리에서도 "位在地底(一二地)"라고 함(『四箋』卷1, 38가).

제4효가 약룡(躍龍)이 되는 것은 그 자리가 [제5位, 즉] 하늘 가운데(天中)에 가깝기 때문이다. ≪제4位는 제5位에 가깝다.≫

○ 學圃云 巽則爲魚 ≪虞氏云≫ 或躍在淵者 魚也 故蔡墨對龍 ≪昭 二十九年≫ 不言九四

○ 學圃가 말하였다. "巽은 곧 물고기가 된다. ≪우번(虞翻)이 [그렇게] 말함≫ 따라서 여기서 '或躍在淵'하는 것은 [龍이 아니라] 물고기이다. 그러므로 채묵(蔡墨)이 龍에 대해 논하면서 ≪『春秋左傳』 '昭公 29年'≫ 九四[의 경우]는 언급하지 않고 있다."73)

孔子曰 上下无常 ≪躍 乍上而下≫ 非爲邪也 ≪巽爲屈≫ 進退无恒 ≪說卦云 巽爲進退≫ 非離羣也 ≪乾羣而非離≫ 君子 進德修業 ≪离爲修≫ 欲及時也 ≪畜其德 以待時至≫ 故无咎

夬 → 小畜 ← 姤

[「文言」2節; 九四曰, "或躍在淵, 无咎", 何謂也?] 孔子께서 [다음과 같이] 말씀하셨다. "[때로는] 상승하고 [때로는] 하강함에, [어떤] 정해진 법칙이 없으나 ≪'躍'이란 순간적으로 위로 올라갔다가 [다시] 내려오는 것≫ 어긋난 짓(邪)을 하지는 않으며 ≪巽은 굽힘의 뜻이 됨74)[이니, '邪'는 이를 두고 말하는 것]75)≫ [때로는] 나아가고 [때로는] 물러남에 [어떤] 일정한 법칙은 없

---

72) 이른바 天·地·人 三才의 자리에 重卦 6획을 배당하면, 1·2位는 '地位(땅의 자리)'로 각각 地下와 地上(地表)이 된다. 이는 「讀易要旨」「14. 辨位」에 설명된다(『四箋』卷1, 17가).

73) 『春秋左傳』 '昭公 29年'에서 채묵(蔡墨)은 乾卦의 九三과 九四에서는 龍에 대하여 언급하고 있지 않다.

74) 巽爲屈 : '今補' 이외에 茶山이 별도로 설정한 象에 속한다. 『四箋』의 다른 곳에서도 이러한 용례가 보인다(『四箋』卷1, 39가).

으나 ≪「說卦傳」에 巽은 進退가 된다고 함≫ [어느 경우에나, 백성의] 무리(羣)를 떠나지는 않는다. ≪[小畜卦에는 下卦에] 乾이 무리(羣)를 이루고 있어, 떠나지 않는다.76)≫ 君子가 德을 함양하고, 학문을 닦는 것은 ≪离는 닦음(修)이 됨77)≫ 그때에 미치고자 함인 것이니 ≪그 德을 함양함으로써, 때가 오기를 기다림≫ 그러므로 '无咎'라고 한 것이다."

○案 小畜自姤夬來 ≪法見表≫ 以姤則上進也 ≪一之四≫ 以夬則下退也 ≪上之四≫ 柔旣得位 ≪陰居四≫ 雖巽 非邪也 ≪得其正≫ 乾羣猶完 ≪下乾全≫ 雖离 非離也 進修及時 以小畜也 ≪畜其德≫

乾 → 四爻變 → 小畜   夬 → 小畜 ← 姤

○[案] 小畜卦는 姤卦와 夬卦로부터 왔다. ≪[이런] 방식은 括例表[의 「一陰之卦推移表」]에 나온다.≫ 姤卦로부터 온 경우에는, 위로 나아간 것이고 ≪[姤卦의] 1이 4로 감≫ 夬卦로부터 온 경우에는, 아래로 물러난 것이다. ≪[夬卦의] 上이 4로 감≫ 柔가 [이동하여] 그 [바른] 자리를 얻었으니 ≪陰이 제4位에 머무름≫ 비록 巽이라도 어긋난 것(邪)이 아니다. ≪그 바른 자리를 얻었음≫

[小畜卦로 推移하여도] 乾의 무리(羣)들은 여전히 [흩어지지 않고] 완전하게 있으니 ≪下卦의 乾은 온전함≫ 비록 [小畜卦의 2·3·4位에] 离가 있더라도, 떠나지 않는 것이다. "덕을 함양하고, 학업을 닦아, 때를 기다린다(進修及時)" 함은 小畜[의 卦象]에 의거한 말이다. ≪그 德을 쌓음≫

---

75) 바로 아래에서 "柔旣得位 ≪陰居四≫, 雖巽, 非邪也 ≪得其正≫"이라 하거니와, "屈"을 '邪曲'이라는 의미로 본 것이다(『四箋』卷1, 41나). 한편, 다산은 『易學緒言』에서 巽이 '震'(仁)과 變易 관계라서 '邪'가 된다고 설명하기도 하였다.
76) 茶山은 "离, 別也, 辨也"라고 함(『四箋』卷4, 11나).
77) '离修'는 茶山이 '今補' 以外에 별도로 설정한 것. 『四箋』(卷1, 40나)에서도 나온다.

孔子曰 九四 重剛而不中 《非二五》 上不在天 《非五六》 下不在田 《非一二》 中不在人 《四者 卿相之位 故三爲衆人之位》 故或之 或之者 疑之也 故无咎

[「文言」 제6절] 孔子께서 [다음과 같이] 말씀하셨다. "九四는 [陽位에 陽이 있으니] 剛이 중첩되어 있으면서, 中이 아닌데 《[즉] 제2位나 제5位가 아님》 위로는 하늘에도 있지 아니하고 《5位나 上位가 아님》 아래로는 밭(田)에도 있지 아니하며 《初位이나 제2位가 아님》 [또한] 가운데로는 [평범한] 사람의 위치에도 있지 아니하니[78) 《[제4位는] 卿相의 자리인 까닭에, 제3位는 [평범한 衆人의 자리가 됨》 그러므로 [확정적으로 말하지 않고] '或'이라고 한 것이다. '或'이라고 한 것은 의심한다는 뜻이니, 그러므로 허물이 없음(无咎)이 되는 것이다."

○案 四則多懼 所以疑也
○[案] 제4位는 곧 근심(懼)이 많은 자리이니,[79) [이것이] 의심한다고 한 까닭이다.

九五: 飛龍在天, 利見大人. ○象曰: 飛龍在天, 大人造也.
九五: 나는 龍이 하늘에 있으니, 大人을 만나보면 이로울 것이다. ○「象傳」: "飛龍在天"은 大人이 [세상을 다스려] 변화시킴을 말한 것이

---

78) 『仲氏易』(上海古籍出版社, 1990, 31면)에 "侯果曰, 案繫詞兼三才而兩之 初二地道 三四人道 五上天道 今四本人道 而與三兼爲一才 非正故 曰中不在人"이라고 함.
79) 四則多懼: 「繫辭下傳」에 "二多譽, 四多懼"라 함.

다.80)

○飛龍在天, 上治也. ○飛龍在天, 乃位乎天德.

○[「文言」 제3절] "飛龍在天"은 위에서 다스리는 것이다. ○[「文言」 제4절] "飛龍在天"은 이에(乃) 하늘의 德에 자리한 것이다.

此 乾之大有也 ≪五爻變≫ 卦以震成 五亦龍也 變而爲离 ≪上今 离≫ 离則爲飛 ≪荀九家≫ 是 飛龍也 ≪震爲龍≫ 三才之位 五六爲天 ≪見大傳≫ 飛龍在天也

乾 → 九五爻變 → 大有

이것은 乾卦가 大有卦로 변하는 경우이다. ≪제5爻가 변함≫ 乾卦는 震 으로써 성립된 것이니, 제5位[의 陽]도 또한 龍이다. [그런데 乾九五가] 爻變하여 离가 되고 ≪[大有卦의] 上卦가 지금 离≫ 离는 곧 나는 것(飛)이 되니 ≪荀九家의 說≫ 이것이 [바로] "飛龍"이다. ≪震은 龍이 된다.≫ 또한 三才의 자리로 보면 제5位와 제6位는 하늘(天)이 되니 ≪「大傳」을 참조할 것≫ "飛龍在天"인 것이다.

○上乾 聖君也 ≪卽大人≫ 下乾 聖人也 相見乎离 ≪上今离≫ 正 而有禮 ≪易例 坎离 皆爲正≫ 利見大人也 ≪利 宜也≫ 九二九五 皆變 爲离 故其占 皆利見也

○[乾卦의] 上卦인 乾은 聖君이고 ≪즉 大人임≫ 下卦인 乾은 [아직 지위가 없는] 聖人이다. [聖君과 聖人의 두 사람이] 离에서 [서로] 相見

---

80) "大人造": (다른 가능한 해석) 大人이 세상을 教化하고, 변화시킴이다.

禮를 가질 적에 ≪[大有卦의] 上卦가 지금 离≫ 바르고, 또한 禮節을 지키니 ≪易例에 따르면, 坎과 离는 모두 正卦가 됨≫ "利見大人"이라고 한 것이다. ≪[大人을 만나보는 것이] 이롭다고 한 것은 마땅하다는 뜻이다.≫ [乾卦의] 九二와 九五는 모두 효변하면, 离가 되는 까닭에, 그 占이 모두 "利見", 즉 "만나 보는 것이 이로운 것"이 된다.

○ 离則爲化 ≪書所云 南訛≫ 造者 化也 大人造者 聖人之變化也 又 造猶作也 ≪大人造 卽聖人作≫ 篆文 化與作 相近.

○ 离는 곧 변화(化)의 뜻이니 ≪『書經』에서 말한 바 "南訛"[81]의 뜻≫ [「小象傳」의 "大人造"의] "造"는 변화의 뜻이며, [결국] "大人造"란 聖人이 [세상을 敎化시켜] 변화시키는 것을 뜻한다. 또한 "造"는 "作"과 같은데 ≪"大人造"는 곧 [「文言」에 나오는] "聖人作", 즉 "聖人이 나심"[82]의 뜻≫ 篆文에서 보면 "化"字와 "作"字는 서로 비슷하다.

○ 聖人 南面而治 盖取諸离 ≪說卦文≫ 故离則爲治 ≪上今离≫ 此之謂 上治也 ≪治道 明於上≫

○ 聖人이 南面하여 다스리는 것은 대개 离에서 그 뜻을 취한 것이다. ≪「說卦傳」에 나오는 글≫ 그러므로 离는 곧 다스림(治)의 뜻이 되니 ≪[大有卦의] 上卦가 지금 离≫ 이것을 [「文言」 제3절에서] "上治", 즉 "위에서 다스림"이라고 한 것이다. ≪政治의 道는 윗자리에 있는 사람이 [스스로] 밝히는 것이다.≫

○ 二五皆离 而彼爲見龍者 尙位乎地面也 ≪二位地≫ 此爲飛龍

---

81) 南訛：『書經』「虞書」의 「堯典」에 "平秩南訛"라는 말이 나온다.
82) 乾九五의 「文言」(2절)에 "'聖人作'而萬物覩"라고 하였다(김경탁 역주, 『주역』, 명문당, 1978, 450면).

者 乃位乎天德也 ≪五位天≫

○[乾卦의] 제2位와 제5位는 [爻變하면] 모두 离인데, 전자(彼)에서 "見龍"이 되는 것은 아직도(尙) 地面에 자리하고 있기 때문이며 ≪2位는 地≫ 여기서 "飛龍"이 되는 것은 "乃位乎天德", 즉 "이에(乃) 하늘의 德에 자리한 것이기 때문"이다. ≪5位는 天位에 해당한다.≫

○案 离則爲雉 ≪說卦文≫ 飛鳥之卦也 離字從佳 禽字從离 荀九家之离爲飛 其有徵矣

○[案] 离는 곧 꿩(雉)을 상징하니 ≪「說卦傳」에 나오는 말≫ [하늘을] 나는 새(飛鳥)를 상징하는 卦이다. '離'字는 '새 佳(추)'字에서 나온 글자이며, '날짐승 禽(금)'字는 '离'字에 의거하고 있으니, 荀九家가 离를 '飛'의 뜻으로 본 것은 근거가 있는 말이다.

○又按 伊尹 就見殷湯 師尙父 遇見文王 若於此時 筮而遇是 則其占吉也 ≪九二同≫

○[又按] 이윤(伊尹)이 殷나라 湯王을 나아가 만나고, 사상보(師尙父)[83]가 文王을 만났거니와, 이런 경우에 占筮하여, 이 九五를 얻었으면 그 占이 吉한 것이다. ≪九二도 동일하다.≫

___

83) 太公望 呂尙을 가리킨다. 본명 강상(姜尙). 그의 선조가 呂나라에 봉하여졌으므로 여상(呂尙)이라 불렸고, 속칭 강태공으로 알려져 있다. 주나라 문왕(文王)의 초빙을 받아 그의 스승이 되었고, 무왕(武王)을 도와 殷나라 주왕(紂王)을 멸망시켜 천하를 평정하였으며, 그 공으로 齊나라에 봉함을 받아 그 시조가 되었다. 동해(東海)에서 사는 가난한 사람이었으나, 渭水에서 낚시질을 하다가 文王을 만나게 되었다는 등 그에 대한 전기는 대부분이 전설적이지만, 전국시대부터 漢나라 시대에는 경제적 수완과 兵法家로서의 그의 재주가 회자되기도 하였다. 兵書의 종류인 『六韜』(6권)는 그의 저서라 하며, 뒷날 그의 故事를 바탕으로 하여 낚시질하는 사람을 태공망 혹은 태공이라 하는 속어가 생겼다.

孔子曰 同聲相應 同氣相求 水流濕 火就燥 雲從龍 風從虎 ≪兌爲虎≫ 聖人作而萬物覩 ≪离爲見≫ 本乎天者親上 ≪天與火≫ 本乎地者親下 ≪水附地≫ 則各從其類也

[「文言」 제2절; 飛龍在天, 利見大人, 何謂也?] 孔子께서 다음과 같이 말씀하셨다. "같은 소리는 서로 호응하며,[84] 같은 기운은 서로 찾거니와, 물은 젖은 곳으로 흐르고, 불은 건조한 데로 나아가며, 구름이 龍을 따르며, 바람은 범(虎)을 따른다. ≪兌는 虎가 됨≫ 聖人이 나오심(作)에, 萬物이 [그를 우러러] 본다. ≪离는 보는 것이 된다.≫

하늘에 근본을 둔 것은 위와 친근하고 ≪天과 火는 같은 종류를 형성함≫ 땅에 근본을 둔 것은 아래와 친근하니 ≪물은 땅에 붙어 있음≫ 각각 그 [같은] 부류(類)를 따르는 것이다."

○案 大有之卦 姤夬 其本也 ≪移之五≫ 風雷相會 ≪姤巽而夬震≫ 同聲相應也 四正之卦 火天其類也 ≪火天一類 又水地一類≫ 火天相遇 ≪今大有≫ 同氣相求也

姤 → 大有 ← 夬

○[案] [乾卦 九五의 之卦인] 大有卦는 姤卦와 夬卦를 그 근본으로 두는데 ≪[姤卦의 1과 夬卦의 上이 大有卦로] 推移하게 되면, 제5位로 감≫ 바람(風)과 우레(雷)가 서로 만나니 ≪姤卦의 巽과 夬卦의 震≫ [이것을 가리켜] "同聲相應"이라고 한 것이다. [乾・坤・坎・离의] 4正卦에서 火(离)와 天(乾)이 한 종류인데 ≪火와 天이 한 부류이고, 또한 水와 地가 하나의 부류≫ 火와 天이 서로 만나니 ≪지금 大有卦가 됨≫ [이것을 가리켜] "同氣相求"

---

84) 다산은 이를 「說卦傳」의 "雷風相薄"과 연관짓고 있다(『四箋』 卷8, 29나).

라고 한 것이다.

兌澤之水 《夬上兌》 移之爲淵 《今互兌》 水流濕也 《自上而流下》
离火之焰 《姤之時 一陰 在离位》 上延乾燥 《乾 純陽 故燥》 火就燥也
《上今离85)》

兌의 연못의 물이 《夬卦의 上卦는 兌》 推移하여도 못(淵)86)이 되니 《지
금 [大有卦의 3·4·5位에] 互兌가 있음》 [이것을 가리켜] "水流濕", 즉 "물
은 젖은 곳으로 흐른다"라고 한 것이다. 《위에서 아래로 흐른다.》

离火87)의 불꽃(焰)이 《姤卦의 때에는 한 개의 陰이 离位에 있음》 위로 乾의
건조(乾燥)한 곳으로 옮겨 붙으니 《乾은 순수히 陽으로 구성되어 있으므로, 건조
함의 뜻이 됨》 [이것을 가리켜] "火就燥", 즉 "불은 건조한 데로 나아간다"
라고 한 것이다. 《[이렇게 불이 번져 올라가] 大有卦의 上卦가 지금 离이다.》

巽之密雲 《姤下巽》 上而從震 《夬五六 爲震》 雲從龍也 《小畜 以
巽 爲密雲》 遂以巽風 《姤下巽》 上而從兌 《夬上兌 今互兌》 風從虎
也 《兌爲虎》

姤 → 大有 ← 夬

巽의 빽빽한 구름(密雲)이 《姤卦의 下卦는 巽》 위로 올라가서 震을 따르
니 《夬卦의 5位와 6位가 震이 됨》 [이것을 가리켜] "雲從龍", 즉 "구름이
龍을 따른다"라고 한 것이다. 《小畜卦에서 巽을 "密雲"으로 본 用例가 있음》

---

85) [校閱] 奎章本과 國中本에는 "离"로 되어 있으나, 新朝本에는 "巽"으로 되어 있다.
新朝本의 "巽"은 誤記이다.
86) "淵, 止水". 즉 고인 물이 "淵"이다(『四箋』卷1, 41가).
87) 「說卦傳」의 离卦 항목의 첫머리에 나온다(『四箋』卷8, 39가).

마침내 巽의 바람이 나아감에 《姤卦의 下卦는 巽》 위로 [올라가] 兌를 따르니 《夬卦의 上卦는 兌이고, 지금 [大有卦의 3·4·5位에] 互兌가 있음》 [이 것을 가리켜] "風從虎", 즉 "바람이 범(虎)을 따른다"라고 한 것이다. 《兌 는 虎가 된다.》

乾之聖君 《上本乾》 化以离文 《上今离》 聖人作也 《作 化也》 羣 陽在下 《下亦乾》 相見乎离 《說卦文》 萬物覩也

乾의 聖君이 《姤卦의 上卦는 본래 乾》 离의 文으로써 敎化하니 《[大 有卦의] 上卦가 지금 离》 [이것을 가리켜] "聖人作", 즉 "聖人이 세상을 [교 화로써] 변화시킨다"라고 한 것이다. 《여기 "作"은 변화시킴을 뜻한다.》 여 러 陽이 아래에 있으며 《大有卦의 下卦가 또한 乾》 离에서 서로 만나보니 《'相見乎离'는 「說卦傳」에 나오는 말》 [이것을 가리켜] "萬物覩", 즉 "萬物 이 [聖人을 우러러] 본다"라고 한 것이다.

表記曰 水[88]土 親而不尊 《卑近也》 火天 尊而不親 此所謂 本 乎天者 親上 本乎地者 親下也 火天大有 氣類相感也 《火天爲一 類》 飛龍在天 利見大人 亦氣類相感也 世有聖君 則聖人必與相 見 此 各從其類也

『禮記』「表記」에서 말하기를, "水와 土는 [서로] 친하기는 하지만, 존 귀하지는 않으며 《낮고 가까운 것》 火와 天은 존귀하기는 하지만, [서로] 친하지는 않다"고 하였는데, 이것이 이른바 "本乎天者, 親上, 本乎地者, 親下"[와 같은 뜻]이다.

[乾九五의 之卦인] 火天 大有卦는 [上·下卦가] 그 氣質과 종류(類) 가 서로 통한다. 《火와 天은 같은 부류에 속함》 "飛龍在天, 利見大人"이라

---

88) [校閱] 新朝本에는 "火"로 되어 있으나, 奎章本과 國中本에는 "水"로 되어 있다. 後 者가 옳다.

고 했거니와 ['飛龍(聖君)'과 '大人(聖人)'은] 역시 이처럼 기질과 종류(類)가 서로 통하는 것이니, 세상에 聖君(飛龍)이 있으면 聖人(大人)이 반드시 그와 더불어 만나보게 되는 법이니, 이것이 [이른바] "各從其類", 즉 "각각 그 같은 부류를 따르는 것"이다.

○程子曰 聖人 旣得天位 則利見在下大德之人 ≪程子 於九二則通上下而言之≫ 朱子曰 所利見者 在上之大人 ≪朱子 於此爻 則通上下而言之≫ 王昭素之對宋太祖 又欲互用於君臣之占 ≪見永樂大全≫ 此疑案也 然 當以孔子之言 決之 孔子曰 聖人作而萬物覩 聖人者在上之聖君也 ≪卽飛龍≫ 物覩者 在下者之利見也

乾 → 五爻變 → 大有   乾 → 二爻變 → 同人

○程子가 말하기를, "聖人이 이미 天位를 얻었다면, 아래에 큰 德을 갖춘 인물을 만남이 이롭다"라고 하였다. ≪程子는 九二爻에서는 위아래를 통틀어서 말함≫ [또] 朱子가 말하기를, "만나서 이로운 사람은 윗자리에 있는 大人이다"라고 하였다. ≪朱子는 이 爻에서 위아래를 통틀어서 말함≫

왕소소(王昭素)[89]가 宋나라 태조(太祖)에게 답변함에 ["利見大人"의 占辭로써] 또한 君臣간에 상호적으로 적용되는 占으로 삼고자 하였는데[90] ≪『永樂大全』[91]에 나옴≫ 이것은 의심스러운 事案[92]이다. 그러나 [이 의심

89) 왕소소(王昭素): 중국 宋나라 때의 道士로서, 『周易』에 조예가 깊었다. 宋 太祖 개보(開寶) 2년(969) 王이 불러 『周易』을 강의하게 하였고, 國子博士를 주었다(金勝東, 『易思想辭典』, 부산대 출판부, 1998, 734면).

90) "利見大人"을 君主가 臣下를 만나봄에 이롭고, 또한 臣下가 君主를 만나봄에도 이로운 것으로, 즉 君臣 상호간에 이로운 것으로 해석한 것이다.

91) 영락대전(永樂大全): 明나라의 제3대 황제인 성조(成祖) 즉, 영락제(永樂帝, 1360~1424) 때, 편찬한 백과사전으로서, 1403년 칙령을 내려, 학자 2천 명을 동원시켜, 6년의 편찬작업 끝에, 1408년 완성되었으며, 총 분량은 2만 2,877권에 달한다. 본래의 명칭은

스러운 事案에 대해서] 마땅히 孔子의 말씀으로써 [판단의 근거를 삼아] 결론(決論)을 내려야 할 것이다.

孔子께서 말씀하시기를, "聖人作而萬物覩"라고 하였거니와, "聖人"이란 윗자리에 있는 聖君을 가리키며 《즉 '飛龍'》 "物覩(만물이 우러러본다)"라고 한 것은 아래에 있는 자가 [윗사람을] 만나봄에 이로운 것(利見)이다.[93]

○又按 近儒之說 以風雷爲同聲 山澤爲同氣 坎离爲水火 遂有乾龍坤虎之說 其義 非也 八卦之德 非此爻之所得專 況以乾坤爲龍虎哉 乾本非龍 坤又何虎 《兌虎之義 見履頤革卦》

○[又按] 근래 유학자들(近儒)의 說은 風(巽)과 雷(震)를 "同聲"관계로 보고, 山(艮)과 澤(兌)을 "同氣"로 보며, 坎과 离를 각각 "水"와 "火"라고 보아, 마침내 乾을 龍으로 보고, 坤을 범(虎)으로 보는 說까지 나오게 되었는데, 이런 [乾龍·坤虎라는] 해석은 오류이다. 八卦의 德이 이 [九五] 爻에 모두 구비된 것이 아니거니와, 더욱이 어찌 乾과 坤이 龍과 범(虎)이 되겠는가? 乾이 본래 龍이 아닌데, 坤이 또한 어찌 호랑이이겠는가? 《[坤이 아니라] 兌가 범(虎)이니, 그 用例는 履卦·頤卦·革卦에 보인다.》

孔子曰 夫大人者 與天地合其德 《二五 剛柔應》 與日月合其明 《离在坎位 爲日月》 與四時合其序 《乾 元亨利貞》 與鬼神合其吉凶

『永樂大典』이다.

92) 의안(疑案): 본래 眞相이 확실치 않은 재판사건을 뜻하지만, 여기서는 단지 '의심스러운 안건(案件)'이라는 정도의 의미로 쓰인 것으로 보인다. 즉 "利見大人"을 왕소소(王昭素)가 宋太祖에게 대답한 것처럼, 君臣 상호간에 만나봄에 이로운 것으로 해석해야 할 것인지는 의심스러운 案件이라는 뜻이다.

93) 여기서 茶山은 孔子의 말씀을 근거로 해서, "利見大人"을 君臣 상호간에 만나봄이 이로운 것으로 해석하지 않고, 아랫사람이 윗자리에 있는 聖君을 만나봄이 이로운 것으로 해석하고 있다.

≪五與六 爲艮鬼≫ 先天而天不違 ≪下之乾 先於上乾[94]≫ 後天而奉天
時 ≪上之乾 後於下乾≫ 天且不違 ≪嘉會以合 又二五應≫ 而況於人乎
況於鬼神乎

乾 → 大有

孔子가 [「文言」 제6절에서 다음과 같이] 말했다. "대저 大人(즉 聖君)
은 天地와 그 德이 부합하고 ≪[乾九五의 之卦, 즉 大有卦의] 2位와 5位가 각각
剛과 柔로 상응함≫ 日月과 더불어 그 밝음이 합치하고 ≪[大有卦에서] 离가
坎位에 있으니, 日月이 됨≫ 四時와 더불어 그 차례를 같이하고 ≪乾은 元하
고 亨하고 利하고 貞함[95]≫ 鬼神과 더불어 그 吉凶을 함께 하는 것이다.
≪大有卦에서 5·6位는 [완전한 艮의 형태는 아니지만, 艮의 변형된 형태로 볼 수 있
으므로] 艮의 鬼가 된다.≫

[大人이] 하늘에 앞서도, 하늘이 [그를] 어기지 않고 ≪[乾卦에서] 下卦
의 乾은 [畫의 순서에 있어] 上卦의 乾보다 앞서 성립됨≫ 하늘보다 뒤에 하지만,
天時를 받든다. ≪上卦의 乾은 下卦의 乾보다 나중에 성립됨≫ [이처럼] 하늘
도 또한 [그를] 어기지 않거늘 ≪즐겁게 만남으로써 합치고, 또한 2位와 5位가
陽과 陰으로 서로 상응함≫ 하물며 사람에 있어서랴! [또한] 하물며 鬼神에
있어서랴!"

○案 大人者 聖君也 必有聖君而後 爲聖人之所利見 故形容
其德之盛 如此
○[案] "大人"이란 聖君을 가리킨다. 聖君이 있은 이후에야, 聖人이

94) [校閱] 新朝本에는 "乾"이 누락되어 보이지 않는다.
95) 물론 다산은 "元亨하고 利貞하다"고 보지만, 다른 한편 元·亨·利·貞이 春夏秋冬
의 四時에 대응하므로 이런 말을 한 것이다(『四箋』 卷1, 19나 이후 참조).

그를 만나서 이로운 바가 있는 것이다. 그러므로 그 聖君의 德의 융성함(盛)을 묘사함이 이와 같은 것이다.

上九 : 亢龍有悔. ○ 象曰 : 亢龍有悔, 盈不可久也.
上九 : 가장 높은 곳까지 올라간 龍이니, 뉘우침이 있을 것이다. ○「象傳」: "亢龍有悔"란 것은 가득 찬 것이 오래 지속될 수 없음을 말한다.

○ 亢龍有悔, 窮之災也.
○[「文言」제3절] : "亢龍有悔"는 가장 높은 곳까지 올라감에 따른 災殃이다.

○ 亢龍有悔, 與時偕極.
○「文言」제4절 : "亢龍有悔"는 四時와 더불어 함께 極限에 도달함이다.

此 乾之夬也 《上爻變》 卦以震成 上亦龍也 《震爲龍》 其位高極 是 亢龍也 《亢 極也》 變而爲兌 《上今兌》 兌則爲決 《說卦文》 盈之決也 《乾爲盈》

乾　　夬

이것은 乾卦가 夬卦로 변하는 경우이다. ≪上爻가 변함≫ [乾]卦는 震으로써 성립된 것이니, 이 上九도 역시 龍에 해당된다. ≪震은 龍이 된다.≫ 그 [上位의] 자리(位)가 [卦에서] 제일 높은 곳이니, "亢龍"이라고 한 것이다. ≪"亢"은 '極'이라는 뜻이다.≫

[乾上九가] 爻變하여서 兌가 되고 ≪[夬卦의] 上卦가 지금 兌≫ 兌는 곧 決의 뜻이 되니 ≪「說卦傳」의 글≫ 가득 찬 것(盈)이 터져 허물어진 것(決)이다. ≪乾은 가득참[盈]의 뜻이 된다.≫

人之修德 悔則必改 故卦爻之變 亦名爲悔 ≪此 易之大義≫ 悔者 變也 ≪何楷云≫ 乾變爲夬 亢龍有悔也

사람이 덕을 닦음에 있어, 뉘우칠 일이 있으면, 반드시 고치게 되니, 그러므로 卦爻가 변화된 것을 또한 "悔"라고 이름하는 것이다. ≪이는 易의 大義이다.≫ [즉] "悔"란 변함을 가리키니 ≪하해(何楷)[96]도 [그렇게] 말함≫ 乾卦가 변하여 夬卦가 되니, "亢龍有悔"인 것이다.

○ 盈者 六陽皆滿也 滿則必潰 何可久也 雜卦傳曰 夬 決也

○[「小象傳」의 "盈不可久也(가득 찬 것은 오래 지속될 수 없다)"에서] "盈"이란 乾卦가 여섯 陽으로 완전히 가득 찬 것을 가리킨다. 충만하면 반드시 무너지게 되니, 어찌 오래 갈 수 있겠는가? 「雜卦傳」에 夬卦는 "決", 즉 "터짐"이라고 하였다.

○ 窮者 極也 憂患極者 或反致福 ≪見震卦≫ 名位極者 必反致

---

96) 하해(何楷): 明末 淸初의 經學家. 『고주역정고(古周易訂詁)』라는 저서가 있다. 字가 '元子', 號는 黃如인데(伍華 主編, 『周易大辭典』, 中山大學出版社, 1993, 860면) 다산은 何玄子라고 인용하기도 한다. 저서로는 『古周易訂詁』(16권)·『詩經世本古義』 등이 있다(伍華 主編, 같은 책, 917면). 『四庫全書總目提要』(33면)에 『古周易訂詁』의 提要가 나온다.

災 ≪盈 不久≫ 亢龍之悔 ≪上剛變≫ 窮之災也

○[「文言」 제3절의 "窮之災"에서] "窮"은 '極'을 뜻한다. 우환(憂患)이 극심한 경우에 간혹 도리어 복락(福樂)이 찾아오는 수가 있는 것이며 ≪이런 용례는 震卦에 보임≫ 명성과 지위(名位)가 지나치게 높은 경우에는 반드시 거꾸로 재앙이 닥치는 것이다. ≪[무엇이든] 가득 차면, 오래가지 못한다.≫ [그러므로] 亢龍의 후회는 ≪"悔"는 上位의 剛이 변함을 말함≫ "窮之災", 즉 "가장 높은 곳까지 올라감에 따른 災殃"인 것이다.

○時者 四時也 冬至 一陽始生 ≪復一陽≫ 至于夏至 六陽已極 ≪日長極≫ 乾之上剛 與時偕極也

復 → 臨 → 夬 → 乾
冬至(陰曆 11月)　　　　　　　　　　　夏至(4月)[97]

○[「文言」 제4절의 "與時偕極"에서] "時"는 [春·夏·秋·冬의] 四時이다. [『周易』의 12辟卦와 日曆을 연관지어 보면] 冬至(11월)에 陽 하나가 처음 생겨나서 ≪復卦의 한 개의 陽을 말함≫ 夏至(乾卦, 4월)에 이르면, 여섯 陽[의 세력]이 이미 극에 달하게 되니 ≪[夏至 때는] 낮의 길이가 최고에 달함≫ 乾卦의 上位에 있는 剛은 "與時偕極", 즉 "四時와 더불어 함께 極限에 도달한 것"이다.

○案 洪範 曰貞 曰悔 悔者 其變也 貞者 其不變也 又 改過曰悔 不改過曰吝

○[案] [『書經』의] 「洪範」에 "曰貞, 曰悔"라는 말이 나오는데, "悔"는 卦가 변하는 것이고 "貞"은 변하지 않는 것이다. 또한 잘못을 고침을

---

97) 12벽괘와 月曆의 관계는 『周易傳義大全譯解』上(대유학당, 1996, 555면)을 참조할 것.

"悔"라고 하고, 고치지 않는 것을 "咎"이라 한다.

○學稼云 上一陽 本震 龍之無陰者 ≪義見前≫ 陽道太亢 是 亢
龍也 ≪如亢旱之亢≫

○學稼가 말했다. "[乾卦의] 上位에 있는 한 개의 陽도 본래는 震인
데, [다만 上九의 陽은] 龍에서 陰이 없는 것이다. ≪[陰이 없어도 震이 되는
것에 관한] 설명은 앞서 나왔다.≫ [陰이 하나도 없이] 陽의 원리만 지나치게
강하니, 이것이 "亢龍"인 것이다." ≪예컨대 ['큰 가뭄'을 뜻하는] '亢旱'의 '亢'
과 같다.≫

孔子曰 貴而无位 ≪六者 陰位也 乾之上剛 以陽居陰≫ 高而无民 ≪坤
爲民也 乾至於六 無一陰≫ 賢人在下位而无輔 ≪衆陽在下 而皆不爲臣也 坤
爲臣≫ 是以 動而有悔也 ≪動者 爻變也≫

[乾卦「文言」제2절; 上九, 亢龍有悔, 何謂也?] 孔子께서 [다음과 같
이] 말씀하셨다. "존귀하여도 [그에 합당한] 지위가 없으며 ≪六位는 陰의
자리이니, 乾卦의 上位에 있는 剛은 陽으로서 陰의 자리에 있는 것≫ [비록] 높은
지위에 있다고 해도, 그를 따를 백성이 없으며 ≪坤은 民이 되는데, 乾이 제6
位에 도달하기까지, 한 개의 陰도 없음[이니, 결국 따를 백성이 없는 것]≫ 賢人들
이 아래에 있지만, [그를] 돕지 않는다. ≪여러 陽[의 賢人]이 아래에 있으나,
모두 신하는 되지 못하니, 坤이 臣이 된다.≫ 이런 까닭에, 上九가 [爻變하여]
움직임에 후회(悔)가 있는 것이다." ≪"動"이란 爻變을 가리킨다.≫

○案 亢龍 驕傲自亢 不少卑降 故无民无臣也
○[案] "亢龍"은 교만하고, 스스로 잘난 척하여, 조금도 자신을 낮추
지 않는 것이니, 그러므로 [그를 따르는] 백성이 없는 것이고, [보좌하는]
신하도 없는 것이다.

孔子曰 亢之爲言也 知進而不知退 《夬旣足矣 又進一步》 知存而
不知亡 知得而不知喪 《兌爲失》 其唯聖人乎 知進退存亡 而不
失其正者 其唯聖人乎

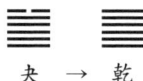

夬 → 乾

[乾卦「文言」제6절] 孔子께서 [다음과 같이] 말씀하셨다. "'亢'이라
고 말한 것은 나아가는 것만 알고 물러서는 것을 알지 못하는 것이며 《夬
卦도 이미 족하거늘, 또 한 걸음 더 나간 것》 사는 것만 알고, 죽는 것은 알지
못하는 것이며, 얻는 것만 알고, 잃는 것을 알지 못하는 것이니 《兌는 잃
는 것[失]이 됨》 오직 聖人뿐이로다. 進退와 存亡의 도리를 알아, 그 바
름을 잃지 않는 者는 오직 聖人뿐이로다!"

○案 聖人 謂下乾之聖人也 乾變爲兌 上失其正 《卦形斜》 不
失正者 下卦也

[案] "聖人"이란 下卦의 乾의 聖人을 가리킨다. [乾卦가 夬卦로 되
면] 乾이 兌로 변하여, 上卦는 그 바름을 잃어 버렸다. 《[兌는] 卦의 형태
자체가 반듯하지 못하고 기울어져 있음》 [따라서] 바름을 잃지 않은 것은 下
卦[의 乾]이다.

用九 : 見群龍无首, 吉. ○象曰 : 用九, 天德, 不可爲首也.

用九 : 여러 용들이 나타남에 머리가 없으니, 吉하다. ○「象傳」: 用九
는 天德을 갖춘 것이기는 하지만, 우두머리가 될 수는 없다.

○ 乾元用九, 天下治也.
○[「文言」 제3절] 乾元의 用九는 天下가 다스려지는 것이다.

○ 乾元用九, 乃見天則.
○[「文言」 제4절] 乾元의 用九는 곧(乃) 하늘의 법칙(天則)을 보는 것
이다.98)

此 乾之坤也 《蔡墨云》 蓍卦 十八變 成卦之時 《三六爲十八》 其
十八掛99)之策 皆得天數 《一三五七九》 則六位盡變 《皆老陽》 此
之謂 用九也

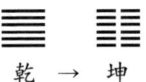
乾 → 坤

이것은 乾卦가 坤卦로 변하는 경우이다. 《채묵(蔡墨)이 그렇게 말함》 시
괘(蓍卦)하여 18번 변하여, 한 卦가 이루어질 때 《[한 획이 3變으로 얻어지는
데, 6개 획이므로] 3變을 6번 시행하니 18變이 되는 것》 [18變이 진행됨에 따라]
그 18차례 걸어놓게 되는 策이 모두 天數를 얻으면 《1·3·5·7·9》 6개
位가 모두 變하는데 《6개 畫이 모두 老陽이라 陰으로 변함》 이를 일러 "用
九", 즉 "九를 [모두] 씀"이라고 하는 것이다.

---

98) (다른 가능한 해석) 하늘의 법칙(天則)이 드러나는 것이다.
99) [校閱] 新朝本에는 "卦"로 되어 있으나, 奎章本과 國中本에는 "掛"로 되어 있다. 後
者가 옳다.

○乾本六震 《義見前》 見群龍也 《見 音現》 乾亦爲首 《說卦文》
龍有首也 變而爲坤 《六盡變》 遂無乾剛 《無一陽》 見羣龍无首也
龍而無首[100] 則神[101]龍也 《張氏云 神龍見尾 而不見首》 故吉

○乾卦에는 본래 여섯 震이 있으니 《이 뜻은 앞서 나옴》 "見群龍", 즉
"여러 용들이 나타남"이라고 한 것이다. 《"見"의 발음은 '現', 즉 '현'이다.》
乾은 또한 '首'가 되니 《『說卦傳』에 나오는 글》 [本卦에서는] 龍에 머리
(首)가 있었거니와, 爻變하여, 坤卦가 되면 《여섯 개의 획이 모두 변함》 마
침내 乾의 剛이 없어지니 《한 개의 陽도 없음》 [이것을 가리켜] "見群龍,
无首"라고 한 것이다. 龍이면서, 머리가 없는 것은 바로 '神龍(신령스러운
용)'이다. 《張氏가 이르기를, "神龍은 꼬리만 보이고, 머리는 드러내지 않는다"[102]
고 하였다.》 그러므로 "吉"한 것이다.

○本是乾卦 固天德也 雖曰 天德 今旣無乾 《無一陽》 不可以
爲首也 《乾爲首》

○본래 이는 乾卦이었으니, 진실로 하늘의 德을 갖춘 것인데, 비록
天德을 갖추었다고는 해도, 지금 이미 乾이 없으니 《陽이 하나도 없음》
이를 "首"로 삼을 수는 없는 것이다. 《乾은 '首'가 된다.[103]》

○天下者 坤也 《卦今坤》 本以君德 《卦本乾》 施以巽教 《初之
變 爲姤》 以漸濡潤 《六陽 次第變爲陰》 丕化坤民 《卦今坤》 化民曰
治天下治也

---

100) [校閱] "龍而無首"가 新朝本에는 "龍而無龍"으로 되어 있는데, 誤記이다.
101) [校閱] 國中本에는 "神龍"이 "坤龍"으로 나오는데, 誤記이다.
102) 神龍見尾, 而不見首 : 張氏의 말은 毛奇齡의 『仲氏易』에도 인용되어 있다(『中國古
代易學叢書』 卷36, 中國書店, 1992, 202면). 『仲氏易』에서는 張氏가 張杉(혹은 張衫)
이라고 하는데, 이 인물이 누군지는 알 수 없다.
103) 乾爲首 : 「說卦傳」에 나오는 象(『四箋』 卷8, 33).

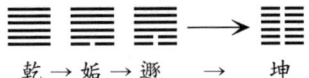

乾 → 姤 → 遯 → 坤

○[「文言」제3절의] "天下"는 坤을 가리킨다. ≪卦가 지금 坤≫ 본래 君主의 德을 지니고 있었는데 ≪卦가 본래 乾≫ 巽의 敎化[104]를 베푸니 ≪初爻가 변함에 姤卦가 됨≫ [물이 스며들 듯] 점차적으로 그 혜택이 백성들에게 배어들게 만듦으로써 ≪여섯 陽이 차례대로 변하여 陰이 됨≫ 크게 坤의 백성을 교화하였다. ≪卦가 지금 坤이다.≫ 백성을 교화함(化民)을 "治"라고 하니 "天下治"라고 한 것이다.

○ 天道好變 四時萬物 莫不變易 此 易之所以主乎變也 今六陽皆變 ≪變之極≫ 天道天法 於此乎可驗 ≪神變而無形≫ 乃見天則也

○天道는 잘 변하는 것이니, 四時나 萬物에 변하여 바뀌지 않는 것이 없다. 이것이 『易經』이 변화를 기본이념으로 삼는 까닭이다. 지금 여섯 陽이 모두 변하니 ≪변함이 극에 달함≫ 天道와 天法을 여기서 [즉, 乾卦用九에서] 증험(證驗)할 수 있는 것이다. ≪[天道는] 神妙하게 변하며, [구체적인] 형상을 띠는 것은 아님≫ [이것이 바로 「文言」 제4절에서 말한바] "乃見天則"의 뜻이다.

○案 春秋傳 蔡墨對龍 ≪昭 二十九年≫ 以此爲乾之坤 ≪朱子曰 六爻皆變者 卽此占之≫ 則乾坤之有純變 審矣 然 六爻純變 則用之 其或雜變者 皆所不用 ≪詳見蓍卦箋≫ 故謂其所用者 曰用九也

○[案] 『春秋傳』에 보면, 채묵(蔡墨)이 龍에 대해 논한 대목에서 ≪昭

---

104) "巽施"는 다산의 '今補'에 해당된다(『四箋』 卷8, 37나). 그러나 巽이 敎化를 뜻함은 다산의 '今補'에서 확인되지 않는다.

公 29年≫ 이[用九]를 '乾之坤', 즉 '乾이 坤으로 변하는 것'이라 하였다. ≪朱子도 이르기를 "六爻가 모두 변하는 경우, 이 '用九'로써 占친다"라고 하였다.≫ 그러므로 乾卦와 坤卦에는 여섯 획이 모두 변하는 경우가 있음을 잘 살펴야 하는 것이다. 그러나 여섯 爻가 [전부] 순수한 陽이나 陰으로 구성되어 있고, [모두] 변하는 경우에만 이 규칙을 적용하는 것이며, [陰과 陽이] 섞여 있는 경우에는 [설령 여섯 효가 모두 변한다고 하더라도] 모두 적용하지 않는다. ≪「시괘전(蓍卦箋)」에 자세히 나온다.≫ 따라서 그렇게 적용하는 경우에 "用九"라고 하는 것이다.

○ 學稼云 其或雜變者 九六參錯 不可指名 ≪曰九 不可曰六 亦不可≫ 故以法求變 卒歸于九六 ≪非九則六≫ 若六位皆變者 九六之名得立 故因而用之也

○ 學稼가 말하였다. "[설시(揲蓍)를 하여, 陰과 陽이] 섞여서, 변하는 경우에는 九와 六이 뒤섞여 있어, 무엇이라 명칭을 붙일 수 없다. ≪"九"라고 할 수도 없고, 또한 "六"이라고도 할 수 없는 것이다.≫

그러므로 [이런 잡변(雜變)의 경우는, 『四箋』「蓍卦傳」에 제시된 것과 같은] 방식에 따라, 변하는 것을 구하여, 마침내 [그 卦를 하나의] 九나 六에 귀속시키는 것이다. ≪九가 아니면 곧 六이다.≫

만약에, 여섯 位가 모두 [陰이면 陰, 陽이면 陽으로 일관되게] 변하는 경우에는 "九"나 "六"이라는 이름(名)이 성립하는 까닭에, "用九"나 "用六"이라는 방식을 적용한다.

◤ 2. 중지 곤(重地 坤) ◥

坤下坤上 ○ 第二卦 ≪姤五陰進≫

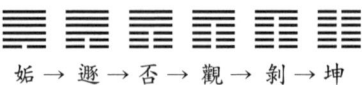

姤 → 遯 → 否 → 觀 → 剝 → 坤

坤이 下卦이며, 坤이 上卦이다. ○ 第2卦이다. ≪[坤卦는] 姤卦로부터 다섯 개의 陰이 [점진적으로 축적되어] 前進한 것이다.≫

說卦傳曰 坤 順也
「說卦傳」에서 말하였다. "坤은 순함이다."

○朱子曰 坤者 順也 陰之性也
○朱子가 말하였다. "坤이란 順함이요, 陰의 성질이다."

○鏞案 坤之本 姤也 ≪一陰生≫ 爲遯爲否 以至於剝 陰每在下 終不敢乘陽跨陽 順之至也 此 其所以名坤也 四正之中 在下者 水土也 而一撮之土 投之水中 亦必塌然而下沈 盖其性 有所任載 無所乘跨 順之至也

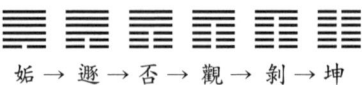

姤 → 遯 → 否 → 觀 → 剝 → 坤

○[鏞案] 坤卦의 근본은 姤卦이다. ≪[姤卦는] 한 개의 陰이 [비로소] 나타난 것이다.≫ [이런 姤卦가] 遯卦로 되고 否卦로 되어, 剝卦에까지 이르게 되는데, [이 과정에서] 陰이 매번 아래에 있고, 끝내 陽의 위에 올라타거나 넘어서지 않으니, [이것은 이치에] 순응함의 극치이다. 이것이 그 卦名을 坤이라고 한 까닭이다.

4正卦 중에서 아래로 하강하는 성질을 갖고 있는 것은 [坎의] 水와 [坤의] 土이다. 한 줌의 흙을 물에 던지면, 반드시 떨어지듯 아래로 가라앉거니와, 대저 그 [흙의] 성질은 떠맡고 싣는 것으로서, 위에 타거나 뛰어 넘음이 없으니, 순응함의 극치이다.

古文 作巛 ≪象三斷≫ 亦作㘸 ≪與申字 不同≫ ䷁者 卦形也 川者 順之義也 順馴等字 皆從川 其實 從巛也 ≪流字從巛 則川本巛也≫ 故周行中土 謂之巡 ≪字從巛≫ 而音與馴同也

古文에서 [坤字는] '巛'字로 썼으나 ≪[이 글자는] 세 번 단절된 것을 상징함≫ 또한 '㘸'字로 쓰기도 하였는데 ≪이 '㘸'字는 '申'字[의 古字]와는 다른 글자이다.≫ [위의 㘸에서] '䷁'은 卦形이고, '川'은 順의 뜻이다.

'順(순)'字와 '馴(순)'字는 모두 [표면적으로는] '川(천)'字에서 나온 글자로 보이지만, 실제로는 '巛'字에 근거한 글자이다. ≪'流(류)'字도 '巛'字에 근거한 글자이니, '川(천)'字는 본래 '巛'字였을 것이다.≫ 따라서 [天子가] 中原[의 땅]을 둘러보는 것을 '巡(순)'이라 하고 ≪이 글자도 '巛'字에 근거를 두고 있음≫ 또한 발음도 '馴(순)'字와 동일하다.

䷁

坤, 元亨, 《句》 利牝馬之貞. 君子有攸往. 先迷後得主. 《句》
利西南得朋, 東北喪朋, 安貞吉.

坤은 왕비의 일(元)에 형통할 것이며, 《句》 암말(牝馬)을 쓰는 일(貞)에
이로울 것이다. 君子가 갈 곳이 있을 것이다.[105] 앞에 서면, 혼미에 빠질
것이나, 뒤에 서면 [잘 인도해 줄] 主人을 얻을 것이다. 《句》 서남쪽이
이로우니, 친구를 얻을 것이며[106] 동북쪽에서는 친구를 잃을 것이다.[107]
편안한 일을 하면, 吉할 것이다.

此 坤之象也 蓍卦六畫 皆得少陰者 《皆得八》 坤而不變 占之
以象也

이것은 坤卦의 단사(彖辭)이다. 시괘(蓍卦)하여 여섯 획이 모두 少陰을
얻은 경우는 《모두 8을 얻은 경우》 坤卦 그 자체로 변하지 않으니, [그 경
우에는] 이 象辭로써 점을 친다.

○元者 善之長也 唯震爲善 《東方生物之仁》 則唯震爲元也 利
者 義之和也 唯兌爲和 則唯兌爲利也 坤之六陰 不由震兌 《不由
復與夬》 不可謂 元利也 雖然 乾坤者 敵對之物 《不相下》 德雖相

---

105) 다산은 "君子, 有攸往"를 뒷구절과 연결되는 것으로 보는 것 같지 않다. 「易例比釋」
에서는 有攸往例」를 별도로 설정하고 있다(『四箋』 卷4, 21가).
106) "利西南"이란 말은 蹇卦와 解卦의 卦辭에도 나온다(『四箋』 卷5, 9가; 卷5, 11나). 다
산은 『易學緒言』 「吳草廬纂言論」에서도 이 구절의 斷句에 대해 언급하고 있다. 吳草
廬는 "先迷後得主, 利西南得朋"으로 斷句하고 있는데, 다산은 "句絕皆正"이라고 평
하고 있다(『緒言』 卷3, 10나).
107) "喪朋"은 凶한 경우이지만, 「彖傳」에 "東北喪朋 乃終有慶"이라고 하였으므로, 처음
에는 흉하더라도, 결국에는 길한 경우가 된다(『四箋』 卷1, 46가).

反 理無不具 彼以其震 《復一陽》 我以吾巽 《姤一陰》 彼以其兌
《夬上兌》 我以吾艮 《剝上艮》 譬之於馬 彼以駁馬爲馬 《乾爲馬》
我以牝馬爲馬也 《乾之配》

姤 → 遯 ‥‥‥ → 剝 → 坤　　復 → 臨 ‥‥‥ → 夬 → 乾

○元은 善함의 으뜸인데, 바로 震이 善으로 되니 《[震은] 東方의 만물을
낳는 仁이 됨》 震이 元인 것이다. 利는 의로움의 조화인데, 오직 兌가 和
로 되니, 곧 兌가 利가 되는 것이다. [한편] 坤卦의 여섯 陰爻는 震과 兌
에서 비롯된 것이 아니므로 《復卦와 夬卦에서 비롯된 것이 아님》 '元'이나
'利'라고 말할 수 없다. 그러나 乾과 坤은 대립하고 있는데, [두 괘의] 성
질이 비록 서로 반대되기는 하지만, ['元'과 '利'의] 이치를 [坤卦가] 갖
추지 않음이 없는 것이다.

[따라서] 저 쪽[乾卦]에서는 그 震으로써 비롯된 것이라면 《復卦의 한
개의 陽[이 震인데, 乾卦는 震이 쌓여서 형성된 것]》 나의 쪽[坤卦]에서는 巽으
로써 비롯된 것이다. 《姤卦의 한 개의 陰[이 巽인데, 姤卦는 巽이 쌓여서 형성된
것]》 저 쪽[乾卦]에서는 그 兌[의 卦象으]로부터 전개된 것이라면 《[乾
卦의 前 단계는 夬卦인데] 夬卦의 上卦는 兌》 坤卦는 艮[의 卦象]으로부터
전개된 것이다. 《[坤卦의 前 단계는 剝卦인데] 剝卦의 上卦는 艮》

[이를] 말에 비유하면, 저 쪽(乾卦)에서는 숫말(駁馬)의 말을 상징하는
데 반해서 《乾은 말이 됨》 내 쪽(坤卦)에서는 암말(牝馬)의 말을 상징한다.
《[坤은] 乾의 배필이 됨》

坤以姤始 《一陰生》 巽其元也 《姤下巽》 剝而爲坤 《如乾之有夬》
艮其利也

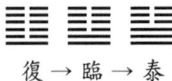

姤 → 遯　　……　　剝 → 坤

坤卦는 姤卦로부터 시작된 것이니 ≪姤卦로부터 한 개의 陰이 생겨남≫ 巽이 그 '元', 즉 '근원'이다. 剝卦를 거쳐서, 坤卦로 되니 ≪[坤卦와 剝卦의 관계는] 乾卦와 夬卦의 관계와 같음≫ 艮이 그 '利', 즉 '이로움'이다.

○ 元亨者 君道之亨也 ≪元良 元首 古以君爲元≫ 乾則震主始出 ≪復一陽≫ 爲臨爲泰 以竟离位 ≪一二三≫ 此 震主之亨也 ≪元亨 屬下卦≫ 坤則巽妃始生 ≪姤者 女后也≫ 爲遯爲否 以竟离位 ≪一二三≫ 此 巽妃之亨也

復 → 臨 → 泰　　　　姤 → 遯 → 否

○ '元亨'이라고 한 것은 君主의 道의 亨通함을 뜻한다. ≪'元良', 혹은 '元首'라는 말이 있거니와, 古代에는 군주를 '元'이라고 하였다.≫

乾卦로 되는 과정을 보면, 震의 主[108]가 처음 나와 ≪復卦의 한 개의 陽을 가리킴≫ 臨卦가 되고, 泰卦가 되면, 마침내 离位에 다다르니 ≪1·2·3位는 [본래] 离位에 해당됨≫ 이것은 震의 君主가 亨通한 것이다. ≪"元亨"은 下卦에 속하는 句≫

[반면에] 坤卦로 되는 과정을 보면, 巽의 妃가 처음 생성되어 ≪姤는 女后를 뜻함≫ 遯卦로 되고, 否卦로 되어, 마침내 离의 자리에 도달하니 ≪1·2·3[은 본래 离位]≫ 이것은 巽의 王妃가 형통한 것이다.

---

108) 荀九家 중 한 사람인 우번(虞翻)의 說이다(『四箋』卷8, 36가).

○貞者 坎之德也 坤之將坤也 於坎之位 《四五六》 爲觀爲剝 《利貞 屬上卦》 以成純陰 凡陰功婦功 皆所宜也 故曰 利牝馬之貞 《貞 事也》 牝馬之貞 如孶育 轉輸駕田車 《納禾稼》 給宮役 《見禮 注》之類 是也 若軍旅之事 蒐獮之禮 皆用牡馬 筮而遇是 則非 所宜也 《利宜也》

觀 → 剝 → 坤

○貞은 坎의 德에 속한다.[109] 坤卦가 장차 坤으로 되는 과정에서, 坎의 자리에서 《4·5·6位는 [본래] 坎位》 觀卦가 되고 剝卦가 되어 《“利貞”은 上卦에 속하는 句》 純陰을 이루게 되니, 무릇 陰에 속하는 일(陰功)이나 부녀자의 일(婦功)이 모두 적절한 바이다. 그러므로 “利牝馬之貞”, 즉 “암말을 쓰는 일에 이롭다”라고 한 것이다. 《貞은 事이다.》

여기서 “牝馬之貞”, 즉 “암말을 쓰는 일”이라고 한 것은 새끼를 낳고, 기르며, 짐을 나르고, 밭일하는 수레(田車)를 끌며 《곡식을 수확하여 저장함》 건축공사(宮役)에 나가는 등의 종류를 가리킨다. 《『禮記』의 注에 나옴》 예컨대 군사적인 업무(軍旅)나 사냥의 의식(禮)에서는 모두 숫말(牡馬)을 사용하는데, 점쳐서 이런 경우(坤卦)를 얻었다면, 적절하지 않은 것이다. 《‘利’는 [말 그대로 이롭다는 것이니 결국] 마땅함(宜)을 뜻한다.》

○君子者 震也 《震爲仁 爲主》 坤國旣成 《六陰成》 復之君子 《震一陽》 可往爲主 《往則主坤國》 有攸往也

---

109) 坎貞은 「說卦傳」에 명시된 것은 아니다. 乾卦 「文言」에 “貞者, 事之幹也”라고 하였는데 茶山은 이와 연관하여 坎貞을 설정함(『四箋』 卷1, 35나).

坤 → 復

○君子는 震을 가리킨다. 《震은 仁이 되고, 主가 된다.[110]》 坤의 나라[111]
가 이미 성립함에 《[坤卦에서] 여섯 陰이 완성됨》 復卦의 君子가 《震의 한
개의 陽》 가서 주재자(主宰者)가 될 수 있으니 《[坤卦에서 復卦로] 나아가면,
坤國의 정치를 主宰함》 "有攸往", 즉 "[君子가] 갈 곳이 있는 것"이라고 한
것이다.[112]

○坤之先 剝也 剝則上艮 《山地 剝》 艮爲徑路 《說卦文》 徑路
多歧 《所以迷》 是 先迷以失道也 《復上六[113] 亦艮爲迷》

345位 艮 徑路　　　　　　　　　　　　　　　　345位 艮 徑路

剝 → 坤　　　　　　　　復 → 上爻變 → 頤

○坤卦가 성립되기 바로 前 단계는 剝卦이다. 剝卦는 上卦가 艮인데
《山地 剝卦》 艮은 좁은 길(徑路)이 된다. 《「說卦傳」에 나오는 글》 좁은 길
에는 갈림길이 많으니 《그래서 헤매게 됨》 이것이 먼저는 헤매게 되어,
바른 길(道)을 잃어버리는 까닭이다. 《復卦 上六[의 "迷復凶"의 句]에서도 역
시 艮이 '迷'의 뜻이 된다.》

後於坤者 復也 復則下震 《地雷復》 震爲大道 《說卦文》 又爲人

---

110) 震主는 荀九家(虞翻)의 說이며, 震君子와 震仁은 茶山의 '今補'에 나온다.
111) 坤國은 荀九家 虞翻의 설이다(『四箋』 卷8, 35가).
112) 「易例比釋」에 '有攸往例'가 있다(『四箋』 卷4, 21가).
113) [校閱] 奎章本과 新朝本과 國中本에 모두 "復上九"로 되어 있으나, 이는 "復上六"
의 誤記이다.

主 ≪帝出震≫ 是 後順以得主也

$$\text{剝} \rightarrow \text{坤} \rightarrow \text{復}$$

坤卦 다음에 성립되는 것이 復卦인데, 復卦에서는 下卦가 震이니 ≪地雷 復卦≫ 震은 큰 길이 되며 ≪「說卦」에 나오는 글114)≫ 또 人主가 되니 ≪帝는 震方에서 나옴115)≫ 이것은 나중에 순응하여, 주인을 얻는 것에 해당된다.

○ 西南者 坤也 東北者 艮也 ≪見說卦≫ 坤之旣重 ≪上下坤≫ 坤朋有耦 ≪易例 坤爲朋≫ 西南得朋也 剝之坤朋 ≪坤之先 剝也≫ 曾以艮死 ≪剝上艮≫ 東北喪朋也 ≪萬物終乎艮≫ 旣將得朋 利西南也

$$\text{剝} \rightarrow \text{坤}$$

○ 서남쪽에 있는 것은 坤이며, 동북쪽에 있는 것은 艮이다. ≪[이런 방위는] 「說卦傳」에 나온다.116)≫ 坤이 이미 二重으로 있으니 ≪[重地 坤卦의] 上下卦가 모두 坤≫ 坤의 친구가 그 짝을 만나니 ≪易例에 따르면, 坤은 친구[朋]가 됨≫ "西南得朋", 즉 "서남쪽에서 친구를 얻는다"라고 한 것이다.

---

114) 大塗(또는 途)라 나온다(『四箋』卷8, 35나).
115) '今補'에 帝가 된다고 하고(『四箋』卷8, 36나), 또 "震者, 天之長子, 所以爲帝 ≪爲天子≫"라고 함(『四箋』卷8, 37가). 그리고 「說卦傳」에 "帝出乎震"이라 하였다(『四箋』卷8, 30가).
116) 「說卦傳」에 "艮, 東北之卦也"라고 하였다. 한편, 坤의 경우는 그 방위가 명시되지는 않으나, 명시된 다른 괘들의 방위를 제외하면 자연히 西南이 됨을 알 수 있다(兌도 명시되지 않았다). 說卦方位圖를 참조할 것(『四箋』卷1, 7가).

剝卦에서는 坤의 친구가 ≪坤의 前 단계는 剝卦≫ 일찍이 艮의 죽음을 당하니 ≪剝卦의 上卦가 艮≫ [이것은] 동북쪽에서 친구를 잃은 것이다. ≪萬物은 艮方에서 종말을 맞는다.[117]≫ [그렇지만] 머지 않아, 장차 친구를 얻게 될지니, "利西南", 즉 "서남쪽에서는 이로운 것"이다.

○安貞者 安靜之事也 ≪筮問事曰 貞≫ 坤之爲德 安然不動 ≪安字 象女在室中≫ 安貞吉也 左傳 畢萬之筮 以坤爲安 ≪閔 元年≫ 義有據也 洪範曰 用靜吉 卽所謂 安貞吉也 訟九四 宜參看

○"安貞"이란 편안하고 고요한 일(安靜之事)을 가리킨다. ≪점쳐서 어떤 일에 대해 묻는 것을 "貞"이라 한다.≫ 坤의 德은 안정되어 움직이지 않는 데 있으므로 ≪'安'字는 여자가 집안에 있는 것을 본 뜬 글자[118]≫ "安貞吉", 즉 "편안한 일을 하면, 吉할 것"이라고 하였다. 『左傳』의 필만(畢萬)의 占筮에서도 坤을 安으로 보았으니 ≪민공(閔公) 元年≫ 이런 해석은 그 근거가 있는 것이다. [『書經』의]「洪範」에서 "用靜吉", 즉 "가만히 있으면, 吉하다"라고 하였는데, 바로 이 "安貞吉"을 말하는 것이다. 訟卦 九四[의 경우]를 마땅히 참조하여 보아야 할 것이다.

○案 程子曰 四德同而貞體則異 ≪又曰 利字 不聯牝馬爲義 如云 利牝馬之貞 則坤只有三德≫ 然 當以朱子說爲正 ≪朱子曰 不可將利字 自作一句 伊川 只爲泥那四德 所以如此說 不通≫

○[案] 程子가 말하기를, "[乾卦와 坤卦는 元·亨·利·貞의] 네 가지 德이 동일하지만, 貞의 본질이 곧 다르다"라고 하였다. ≪또 [程子가] 이르기를, "'利'字는 牝馬와 붙여서 뜻을 이루는 것이 아니니, 만약 '利牝馬之貞'이라

---

117) 이는 艮死를 설명하는 말인데, 「說卦傳」에 나오는 말은 아니다. 「說卦傳」에는 "艮 …… 萬物之所成終, 而成始也"라고 나온다.

118) 安, 靖也(許愼 撰, 段玉裁 注, 『說文解字注』, 上海古籍出版社, 1988, 339면) : 靖 편안할 정(靑－총13획 jìng).

고 읽는다면, 坤卦에는 단지 [元·亨·利의] 세 개의 德만 가지는 것이 된다"라고 하였다.≫ 그러나 마땅히 朱子의 說을 바른 것으로 보아야 한다. ≪朱子가 이르기를, "'利'字로만 한 句를 이룰 수는 없다. …… 伊川은 단지 四德의 논리에만 집착하여, 이런 말을 하였지만 그렇게 하면 의미가 통하지 않는다."≫

○又案 蹇曰 利西南 ≪象詞文≫ 解曰 利西南 ≪亦象詞≫ 此卦 亦當以利西南爲句 ≪吳幼淸 亦云≫

○[又案] 蹇卦에 "利西南"이라고 하였고 ≪象詞의 글≫ 解卦에서도 "利西南"이라고 하였으니 ≪역시 象詞≫ 여기 坤卦에서도 당연히 "利西南"으로 句를 끊어야 한다. ≪오유청(吳幼淸)도 역시 이렇게 말했다.≫

○又按 朋者 耦也 坤之三畫 皆成匹耦 故易例 坤爲朋也 ≪兩貝 謂之朋≫

○[又按] "朋"은 짝(耦)을 뜻한다. 坤卦의 세 획이 [각각] 모두 짝(匹耦)을 이루는 형국이니, 易例에서 坤을 朋의 뜻으로 삼은 것이다.119) ≪조개[貝] 두 짝을 朋이라 한다.120)≫

○學圃云 周禮121) 牧師 孟春焚牧 仲春通淫 ≪又 校人 六馬之屬 有種馬≫ 此 孶育之政也

○학포(學圃)가 말하였다. "『周禮』 「夏官」의 「牧師」에 [이르기를] "이른 봄(孟春)에 목초지를 태우고, [음력으로 2월에 해당되는] 仲春이 되어 [봄이 무르익으면] 교배(通淫)를 시킨다"라고 하였으니 ≪또 「周禮」 「夏官」의 「校人」에 "여섯 가지 말의 종류 가운데 種馬가 있다"라고 함≫ 이것이 가축을

---

119) 다산의 '今補'에 나온다(『四箋』 卷8, 35나).
120) 이후 『四箋』에서 이는 『漢志』 즉 『漢書』 「食貨志」에 나오는 말이라 함(『四箋』 卷1, 45나).
121) [校閱] 國中本에는 "周禮"의 "禮"가 없다.

번식시키고 기르는 업무이다"라고 하였다.

文言曰 坤至柔而動也剛 ≪變則陽≫ 至靜而德方 ≪土性 不圓轉≫
後得主而有常 ≪後得震≫ 含萬物而化光 ≪坤爲122)藏≫ 坤道 其順乎
≪巽爲順≫ 承天而時行 ≪姤下巽 承乾≫

「文言」에 이르기를 "坤의 성질은 지극히 부드러운 것이나, [그것이]
움직이게 되면, 굳세며 ≪[坤이] 변하면, 곧 陽이 됨≫ 지극히 고요하여 [움직
이지 않는 것 같으나] 그 성질은 반듯한 것이다. ≪흙의 성질은 [원래] 둥글
고, 구르지 않는다.≫ 뒤에 주인의 자리를 얻으니, 常道가 있는 것이며,123)
≪뒤에 震을 얻음124)≫ 萬物을 품어, 그 변화가 빛나니 ≪坤은 품는 것[藏]이
됨≫ 坤의 道가 거스르지 않도다! ≪巽은 順한 성격을 지님125)≫ 하늘[의 命]
을 받들어 때에 맞게 행하도다!"라고 하였다. ≪姤卦의 下卦는 巽으로서, 위
로 乾을 받들고 있음≫

○案 此云 文言者 鄭康成之所加也 ≪或云 王輔嗣所加≫ 孔子於
乾坤二卦 特於彖傳象傳之外 重重贊美 反復詠歎 雖與諸卦之
例 不同 其文則亦彖傳象傳也 本是一通文字 自東萊費直 始裂
傳文 分隷各繇之下 而鄭玄見章首有文言二字 ≪孔子引用古書
名≫ 遂認爲別編 乃於坤卦之傳 亦增文言二字 然 乾之文言 是
孔子引用古文也 此節 是孔子所自作 讀者詳之

○[案] [그런데] 여기[坤卦]에서 ["「文言」曰"이라는 句에서] 「文言」이
라 말한 것은 정강성(鄭康成)이 덧붙인 것이다. ≪或者는 왕보사(王輔嗣)가 덧

---

122) [校閱] 新朝本에는 "爲"가 "上"으로 되어 있는데, 誤記이다.
123) 伊川은 "主下, 當有利者"라고 함. 즉 "主利而有常"이라고 한 것이다(『周易傳義大全
譯解』上, 대유학당, 1996, 244면).
124) 震主는 虞翻의 설인데 다산도 동의하는 바이다(『四箋』卷8, 36나).
125) 坤卦는 姤卦로부터 비롯된 것인데, 姤卦의 下卦가 巽이다.

붙인 것이라고 말하기도 한다.≫ 孔子가 乾卦와 坤卦의 두 卦에서는 「彖傳」
과 「(大)象傳」 이외에 특별히 거듭 찬미하고, 반복하여 영탄(詠歎)한 것이
비록 다른 卦의 사례와는 다르지만, 그 글의 성격은 「彖傳」이나 「象傳」
과 같은 것이다.126)

　[이 「文言」이란 본래 [「彖傳」·「象傳」과 더불어] 이어진 글이었으
나, 동래(東萊)사람 비직(費直)이 처음으로 [「彖傳」과 「象傳」의] 傳文을
분리하여, 각각의 주사(繇詞) 아래에 나누어 붙였는데 이에 鄭玄이 章首
에 "文言"이라는 두 글자가 있는 것을 보고 ≪「文言」이란 孔子가 古書의 이
름을 인용한 것≫ 別編이라고 생각하여 坤卦의 傳에도 역시 "文言"의 두
字를 첨가하였던 것이다. 그런데 乾卦의 「文言」은 孔子가 古文을 인용
한 것이지만, 이 [坤卦의] 구절은 孔子 자신이 지은 것이다. 讀者는 [이
점을] 잘 알아야 할 것이다.

　彖曰 : 至哉! 坤元! 萬物資生, 乃順承天. 坤厚載物, 德合无疆,
含弘光大 品物咸亨. 牝馬地類, 行地无疆, 柔順利貞. 君子攸行,
先迷失道, 後順得常, 西南得朋, 乃與類行, 東北喪朋, 乃終有慶,
安貞之吉, 應地无疆.

　「象傳」 : 지극하구나!127) 坤의 始元이여! 만물이 그것을 바탕으로 해
서, 생성되지만, 오히려(乃) 하늘에 순종하고, [天命을] 받든다. 坤은 두터
워서, 萬物을 [가득] 실음이니, 德이 [모여서] 합쳐지니, [가로막는] 경계
가 없어 광활하다. 넓게 포용하고128) 크게 빛나니129) 온갖 사물이 모두

---

126) 즉 그 글은 「文言」이라고 따로 칭할 것이 없는 「彖傳」과 「象傳」이라는 뜻이다.
127) 乾卦의 「彖傳」에서는 "大哉"라 하였는데 茶山의 설명에 따르면 "天字從'大'"이고
　　여기 坤卦에서는 "至哉"라 하였는데, "'至'字從土"인 것이다(『四箋』 卷1, 36나).
128) 내실을 기한다는 뜻이다. 즉 광대하기만 하면 자칫 안으로 부실할 수가 있는데, 그것
　　을 지양하고 그에 실질이 따르도록 온축한다는 것을 뜻한다.
129) 이 "含弘光大"는 앞서 「文言」에서 "含萬物而化光"이라고 한 것과 연관하여 해석하
　　여야 할 것이다 즉, '萬物'과 '弘', '化光'과 '光大'가 대응하는 것이겠다.

모여서 합쳐진다.[130] 암말(牝馬)은 땅에 속하는 부류이니, 大地를 다님에, 끝이 없으며, [坤의 성질은] 柔順하니, [암말을 부리는] 일에 적합한 것이다. 君子가 갈 곳이 있으니, 앞에 나서면, 혼미하여 길을 잃을 것이나, 뒤에 따르면, 순응하여 常道를 얻으리니, "西南得朋(서남쪽에서 친구를 얻음)"이라고 함은 같은 부류(同類)끼리 함께 다니는 것을 가리키며, "東北 喪朋(동북쪽에서 친구를 잃음)"이라도 마침내 경사스러움이 있음을 가리킨다. [卦辭에서 말한] "安貞(편안한 일)"이 吉하다고 한 것은 [坤卦가] 大地의 [끝없이] 광활한 성격에 부응하기 때문이다.

坤元者 姤也 姤之一陰 生於地底 ≪三才位≫ 此 坤土之本也 ≪元 始也≫ 衆萬之生根 皆著土 ≪古文 生作ㄓ象屮出土≫ 萬物資生也 六 陰之生 以巽爲根 ≪姤一陰≫ 萬物資生也 ≪易例 卦畫爲萬物≫

姤 → 遯 → …… → 坤

坤卦의 始原은 姤卦이다. 姤卦에서 한 개의 陰이 땅 밑에서 생겨나니 ≪三才의 자리[에서 볼 때, 初位는 地下]≫ 이것이 坤의 흙(土)을 형성한 근본이 된다. ≪元은 시초를 뜻한다.≫ 뭇 만물이 뿌리를 낼 적에, 모두 흙에 붙어서 뿌리를 내리므로 ≪古文에서는 '生'字를 'ㄓ'字로 적는데, [이것은] 풀이 흙을 뚫고 나오는 것을 상징함≫ "萬物資生", 즉 "만물이 그것을 바탕으로 해서, 생성됨"이라고 한 것이다. [또 坤卦의] 여섯 개의 陰은 巽을 근본(根)으로 하여 생성된 것이니 ≪姤卦의 한 개의 陰≫ [이것도 역시] "萬物資生"이 된다. ≪易例에서 卦畫은 萬物이 된다.≫

---

130) "品物咸亨"에 대한 해석을 이처럼 한 것은 다산이 주석에서 "陰道會合, 品物咸亨 也, 亨者, 會也"라고 풀이하였기 때문이다.

姤以下巽 ≪天風姤≫ 上接乾天 爲遯 爲否 爲觀 爲剝 皆巽以順之 ≪皆有巽≫ 艮以承之 ≪艮爲手≫ 以成坤卦 乃順承天也 ≪每陰在陽下≫

姤 → 遯 → 否 → 觀 → 剝 → 坤

姤卦는 下卦인 巽으로써 ≪天風 姤卦≫ 위로 乾天[☰]과 접하고 있다. [그런데 姤卦는] 遯卦가 되고, 否卦가 되고, [다시 계속해서] 觀卦로 되고, 剝卦로 되는 과정을 통해서, 내내 巽으로써 [하늘에] 순종하고 ≪모두 [互卦의] 巽이 있음≫ 艮으로써 [하늘을] 받드는데 ≪艮은 손[手]이 됨≫ 마침내 坤卦가 성립되니, 이에(乃) 하늘을 따르고 받드는 것이다. ≪매번 陰이 陽의 아래에 있다.≫

至者 極也 ≪字從土≫
[앞서, "至哉"라 하였을 때] "至"는 極을 뜻한다. ≪'至'字는 '土'字를 따른다.≫

○ 自姤至剝 上必載陽 ≪易例 陰在上爲乘 陽在上則爲載≫ 坤之本德利載物也 坤爲大輿 ≪說卦文≫ 非以是乎 六陰旣積 厚載物也 ≪載物故能厚≫ 疆者 限也 自姤至剝 艮限在前 ≪艮爲限≫ 坤之旣成 遂無限界 ≪今無艮≫ 德合无疆也 ≪六陰合≫

姤 → 遯 → 否 → 觀 → 剝 → 坤

○[坤卦의 前段階인] 姤卦에서 剝卦에 이르기까지, 반드시 위로 陽

을 싣고 있다. ≪易例에, 陰이 [陽의] 위에 있는 것을 "乘"이라 하고, 陽이 [陰의] 위에 있는 것을 "載"라고 한다.≫ [이렇듯] 坤의 본래적 성격이 사물을 싣는 데 적합한 것이다.[131] 坤이 큰 수레(大輿)가 되는 것은 ≪「說卦傳」의 글≫ 바로 이 때문에 그런 것이 아니겠는가! 여섯 陰이 이미 축적되었으니, 두 터워서 만물을 실을 수 있다. ≪만물을 싣는 까닭에, 두터운 것이다.≫

"无疆"의 "疆"은 경계를 뜻한다. 姤卦에서 剝卦에 이르기까지는 艮의 경계(限)가 앞에 가로 놓여 있었는데 ≪艮은 限이 됨≫ 坤卦가 성립함에 드 디어 그 限界가 없어지니 ≪[坤卦에서는] 지금 艮이 나타나지 않음≫ "德合无 疆", 즉 "德이 모여서 합쳐지니, [가로막는] 경계가 없어 광활하다"라고 한 것이다. ≪여섯 개 陰이 모여져 [坤에서] 합쳐진 것≫

○陰進至否 ≪下三陰≫ 坤道恢闊 ≪下坤成≫ 艮以含蓄 ≪上三陽塞 之≫ 是 含弘也 ≪畜其廣≫ 照以天光 ≪左傳文≫ 坤文乃著 ≪陰得陽 有光≫ 是 光大也 於离之位 ≪一二三≫ 陰道會合 ≪三陰合≫ 品物咸 亨也 ≪三陰爲品物≫ 亨者 會也 ≪元亨屬下卦≫

姤 → 遯 → 否 → 觀 → 剝 → 坤

○陰이 前進하여, 否卦에 이르면 ≪[否卦에서는] 아래에 三陰이 있음≫ 坤 道는 광활하게 되는데 ≪아래에 坤이 성립≫ 艮으로써 그것을 함축(含蓄)하 니 ≪위의 三陽이 막고 있음≫ 이것이 "含弘", 즉 "넓게 포용하는 것"이다. ≪그 광활함을 축적하는 것≫

[否卦에서 보면] 하늘의 빛(天光)이 비치어 ≪『左傳』에 나오는 글≫ 坤의 무늬(文)가 이에 [밝게] 드러나니 ≪陰氣가 陽氣를 얻어 빛나게 됨≫ 이것이

---

131) 茶山은 다른 곳에서도 "利"를 "宜"라고 풀이하였다.

"光大", 즉 "크게 빛나는 것"이다.

离의 자리에서 ≪1·2·3位는 [본래] 离位≫ 陰道가 모여서 합쳐지니 ≪세 개의 陰이 모여서 합쳐짐≫ [이것을 가리켜] "品物咸亨", 즉 "온갖 사물이 모두 모여서 합쳐진다"라고 한 것이다. ≪三陰이 品物이 된다.≫ "亨"은 會의 뜻이다. ≪"元亨"의 句는 下卦에 속함.≫

○坤爲孶母 ≪說卦文≫ 牝馬 地類也 ≪坤之類≫ 爲觀 爲剝 遂以 爲坤 行地无疆也 程子曰 乾以剛固爲貞 坤以柔順爲貞 卽所謂 柔順利貞也 ≪利貞屬上卦≫

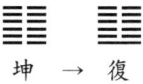

觀 → 剝 → 坤

○坤은 새끼를 기르는 어미가 되니 ≪「說卦傳」에 나오는 말≫ "빈마(牝馬)", 즉 '암말'은 땅에 속하는 부류(地類)인 것이다. ≪"地類"란 곧 坤의 부류라는 것≫ 觀卦로 되고, 剝卦로 되어, 결국 坤卦가 되니, [이것을 가리켜] "행지무강(行地无疆)", 즉 "大地를 다님에, 끝이 없다"라고 한 것이다.

程子가 말하기를, "乾은 剛固함으로써 貞을 삼고, 坤은 柔順함으로써, 貞을 삼으니, 이른바 '柔順利貞'이 그것이다"라고 하였다. ≪"利貞"의 句는 上卦에 속한다.≫

○坤之旣國 震將爲主 ≪坤則復≫ 君子攸行也 ≪震爲行≫

坤 → 復

○坤이 이미 나라를 이루게 됨에, 震이 장차 그 주인이 되니 ≪坤卦는

곧 復卦로 됨≫ [이것을 가리켜] "君子攸行", 즉 "君子가 行할 바가 있다"
라고 한 것이다. ≪震은 行이다.132)≫

○失道者 艮徑也 ≪剝上艮≫ 得常者 震道也 ≪復下震≫

剝 → 坤 → 復

○"失道", 즉 "길을 잃는다"라고 하였을 때, 道는 艮의 좁은 길을 가
리킨다. ≪剝卦의 上卦가 艮≫ "得常", 즉 "常道를 얻는다"고 한 것은 震의
道를 얻은 것을 말한다. ≪復卦의 下卦가 震이다.≫

○剝之反 復也 艮雖喪朋 剝必爲復 東北喪朋 乃終有慶也

[辟卦 推移]

剝 →反易→ 復   剝 → 坤 → 復

○剝卦의 反易卦는 復卦이다. [剝卦에서] 艮에서 비록 친구를 잃으
나, 剝卦는 반드시 復卦로 되는 것이니, [비록] 동북방(艮方)에서 벗을 잃
더라도 도리어(乃) 끝내는 경사스러움이 있다는 것이다.

○凡 求安之事 貴在久安 應地无疆 能久安也
○무릇 安靜이 요구되는 일은 [짧은 기간이 아니라] 오랫동안 안정을
얻는 것을 귀중하게 여기는 법인데, 大地의 무궁함에 應하면, 능히 오래
도록 안정할 수 있다.

---

132) 震行은 荀九家인 虞翻의 설이다『四箋』卷8, 36나).

初六 : 履霜堅氷至. ○ 象曰 : 履霜堅氷, 陰始凝也, 馴致其道,
至堅氷也.

初六 : 서리를 밟았으니, [결국에는] 단단하게 얼음이 얼게 됨에 이르
게 될 것이다. ○「象傳」: "이상견빙(履霜堅氷)"이라고 함은 陰이 응결하
기 시작하여133) [陰이 응결되어 가는] 그 과정이 거듭되다가, [마침내]
단단하게 얼음이 얼게 됨에 이르게 됨을 말한 것이다.

此 坤之復也 ≪初爻動≫ 蓍卦 第一畫 三134)掛之策 皆得地數
≪二四六八十≫ 曰 初六也 ≪兩地故≫

坤　　　　復

이것은 坤卦가 復卦로 변하는 경우이다. ≪初爻가 변동함≫ 蓍草를 운
영하여, 卦를 구함에, 第1畫의 三掛의 策數가 모두 地數를 얻으면 ≪[地
數란] 2・4・6・8・10[의 數를 가리킴]≫ '初六'이라고 한다. ≪["參天兩地"라 하
였으니] 兩地인 까닭이다.135)≫

---

133) "陰始凝"은 분명 "履霜"에만 해당한다 그런데 "履霜" 바로 다음에 "堅氷"을 언급하
는데, 이렇게 중복할 필요까지 있는가 하는 의문이 제기될 수 있다. 실제로 先學들 중
에는 이 문제에 관하여 의문을 표시하여 "誤增 云云"라고 하기도 하였다(『仲氏易』, 上
海古籍出版社, 1990, 35면; 金碩鎭, 『周易傳義大全譯解』上, 대유학당, 231면). 그러나
茶山은 「易傳」의 글쓰는 방식이 원래 그러한 것으로, 잘못으로 볼 것까지 없다고 한다
예컨대 觀卦 六二의 「小象傳」에 "闚觀女貞, 亦可醜也"라고 한 것도 "女貞"은 역시
"牽連說"인 것이다.
134) [校閱] 新朝本에는 "至三掛之策"으로 되어 있으나, 奎章本과 國中本에는 "至"가
없다.
135) 「說卦傳」에 "參天兩地 而倚數"라고 함. 2×3=6이 된다.

○初之旣動 陰乃凝合 ≪初今剛≫ 陰之始凝 其象 霜也 ≪霜而後
霰 而雪而爲氷≫ 遂以震足 ≪下今震≫ 踐此凝陰 是 履霜也

坤 → 復

○初爻가 이미 변동함에, 陰이 이에 응결(凝結)된다. ≪[復卦의] 初畫이
지금 剛≫ 陰이 처음으로 응결하니 그 象이 [첫] 서리(霜)이다. ≪첫서리가
내린 이후에, 싸락눈(霰)이 오고, [그 뒤에] 눈이 오고 얼음이 얼게 된다.≫ 마침내
震의 발(足)136)로써 ≪復卦의 下卦가 지금 震≫ 이 엉겨붙은 陰을 밟으니, 이
것이 [바로] "履霜", 즉 "서리(霜)를 밟은 것"이다.

今卦 復也 再凝三凝 ≪爲臨泰≫ 六陰盡合 勢將爲乾 ≪勢莫遏≫
乾則爲氷137) ≪說卦文≫ 堅氷138)至也 至者 將然之辭

坤 → 復 → 臨 → 泰 ‥‥‥ 乾

지금 卦는 復卦인데, 두 번째로 응결하고, 다시 세 번째로 응결함에
≪[復卦가] 臨卦로 되고, 泰卦로 됨≫ [마침내] 여섯 陰이 모두 응결하여, 그
기세가 장차 乾이 된다. ≪그 勢力을 저지하지 못함≫ [그런데] 乾은 바로 얼
음(氷)이므로 ≪『說卦傳』의 글139)≫ "堅氷至", 즉 "단단하게 얼음이 얼게 됨
에 이르게 될 것"이라고 한 것이다. "至"라고 한 것은 장차 그렇게 될 것
이라는 말(辭)이다.

---

136) 「說卦傳」의 이른바 '近取' 항목에 나온다.
137) [校閱] 新朝本과 國中本에는 "氷"으로 되어 있으나, 奎章本에는 "冰"으로 되어 있다.
138) [校閱] 新朝本과 國中本에는 "氷"으로 되어 있으나, 奎章本에는 "冰"으로 되어 있다.
139) 「說卦傳」에 "爲寒, 爲冰"이라고 하였다(『四箋』 卷8나).

○ 凝者 水堅也 ≪字從仌≫ 本以坤溫 ≪左傳 坤爲溫≫ 乾始爲寒
≪震者 乾之始≫ 陰始凝也

○ "凝"이라고 한 것은 물(水)이 [얼어서] 단단해진 것을 가리킨다. ≪氷
[凝]이라는 글자는 '仌'을 따른다.≫ 본래 坤의 따뜻함의 상태로 있었는데 ≪『左
傳』에서, 坤이 따뜻함[溫]을 상징한다고 함[140]≫ 乾의 始初가 [전개되어 결국]
차가움(寒)으로 되니 ≪震은 乾의 始初≫ [이것을 가리켜] "陰始凝", 즉 "陰
이 응결하기 시작함"이라고 한 것이다.[141]

○ 馴者 習也 ≪習 重也≫ 自復至乾 每得一震 ≪義見前≫ 震則爲
道 ≪說卦文≫ 馴致其道也 ≪致者 至之也≫

坤 → 復 → 臨 → 泰 ······ 乾

○ "馴"은 되풀이하여 행함을 뜻한다. ≪'習'字는 거듭함의 뜻이다.≫ 復卦
에서 乾卦에 이르기까지, 매번 하나의 震을 얻는데 ≪뜻은 앞서 나옴[142]≫ 震
은 바로 道를 상징한다. ≪『說卦傳』의 글[143]≫ 그래서 "순치기도(馴致其道)",
즉 "[陰이 응결되어 가는] 그 과정이 거듭됨"이라고 한 것이다. ≪'致(치)'字
는 이르게 됨을 뜻한다.≫

---

140) 『左傳』의 '南蒯之筮'에 나오는데, "坤溫"이라고 명시적으로 나오는 것은 아니다(文
璇奎 역저, 『春秋左氏傳』下, 명문당, 1987, 116면). 「說卦傳」의 茶山 '今補'에서도 언
급된다(『四箋』卷8, 35나).
141) 여기서 坤은 따뜻함(溫)으로, 乾은 차가움(寒)으로 상징된다. 그런데 이것은 일반적인
陰과 陽의 개념과는 다소 달리 설명되고 있으므로 주목된다. 즉 陽氣는 태양(离)에서
나온 것이므로, 더운 것이 되는 것은 아니다.
142) 앞서 乾卦를 설명하는 부분에서, 이와 연관된 것이 누차 언급되고 있다. 대표적 사례
로서 『四箋』(卷1, 35가) 이후의 부분을 참조할 것.
143) 「說卦傳」에 "震 …… 爲大塗"라 함(『四箋』卷8, 35나).

孔子曰 積善之家 必有餘慶 ≪震爲善≫ 積不善之家 必有餘殃
≪艮不善≫ 臣弑其君 子弑其父 非一朝一夕之故 ≪一卦爲朝夕≫ 其
所由來者 漸矣 由辨之不早辨也 ≪辨 分也≫ 易曰 履霜堅冰¹⁴⁴⁾至
蓋言順也 ≪朱子曰 順當作愼 或曰 當作馴≫

孔子께서 [「文言」에서] 말씀하시기를, "착한 일을 하여 德을 쌓은 집
에는 반드시 그 끝에(餘) 경사스러운 일이 있고 ≪震이 善이 됨¹⁴⁵⁾≫ 착하지
못한 일을 쌓아온 집에는 반드시 그 끝에 재앙이 있을 것이다. ≪艮이 不
善이 된다.¹⁴⁶⁾≫ 신하가 그 임금을 시해(弑害)하고, 아들이 그 아비를 죽이
는 사태는 하루 아침이나, 하루 저녁에 그렇게 된 것은 아니다. ≪하나의
卦가 아침과 저녁[朝夕]이 된다.≫ 그러한 사태는 그 원인(由來)이 차츰 쌓여
서 된 것이니, 분별해야 할 것을 일찍부터 분별하지 않았기 때문에 말미
암은 것이다. ≪辨은 분별함이다.≫ 『周易』에 이르기를, '履霜堅冰至'라고
하였는데, 順함을 말한 것이다"라고 하였다. ≪朱子가 말하기를, "[여기] '順'
字는 마땅히 '삼갈 愼(신)'字로 써야 한다"고 하였다. 或者는 "['順'字를] '따를 馴(순)'
字로 써야 한다"고 하였다.¹⁴⁷⁾≫

○ 案 乾以復始 ≪卽天根≫ 震仁兌義 積之至六 ≪自復至夬 皆震
兌≫ 積善之家也

復 臨 泰 …… 夬 乾

---

144) [校閱] 新朝本과 國中本에는 "氷"으로 되어 있으나, 奎章本에는 "冰"으로 되어 있다.
145) 앞에서 다산은 "元者, 善之長也, 唯震爲善(東方生物之仁)"이라고 하였다(『四箋』, 권
    1, 44나). "元者, 善之長也"는 乾卦의 「文言」에 나오는 말이다(『四箋』 卷1, 25나).
146) 姤卦에서 遯卦 그리고 剝卦에 이르기까지 艮이 나타나는데, 艮은 震(善)과는 반대이
    므로 "艮不善"이라고 한 것이다.
147) 모기령과 육덕명이 이렇게 본 셈이다(毛奇齡, 『仲氏易』, 上海古籍出版社, 1990, 37
    면; 陸德明, 『經典釋文』, 上海古籍出版社, 1985, 76면, '言順如字'). 한편 이 경우 거듭되
    어 순치됨(馴)을 말한 것이다라는 뜻이 되어 분명 朱子의 해석과는 다르게 된다.

○[案] 乾卦는 復卦로부터 시작된 것인데 《復卦의 한 개의 陽은 곧 天根》 震의 仁과 兌의 義가 쌓여서, 제6位에까지 이르니 《復卦에서 夬卦에 이르기까지 모두 震과 兌가 있음》 [이것이 바로] "積善之家"인 것이다.

坤以姤始 《卽月窟》 不仁不義 積之至六 《自姤至剝 德相反》 積不善之家也 餘慶餘殃 將然之效也

姤 → 遯 → 否 ······ 剝 → 坤

坤卦는 姤卦로부터 비롯된 것인데 《[姤卦의 下卦인 巽은] 즉 月窟》 不仁과 不義가 쌓여서 제6位에까지 이르니 《姤卦에서 剝卦에 이르는 과정은 [復卦에서 夬卦까지와 비교해 볼 때] 그 성격에 있어서 相反됨》 [이것이 바로] "積不善之家", 즉 "착하지 못한 일을 쌓아온 집"이다. "여경(餘慶)"이나 "여앙(餘殃)"이란 장차 드러나게 되는 효과를 말한 것이다.

陰之凝合 小人之固結也 《坤而凝 故爲小人》 旣凝旣固 《爲乾氷》 乃散厥惡 《自乾而爲姤》 則爲遯爲否 臣弑其君 《旣否則下坤成 而下乾先亡》 爲剝爲坤 子弑其父 《艮男進 而上乾亡》 陰凝之禍 不其遠矣乎 下卦位[148]离 《一二三》 离則爲晝 《离爲日》 上卦位坎 《四五六》 坎則爲夜 《坎爲月》

坤 → 復 → 臨 ······ 泰 ······ 夬 → 乾 → 姤 → 遯 → 否 ······ 剝 → 坤

---

148) [校閱] 新朝本에는 "爲"로 되어 있으나, 奎章本과 國中本에는 "位"로 되어 있다.

陰이 응집되어 결합함은 小人들이 굳게 뭉치는 것을 상징한다. ≪坤은 [陰이] 응결된 상태이므로, 小人이 된다.≫ [陰의 세력이] 이미 엉겨 붙고, 이미 단단해지면 ≪乾의 얼음이 됨≫ 이에 그 惡을 퍼트리게 되니 ≪乾卦로부터 姤卦로 됨≫ 곧 遯卦가 되고, 否卦가 되어 [마침내는] "신시기군(臣弑其君)", 즉 "신하가 그 임금을 시해하는 사태"에 이른 것이다. ≪이미 否卦가 되면 下卦에 坤이 성립되어, 下卦의 乾이 먼저 없어짐≫ 또한 剝卦가 되고, 坤卦가 되어 "자시기부(子弑其父)", 즉 "아들이 그 아비를 죽이는 사태"에 이른 것이다. ≪艮의 少男이 나아가 上乾이 없어짐≫ [이처럼, 陰은 비록 始初에는 미미하게 보일지라도] 陰이 응집함으로써 초래되는 禍는 [결코] 멀리 있는 것이 아닌 것이다.

下卦의 位는 [본래] 离位인데 ≪1·2·3位는 离位≫ 离는 곧 낮(晝)이 된다. ≪离는 日이 된다.≫ 上卦의 位는 [본래] 坎位인데 ≪4·5·6位[는 坎位]≫ 坎은 곧 밤(夜)이 된다. ≪坎은 月≫

一朝一夕者 一卦之謂也 姤而爲坤[149] ≪積不善≫ 坤而爲復 ≪陰始凝≫ 復而爲乾 ≪堅氷至≫ 乾反爲姤 乃散厥惡 ≪臣弑君而子弑父≫ 非一朝一夕也

姤 → 遯 → 否 ...... 剝 → 坤 → 復 ...... 夬 → 乾 → 姤

[이와 같이] "일조일석(一朝一夕)"이라고 한 것은 [卦象으로는] 한 개의 卦를 일컫는 것이다. 姤卦로부터 坤卦가 되고 ≪[그 과정은 不善이 쌓이는 것에 해당됨]≫ 다시 坤卦로부터 復卦가 되고 ≪陰이 비로소 응결하기 시작함≫ 復卦로부터 乾卦가 되며 ≪단단한 얼음이 형성됨≫ 乾卦가 반대로 姤

---

149) [校閱] 奎章本과 國中本에는 "姤而爲坤"으로 되어 있으나 新朝本에는 "姤而爲復"으로 되어 있다. 前者가 옳다.

卦가 되어, 이에 그 惡을 발산하니 ≪신하가 군주를 죽이고, 자식이 아비를 죽임≫ [이러한 과정은] 하루 아침이나 하루 저녁에 이루어진 일이 아닌 것이다.

辨者 分也 陰之始凝 不早分之 ≪初今合≫ 馴致其惡 禍將滔天 聖人之義 貴早[150]辨也 小人之聚合凝固 其漸雖微 不可不辨 此其戒也 ≪易例 初爲早≫

["변지불조변(辨之不早辨)"의] "辨"은 분별함을 뜻한다.[151] 陰이 처음 응집할 때, 일찍부터 그것을 분산시키지 못한다면 ≪初畫이 현재 復卦에서 합하여짐≫ 그 惡德을 거듭하여 이룸으로써, 화(禍)가 장차 하늘까지 넘치게 된다. 聖人의 도리는 일찍 분별하여 척결함을 귀중하게 여긴다. 小人들이 모여서 단합하면, 그것이 점진적이고 비록 [초기에는] 미약(微弱)한 것 같더라도 일찍부터 분별치 않을 수 없는 것이다. 이 「文言」은 그러한 것을 경계한 것이다. ≪易例에 따르면, 初位는 '早', 즉 '이른 때'에 해당된다.≫

六二 : 直方, ≪句≫ 大不習, ≪句≫ 无不利. ○ 象曰 : 六二之動, 直以方也, 不習无不利, 地道光也.

六二 : [敬으로써] 곧게 하고, [義로써] 方正하게 하지만, ≪句≫ 剛直

---

150) [校閱] 新朝本과 國中本에는 "早"로 되어 있으나, 奎章本에는 "不"로 되어 있다. 前者가 옳다.
151) 앞서 細注에서도 "辨, 分也"라고 함(『四箋』卷1, 47가).

함(大)이 거듭되지 않으니, ≪句≫ 不利할 것이 없을 것이다. ○「象傳」:
六二爻가 변동함에, 곧고, 方正하게 되니, "[剛直함이] 거듭되지 않으
니, 不利할 것이 없는 것"(大不習无不利)은 地道가 빛나기 때문이다.

此 坤之師也 ≪二爻動≫ 蓍卦 第二畫三掛之策 皆得地數 曰 六
二也

坤 → 師 ← 復

이것은 坤卦가 師卦로 변하는 경우이다. ≪제2爻가 변동함≫ 蓍卦하여
第2畫의 三掛의 策이 모두 地數를 얻으면 "六二"라고 한다.

○ 師自復來 ≪一之二≫ 復者 君子之所以修身也 ≪復初九曰 以修
身≫ 移之爲師 下乃爲坎 ≪下今坎≫ 坎之爲卦 一剛中橫 其德 直
也 外形方正 ≪外四片≫ 直以方也 盖其爲卦 得乾之中剛 ≪坎中男≫
乾則爲直 ≪見大傳≫ 得坤之二陰 ≪外四片≫ 坤則爲方 ≪見文言≫ 其
德直方也

○ 師卦는 復卦로부터 왔다. ≪[復卦의] 1이 2로 감≫ 復卦는 君子가 수
신(修身)하는 근거(所以)가 된다. ≪復卦 初九의 「小象傳」에 "以修身"이라 하였
다.≫ [復卦로부터] 推移하여 師卦가 되면, 下卦가 곧 坎이 되는데 ≪[師
卦의] 下卦가 지금 坎≫ 坎이라는 卦는 한 개의 剛이 가운데 가로지르고 있
으니, 그 성격이 곧다.[152] [또한 坎은] 外形이 方正하니 ≪바깥에 네 개의
조각이 있음≫ [이것을 가리켜] "直以方", 즉 "곧고, 方正함"이라고 한 것

---

[152] '直'字와 '心'字가 합하여 德(悳)字가 된 것이므로, 乾과 坎이 모두 直·德이 된다고
하였다(『四箋』 卷8, 34가).

이다.

대저 坎이라는 卦는 乾의 가운데 있는 剛을 얻은 것인데 《坎은 中男153)》 乾은 곧 '直'의 뜻이 된다. 《「大傳」에 ["夫乾 …… 其動也, 直"이라 나온다.》 또한 [동시에] 坤의 두 陰을 얻은 것인데 《坎의 바깥의 네 조각》 坤은 곧 '方'이 된다. 《「文言」에 나온다.》 따라서 그 [坎의] 성격은 곧고 반듯한 것(直方)이다.

○大不習者 剛不重也 《習 重也》 旣非習坎 《只下坎》 无不利也 《易例 陽曰 大》

○"大不習"이란 剛이 중복되지 않음을 뜻한다. 《'習'은 '重', 즉 '거듭됨'의 뜻이다.》 習坎卦가 아니니 《[坎이 거듭 있는 것이 아니라] 단지 下卦가 坎》 不利할 것이 없는 것이다. 《易例에 陽을 가리켜 '大'라고 한다.154)》

曷云哉 坤者 臣道也 臣之爲道 不失其敬 《爲人臣 止於敬》 以行其義 《不枉道以事君》 外順內剛 《外坤而內坎》 以正其身 《內爲我》 苟其內外 皆剛 《習坎象》 失於柔順 《不外順》 非爲人臣之道也 今雖內剛 旣不習坎 《上猶坤》 无不利也

$$\text{☷} \quad \text{☳☷} \quad \text{☷}$$

坤 → 師 ← 復   習坎

어째서 그러한가? 坤은 신하의 道를 나타내는데, 臣下의 道는 그 공경함을 잃지 않는 것이며 《남의 신하가 되어서는 敬에 머무름》 그 義를 행하는 것이며 《道義를 굽혀서, 임금을 섬기지는 않음》 밖으로 유순하고, 안으

---

153) 「說卦傳」에 "坎, 再索而得男, 故謂之中男"이라 함(『四箋』卷8, 33나).

154) 『四箋』(卷1, 36가; 卷1, 51가; 卷2, 5가) 등에서도 언급된다. 한편, 陰은 당연히 小가 된다(『四箋』卷7, 16나).

로 강건함으로써 ≪[師卦는] 外卦가 坤이고, 內卦가 坎≫ 그 자신을 바르게 하는 것이다. ≪內卦는 我가 된다.155)≫

만일 그 안팎(內外)이 모두 剛直하기만 하여 ≪習坎의 象≫ 柔順함을 상실하였다면 ≪밖으로 柔順하지 않음≫ 人臣의 道가 되지 못한다. [그런데] 지금 비록 안은 剛直하지만, 이미 坎이 거듭 있는 것은 아니니 ≪上卦는 오히려 坤≫ 不利할 것이 없다.

○動者 爻變也
○[「小象傳」의] "動"이란 爻變을 가리킨다.

○地道者 臣道也 坤本純陰 今乃剛中 ≪二今剛≫ 地道光也 ≪陽爲光≫ 師自復來 震其道也

$$坤 \rightarrow 師 \leftarrow 復$$

坤 → 師 ← 復

○[「小象傳」에서] "地道"라고 한 것은 신하의 道理를 가리킨다. 坤卦는 본래 純陰으로 되어 있는데, 지금 剛이 가운데 있으니 ≪[師卦의] 제2位가 지금 剛≫ "地道光", 즉 "地道가 빛난다"라고 말한 것이다. ≪陽은 빛[光]이 된다.≫ 師卦는 復卦로부터 왔는데, [復卦의 下卦인] 震이 그 道에 해당된다.

○案 諸家 皆以直方大爲句 然 霜方章囊 ≪又裳黃156)≫ 本相叶韻 當以直方爲句也 象傳 只擧直方二字 大傳及深衣之文 亦然

---

155) 「讀易要旨」「14. 辨位」참조『四箋』卷1, 17가).
156) [校閱] 新朝本과 奎章本과 國中本에 모두 "裳黃"으로 되어 있으나 "黃裳"으로 쓰는 것이 옳다.

直方爲句 無疑也

○[案] 여러 학자들이 모두 "直方大"를 한 句로 간주했다. 그러나 [이 坤卦 전체를 살펴보면, 初六의 "履霜, 堅氷至"의] '霜'字와 [六二의 "直方, 大不習, 无不利"의] '方'字와 [六三의 "含章可貞, 或從王事, 无成有終"의] '章'字와 [六四의 "括囊, 无咎, 无譽"의] '囊'字가 ≪또한 [六五의 "黃裳, 元吉"의] "黃裳"의 '裳'字의 경우도 포함됨≫ 본래 서로 협운(叶韻)의 관계에 있으니, 마땅히 "直方"을 한 句로 보아야 한다. 「小象傳」에서도 단지 "直方" 두 글자만 거론하였고, 「大傳」(즉 「繫辭傳」)과 『禮記』「深衣」의 글에서도 역시 그러하니, "直方"이 한 句가 됨은 의심할 바 없다.

孔子曰 直其正也 ≪坎中直≫ 方其義也 ≪坎之外四片≫ 君子 敬以直內 ≪坎爲敬≫ 義以方外 ≪外形端≫ 敬義立而德不孤 ≪剛柔 相表裡≫ 直方 ≪句≫ 大不習 ≪句≫ 無不利 則不疑其所行也 ≪雖坎 不疑 震爲行≫

孔子께서 [「文言」에서] 말씀하시기를, "'直'은 그 올바름이며 ≪坎은 가운데가 곧음≫ '方'은 그 의로움이니 ≪坎의 바깥쪽의 네 조각≫ 君子는 敬으로써 안을 곧게 하고 ≪坎은 敬이 된다.157)≫ 義로써 밖을 방정(方正)하게 하는 것이니 ≪[坎은] 外形이 단정함≫ 敬과 義가 확립되면, 德 있는 자는 외롭지 아니하다.158) ≪[坎卦의 형태를 보면] 剛과 柔가 서로 속과 겉이 되어 [감싸듯이 있음]≫ [『周易』에] "直方, ≪句≫ 大不習, ≪句≫ 無不利"이라고 하였으니, 이는 곧 [윗사람이나 다른 사람이] 그 하는 일(所行)을 의심치 않음을 뜻한다"라고 하셨다. ≪비록 [下卦가] 坎이나, 의심하지 않는다.159) 震은 行이 된다.160)≫

---

157) 坎敬은 '今補'에서 제시된다(『四箋』卷8, 38나).
158) 德不孤 : 그 誠意를 알아주는 사람이 있다는 뜻.
159) 坎疑는 荀九家 虞翻의 說이다(『四箋』卷8, 38나).
160) 師卦의 2·3·4의 下互卦가 震이다. 震行은 荀九家 虞翻의 설이다(『四箋』卷8, 36가).

○案 爲人臣者 敬以直內 ≪敬其君≫ 則不失其身 ≪其身正≫ 義
以方外 則不枉其道 ≪不枉己以循人≫ 敬義內固 而柔順外著 ≪外則
坤≫ 則其德 不偏於剛果 不偏於柔順 所以爲不孤也 以此道行
可以爲臣 ≪坤爲臣≫ 無復可疑 ≪內雖剛 无害≫ 大不習 无不利者 破
疑之辭也

○[案] 남의 신하된 자는 敬으로써 안을 바르게 하여 ≪그 군주를 공경
함≫ 그 자신을 망치지 아니하며 ≪그 자신을 바르게 함≫ 義로서 밖을 방정
方正)하게 하여, 그 [바른] 道를 굽히지 않는다. ≪自己를 굽혀서, 남을 따르지
않음≫

敬과 義가 안으로 견고하고, 柔順한 태도가 밖으로 드러남에 ≪師卦의
外卦가 곧 坤≫ 그 德이 강건(剛健)하고 과감(果敢)함에만 치우치지 않으며,
또한 柔順함에도 치우치지 않으니, [이것이 그 德이] 외롭지 않은 까닭
이다.

이런 도리로써 행하면, 신하 노릇을 잘 할 수가 있으며 ≪坤은 臣이 됨≫
다시 의심받을 만한 것이 없으니 ≪안으로 비록 강직하나, 해로울 것이 없음≫
"大不習, 无不利"라는 것은 [혹시 다른 사람들이 신하로서의 忠直함을
미심쩍어 할지도 모른다] 의심을 풀어주는 말(辭)이다.

○禮記 深衣篇曰 負繩抱方者 以直其政 方其義也 故易曰 坤
六二之動 直以方也

○『禮記』「深衣」篇에서 [다음과 같이]말하였다. "[심의(深衣)[161]의
등(負)쪽의 이음새(繩)는 곧고(直) 그 굽은 깃(曲袷)을 합치면, 모가 진 모
양인데(方, 이렇게] 곧은 것(繩直)을 뒤로 지고, 모난 것을 앞으로 껴안
은 것은 그 政治를 바르게 하고, 그 義를 확고하고 지키라는 것이다.

---

161) 深衣 : 옛날 貴人들이 입던 制服의 한 가지로서, 上衣와 下衣가 연결되어 있음.

그러므로 『周易』에서 말하기를, '六二之動, 直以方也', 즉 '[坤卦의] 六
二爻가 변동함에, 곧고, 方正하게 된다'라고 하였다."

䷎

六三 : 含章可貞, 或從王事, 无成有終. ○ 象曰 : 含章可貞, 以
時發也, 或從王事, 知光大也.

六三 : 문장(文章)을 [안으로] 품고 있으니, 일을 맡아 처리할 수 있을
것이다. 혹(或) 임금의 일(王事)에 종사할 수도 있으니, [일을] 성취(成就)함
은 없겠으나, [일의] 종결(終結)은 있을 것이다. ○「象傳」: "含章可貞"이
라고 한 것은 때가 되면 드러내는 것을 말함이다. "或從王事"라고 한 것
은 그 지혜(知)의 광명이 광대(廣大)함을 말한 것이다.

此 坤之謙也 ≪三爻動≫ 謙自復來 ≪一之三≫ 復之時 震蘖蕃鮮
≪復下震≫ 如樹方華 ≪震爲花≫ 移之爲謙 則艮以含之 ≪止其外≫ 坤
文內蘊 ≪說卦 坤爲文≫ 是 含章也 ≪又离位≫

坤 → 謙 ← 復

이것은 坤卦가 謙卦로 변하는 경우이다. ≪제3爻가 變動함≫ 謙卦는 復
卦로부터 왔는데 ≪[復卦의] 1이 3으로 감≫ 復卦의 때에, 震의 꽃이 우거지
고 고우니162) ≪復卦의 下卦가 震≫ 마치 수목(樹木)이 바야흐로 꽃을 피우

---

162) 「說卦傳」에 震 …… 爲'旉' …… 其於稼也 …… 爲'蕃鮮'이라고 함(『四箋』卷8, 35나).

고 있는 것과 같다. 《震은 꽃이 됨》 [그런데 復卦로부터] 推移하여 謙卦
가 되면, 艮으로써 함축(含蓄)하여 《그 밖을 막음》 坤의 文章이 안으로 축
적되니 《「說卦傳」에, 坤이 '文'이 된다고 함》 이것이 "含章"이다. 《또한 离位
에 있다.》

謙自剝來 《上之三》 艮者 果也 《剝上九 碩果》 震華旣蕃 《復下
震》 艮果成實 《說卦 艮爲果》 含章之象也 《艮果 含生物之理》

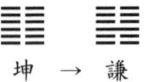

剝 → 謙 ← 復

[또한] 謙卦는 剝卦로부터 왔는데 《[剝卦의] 上이 3으로 감》 艮은 열매
(果)이다. 《剝卦의 上九의 '碩果'[의 用例를 참조할 것]163)》 [復卦에서] 震의
꽃이 이미 무성하여 《復卦의 下卦는 震》 [剝卦에서] 艮의 열매(果)로 결
실을 맺으니 《「說卦傳」에 艮은 '果'가 된다고 함》 [이것이] "含章"의 象인
것이다. 《艮의 열매는 사물을 낳을 수 있는 理를 품고 있다.》

曷然哉 坤變爲謙 含章不發 坤臣之執謙也 姤九五 宜參看
《豐六五 亦然》

坤 → 謙

어째서 그러한가? 坤卦가 爻變하여, 謙卦가 됨에, [안으로] 文章을 품
고 [밖으로] 발산(發散)하지 않으니164) [그것은] 坤의 신하가 [本然의] 겸

---

163) 剝卦 上九에 "碩果不食"이라고 함.
164) 艮이 剝卦와 謙卦에서 그대로 유지된다는 것을 가리킴.

손함을 지키기 때문이다. 姤卦 九五의 경우를 마땅히 참조할 것이다.
≪豐卦 六五도 역시 이러한 사례이다.≫

○ 謙以坎貞 ≪全卦 如坎形≫ 可以幹也 ≪事之固≫ 謙自復來 始事
于震 ≪復下震≫ 艮以終之 ≪下今艮≫ 是 可貞也 ≪可幹事≫ 不云 利
貞者 以無成也

坤 → 謙 ← 復

○ 謙卦는 坎의 貞(곧음)[165][의 성격]으로 말미암아 ≪[謙卦의] 전체 卦
[의 형태]가 坎의 형태와 비슷함≫ 일을 주간(主幹)할 수 있는 것이다. ≪['幹'은]
일(事)을 견실하게 처리함이다.≫ [또한] 謙卦는 復卦로부터 왔는데, 震에서
일을 시작하여 ≪復卦의 下卦는 震≫ 艮으로써 마치니 ≪[謙卦의] 下卦가 지금
艮≫ 이것을 [가리켜] "可貞"이라고 한 것이다. ≪["可貞"이란 즉] 일을 主幹
할 수 있는 것≫ ["可貞"이라고만 하고] "利貞"이라고 말하지 않은 것은
[마치기는 하지만] 성취하지는 못하기 때문이다.

○ 謙自復來 震其王也 ≪乾天之長子≫ 坤其臣也 ≪地雷卦≫ 移之
爲坎 ≪謙互坎≫ 則坤臣致役 ≪說卦文≫ 坎以爲勞 ≪坎爲功≫ 從王事
也 其位可疑 ≪在上下之中≫ 疑則或之 ≪乾九四≫ 或從王事也

坤 → 謙 ← 復

---

165) 「說卦傳」에 나오는 것은 아니며, 茶山이 '今補' 이외에 또한 보충한 것이다. 乾卦의
「文言」에 "貞者, 事之幹也"라고 함(『四箋』 卷1, 35나).

○謙卦는 復卦로부터 왔다. [復卦의] 震은 그 王에 해당되고 ≪[震은] 乾天의 長子≫ [復卦의 上卦인] 坤은 그 신하에 해당된다. ≪[復卦는] 地와 雷로 구성된 卦이다.≫ [그런데 復卦가] 推移하여 [謙卦로 되면] 坎이 되니 ≪謙卦의 [2·3·4位는] 互坎≫ 곧 坤의 신하가 공역(功役)을 바침(致)에 ≪['致役'은] 「說卦傳」의 글≫ 坎의 노역(勞役)을 바치니 ≪坎은 功이 됨≫ [이것을 가리켜] "從王事", 즉 "임금의 일에 종사함"이라고 한 것이다.

그 자리(位)도 [또한] 의심스러운 자리이니 ≪九三은 上下의 중간에 있음≫ 의심스럽기 때문에 "或"이라고 하고 ≪乾卦 九四에서도 이런 용례가 나왔다.[166]≫ "或從王事(혹 임금의 일에 종사할 수도 있다)"라고 한 것이다.

艮以止之 ≪下今艮≫ 物所成終 ≪說卦文≫ 然 六位未竟 ≪艮在下≫ 無所成也 內卦已終 ≪終於三≫ 有所終也 臣道之無攸成 如妻道之 無攸遂 ≪見家人≫ 此 天地之大義也 謙九三 宜參看 ≪彼亦云 有終≫

艮으로써 머무르게 하니 ≪[謙卦의] 下卦가 지금 艮≫ [艮은] 만물이 이루어지고 끝마치는 곳이다. ≪「說卦傳」에 나오는 말이다.≫ 그러나 제6位가 아직 다하지 않았으니 ≪艮이 下卦에 있음≫ 완성됨은 없는 것이며, 內卦가 이미 끝났으니 ≪제3位에서 끝남≫ 끝마침은 있는 것이다. 신하의 도리로서 [임금의 뜻을 살피지 않고, 독단적으로] 성취하는 바가 없음은 아내(妻)의 도리로서 [남편의 뜻을 살피지 않고, 독단적으로] 달성하는 일이 없는 것과 같으니 ≪[이런 처도(妻道)는] 家人卦에 나옴≫ 이는 天地의 大義이다. [이 "无成有終"이라는 말은] 謙卦 九三의 경우를 [참조하여] 보아야 한다. ≪거기에서도 역시 "有終"이라고 하였다.≫

○艮以止之 蘊其文章 然 其互爲震 ≪三五互≫ 震將勇蕃 ≪勇[167]

---

166) 「乾卦 九四」의 '或躍在淵'을 두고 하는 말이다(『四箋』 卷1, 41가).
167) [校閱] 奎章本과 國中本에는 "勇"으로 되어 있으나 新朝本에는 "부(敷)"로 되어 있다.

_{花也}》以時發也 君子之德 蘊以畜之 待時而發 譬彼草木 斂其英
華 含其蓓蕾 及其時而發之也

坤 → 謙

○[이처럼] 艮으로써 머무르고¹⁶⁸⁾ 그 문장(文章)을 [안으로] 온축(蘊蓄)
하지만 [그러나] 그 互卦가 震이 되어 《謙卦 3·4·5의 上互卦가 震》 震이
머지않아 꽃을 무성하게 피울 것이니 《무성하게 피어 있는 것은 꽃을 가리
킴》 "以時發也", 즉 "때가 되면 발현한다"라고 한 것이다.

君子의 德은 [안으로] 쌓였다가 때에 맞춰 발현되는 것이니, 비유하면
저 草木들이 그 아름다운 꽃을 거두어들이고, 꽃망울(蓓蕾)을 머금었다
가, 그때가 되면 [또] 피어나는 것과 같다.

○坎則爲知 《北方之水德》 陽光今大 《三今剛》 知光大也 《坤德
本光大》 含而无成 《含其文》 謹守臣道 非大智乎

○[謙卦의 2·3·4位의] 坎은 곧 앎(知)이 되는데 《坎은] 北方의 水
德》 陽의 빛이 지금 [謙卦에서] 광대(廣大)하니 《[謙卦의] 제3位가 지금
剛¹⁶⁹⁾》 "知光大", 즉 "그 지혜의 광명이 광대함"이다. 《坤德이 본래 빛나
고, 크다.》 [밝음을] 안으로 품고 [감히 나서서 독단적으로 일을] 이루고
자 하지 않으며 《그 文을 안으로 간직함》 삼가 신하의 도리를 지키니, 크
게 지혜로운 것이 아니겠는가?

---

168) 「說卦傳」에 "艮以止之"라는 말이 나온다(『四箋』 卷8, 30가).
169) "陽光今大"라고 하였으나, 그것이 陽光이 小한 경우도 있음을 뜻하지는 않는다. 陽이
곧 光이고 大인 것이다. 『四箋』의 여러 곳에서 "陽曰大"라고 하였다(『四箋』 卷1, 36가;
『四箋』 卷1, 51가; 『四箋』 卷2, 5가). "陽光"은 앞서도 언급되었다(『四箋』 卷1, 47나).

○學稼云 章者 樂之一終也 ≪說文云≫ 震爲音樂之卦 故震則
爲章也 ≪字從音 從十≫

○學稼가 말하였다. "章은 樂曲에서 한 小節이 마친 것이다. ≪『說
文』에서 [그렇게] 말함.≫ 震은 音樂의 卦인 까닭에, 震이 곧 [樂]章의 뜻이
된다." ≪'章'이라는 글자는 [윗부분의] '音'字와 [아래 부분의] '十'字에 의거하고 있
다.≫

○學圃云 兌上坼 故爲口 艮上合 故爲含

○學圃가 말하였다. "兌는 위가 [갈라져서] 터져 있으므로, 입을 상징
하며, 艮은 위가 [터져 있던 것이 다시 다물어져서] 합쳐져 있으므로,
'含', 즉 '머금음'의 뜻이 된다.

孔子曰 陰雖有美 含之 ≪合其口≫ 以從王事 弗敢成也 ≪婦人 無
遂事≫ 地道也 ≪坤爲地≫ 妻道也 ≪坤爲母≫ 臣道也 ≪坤爲臣≫ 地道
无成而代 有終也 ≪代天工≫

孔子께서 [「文言」에서] 말씀하시기를, "陰이 비록 美德을 갖추었으
나, [그것을 안으로] 간직하고 있음이니 ≪그 입을 다물고 있음≫ 君王의 일
에 종사(從事)하더라도 감히 [君王의 뜻을 살피지 않고, 독단적으로] 성
취하지는 않는 것이다. ≪예컨대 婦人은 [內助의 德으로써 남편의 일에 從事하는
것이지, 어떤 일을 독단적으로] 완수하는 것은 아니다.[170]≫ [이는] 땅의 도리이고
≪坤은 땅이 됨≫ 아내의 도리이며 ≪坤은 어머니가 됨≫ 신하의 도리이다.
≪坤은 신하가 됨≫ 땅의 道는 [스스로] 이루지 않고 [天道를] 대신하는 것
(代)이니, 마침이 있는 것이다"라고 하였다. ≪하늘의 일을 대신함≫

---

170) '從'事와 '遂'事를 대비하여 말하는 듯. "遂者, 達也, 成也". 家人卦六二, "无攸遂"를
참조할 것(『四箋』 卷5, 2나).

○案 陰有美者 坤得剛也 坤得剛則爲復 ≪一陽生於坤≫ 復而含
則爲謙也 ≪一之三≫

坤　　六三爻變 → 謙　　　　　坤 → 復 → 謙

○[案] 陰이 美德을 가졌다고 함은 坤卦가 剛을 얻음을 가리킨다. 坤
卦가 剛을 얻으면, 復卦가 되고 ≪한 개의 陽이 坤卦에서 생겨남≫ 復卦에서
[안으로 陽을 머무르게 하여] 머금으면, 곧 謙卦가 된다. ≪[復卦의] 1이 3
으로 감≫

六四 : 括囊, 无咎, 无譽. ○ 象曰 : 括囊无咎, 愼不害也.
六四 : [식량 포대의] 주머니(囊)를 묶으니, 허물도 없지만, 칭송할 바도
없을 것이다. ○「象傳」: "括囊无咎(주머니를 묶으니, 허물도 없다)"라고 한
것은 신중하여, 해(害)가 되지 않음을 말한 것이다.

此 坤之豫也 ≪四爻動≫ 括者 結也 閉也 ≪義見下≫ 囊者 震也
坤則爲布 ≪說卦文≫ 布塞其底 ≪震下連≫ 其象 囊也 ≪詩詁云 有底曰
囊 无底曰 櫜≫

坤　→　豫　←　復

이것은 坤卦가 豫卦로 변하는 경우이다. ≪4번째 爻가 변동함≫ 括은 맺음(結)을 뜻하고, 닫음(閉)을 뜻한다. ≪[자세한] 뜻은 아래에 나온다.≫ 낭(囊)은 震을 가리키는데[171] 坤이 곧 베(布)가 되거니와 ≪「說卦傳」의 글≫ 베(布)의 아랫부분을 막으면 ≪震은 [布의 아래를 막듯이] 아래가 이어져 있음≫ 그 [震의] 象이 '囊(주머니)'인 것이다. ≪『詩經』의 주석(註釋)에 이르기를, "밑바닥(底)이 있는 것을 '낭(囊)'이라 하고, 밑바닥이 없는 것을 '탁(槖)', 즉 '전대'라고 한다"고 하였다.≫

豫自復來 ≪一之四≫ 復之時 大震之囊 ≪復大震≫ 布于地面 ≪初位地≫ 發其糗糧 ≪震爲稼≫ 以活坤民 ≪震以生≫ 移之爲豫 ≪一之四≫ 則垂其艮手 ≪今互艮≫ 闔然收結 而震囊在上 ≪升于上≫ 不顧坤民 ≪坤在後≫ 是 括囊也

豫卦는 復卦로부터 왔다. ≪[復卦의] 1이 4로 감≫ 復卦의 때에는 大震의 포대(囊)가 ≪復卦는 大震의 형태≫ 地面에 펼쳐져 있는데 ≪初位는 地에 해당됨≫ 그것에 담긴 식량(糗糧)을 내놓아 ≪震은 稼가 됨≫ 坤의 民을 살렸다. ≪震으로써 살림≫

[그런데 復卦로부터] 推移하여 豫卦가 되면 ≪[復卦의] 1이 4로 감≫ 그 艮의 손(手)을 내려서 ≪지금 [豫卦에는 2·3·4位에] 互艮이 있음≫ 문을 닫아 걸듯이 [그 자루를] 묶어버리고, 震의 주머니(囊)가 이제 위에 자리하여 ≪위로 올라가 버림≫ 坤의 백성을 돌보지 않으니 ≪坤이 [震의 주머니의] 뒷전에 있음≫ [이것을 가리켜] "括囊(주머니를 묶음)"이라고 한 것이다.

豫自剝來 ≪上之四≫ 剝有艮手 所以括也 括之奈何 四多懼也 ≪大傳文≫ 謹約如此 何咎之有 然 我有其糧 藏之不出 亦无譽也

---

171) 震囊은 '今補'에 나온다(『四箋』 卷8, 36나).

坤 → 豫 ← 剝

豫卦는 또한 剝卦로부터 온 것인데 ≪[剝卦의] 上이 4로 감≫ 剝卦에도 艮의 손(手)이 있으니, [그 손으로 자루를] 감싸 묶을 수 있다. [그런데] 그렇게, 자루를 감싸 묶음은 무엇 때문인가? [본래] 제4位는 근심(懼)이 많은 자리이기 때문이다. ≪「繫辭傳」의 글≫ 삼가며, 단속함(約)이 이와 같으니, 무슨 허물이 있겠는가? 그러나 내게 그런 양식이 있음에도 불구하고, 저장해 두고, 내어놓지 않으니, [이것도] 또한 "无譽", 즉 "칭송할 바가 없는 것"이다.

○剝之時 迷失其道 ≪艮爲徑≫ 今乃得道 ≪上今震≫ 是 无咎也 ≪善補過≫

坤 → 豫 ← 剝

○剝卦의 때에는 그 길을 잃고 헤매었으나 ≪艮은 샛길[徑]이 됨≫ 지금 [豫卦에서는] 길을 얻으니 ≪上卦가 현재 震[인데, 震은 큰 길이 됨]≫ 이것이 "无咎"가 되는 까닭이다. ≪잘못을 잘 보완함≫

○成言乎艮 ≪說卦文≫ 非無言也 坎則爲險 ≪上互坎≫ 險言非譽 是 无譽也
○"艮에서 말이 이루어진다(成言乎艮)"라고 했으니 ≪["成言乎艮"은] 「說卦傳」의 글≫ [坤六四에는 艮의 象이 있으므로] 말이 없을 수 없다. 坎이 곧 험함(險)이 되고 ≪[豫卦의] 上互卦가 坎≫ [이런] 험담하는 말은 칭송하는 말(譽)이 될 수 없으니, 이것이 [또한] "无譽", 즉 "칭송할 바가 없는

것"이다.

○艮止有節 ≪下互艮≫ 愼之至也 雖有坎險 ≪上互坎≫ 曷其能害

坤 → 豫 ← 剝

○艮으로써 머물러 [더 나아가지 않으니] 절도(節度)가 있는 것이요 ≪[豫卦의] 下互卦는 艮≫ 신중함이 지극한 것이다. 비록 坎의 험난함이 있다 해도 ≪[豫卦의] 上互卦가 坎≫ 어찌(曷) 해로울 것까지야 있겠는가?

○案 荀九家云 坤爲囊 非矣 ≪布不塞底 不成囊≫ 星湖先生曰 四之動 爲震 有囊象

坤   謙 謙의 上卦

○[案] 荀九家가 말하기를, "坤이 주머니(囊)가 된다"고 하였는데 잘못이다. ≪베[布]는 [따로] 밑바닥을 막지 않으면, 주머니[囊]가 되지 못한다.≫ 성호(星湖) [이익(李瀷)] 先生[172]도 말씀하시기를, "[坤卦의] 제4爻가 변하여 震이 되니, 주머니(囊)의 象이 있다"고 하였다.[173]

○又按 揚[174]子 方言曰 括 關閉也 ≪王風云 羊牛下括 亦牢柵收[175]≫閉

---

172) 星湖先生 : 星湖는 조선시대의 대표적인 실학자이었던 李瀷(1681~1763)의 號이다.
173) 星湖 李瀷의 『역경질서(易經疾書)』의 坤六四의 註에 나옴.
174) [校閱] 新朝本에는 "揚子"로 되어 있으나 奎章本과 國中本에는 "楊子"로 되어 있다. 일반적으로는 揚雄이라고 불리지만 揚雄을 楊雄으로도 쓰므로 "楊子"라고 써도 誤記는 아니다.

也》 艮爲開門 震爲閉關 ≪門下 有橫木≫ 故復之大象曰 至日閉關
≪復下震≫ 括者 閉也 剝之艮門 今以震閉 ≪上今震≫ 其象 括也 孔
子曰 天地變化 艸木蕃 天地閉 賢人隱 ≪坎爲隱≫ 易曰 括囊 无咎
无譽 盖言謹也

復 → 坤 → 豫 ← 剝

○[又按] 양웅(揚雄)의 『方言』176)에 말하기를, "'括'은 문(門)의 빗장
(關)을 닫아 건 것(閉)이라 하였거니와 ≪『詩經』「王風」「君子于役」에 말하기
를, "羊牛下括", 즉 "[날이 저물어(日之夕矣)] 양과 소도 내려와 거두어들이니"라고
하였는데177) [여기의 "括"도] 역시 가축우리의 울짱(牢柵)을 거두어 닫는 것을 뜻한
다.≫ 艮은 열린 문(開門)이 되고, 震은 닫힌 문(閉關)이 된다.178) ≪門 아래
에, 가로질러 막고 있는 나무(橫木)가 있다.≫

그러므로 復卦의 「大象傳」에 "至日閉關"이라 하였다. ≪復卦의 下卦는
震≫ 이상에서, "括"이란 [곧] 닫음(閉)을 뜻하니, 剝卦의 艮門이 지금 震
으로 폐쇄되니 ≪[豫卦의] 上卦가 지금 震≫ 그 象이 "括"이다.

---

175) [校閱] 奎章本과 國中本에는 "收"로 보이고, 新朝本에는 "牧"로 보인다. 여기서는
"收"로 한다. '牧(목)'으로 보는 경우, 여기의 '括'字도 역시 "가축우리의 울짱을 牧夫
(牧)가 닫는 것(閉)이다" 정도로 해석이 되기는 하는데, 분명 어색하다.

176) 揚雄(B.C.53~A.D.18)이 편찬한 일종의 方言辭典으로서, 본래의 명칭은 "軒使者絶代
語釋別國方言"이다. 이는 중국에서 최초로 편찬된 방언사전이며, 고대 어휘와 한어발
전사의 연구를 위해 진귀한 자료가 된다. 揚雄의 『法言』은 이와 다른 별개의 저서로서,
『論語』를 모방하여 저술된 것이다.

177) 여기서는 括을 이를 괄이라 보았는데(김학주 역주, 『詩經』, 명문당, 1984, 132면), 이
는 毛亨의 설이다(括, 至也; 金啓華 譯注, 『詩經全釋』, 江蘇古籍出版社, 1995, 153면).
또 佸(會見, 會集의 뜻)과 통한다는 설도 있다(王宗石 編著, 『詩經分類詮釋』, 湖南教
育出版社, 1993, 255면). 『漢文大系』본에는 원문 자체가 佸로 나온다. 여기, 아래에 나
오는 茶山의 해석은 이상과 판연히 다른 것이다.

178) 震閉'는 '今補'를 참조할 것. 『四箋』에서 震閉와 艮開門에 대해 설명하고 있다(『四
箋』卷8, 37가).

孔子께서 [「文言」에서] 말씀하시기를, "天地가 변화하면, 초목이 번성하고, 天地가 닫히면, 賢人이 숨는 법이니 ≪坎은 隱이 된다.[179]≫ 『易經』에서 "括囊, 无咎, 无譽"라고 한 것은 대개 [처신(處身)을] 삼갈 것을 말한 것이다"라고 하였다.

○案 豫自復剝來 復者 自坤爲乾之始 ≪天根也≫ 卽天地變化之卦也

○[案] [坤六四의 之卦인] 豫卦는 復卦와 剝卦로부터 온 것인데, 復卦는 坤으로부터 시작하여, 乾卦의 始原이 되니 ≪復卦의 下卦인 震의 한 개의 陽은] 天根에 해당됨≫ 곧 天地變化를 상징하는 卦이다.

復之時 君子得道 草木蕃鮮 ≪復下震≫ 移之爲豫 則天位地位之間 ≪四在二五間≫ 一梗中橫 ≪四今剛≫ 而剝之艮門 今乃閉關 ≪義見前≫ 天地閉也 ≪豫有重門象≫ 震之君子 ≪復下震≫ 坎用隱伏 ≪上互坎≫ 賢人隱也

剝 → 豫 ← 復

復卦의 때에는, 君子가 바른 道를 얻고, 초목도 번성하고 아름답다. ≪復卦의 下卦는 震≫ [그런데 復卦로부터] 추이하여 豫卦가 되면, 天位와

---

179) 「說卦傳」에 "隱伏"이 된다고 하였다.

地位의 사이에 ≪제4位는 [地位인] 제2位와 [天位인] 제5位 사이에 있음≫ 한 개의 장애물(梗)이 가운데 가로지르고 ≪제4位에 지금 剛이 있음≫ 게다가, 剝卦에 있던 艮門도 이에 빗장을 걸어 잠그니 ≪그 풀이는 앞에서 나옴180)≫ [이것을 가리켜] "天地閉"라고 한 것이다. ≪豫卦에는 [二]重門의 象이 있다.≫ 震의 君子가 ≪復卦의 下卦는 震≫ 坎으로써 은둔(隱伏)하니 ≪[豫卦의] 上部에 互坎이 있음≫ [이것을 가리켜] "賢人隱", 즉 "賢人이 숨는다"라고 한 것이다.

　　㬎然哉 君臣之間 ≪五與二之間≫ 小人居中 ≪下互艮≫ 讒慝公行 ≪艮言坎險 爲讒言≫ 此 遠害之時也 可不愼乎

　　어째서 그러한가? 君臣의 사이에 ≪제4位는 제5位와 제2位의 사이≫ 小人이 가운데 들어서서 ≪[豫卦의] 下互卦가 艮≫ 떳떳한 일(公行)을 모함(讒慝)하고 있는데 ≪艮의 말[言]과 坎의 험난함[險]이 [합쳐져서] '讒言', 즉 '모함하는 말'이 됨181)≫ 이는 그런 위해(危害)를 멀리할 때인 것이니, [어찌] 삼가고, 신중하지 않을 수 있겠는가?

　　六五 : 黃裳, 元吉. ○ 象曰 : 黃裳元吉, 文在中也.
　　六五 : 누런 치마(黃裳)이니, [王后가] 크게 吉할 것이다. ○「象傳」 : "黃裳元吉(누런 치마이니, 王后가 [크게] 吉할 것)"이라고 한 것은 문채(文彩)가 그 속에 있기 때문이다.

---

180) 義見前 : "揚子方言曰" 이후의 부분을 말한다(『四箋』卷1, 49가).
181) '艮言'과 '坎險'은 茶山이 보충한 物象이다.「說卦傳」에 "成言乎艮"이라는 말이 있다.

此 坤之比也 ≪五爻動≫ 坤配乾衣 其象裳也 ≪荀九家≫ 裳本飾下
≪左傳文≫ 下卦裳也 ≪在下者 爲裳≫ 比自復來 ≪一之五≫ 復之時 震
以飾下 ≪復下震≫ 其色玄黃 ≪說卦 震玄黃≫ 是謂[182] 雜裳 ≪玄黃 天地
之雜也 士冠禮 有雜裳≫

坤 → 比 ← 復

이것은 坤卦가 比卦로 변하는 경우이다. ≪제5爻가 변동함≫ 坤이 乾의
옷(衣)에 짝하고 있으니, 그 象이 치마(裳)이다. ≪[乾衣·坤裳은] 荀九家의
說≫ [한편] 치마(裳)란 본래 아래를 치장(治裝)하는 것이므로 ≪『左傳』의
글≫ 下卦가 치마가 된다. ≪아래에 있는 옷이 치마(裳)가 된다.≫

比卦는 復卦로부터 왔는데 ≪[復卦의] 1이 5로 감≫ 復卦의 때에, 震[의
치마를 입음]으로써, 아래를 치장하였는데 ≪復卦의 下卦는 震≫ 그 [震의]
색깔이 검고 누른 색(玄黃)이니 ≪「說卦傳」에, "震은 玄黃"이라고 하였음≫ 이
것이 이른바 "雜裳", 즉 "색깔이 뒤섞인 무늬로 된 치마"이다. ≪玄黃은
天[玄]·地[黃]의 색깔이 섞인 것이다.[183] 『儀禮』「士冠禮」에 "雜裳"이라는 옷이 나
온다.≫

移之爲比 則玄德上升 ≪一之五≫ 遂正君位 ≪玄 天色≫ 坤裳順德
≪坤在下≫ 厥色純黃 ≪中土之正色≫ 於是乎 黃裳也 本以震升 ≪復下
震≫ 元之吉也 ≪君爲元≫ 坤之六五 王后之位也

---

182) [校閱] 新朝本에는 "爲"로 되어 있으나, 奎章本과 國中本에는 "謂"로 되어 있다.
    "雜裳"이라는 말이 『儀禮』에 나오는 말이므로, 여기서는 後者를 따른다.
183) 이후 上六의 其血 玄黃과 연관하여 그 「文言」에서 역시 "夫玄黃者, 天地之雜也, 天
    玄而地黃"이라고 하였다(『四箋』卷1, 50나).

[그런데 復卦로부터] 推移하여 比卦가 되면, 그 玄德이 上升하여 《[復卦의] 1이 5로 감》 드디어 [제5位의] 임금의 자리(君位)를 바로 잡고 《玄은 하늘의 色》 坤의 치마(裳)로서 그 순응(順應)하는 德을 보이니 《[比卦에서] 坤이 下卦에 있음》 그 치마의 색이 순수한 황색이라 《[黃色은] 中土의 正色》 이에 누런 치마(黃裳)가 되는 것이다.

[比六五의 剛은] 본래 震이었다가 상승한 것이니 《復卦의 下卦는 震》 [坤六五는] 君主의 吉함을 상징하는 괘이다. 《君을 元이라고 함》 坤卦의 六五는 왕후(王后)의 자리이다.

周禮 王后六服 一曰 鞠衣 《注云 鞠 黃色》 而古者 婦人之服 衣裳相連 《見禮疏》 黃裳者 鞠衣也

『周禮』에 따르면, 王后에게는 여섯 가지 복장이 있는데 그 하나를 '국의(鞠衣)'184)라고 한다. 《그 注에 국의(鞠衣)는 黃色이라고 하였다.》 그리고 古代의 婦人의 복장은 웃도리(衣)와 치마(裳)가 서로 연결되어 있었다. 《『禮記』의 疏에 나온다.》 [여기] "黃裳"이란 국의(鞠衣)인 것이다.

○坤則爲文 《說卦文》 今坤在內 《下爲內》 文在中也 《易例 內卦爲中 如所云 天在山中》 亦陽得五 《五今剛》 文在中也 《兼二義》

---

184) 국의(鞠衣): 周나라 때 황후가 친경례(親耕禮)에 따라서 친잠례(親蠶禮)를 행할 때 입었던 황색의 친잠복(親蠶服)을 가리킨다. 『周禮』「天官」의 「冢宰」「內司服」에 "王后之六服" 云云하는 구절이 있다. 그리고 정사농(鄭司農)의 注에 "鞠衣, 黃衣也"라고 하였다(鄭玄云,『周禮注疏』, 上海古籍出版社, 1987, 124면; 陳戌國 點校,『周禮·儀禮·禮記』, 岳麓書社, 1995, 21면)

坤 → 比 ← 復　　　大畜

○坤은 곧 무늬(文)가 되는데 《「說卦傳」에 나오는 글》 지금 [比卦에서] 坤이 안에 있으니 《下卦가 內가 됨》 "文在中", 즉 "문채(文彩)가 그 속에 있다"라고 한 것이다. 《易例에서, 內卦가 '中'이 되는데, 예컨대 [大畜卦의 「大象傳」에서] "天在山中"이라 말한 경우를 들 수 있다.》 또한 陽이 제5位를 얻었으니 《比卦의 제5位가 지금 剛》 "文在中"인 것이다. 《[以上의] 두 가지 의미를 겸하고 있다.》

○案 春秋傳 南蒯之筮[185] 遇此爻 《昭十二年》 子服惠伯曰 黃中之色也 裳 下之飾也 《指下坤》 元 善之長也 又曰 上美爲元下美則裳 《詳見春秋官占注》 惠伯 亦以下坤爲裳 中剛爲元 讀者詳之

○[案]『春秋傳』의 남괴(南蒯)의 占筮에서 이 爻를 얻었다. 《소공(昭公) 12年》 자복혜백(子服惠伯)이 ["黃裳元吉"의 句를 설명하여] 말하기를, "'黃'이라고 함은 中土의 色을 말하며, '裳'이라고 함은 아래를 꾸미는 옷을 말하며 《[比卦의] 下卦인 坤을 가리킴》 '元'이라고 함은 善의 으뜸을 말합니다"라고 하였다.[186]

또 말하기를, "위가 아름다운 것(上美)[187]이 '元'이 되고, 아래가 아름다운 것(下美)이 곧 '裳'가 된다"라고 하였다. 《『春秋官占(補)注』에 자세히 나옴[188]》 [以上에서] 자복혜백(子服惠伯)도 역시 下卦인 坤을 '치마(裳)'

---

185) [校閱] 奎章本과 國中本에는 "筮"로 되어 있으나 新朝本에는 "坤"으로 되어 있다. 新朝本의 "坤"은 誤記이다.
186) 「春秋官占補註」의 「南蒯之筮」에 나온다(『四箋』 卷7, 28가). 아울러 『春秋左氏傳』下(文璇奎 역, 명문당, 1987, 116면)를 참조할 것.
187) 上美 : 윗자리에서 행실을 바로 하는 것을 가리킨다.

로 보고, [上卦의] 가운데 剛을 '元'으로 본 것이니, 讀者들은 자세히 살피기 바란다.

○ 離 鼎 解 噬嗑 宜參看 ≪黃之例≫

○離卦, 鼎卦, 解卦, 噬嗑卦의 경우를 [이와 연관하여] 마땅히 참고해서 보아야 한다. ≪[모두] "黃"의 용례이다.≫

孔子曰 君子 黃中通理 ≪坎爲通≫ 正位居體 ≪陽居五≫ 美在其中 ≪坎中陽≫ 而暢於四支 ≪坎之外四片≫ 發於事業 ≪坎幹事≫ 美之至也 ≪易例 陽爲美≫

孔子께서 [坤卦의 「文言」에서] 말씀하시기를, "君子는 [坤卦의] 黃色의 中位에 머무르면서, 이치(理)를 通觀하고 ≪坎이 通이 됨≫ 그 지위를 바르게 하며, 그 몸(體)을 거처(居處)함이니 ≪陽이 제5位에 있음≫ 아름다움(美)이 그 가운데 있어 ≪坎은 가운데가 陽≫ 온 몸(四支)[의 신체]에 그 아름다움이 드러나며 ≪[四支라고 함은] 坎☵의 [위아래의] 바깥쪽에 있는 네 개의 조각[을 가리킴]≫ 사업(事業)에서도 드러나니 ≪坎으로써 일을 主幹함189)≫ [이는] 아름다움(美)의 극치인 것이다"라고 하였다. ≪易例에 따르면, 陽은 美가 된다.≫

○案 比自復來 君子者 震也 內純正 則物理通 ≪內坤而外坎≫ 正其位 則體膚安 ≪外坎而內坤≫ 黃中者 坤也 通理者 坎也 正位者 坎也 居體者 坤也

---

188) 『四箋』(卷7, 28나)에 나온다. 아울러 『春秋左氏傳』 下(文璇奎 역, 명문당, 1987, 116면)를 참조할 것.
189) 乾卦의 「文言」에, "貞者, 事之幹也 …… 貞固, 足以幹事"라고 하였는데, 다산은 坎으로 이를 설명한다(『四箋』 卷1, 35나).

坤 → 比 ← 復

○[案] 比卦는 復卦로부터 왔는데, [여기서] '君子'는 [復卦의 下卦인] 震을 가리킨다. 안으로 마음(內)이 순수하고 바르니, 곧 [밖으로] 物理에 통달하게 되는 것이다. ≪안으로는 坤[의 純正함]이 있고, 밖으로는 坎[의 통달함]이 있다.≫ 그 지위를 바르게 하면, 신체(體膚)가 편안해진다. ≪外卦는 坎이고, 內卦는 坤이다.[190]≫ "黃中"은 坤을 두고 하는 말이고, "通理"는 坎을 두고 하는 말이다. "正位"는 坎을 가리키고, "居體"는 坤을 가리킨다.

復之震足 剝之艮手 移之爲比 則坎血流通 美在其中 而暢於四支也 德之在中 發於四體 ≪威儀之外著≫ 亦猶是也

剝 → 比 ← 復

復卦에는 震의 다리가 있고, 剝卦에는 艮의 손이 있었는데, [復卦와 剝卦로부터] 推移하여 比卦가 되면, 곧 坎의 피(血)가 흘러 통하게 되니, [이것을 가리켜] "美在其中而暢於四支", 즉 "아름다움이 그 가운데 있어, 온 몸[의 신체]에서 그 아름다움이 드러난다"라고 한 것이다. [德性이 속에 자리하여] 신체[의 사지(四肢)]에도 드러나는 것이 ≪위의(威儀)가 밖으로 드러남≫ 또한 이와 같다.

---

190) 坎(☵)이므로, 五位에 陽이 바르게 자리하였고, 坤이 安이 된다. '坤安'의 뜻은 다산이 '今補' 이외에 또 보충한 것이다(『四箋』卷1, 24나).

上六: 龍戰于野, 其血玄黃. ○象曰: 龍戰于野, 其道窮也.

上六: 龍이 들판에서 싸우니, 그 피(血)가 검고도 누르다. ○「象傳」: "龍戰于野(龍이 들판에서 싸우니, 그 피가 검고도 누르다)"라고 한 것은 그 道가 다했음을 말한 것이다.

此 坤之剝也 ≪上爻動≫ 剝以觀進 ≪四而五≫ 觀有二陽 ≪上二[191]剛≫ 是 二龍也 ≪乾之時 本是六龍≫ 進而爲剝 則一龍又死 一龍獨存 ≪剝一剛≫ 龍之戰也 其戰奈何 以本乾也 ≪說卦 戰乎乾≫ 坤邑之外 其地曠遠 ≪上位最在外≫ 邑外曰 野 ≪邑而郊而野≫ 龍戰于野也

坤 → 剝 ← 觀 ← ⋯⋯ ← 姤 ← 乾

이것은 坤卦가 剝卦로 변하는 경우이다. ≪上爻가 변동함≫ 剝卦는 觀卦로부터 [한 단계 더] 나아간 것인데 ≪[陰의 세력이 증가하여] 제4位에서 제5位로 나아감≫ 觀卦에는 두 개의 陽이 있으니 ≪위에 두 개의 剛≫ 이는 [본래] 두 마리 龍이다. ≪乾卦인 때에는 본래 여섯 마리 龍이 있었다.≫ [觀卦가] 나아가서, 剝卦로 되면, 한 마리의 龍이 또 죽고, [나머지] 한 마리의 龍만이 홀로 남게 되니 ≪剝卦의 한 개의 剛을 말함≫ [그것은] 龍의 싸움[으로 말미암아 일어난 결과인 것]이다.

[그러면] 그 싸움(戰)은 어째서 일어난 것인가? [그것은 剝卦가] 본래 乾이었기 때문이다. ≪「說卦傳」에 "戰乎乾"이라는 말이 있다.≫ 坤의 고을(邑)

---

191) [校閱] 新朝本과 國中本에는 "二"로 되어 있으나, 奎章本에는 "而"로 되어 있다. 前者가 옳다.

밖에 그 지역이 광활하고도 먼데 ≪上位는 가장 바깥에 있음≫ 그런 고을 밖(邑外)의 땅을 '野'라고 하니 ≪邑 바깥에 있는 땅을 '郊'라고 하고, 그 다음에 있는 땅을 '野'라고 함≫ "龍戰于野", 즉 "龍이 들판에서 싸우는 것"이다.

○上卦位坎 ≪四五六≫ 坎爲血卦 ≪說卦文≫ 是 其血也 剝進爲坤 ≪四時之本序≫ 坤變爲剝 ≪坤上六≫ 陰陽屢變 ≪剝坤剝≫ 天地相雜 ≪剝一陽 本乾≫ 其血玄黃也 ≪天玄而地黃≫

○上卦의 자리는 [본래] 坎位이며 ≪4·5·6位[는 坎位]≫ 坎은 血卦가 되니 ≪「說卦傳」의 말192)≫ 이것이 "其血(龍의 피)"에 해당된다.

剝卦는 [한 단계 더] 나아가면, 坤卦가 되는데 ≪[春·夏·秋·冬의] 四時의 본래 순서(序)에 따른 것193)≫ [여기서는 반대로] 坤卦가 변하여 剝卦로 되니 ≪坤卦 上六의 경우≫ [이는] 陰陽이 여러 번 변하여 ≪剝卦에서 坤卦로 되었다가, 다시 剝卦로 됨≫ 하늘(天)과 땅(地)이 서로 뒤섞인 것이니 ≪剝卦의 한 개의 陽은 그 근본이 乾≫ 그 피가 검고 누런 것(玄黃)이다. ≪하늘은 검고, 땅은 누렇다.≫

○艮爲徑路 ≪說卦文≫ 其道窮也
○艮은 샛길(徑路)이 되니 ≪「說卦傳」의 말≫ "其道窮", 즉 "그 道가 다한 것"이 된다.

○案 左傳 龍鬪194)鄭門 ≪昭 十九年≫ 易詞取象 皆合實理

---

192) 「說卦傳」에 "坎爲血卦"라고 함.
193) 坤卦 上六은 爻變하면 剝卦로 되는데 그 剝卦는 또한 四時 즉 1년 12달의 진행과정으로 보면 坤卦의 바로 앞이라는 것 즉 坤卦가 剝卦로 되는 것(坤卦 上六)이 아니라 剝卦가 坤卦로 되는 측면(四時之本序)을 주목한 말이다.
194) [校閱] 奎章本에는 "鬪"가 異體字로 나온다. '門'字 안에 '깎을 斸(착)'字가 들어가 있는 글자이다.

○[案]『左傳』에 "龍이 鄭나라 성문 앞에서 싸웠다"는 기록이 있거니와 ≪소공(昭公) 19年≫ 易詞가 象을 취함은 [이렇게] 모두 實理에 부합하는 것이다.

○ 學圃云 陰陽屢變 倐忽往來 支離攫挐 困極而死 其血玄黃也 ≪亟死則血赤≫ 坎爲赤血 ≪說卦文≫ 今坎非坎 ≪剝上艮≫ 色有渝也[195)]

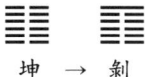

坤 → 剝

○ 학포(學圃)가 [다음과 같이] 말하였다. "陰과 陽이 여러 차례 변하고, 급격히 왕래(往來)하는데, 이리저리 떨어져 나가고, 끌어당기면서, 그 고통(困)이 극(極)에 달해 죽으니, 그 피의 빛이 검고 누런 색(玄黃)인 것이다. ≪急死하게 되면, 그 피가 붉다.≫ 坎은 붉은 피(赤血)가 되는데 ≪「說卦傳」의 글≫ 지금 [剝卦의] 坎은 [실제로는] 坎이 아니니[196)] ≪剝卦의 上卦는 艮≫ 그 색깔이 변한 것이다.

孔子曰 陰疑於陽 必戰 ≪臣擬於君 必有戰≫ 爲其嫌於无陽也 ≪坤純陰≫ 故稱龍焉 ≪龍 陽物≫ 猶未離其類也 ≪觀二陽≫ 故稱血焉 ≪坎爲血≫ 夫玄黃者 天地之雜也 天玄而地黃

孔子께서 [「文言」에서 다음과 같이] 말씀하셨다. "陰이 陽[의 세력]을 의심하여 [맞서고자 하면] 반드시 싸우게 되니 ≪[예컨대] 신하가 자신을 君主에 견주면, 반드시 싸움이 일어나게 됨≫ [坤卦라 하여] 陽이 없다는 혐의(嫌

---

195) [校閱] "色有渝也"의 "也"가 奎章本에는 "色"으로 되어 있는데, 誤記로 보인다.
196) 앞서도 지적하였듯이, 上卦의 位는 본래 坎位이기 때문에 이렇게 말한 것으로 생각된다.

疑)를 받을까 의심한 까닭에 《坤은 純陰》 [특별히 坤卦에서도] 龍을 언급한 것이다. 《龍은 陽物이다.》 [또한 이렇게 싸워도] 여전히(猶) 그 같은 부류(同類)로부터 벗어나지는 못한 까닭에 《觀卦의 두 개의 陽[은 同類]》 '血'이라고 말한 것이다. 《坎은 血이 된다.197)》 대저 '玄黃'이란 天地가 뒤섞인 색깔이니, 하늘은 검고, 땅(地)은 누런 것이다."198)

○案 坤本純陰 陰旣至六 又得老陰 《老陰故199) 爻變》 是 无陽也 觀之二陽 本是同類 血脈相通 故以200)血爲戒也
○[案] 坤卦는 본래 純陰이라서, 陰이 이미 제6位에까지 도달하였는데, 또한 老陰을 얻었으니 《老陰인 까닭에 爻變함》 이것이 "无陽(陽이 없는 것)"이다. 觀卦의 두 개의 陽은 본래 같은 종류(同類)라서, [그] 혈맥(血脈)이 서로 통하는 것이다. [그런데도 서로 싸우니] 그러므로 '血(피)'[의 결과를 보게 될 것이라는 말]로써 警戒를 삼으신 것이다.

用六 : 利永貞. ○象曰 : 用六永貞, 以大終也.
用六 : 오랜 시간이 걸리는 일(永貞)은 이로울 것이다. ○「象傳」: 用六에서 "永貞(오랜 시간이 걸리는 일)"이라고 한 것은 웅대(雄大)함으로써 종결(終結)되기 때문이다.

---

197) 坎血 : 「說卦傳」에 "坎 …… 爲血卦"라고 함.
198) 荀九家는 坤을 黃이라고 하였다(『四箋』 卷8, 35가).
199) [校閱] 奎章本과 國中本에는 "故"로 되어 있으나, 新朝本에는 "徒"로 되어 있다.
200) [校閱] 奎章本과 國中本에는 "以"가 있으나, 新朝本에는 없다.

此 坤之乾也 蓍²⁰¹⁾卦 十八變成卦之時 ≪三變 爲一畫≫ 其十八掛
之策 皆得地數 ≪二四六八十≫ 則六位盡變 此之謂 用六也

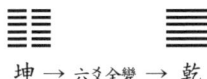

坤 → 六爻全變 → 乾

이것은 坤卦가 乾卦로 변하는 경우이다. 蓍草를 운용하여, 18變하여,
[하나의] 卦가 성립될 때 ≪3變이 1畫을 형성함≫ 그 18掛의 策이 모두 地
數를 얻으면 ≪地數는 2·4·6·8·10≫ 제6位가 모두 변하게 되는데, 이것
을 "用六"이라고 말하는 것이다.

○永貞者 久長之事也 周禮 大祝求永貞 ≪春官文≫ 有年祝化
祝之等 ≪其目多≫ 年者 歷年之短長 ≪如卜年八百≫ 化者 敎化之始
終 筮家以此 謂之永貞也 ≪筮問事曰 貞≫ 坤體無疆 乾德不息 利
於年也 ≪卜年吉≫

○"永貞"이라는 것은 오랜 시간이 걸리는 일(事)을 말한다. 『周禮』에
따르면 大祝이 永貞을 기원한다고 하는데 ≪『周禮』 「春官」에 나오는 글²⁰²⁾≫
이에는 年祝·化祝 등이 있다. ≪그 細目은 [이외에도] 많이 있다.≫ ["年祝"
에서] '年'이란 경과하게 되는 햇수(歷年)의 길이(短長)를 말한다. ≪예컨대
"그 지속할 햇수를 거북껍질로 점치니, 8百年이 나왔다"와 같은 사례를 들 수 있다.≫
["化祝"에서] '化'란 敎化의 시작과 그 결과가 나타나는 기간(始終)을 말
한다.²⁰³⁾ 筮家들이 이런 일을 [일컫기를] "永貞"이라고 하는 것이다. ≪占筮

---

201) [校閱] 新朝本에는 "著"(저)로 되어 있으나, 奎章本과 國中本에는 "蓍"(시)로 되어
있다. 後者가 옳다.

202) 『周禮』 「春官」 「大祝」(鄭玄云, 『周禮注疏』, 上海古籍出版社, 1987, 382면; 陳戌國
點校, 『周禮·儀禮·禮記』, 岳麓書社, 1995, 68면). "其目多大祝, 掌六祝之辭"라고
하였으니, 전부 6가지이다(『四箋』 卷1, 24가).

203) 다산은 「易例比釋」의 '永貞例'에 대한 註釋에서 『論語』 「子路」 第13 "善人爲邦百

하여 어떤 일에 대해 묻는 것을 '貞'이라 한다.≫ 坤의 體는 그 한계가 없고, 乾의 德은 쉼이 없으니, [그] 年數[를 점침]에 이로운 것이다. ≪[얼마나 지속될 것인지] 그 햇수를 점침에 吉한 것이다.≫

坤之爲乾也 必自震始 震主首出 以臨坤民 而坤之六陰 盡化爲陽 ≪坤而乾≫ 利於化也 ≪利化民≫ 久長之事 無不相宜 利永貞也

坤 → 復 → 臨 → …… → 乾

坤이 乾으로 되는 과정은 반드시 震에서 시작하는데, 震의 君主가 처음 나와서, 坤의 백성에 임함에, 坤의 여섯 陰이 모두 변화하여, 陽으로 되니 ≪坤이 [완전히 변하여] 乾으로 됨204)≫ 변화됨에 이로운 것이다. ≪백성을 교화함에 이롭다.≫

[이렇게] 오랜 시일(時日)이 걸리는 사업(久長之事)이 [坤卦 用六과 서로] 부합하지 않음이 없으니 "利永貞", 즉 "오랜 기간이 걸리는 일에 이로운 것"이다

○終六位而皆剛 以大終也 ≪陽曰 大≫

坤 → 六爻全雙 → 乾

年, 亦可以勝殘去殺, …… 如有王者, 必世而後仁"(장기근 역, 『論語』, 명문당, 1973, 324~325면) 등의 구절을 이의 사례로 제시하고 있다(『四箋』 卷1, 24면).
204) "而"를 "……로부터"라고 보아도 무난하나, 한편 "坤而乾"에서 "而"는 逆接의 뜻이 분명 포함되어 있다. 즉, 坤이었는데 乾으로 되었다는 것이다.

○[用六은] 여섯 位를 끝맺음에 모두 剛으로 종결되니, "以大終", 즉 "雄大함으로써 끝마친다"라고 한 것이다. ≪[『周易』에서는] 陽을 [가리켜] '大'라고 말한다.≫

爻變表

1.乾	2.坤	3.屯	4.蒙	5.需	6.訟	7.師	8.比
初九=乾之姤	初六=坤之復	初九=屯之比	初六=蒙之損	初九=需之井	初六=訟之履	初六=師之臨	初六=比之屯
九二=乾之同人	六二=坤之師	六二=屯之節	九二=蒙之剝	九二=需之既濟	九二=訟之否	九二=師之坤	六二=比之坎
九三=乾之履	六三=坤之謙	六三=屯之既濟	六三=蒙之蠱	九三=需之節	六三=訟之姤	六三=師之升	六三=比之蹇
九四=乾之小畜	六四=坤之豫	六四=屯之隨	六四=蒙之未濟	六四=需之夬	九四=訟之渙	六四=師之解	六四=比之萃
九五=乾之大有	六五=坤之比	九五=屯之復	六五=蒙之渙	九五=需之泰	九五=訟之未濟	六五=師之坎	九五=比之坤
上九=乾之夬	上六=坤之剝	上六=屯之益	上九=蒙之師	上六=需之小畜	上九=訟之困	上六=師之蒙	上六=比之觀
用九=乾之坤	用六=坤之乾						

9.小畜	10.履	11.泰	12.否	13.同人	14.大有	15.謙	16.豫
初九=小畜之巽	初九=履之訟	初九=泰之升	初六=否之无妄	初九=同人之遯	初九=大有之鼎	初六=謙之明夷	初六=豫之震
九二=小畜之家人	九二=履之无妄	九二=泰之明夷	六二=否之訟	六二=同人之乾	九二=大有之離	六二=謙之升	六二=豫之解
九三=小畜之中孚	六三=履之乾	九三=泰之臨	六三=否之遯	九三=同人之无妄	九三=大有之睽	九三=謙之坤	六三=豫之小過
六四=小畜之乾	九四=履之中孚	六四=泰之大壯	九四=否之觀	九四=同人之家人	九四=大有之大畜	六四=謙之小過	九四=豫之坤
九五=小畜之大畜	九五=履之睽	六五=泰之需	九五=否之晉	九五=同人之離	六五=大有之乾	六五=謙之蹇	六五=豫之萃
上九=小畜之需	上九=履之兌	上六=泰之大畜	上九=否之萃	上九=同人之革	上九=大有之大壯	上六=謙之艮	上六=豫之晉

17.隨	18.蠱	19.臨	20.觀	21.噬嗑	22.賁	23.剝	24.復
初九=隨之萃	初六=蠱之大畜	初九=臨之師	初六=觀之益	初九=噬嗑之晉	初九=賁之艮	初六=剝之頤	初九=復之坤
六二=隨之兌	九二=蠱之艮	九二=臨之復	六二=觀之渙	六二=噬嗑之睽	六二=賁之大畜	六二=剝之蒙	六二=復之臨
六三=隨之革	九三=蠱之蒙	六三=臨之泰	六三=觀之漸	六三=噬嗑之離	九三=賁之頤	六三=剝之艮	六三=復之明夷
九四=隨之屯	六四=蠱之鼎	六四=臨之歸妹	六四=觀之否	九四=噬嗑之頤	六四=賁之離	六四=剝之晉	六四=復之震
九五=隨之震	六五=蠱之巽	六五=臨之節	九五=觀之剝	六五=噬嗑之无妄	六五=賁之家人	六五=剝之觀	六五=復之屯
上六=隨之无妄	上九=蠱之升	上六=臨之損	上九=觀之比	上九=噬嗑之震	上九=賁之明夷	上九=剝之坤	上六=復之頤

25.无妄	26.大畜	27.頤	28.大過	29.坎	30.離	31.咸	32.恒
初九=无妄之否	初九=大畜之蠱	初九=頤之剝	初六=大過之夬	初六=坎之節	初九=離之旅	初六=咸之革	初六=恒之大壯
六二=无妄之履	九二=大畜之賁	六二=頤之損	九二=大過之咸	九二=坎之比	六二=離之大有	六二=咸之大過	九二=恒之小過
六三=无妄之同人	九三=大畜之損	六三=頤之賁	九三=大過之困	六三=坎之井	九三=離之噬嗑	九三=咸之萃	九三=恒之解
九四=无妄之益	六四=大畜之大有	六四=頤之噬嗑	九四=大過之井	六四=坎之困	九四=離之賁	九四=咸之蹇	九四=恒之升
九五=无妄之噬嗑	六五=大畜之小畜	六五=頤之益	九五=大過之恒	九五=坎之師	六五=離之同人	九五=咸之小過	六五=恒之大過
上九=无妄之隨	上九=大畜之泰	上九=頤之復	上六=大過之姤	上六=坎之渙	上九=離之豐	上六=咸之遯	上六=恒之鼎